中国人文社会科学学术集刊 AMI 综合评价入库集刊

NANFANG YUYANXUE

南方语言学

第二十一辑

广东省普通高校人文社会科学重点研究基地
暨南大学汉语方言研究中心　　方言辞书编纂专辑
中国智库索引（CTTI）来源智库

刘新中　主编

世界图书出版公司
广州·上海·西安·北京

图书在版编目（CIP）数据

南方语言学. 第二十一辑 / 刘新中主编. —广州：世界图书出版广东有限公司，2023.6
ISBN 978-7-5232-0450-4

Ⅰ.①南… Ⅱ.①刘… Ⅲ.①汉语方言—方言研究—丛刊 Ⅳ.①H17-55

中国国家版本馆CIP数据核字（2023）第101035号

书　　名	南方语言学（第二十一辑） NANFANG YUYANXUE（DI ERSHIYI JI）
主　　编	刘新中
责任编辑	李　婷　魏志华
装帧设计	书窗设计
责任技编	刘上锦
出版发行	世界图书出版有限公司　世界图书出版广东有限公司
地　　址	广州市海珠区新港西路大江冲25号
邮　　编	510300
电　　话	（020）84184026　84453623
网　　址	http://www.gdst.com.cn
邮　　箱	wpc_gdst@163.com
经　　销	新华书店
印　　刷	广州市怡升印刷有限公司
开　　本	787mm×1092mm　1/16
印　　张	19
字　　数	407千字
版　　次	2023年6月第1版　2023年6月第1次印刷
国际书号	ISBN 978-7-5232-0450-4
定　　价	42.00元

版权所有　侵权必究

（如有印装错误，请与出版社联系）

咨询、投稿：020-34201910　weilai21@126.com

《南方语言学》学术委员会

顾 问

詹伯慧　李如龙　张振兴　许宝华　邢福义　邵敬敏　潘悟云　张双庆
陆镜光　鲍厚星　张洪年　单周尧　刘村汉　林立芳　钱曾怡　温端政
平山久雄

主任委员
麦　耘

委　员
（按姓氏拼音排列）

曹志耘　陈洁雯　范俊军　甘于恩　侯兴泉　李　蓝　林伦伦　刘新中
麦　耘　邵慧君　邵　宜　万　波　汪国胜　伍　巍　张　敏　张屏生
庄初升　祖漪清

《南方语言学》编辑部

名誉主编
詹伯慧

主　编
刘新中

编　委
（按姓氏拼音排列）

陈晓锦　范俊军　方小燕　甘于恩　高　然　侯兴泉　李　蓝　李　军
林伦伦　刘新中　龙向洋　彭小川　彭志峰　邵慧君　邵　宜　孙玉卿
王茂林　王衍军　温昌衍　吴南开　伍　巍　肖自辉　严修鸿　杨　江
曾毅平　曾昭聪　钟　奇　周　娟

编　辑
（按姓氏拼音排列）

陈　椰　龚琬茵　郑冠宇

卷首语

关于方言辞书编纂的思考

詹伯慧

《南方语言学》办到第二十一期来了，这应该说是我们暨南大学汉语方言研究中心的一项重大成果吧。现在这一期要编一个关于词典编纂的专栏，收集了几篇很有分量的文章，这是一件大好事，我举双手赞成。

词典的编纂是语言学科一项不可忽略的事情，也可以说是语言研究成果的集大成之作。一部好的词典，或大或小，总是能够体现编者在语言研究方面的成果和水平，也是语言研究为语言应用服务的重要表现。我这一辈子，从事语言研究工作七十多年，大家都知道，我的研究主要集中在汉语方言学方面，但是词典的编纂始终也是我尽力而为的一项工作，在我的著述里，辞书的出版占了相当大的比重，这是有目共睹的。从《汉语大字典》到《中国大百科全书·语言文字卷》，从《汉语方言学大词典》到《广州话正音字典》，都体现了我的学术思想：语言研究要为语言应用服务。

编好一部词典，需要各方面的语言研究成果来支撑，语音、词汇、语法都在词典中体现出来，从收字、注音到释义、用例，每一个环节都显现出编纂者的学术造诣，我们评价一本辞书的优劣，也都是从这几个方面入手的。大家都知道，从《新华字典》到《现代汉语词典》，这两部用得最广、影响最大的辞书都是我国一班著名语言学家合力编纂的成果。就拿《现代汉语词典》来说，现在已经出到第七版了，哪一版不是众多著名语言学家合力创作的成果。我们编纂一部小小的《广州话正音字典》就集合了粤港澳一批知名的粤语学者，共同审音，历时十载才把审音的成果反映到这部小字典中来，终于编出这样一部社会上声誉较好、广受欢迎的方言字典。

我们暨南大学汉语方言研究中心既然以方言研究作为我们的主要任务，那么我们方言研究的成果也一定要体现到我们的方言辞书编纂中来。能否编出一些大家欢迎的好辞书，是对我们的方言研究成果一个最好的验证。现在我们办的这本刊物这一期办了方言词典编纂的专栏，讨论一些关于方言词典编纂的问题，虽然稍微迟了一点，我认为还是很有意义的。我们希望通过这个专栏，让大家一起来讨论怎样编好方言词典，这样一定能够推动我们今后的方言词典编纂工作。我们还要编许多方言词典，每个大的方言我们希望都能编出一部大家满意的方言词典来。我们的工作不能只停留在我们主编的《汉语方言学大词典》上，应该不断发展，有综合的，也有个别方言的；有小的，也有大的，我们今后在词典编纂方面要多下功夫，持续推出各种方言的词典，服务于我国的语言研究和方言地区人民的应用。

此刻，在这一期《南方语言学》推出编纂方言词典专栏之际，我作为一个多年从事词典编纂的老人，想起了这几句话，供大家参考。

时年九十有三

2023年6月13日

目 录

汉语方言工具书编纂的理论和实践

略说方言词典的注释和用字 ································· 张振兴 （1）
对《现代粤语词典》的四点意见 ····························· 郑定欧 （15）
重视方言词典的文化价值 ··································· 刘村汉 （22）
上海方言的拼音方案制定、正音正字贯彻和方言词典编著 ······· 钱乃荣 （39）
20世纪粤东闽语"十五音"类字典及其研究综述 ··············· 林伦伦 （51）
浅论基于汉语拼音的方言拼音方案需要考虑的因素——以吴语拼音方案为例
································· 凌　锋 （64）
粤方言拼音方案概说 ···························· 陈永聪　侯兴泉 （70）
《海南话拼音方案》的有关问题 ····························· 刘新中 （87）
广州话词典的介词表义结构示例 ····························· 陶原珂 （96）
粤语词典编纂的基本原则 ··································· 高　然 （108）
湛约翰《英粤字典》所记一百多年前广州方言音系 ············· 王毅力 （120）
《客家方言文化大词典》的编纂 ····························· 严修鸿 （145）
谈谈两岸闽南方言辞书的用字问题 ··························· 王建设 （154）
《新潮汕字典》编撰中若干问题探索 ························· 张晓山 （159）
《海丰音字典》的编写及《海丰话拼音方案》的修订 ··········· 谢立群 （173）

语法及语言应用

从"无奈"的词性发展谈词典对同核兼类词的处理 ············· 喻　江 （182）
化州粤语"紧"的多功能用法及语法化路径 ······· 王美儿　何枫清　王茂林 （192）
论《金瓶梅》方言的功能与作用 ···················· 史小军　王献峰 （206）
批评话语分析：政府"双减"话语特征 ······················· 冷雨航 （217）
中级水平留学生汉语会话含意理解与表达的实验研究 ·· 张金桥　张巧宏　李　严 （231）
印尼华文报刊中华语词汇与普通话差异探微 ············ 王衍军　张馨月 （241）

海外汉语方言-少数民族语言

印尼廖内省巴淡市闽南话的语音特点…………………………………………赵　敏（256）

侨批数据库建设：进展与优化………………………………………曾毅平　李高翔（264）

俐侎彝语个体量词探析……………………………………………………周天天（274）

Table of Contents

Lexicography

A Brief on Annotation and Characters Used in Dictionaries of Chinese Dialects .... *ZHANG Zhenxing* (1)

Four Comments on *Modern Cantonese Dictionary* .... *ZHENG Ding'ou* (15)

Emphasizing the Cultural Value of Dialect Dictionaries .... *LIU Cunhan* (22)

Development of the Pinyin Scheme, Orthography, and Dialect Dictionary for the Shanghai Dialect .... *QIAN Nairong* (39)

A Review of Chao-Shan Fifteen Sounds Dictionaries in 20th Century and Related Studies .... *LIN Lunlun* (51)

A Preliminary Study on the Factors in the Dialect Pinyin Scheme Based on the Scheme of the Chinese Phonetic Alphabet .... *LING Feng* (64)

An Overview to the Phonetic Transcription Scheme of Chinese Yue-dialect .... *CHEN Yongcong, HOU Xingquan* (70)

Scheme for the Hainanese Phonetic Alphabet .... *LIU Xinzhong* (87)

Definitions and Examples for Explaining Preposition Structures in Cantonese Dictionary .... *TAO Yuanke* (96)

The Basic Principles for Compilation of Cantonese Dictionary .... *GAO Ran* (108)

The Cantonese Phonology More than 100 Years ago in *An English and Cantonese Dictionary* By John Chalmers .... *WANG Yili* (120)

Compilation of the *Cultural Dictionary of Hakka Dialect* .... *YAN Xiuhong* (145)

A Study of the Wordings in the Minnan Dialect Dictionaries across the Straits .... *WANG Jianshe* (154)

Explorations of Some Problems in the Compilation of *New Dictionary of Chaozhou-Shantou Dialect* .... *ZHANG Xiaoshan* (159)

Compiling of *Hai Feng Phonetic Dictionary* & Revision of Haifeng Dialectal Romanization System .... *XIE Liqun* (173)

Grammar and Language Application

On the Part-of-speech Tagging of Multi-category Words in Chinese Dictionary
—Enlightenment from the Syntactical Function Development of Wunai(无奈) .... *YU Jiang* (182)

The Poly-functionality and Grammaticalization of Jin (kɐn^{35} 紧) in Huazhou Cantonese
....*WANG Meier, HE Fengqing, WANG Maolin* (192)
A Study on the Functions of Dialects in *The Golden Lotus*
....*SHI Xiaojun, WANG Xianfeng* (206)
Critical Discourse Analysis: Discourse Characteristics of Government's Double Reduction
....*LENG Yuhang* (217)
An experimental Study on the Comprehension and Expression of Conversational
    Implicatures for Intermediate-level CSL Learners
....*ZHANG Jinqiao, ZHANG Qiaohong, LI Yan* (231)
Study on the Lexical Differences between Indonesian Chinese and Putong hua in
    Indonesian Chinese Newspapers..*WANG Yanjun, ZHANG Xinyue* (241)

Oversea Chinese Dialects and Minority Languages

Phonetic Features of South Min Dialect in Batam, Riau Province, Indonesia
....*ZHAO Min* (256)
Construction of Overseas Remittance-mails Database: Progress and Optimization
....*ZENG Yiping, LI Gaoxiang* (264)
The Individual Quantifiers in Limi Yi Language..*ZHOU Tiantian* (274)

> 汉语方言工具书编纂的理论和实践

略说方言词典的注释和用字

张振兴[①]

(中国社会科学院语言研究所　北京　100732)

【提　要】本文主要略说方言词典编纂的注释和用字。方言词典中有些反映方言地区语言文化特点的条目相对容易注释，但看似简单、常见的条目反而不容易注释，同时举例说明方言词典注释中常见的一些问题。方言的用字是编纂方言词典的难点，总的原则：合理使用方言本字；适当使用方言字；文从主人，也要从众从俗。全文以举例为主，加以说明，希望能对编纂方言词典有所帮助。

【关键词】方言　词典　注释　用字

笔者在《崇明方言大词典》序（张惠英等，2014）里说过一段话，原文如下：

> 调查研究方言最好的办法是编纂方言词典。方言词典是一种方言的综合研究成果。它反映方言的现状和历史，反映方言所在地点的社会和文化。但是，略有经历的研究者都知道，编词典很难，编方言词典，尤其是编大型的方言词典更难。

以上说到的意思，是笔者真实的想法。笔者曾经参与主持过大型《现代汉语方言大词典》分卷本和综合本（李荣，1992—2022）的编纂，前后历时长达十年；后来又主持过编纂中型《新华方言词典》（张振兴等，2011），同时全程参与《崇明方言大词典》的设计和讨论，前后又是将近八年时间。既略知编纂方言词典之意义和价值，也算深知其中之难处和甘苦。

本文希望就方言词典编纂的有关问题展开一些讨论，主要是通过一些实际例子，说

[①] 张振兴，1941年生，男，福建省漳平市人。中国社会科学院语言研究所研究员、博士研究生导师，曾担任过语言研究所方言研究室主任，《方言》季刊主编。主要从事汉语方言学和汉语音韵学的研究。

说关于方言词典编纂中的注释和用字。条目收录、语音标注等方面当然也有很多问题，拟另文给予讨论。

一、略说方言词典的注释

方言词典里面，除了条目和标音以外，其他部分都是注释，包括条目语音和用字的说明。所以注释既是词典里最主要的部分，也是编纂中遇到困难最多的地方。特殊性的方言条目，尤其是反映方言地区语言和社会文化特点的条目，比较容易编写。因为这些条目蕴含的内容丰富，有话可说。以下举四条为例：

【沙船】so^{55} zø$^{24-55}$ 遇沙不易搁浅的大型平底船，是中国古代近海航行的著名海船船型，中国"四大古船"之一。尤其适合崇明等沙洲浅滩水面航行，故传统上崇明使用的海船普遍均为沙船，崇明人也往往因沙船航运著称。‖明唐顺之《议海防》："沙船出苏、常、镇江海沙上，以崇明为最，靖江、江阴次之，镇江又次之。"乾隆《崇明县志》："沙船以出崇明沙而得名，太仓、松江、通州、海门皆有。"明万历年间曾调崇明沙船水兵救援朝鲜，抗击倭寇入侵。辛元欧著《上海沙船》："崇明沙船产量最大、性能可能也最好，抗流沙能力强。……崇明一带凡用船必以沙船为先，当时崇明渔船亦用沙船。"现上海市徽图案也是一朵白玉兰加沙船。

【状】dzã^{313} ❶村落，田段：袁家～(地名，袁家村)。|西南个～(西南田段)。❷地名用字：倪沈～。|沈子青～。|郁惟和～(引自民国刊本《崇明县志》三卷4页上)。❸堆积成的东西：柴～(柴堆)。❹把东西往上堆：其个稻柴堆～勒高来(那个稻草堆堆得很高)。❺量词，用于叠起来的东西：一～箱子箱橱(一副叠起来的箱子箱橱)。‖民国刊本《崇明县志》三卷1页上谓："崇地涨海为沙，或準邱形而谓之状。"沙丘、小岛都是"状"。所以，这个"状"，可能和今用作楼房量词的"幢"相通。

【畬】ṣa^{44} 泛指地，常与"田"相对而言。在喇叭话中，"畬"的意义有广狭之分，狭义指旱地，如：渠冇是田头，是畬头他没在田里，在地里。广义泛指土地，如平原称"平畬"，"山间平地"称"坪子畬"。‖《说文》卷十三下田部："三岁治田也易曰不葘畬田，从田余声，以诸切。"《诗·周颂·臣工》："嗟嗟保介，维莫之春。亦又何求？如何新畬。"《毛传》："一岁曰灾，二岁曰新田，三岁曰畬。"《广韵》平声鱼韵以诸切："畬，田三岁也。"又平声麻韵式车切："畬，烧榛种田。"意即用刀耕火种的传统方法耕种田地，本是动词，后指用传统方法耕种的土地，尤指焚烧土地里的草木，用草木灰做肥料的土地，名词。唐·刘禹锡《竹枝词九首·其九》："银钏金钗来负水，长刀短笠去烧畬。"

【烧鸡庐屋儿】ʃiu^{35} kuæ^{35} lu^{232} o^{44} 九月九日是送火神的日子，这一天在村边的空地上，先用草木搭一座临时的房子，这座房子叫"鸡庐屋儿"，也叫"豆腐鬼屋吾=①"。用茅草

---
① 吾=，其中的"="是指本字不是此字，为同音字之意。

捆扎打扮一个叫"火殃神"的稻草人,把它放房子中,举行一定仪式后把"鸡庐屋儿"当作篝火烧掉,这个活动也叫"送火殃"。意为送走代表火灾的鬼魅,以祈村子不受火灾。

以上"沙船、状"两条取自《崇明方言大词典》。"沙船"是崇明标志性的事物之一,注释很详细,后面的说明引用书证,恰如其分地把一种事物描述成地方的历史文化名称。"状"这个条目看似简单,但含义广泛,例证恰当,也很具崇明特征,后面的说明部分引用民国刊本的《崇明县志》,追溯来源,指出崇明之"状"犹今之"幢",解释得非常到位。"畲"条取自《贵州晴隆长流喇叭苗人话》(吴伟军,2019),"烧鸡庐屋儿"条取自《广西钟山董家垌土话》(邓玉荣,2019)。两书均为"濒危方言志"。这两条都是词汇条目,但做了词典性的注释,可以当做方言词典条目看待。"畲"条注释详细,最重要的是说明部分书证充分,有效地烘托了前面的注释。"烧鸡庐屋儿"是一条方言民俗文化条目,注释得也非常详细,读来仿佛有身临其境的感觉。这些条目方言特征显著,民俗文化背景丰富,可以展开解释的话语很多,注释起来反而是相对容易的。当然方言中的大量事物名词或相关的动词、形容词条目,注释起来也并不困难。

但是,有一些平时常见的方言条目,看似非常简单,但注释起来非常不容易。下面以《现代汉语方言大词典》分卷本为基础,举最平常的"猪"和"虎"为例。"猪"被认为是"六畜"之首,遍见各地,嘴里都说;"虎"是猛兽之首,见到真虎的人不多,但"谈虎色变",除了尚不省事的幼童以外,几乎所有人都知道虎之厉害。正因为太常见常听了,一般的词汇条目所列的"猪""虎"条目都不加注,例如《湖南道县梅花土话》(沈明、周建芳,2019)等许多方言研究专著就是这么处理的,读者也以为正常。但编纂《现代汉语方言大词典》分卷本的时候就颇为犯难。建瓯方言管"猪"叫"豨",所以用"豨"出条,注为:"猪。广韵尾韵虚岂切:'楚人呼猪。'"银川方言"猪"条简单加注,但紧接着就说明"回民禁忌猪,叫'黑子、哼哼、狼贼勒'。"长沙管"老虎"叫"老虫=大虫=大猫",因为长沙风俗忌讳说"虎",故有种种讳称。这三处注释和行文都恰到好处,都避开了真正的释义。其他的分卷本对这两条的处理可以分为两种情况:

(1)猪、虎其中的一种不单独出条,但都收录了相关条目

个别地点都不单独出条。例如:上海、苏州、温州、杭州、宁波、扬州、南京、丹阳、乌鲁木齐、西宁、万荣、崇明、济南、哈尔滨、柳州、徐州、成都、长沙、太原、忻州、贵阳等21处"猪"都不单独出条,但都收录跟"猪"相关的其他条目,例如温州收录"猪牯、肉猪、野猪、玀猪、猪儿、仔猪"等很多条目,并且给予简单明了的解释。《崇明方言大词典》"猪"也不单独出条,但以"猪"为首字的相关条目达54条,如"猪水泡、猪四六羊、猪恶、猪怪头、猪头田、猪头三、竹头肉、猪粪、猪郎、猪娘、猪农"等,也都做了简单注释。广州、娄底两处"猪、虎"都不单独出条,但娄底还是收录了"母老虎"条,义项有二:①雌性老虎;②比喻凶悍、蛮横的女性。两个义项的前提是假设读者都知道"老虎"是什么。

（2）猪、虎都出条，也都加以注释，但注释行文差别很大

例如福州、厦门、雷州、南宁、绩溪、东莞、梅县、金华、于都、黎川、萍乡、西安、洛阳、武汉、乌鲁木齐、西宁、万荣、南昌、济南、牟平等20处"猪、虎"都出条。但"虎"的注文最简单者为萍乡"老虎：虎"，金华"老虎：虎的通称"，等于是互注；雷州、丹阳等地均注为"一种猛兽"或"一种野兽"。"猪"的注文有的也很简单，绩溪只注为"一种哺乳动物"，萍乡只注为"一种家畜"。但注释也有详细或比较详细的。南宁"猪"条的注文："哺乳动物，头大，鼻子和口吻都长，眼小耳大，腿短，体肥，肉可供食用，皮可制革，鬃可制刷子等，粪尿可作肥料。"建瓯"老虎"条的注文："哺乳动物，形体较大，毛黄色，有黑色的斑纹，听觉和视觉都很灵敏，性凶猛，力气大，夜间出来捕食鸟兽，有时也伤害人。骨、血和内脏均可制药。"其他很多地点的注文也大体与此类相仿。这一类注释详细或有比较详细注文的，多是从《现代汉语词典》"猪""虎"条的动物学意义上的注文略加删减或增补改编而来的。说起来这也不算错误。《现代汉语词典》是允许引用或抄录的。

不过，从"猪""虎"是否出条，出条后注释是从简或从繁，可以看到词典编纂者的无奈和为难。不出条或注文行简，是因为这两个条目尽人皆知，平常不过，无话可说；出条而注文繁复，只能从《现代汉语词典》里抄录删减或增补。如果我们细细检查各种方言词典，类似"猪""虎"这类的条目其实也不少。如何给这些条目注释行文确实不易。从词典学的角度来说，常说常见的事物跟罕见少说的事物一样，都必须出条，也都必须行文注释。但从方言词典的角度来说，常说常见的事物注释可以趋于简单，只要适当地说明这种事物"是什么"就可以，没有必要进行精确、学术性的注释。因此，"猪"可以简单注释为"一种家畜，肉供食用"或"一种主要家畜，肉供食用"；"虎"可以简单注释为"一种猛兽，以其他鸟兽为食"或"一种野兽，性凶猛"。这种注释已经指出了"猪、虎"的动物类别和主要特征，这就够了。如有读者需要进一步了解，可以再去查阅《现代汉语词典》或其他的动物学专业词典。

方言词典的注释，最重要的要求是简单明白、好懂易懂。有一些方言词典的条目注释，不注意这个要求，就会变成不好懂、不容易懂。下面归纳几方面的问题，略举一些例子加以说明。这些例子大多见于未公开发表的一些方言词典稿，所以略去方言地点名，以及有关的标音。按语后面的改正注文，参考《现代汉语词典》以及其他有关词典。

（1）以学术名称或定义性名词注方言

这种注释多见于动植物之类的条目，表面上看似简单，实际上给使用者造成麻烦。读者一看就不明白，必须再去查检其他辞书或专业书籍才能看明白这里的注文。例如：

【百个节】原注：马陆。体长，躯干约20节，每节有两对足。按，"马陆"是一个学术性名词，"节"也带有定义性名词的性质。应该改为：一种爬行动物，身体圆长，有很多节肢，昼伏夜出，以草根和腐败植物为食。当地又叫"千脚虫""千足虫"。学名"马陆"。

【白米子】原注：青猺，也叫果子狸。按，"青猺"是一个专业术语，也叫"花面狸"，都过生僻。应该改为：一种野生动物，身体比家猫细长，毛棕灰色，以山林中果实、谷物等为食。很多地方口语里叫"果子狸"。

【老虎卵】原注：云实，一种草药‖"云实"见《辞海》1085页。按，"云石"是学名，《现代汉语词典》不收，但注出类别和《辞海》页码，只是缺详。应该改为：一种草药，学名"云实"。根可入药，治腰痛、毒蛇咬伤；根的汁液治骨鲠及喉痛；种子可用于治痢疾及肠寄生虫病。

【核桃疙瘩（子）】原注：踝子骨。按，"踝子骨"主要用于医学专业名称，也嫌生僻。应进一步注释为：人体骨骼名称，指小腿和脚之间，内外两侧的突起部分，内侧的突起部分叫内踝，外侧的突起部分叫外踝。核桃疙瘩（子）是内踝和外踝的总称。

（2）以方言注方言

就是用本方言或其他方言的词语来注释方言词语，这是方言词典注释中经常出现的毛病。这也常常会给使用者造成困难。例如：

【哈什蚂子】原注：哈什蚂‖满语音译加"子"。按，这个注文等于什么都没有解释。应改为："哈什蚂"是满语借词，音译后加"子"尾。原指主要产于东北各地的一种蛙类。身体灰褐色，生活在阴湿的地方。雌性的腹内有脂肪状的物质，叫哈什蚂油，中医用作强壮剂。

【两手儿】原注：两下子；两把刷子：今天我来露～，给你们炒两个拿手菜｜他治这种病真有～。按，"两下子""两把刷子"多用于官话方言，南方方言用得很少。应该改为：指做事有办法，手艺或技术上有一套本事，相当于很多官话方言里的"两下子"或"两把刷子"（加例句）。

【白蒿】原注：一种呈灰白色可食用的蒿子，常切碎加入面粉做成馒头或搅入玉米糁做成糊。按，"蒿子"是官话方言词，南方方言很少说。白蒿只是蒿子的一种。应改为：蒿子的一种，草本植物，花小。白蒿的叶子呈灰白色，当地常切碎加入面粉做成馒头，或搅入玉米糁做成面糊食用。

（3）循环性的注释方言条目

就是用包含条目字的句子来解释条目，实际上条目本身并未得到解释。还有一种举例性的解释，也可以归入这一类。例如：

【靸拉】原注：（多含贬义）看你像个啥样子，～个鞋就跑伢屋里去咧。按，应改为：口语里常说"靸拉个鞋"，指穿鞋时把鞋后帮踩在脚后跟下：看你像个啥样子，～个鞋就跑伢屋里去咧（多含贬义）。

【吊杀鬼】原注：迷信认为吊死的人变成吊杀鬼。按，应改为：迷信的说法，称上吊而死的人变成的鬼叫吊杀鬼。

【筛米】原注：用筛子筛米。按，应改为：用筛子把米里的糠皮、杂物等弃掉。

【撑船】原注：用竹篙撑船。按，应改为：用竹篙撑举，使船前进。

【摇船】原注：用橹摇船。按，应改为：用橹摇动，使船前进。

【下摆】原注：衣服的下摆。按，应改为：长袍、上衣、衬衫等的最下面的部分。

（4）其他一些不妥的注释。例如：

【八马四季红】原注：借指划拳。按，凡是比喻、借指的注释，都必须以注释条目本义为前提。本条的注释先要说明"八马四季红"本义是什么。

【沙土地】原注：由百分之八十以上的沙和百分之二十以下的黏土混合而成的土壤。按，原注文是一条土壤学上的定义，用于方言词典，失之太过精密。可改为：泛指含沙很多的土壤。

【平头百姓】原注：布衣。按，以文言注方言有时是可以的，但此处不妥，注了反而让一般人不知所以。应改为：普通老百姓；没有任何官职的人。

以上只是举例性地说明了注释行文中的失当之处，还有其他一些缺点，不能一一列举。总之，编纂方言词典跟编纂其他语词性词典一样，给条目下一个好的注文，是最费斟酌的地方。这里顺便说一下跟注文有关的例句问题。词典中的例句往往可以补充有些注文的欠缺，起到帮助使用者正确理解注文的作用。因此，选择适当的口语例句对方言词典来说也是极其重要的。有些条目，一看就明白，一注就清楚，如"桌子、椅子、锅、碗、瓢、盆"这样的具体事物名词条目，加了例句反而有画蛇添足之嫌，但语法性很强的条目，某些动词、形容词和一些抽象名词的条目，一般都应该加上一个甚至若干个例句。例句必须是完整的一句话，切忌说半句话。

二、关于方言词典的用字

再来说说方言词典的用字。《现代汉语方言大词典》分卷本和综合本都用繁体字，自有其道理。很多方言词典总体上都用通用汉字，平常理解为简体字。《崇明方言大词典》也用简体字，但方言条目用字，或方言例句用字，适当地用一些繁体字，或繁简并用。这种做法是为了照顾很多方言，尤其是南方多数方言的实际情况的。因为有些简体字合并了共同语里"同音"的繁体字，但在很多的南方方言里并不同音，意义也有明显差别。例如，下面这些字，很多南方方言是不同音义的，使用的范围也不一样，而且韵书有据。在笔者的漳平（永福）方言里，以下4对繁简字读音和意义是严格区别的，韵书里也不同音。

只—隻："只"《广韵》止开三上声纸韵诸氏切，"语辞"。口语用于"一～线"，文言用于"～有"，读音 ₌tɕi。"隻"《广韵》梗开三入声昔韵之石切，"一也，说文曰鸟一枚也"。做多数禽畜的量词，一～（鸡、鸭、猪、狗、牛等），音 tɕia₌（长入调）。

划—劃："划"《广韵》假合二平声麻韵户花切，"划拨，进船也"。口语管"划船"叫 ₌ko ₌tsun，前字变调读如阴去"过"音。"劃"《广韵》梗合二入声麦韵呼麦切，"劃作事"，只用于文言"计～"和"笔～"，读音 hua², 全浊入声今读阳去符合该方言演变规律。

并—並："并"《广韵》梗开三去声劲韵畀政切，"专也"。口语说"合～、归～"，读音 bin⁼，阴去调。"並"《广韵》梗开四上声迥韵蒲迥切，"比也"。口语说"比～（比一比）"，读音 ₌bin，古全浊上声多读阳去，也可读阳平，符合演变规律。

面—麵："面"《广韵》山开三去声綫韵弥箭切，"向也，前也，说文作颜前也"。口语"脸"说"面"，又作量词，"一～锣、一～墙"，读音 bin⁼，文言说"方～"，读音 mian⁼。"麵"《广韵》山开四去声霰韵莫甸切，"尘飞雪白"，口语管"面条"叫"麵"，"面粉"叫"～粉"，读音都是 ₌mĩ，古全浊去声今读阴平，也符合演变规律。

根据不同的方言，还可以举出一些类似的例子。所以总体使用通用汉字的方言词典，适当用一些繁体字或繁简并用字，实际上是有必要的。

鉴于汉语方言和共同语具有很大的共同性和一致性，通用汉语的绝大部分用字同样适合使用于各个不同的汉语方言。所以就编纂具体的方言词典来说，一般情况下用字不是大的问题。但是不同的汉语方言也有各自不同的分歧性和差异性，在文字的使用上自然也会有不同的需求。这主要指的是方言本字、方言字。总的原则是：合理使用方言本字；适当使用方言字；文从主人，也要从众从俗，合理使用俗字、训读字、同音字、表音字，甚至直接使用音读。下文将进一步分别说明。

（一）合理使用方言本字

我们所说的方言本字，是指特定方言区域里专用的方言字。对于本字有三个基本要求：一是要合乎方言的音韵地位；二是要于古有征，就是要有书证；三是所能覆盖的方言区域越大越好。著名语言学家李荣先生曾作《考本字甘苦》（1997）一文，考证方言里"穰、薦、媤"等六个字词，极尽甘苦，可以作为样本。李荣先生在《关于方言研究的几点意见》（1983）一文中已经特别指出："考求本字，就是从古今比较，方言比较入手的。……考求本字当然还要读书。"这里再试举几个本字考证的例子：

滗 挡住渣滓或泡着的东西，把液体倒出，字·又作"潷"。部分官话方言，还有晋语以及多数南方方言都使用这个字。例如：盐城 pɿʔ⁵，巢湖 pi⁼，太原 pi⁵³，绥德 pi²¹³，永定 piʔ²，南昌 pi³⁵，上海 pieʔ⁵，福州 pei²¹²等地。《广韵》臻开三入声质韵鄙密切："去渖。"唐·玄应《一切经音义》卷五"滗饭"，注引汉·服虔《通俗文》："去汁曰滗。"

擘 用手把东西分开，字又作会意的"掰"。这个字使用的范围也很广，包括很多官话，以及晋语和多数的南方方言。例如：柳州 pə⁴⁴，绥德 pə³³，崇明 pɑʔ⁵，梅县 pak¹，绩溪 mɔʔ⁴²，广州 mak³，厦门 peʔ²¹，雷州 pɛ⁵⁵，海口 ʔbɛ⁵⁵等地。《广韵》梗开二入声麦韵博厄切："分擘。"《礼记·内则》："炮之，涂皆干，擘之，濯手以摩之，去其'皽'。"《史记·刺客列传》："既至王前，专诸擘鱼，因以匕首刺王僚，王僚立死。"

镬 指"无足之鼎"，今方言通称"锅"类。几乎通用于南部吴语、粤语、客家话，以及赣语的多数地区。例如：宁波 ɦoʔ²²，金华 ɦo²¹²，广州 uɔk³²，梅县 vok⁵，于都 vɤ⁴²，黎川 uɔʔ⁵ 等地。《广韵》宕合一入声铎韵胡郭切："鼎镬"。《说文·金部》："镬也。"罗振玉《增订殷墟书契考释·镬》："（甲文）从镐隻声，殆即许书之镬。"《淮南子·说山》："尝一脔肉，知一镬之味。"高诱注："有足曰鼎。无足曰镬。"《史记·廉颇蔺相如列传》："臣知欺大王之罪，臣请就汤镬。"清龚自珍《汉朝儒生行》："军至矣，刺史迎，肥牛之腱万镬烹。"

敨　把东西解开，官话方言一般说"解"；休息一下，官话方言一般说"歇"，喘一口气多数说"透气"。但一些官话方言，以及东南方言的很多地方都说"敨"，字又作"敨"。例如：安庆 tʻəu²¹³，武汉 tʻou⁴²，上海 tʻɤ³⁴，无锡 tʻei⁵²，长沙 tʻəu⁴¹，安徽岳西 tʻəu³¹，阳江 tʻɐu²¹，厦门 tʻau⁵³，福州 tʻau³¹ 等地。《集韵》流开一上声厚韵他口切："展也。"一般字书很少有收录这个字眼的，如新旧版的《辞源》都不收这个字。但1979年版的《辞海》（上海辞书出版社）中卷3132页收录这个字，注释是："方言。把包卷的东西打开。"文献上这个字几乎都写作从手从斗的"抖"字。《水浒全传》（1954年第一版第一次印刷）第401页第26回，武松盘问何九叔那一段："酒已数盃，只见武松揭起衣裳，飕地掣出把尖刀来，插在卓子上，量酒的都惊得呆了，那里肯近前。看何九叔面色青黄，不敢抖气。"《水浒全传》420页校记："'不敢抖气'全传本，芥子园本'抖'作'敨'，观华堂本作'斢'。"又见民国《定海县志》："俗谓舒展曰敨开。"

也有一些方言词典或方言调查研究报告本字考求不错的。例如张惠英等《崇明方言大词典》、黑维强《绥德方言调查研究》（2016）、沈明《湖南道县梅花土话》（2019）等。不过，从李荣先生的《考本字甘苦》，以及上面所举例子，已经可见考本字之不易。所以一般来说，方言调查研究最主要是把音记准了，能写出本字最好，但并不主张追求本字。编纂方言词典时的用字也是同样道理，对这些本字的考求要控制在力所能及的范围之内，编纂方言词典是一项综合性的工作，考求本字只是其中之一，超出能力之外去勉强考求本字是得不偿失的。

（二）适当应用方言字

广义的方言字除了包括上文所说的方言本字，还包括方言地区通行的俗字、训读字、同音字、表音字等。这里所说的方言字是狭义的，只指方言地区通行的、自行创制的方言用字。这种方言字有的仅见于方言地区旧时流行的韵书和字书，但一般很少见于通用的韵书和字书，有的字甚至也不见于现行的大中型字库。这种方言字有的通行范围较广。例如：

乜　通行于部分官话、粤语、平话土话，以及部分闽语地区。例如：牟平 niə⁵³，银川 nie⁵³，广州 mɛt⁵⁵，东莞 mɛt⁴⁴，福州 mieʔ²⁴，雷州 mi⁵⁵，兴安 miɛ⁵⁵ 等地。①指示比较远的人或事物，相当于北京话的"那"。②谁：～人。③为什么，干吗：～你噉样讲呀？④什么：佢～都唔知道。

冇　通行于少数官话、湘语、粤语、吴语、客家话、平话土话、徽语地区。有的地方字又作"冒"。例如：武汉 mau^{33}，长沙 mau^{11}，新化 mɔ^{33}，广州 mou^{23}，东莞 mɔu^{13}，温州 nau^{35}，于都 mɔ^{44}，南宁 me^{24}，富川 mo^{44}，绩溪 mau^{35}。否定动作或状态已经发生，表示否定，相当于北京话"别""没有"。

剀　通行于少数官话、粤语和平话土话地区。有的地方字又作"鐦、剕"。例如：柳州 kæ^{24}，广州 kai^{33}，东莞 kai^{42}，南宁 kai^{55}，富川 ka^{22}。①将圆木锯成板；劈柴。②裁，割开，划开。

奀　通行于少数官话、粤语、闽语、平话土话地区。例如：柳州 ŋen^{44}，福州 nɛiŋ^{55}，雷州 ŋak^{55}，广州 ŋen^{53}，东莞 ŋen^{213}，南宁 ŋən^{53}。身体瘦弱，矮小：～细。

毑　主要通行于湘语和客家话地区。这些地区口语里说"娭～"，指母亲或祖母，例如：长沙 tsie^{33}，新化 tɕia^{24}，衡阳 tɕi^{33}，东安 tɕie^{55}，于都 me^{35}，梅县 me^{44}，宜章 mei^{21}。按，这里长沙、新化、衡阳的读音，本字可能就是"姐"字；东安、于都、梅县、宜章的读音字又作"娓、媺"，本字可能就是"母"字。

唔　通行于赣语、客家话、粤语、吴语、闽语，以及湘语的部分地区。字又作"怀、呣、吤"。例如：都昌 n^{434}，于都 ŋ^{44}，梅县 m^{11}，连城 ŋ^{33}，广州 m^{21}，东莞 m^{21}，上海 ɦm^{23}，苏州 n^{55}，温州 n^{31}，宁波 m^{44}，厦门 m^{11}，福州 ŋ^{343}，建瓯 eiŋ^{55}，雷州 m^{24}，新化 n^{33}。最主要用作否定副词，相当于北京话的"不"。

啱　通行于少数官话、闽语、客家话、粤语、平话地区。例如：柳州 ŋã^{44}，海口 ŋam^{55}，雷州 ŋam^{55}，北流 ŋam^{44}，容县 ŋam^{33}，博白 ŋam^{44}，广州 ŋam^{53}，东莞 ŋaŋ^{213}，南宁 ŋam^{55}。①合适，正确。②适合。③巧，恰巧。④投契，合得来，好。

㜮　通行于客家话、湘语、平话土话地区，字又作"娭"。"～毑"指母亲或祖母，例如：梅县 oi^{44}，长汀 ue^{21}，长沙 ŋai^{33}，衡阳 ai^{44}，东安 ŋa^{33}。

覅　主要通行于官话、晋语、吴语、徽语地区。例如：万荣 piɑu^{52}，南通 piɑu^{53}，pie^{53}，乌鲁木齐 pɤ^{213}，西安 pɑu^{21}，忻州 piɔ^{53}，长治 piɔ^{213}，杭州 piɔ^{55}，绩溪 pie^{35}，歙县 piɤ^{214}，黟县 piu^{434}，深州 piau^{53}。"不要"的合音，表示禁止或劝阻。

㚢　主要见于粤语、闽语、客家话、赣语地区。有的地方字又作"婶"。例如：广州 nin^{55}，铅山 nien^{22}，海口 nin^{35}，福州 nɛiŋ^{33}、nɛiŋ^{53}，建瓯 naiŋ^{33}，北流 nen^{44}，容县 nen^{33}，博白 nen^{44}。①乳房。②乳汁。

但很多方言字通行的范围是很窄的。下面也举几个这一类的方言字。例如：

凵　娄底 kʻuẽ^{42}。打～：播种时挖小而浅的坑。

亍　梅县 tsʻok$_{11}$。～脚：步履蹒跚。

丕　温州 gø^{212}。短的围裙。

冇　建瓯 ku^{21}。硬实。

尒　于都 pi^{44}。①形容小：～鸡子｜～鱼子。②形容程度深：～软。

冽　福州 sɑ^{212}。交媾，交合。

炎　柳州 mi^{24}。潜水。

姆　福州 muo^{33}，厦门 bo^{33}，雷州 bɛu^{21}，海口 vɔu^{21}。妻子。字又作"媰、姥"，本字就是"母"。

杢　厦门 kʰit^{22}。木桩。

以上两类方言字，使用范围都有限，多数都非常生僻，录入、排版都不方便。其实有的字是有方言本字的。例如，当母亲或祖母说的"馳"，本字可能就是"姐"或"母"；当妻子说的"姆"本字也是"母"；建瓯的"冇"可能就是很平常的"鼓"。只是如果写成本字，当地人反而不容易接受。所以我们主张适当使用方言字，尤其是要适当应用范围很窄的方言字。

（三）文从主人，也要从众从俗，合理使用俗字、训读字、同音字、表音字，甚至直接使用音读

上文所说的方言本字属于研究范畴，经常是可遇而不可求；方言字属于方言区人们自创自造的产物，大多是会意字，有的字也说不出道理，但在一定的方言区域里流行。其实从方言词典编纂来说，还有一条很最重要的原则就是要文从主人，从众从俗。

例如单数第三人称代词，粤语、客家话、赣语、南部吴语，以及部分徽语、平话土话、湘语都同源，本字就是立人旁的"偍"字，又作"渠"字。《集韵》去声鱼韵求於切，"偍，吴人呼彼称，通作渠"。《通鉴》一〇三东晋孝武帝宁康元年（公元373年），有一条记录桓冲跟他哥哥桓温的谈话，桓温说："渠等不为汝所处分。"胡三省注："吴俗谓他人为渠侬。"《三国志·吴书》十八《赵达传》："〔公孙〕滕如期往。至乃阳求索书，惊言失之，云：女婿昨来，必是渠所窃。"可是这个字粤语地区习惯写作俗字"佢"，湘语有的地方则写作同音字"其"。在这一点上粤语方言表现得尤其具有开放性。其特点之一是所有音节都有文字，几乎自成"粤文"。除了本字以外，别的方言用方框"□"（有音无字）表示的，粤方言也能写出字来。这就出现了大量的所谓加"口"旁的"表音字"，例如"咗啊嘅喺嘢唞啲"等。其特点之二是一些常用字经常不写本字，而写习惯俗字，例如上文说的"渠"习惯写作"佢"；"站立"的本字是"徛"，习惯写作"企"；当助词用的"个"，习惯写作表音字"嘅"等。还将英语 show（表演、演出、展示）直接引进口语，写作近音"骚"，如"做骚、骚畀人睇"等。这些俗字、表音字在粤方言词典里随处可见，人们也习以为常。

其实，在一些方言里方言俗字甚至覆盖了方言本字，就是说本字是不通行的，俗字反而是通行的。下面举两对例子。

（1）毛—无

北京话表示不存在，表示否定的字眼用有无的"无"。这个字眼南方很多方言口语里的说法大致如下：

广州	东莞	于都	南昌	长沙	江永	福州	厦门	温州
mou²¹	mou¹³	mɔ⁴⁴	mau¹¹	mau¹¹	ma⁵⁵	mo⁵³	bo²⁴	nau²⁴

按照这些方言的音读，广州、东莞、于都、南昌、温州通常都写作会意字"冇"平声；长沙旧时多写作同音或近音的"冒"字平声或去声；福州、厦门多写作共同语的等义字"无"；江永的 ma⁵⁵ 应该同源，有的写作训读字"没"。其共同的来历当来自效摄开口一等豪韵明母平声字。前人考证本字就是"毛"字。毛，《广韵》豪韵莫袍切，"说文曰眉发及兽毛也"。《集韵》豪韵谟袍切，"说文眉发之属及兽毛也"。两者都没有表示否定的意思。但《后汉书·冯衍传上》："然而诸将虏掠，逆伦绝理，杀人父子，妻人妇女，燔其室屋，略其财产，饥者毛食，寒者裸跣。"此处"毛"只当"无"解。关于这个字，清·钱大昕《十驾斋养新录·古无轻唇音》："古读'无'如'模'……'无'又转如'毛'。《后汉书·冯衍传》：'饥者毛食'注云：按《衍集》'毛'字作'无'。《汉书·功臣侯表序》'靡有孑遗耗矣'注：孟康曰：'耗，音毛。'师古曰：今俗语犹读'无'为'毛'。大昕按：今江西、湖南方音读'无'为'冒'，即'毛'之去声。"清·赵翼《陔余丛考·毛作无字》："天津、河间等处，土音凡'无'字皆作'毛'字。《佩觿集》所谓河朔人谓'无'曰'毛'。"这段论证颇为详尽，而且说早期天津、河间等地也有此读。不过，话虽如此，现在南方地区还是习惯从俗写作"冇、冒、无"，几乎覆盖本字的"毛"。

（2）处—厝

闽语管整座房子叫"厝"，家也叫"厝"，闽南话"我的家"就说"阮厝"；厝还是很多乡村的地名，例如"陈厝、李厝、黄厝"等。闽语这个字的读音如下：

福州	宁德	莆田	泉州	龙岩	尤溪	永安	建瓯	松溪
tsʰuɔ˨	tsʰu˨	tsʰɔu˨	tsʰu˨	tsʰi˨	tsʰy˨	tʃʰiɯ˨	tsʰiɔ˨	tsʰyo˨

按，"厝"字本属遇摄合口一等去声暮韵，大致可以满足上述福州、宁德、莆田、泉州四处今读合口或开口的要求，但无法满足龙岩、尤溪、永安、建瓯、松溪五处今读齐齿和撮口的要求。再说"厝"字也无"整座房子"的意义。《说文》："石也，从厂，昔声"，苍各切，又七互切。段注："小雅鹤鸣曰：他（佗）山之石，可以为错。传曰，错，错石也。……错，古作厝。"《汉书·地理志下》"五方杂厝，风俗不纯"，《贾谊传》"抱火厝之积薪之上"当为粗误切，通作措。又《五经文字》（古经解汇函本之十六）卷中厂部："厝，千各反，见诗。诗又作错，经典或并用为措字。"《龙龛手鉴》二49厂部第十三："厝，仓故反，置也，又仓各反，砺石也。"《广韵》暮韵仓故切，"置也"；《集韵》莫韵仓故切，"说文置也"；闽语早期方言韵书《戚林八音》通作"错""捨置"。可见，这个字眼古今意义演变跟闽语的今义没有关系。显然"厝"是闽语地区通行范围很广的俗字。陈章太、李如龙《闽语研究》（1991）第54页书注："'厝'是各地通行的俗字，它的音韵地位和一些点的实际读音对应关系不能切合，暂时沿用。"此说甚是！

其实，"厝"的本字就是常见常用的去声"处"字，属遇摄合口三等御韵去声字。它可以满足闽语各地开合齐撮四呼皆全的读音要求。在意义上也跟闽语用法相合。《广韵》御韵昌据切，"处所也"。《集韵》御韵昌据切，"所也"。《戚林八音》出字母；"处，所也"。这就是《史记·五帝纪》"迁徙往来无常处"的"处"。更重要的证据是，与福建北部相邻的浙江南部地区，属于受到闽语重要影响的方言区域。清嘉庆六年（1801）《庆元县志》卷二收有"周处"。民国十五年（1926）《丽水县志》卷一收有"吴处"。陈桥驿主编《浙江古今地名词典》（1991）收有"董处"，在武义县后树乡；又收有"新处"，在松阳县。新编《丽水市地名志》（内部印行，1986）收有"吴处"，注明"明代有吴姓人氏，从岩泉迁此建宅，村因名吴处"，又收有"大处、周处"。《景宁畲族自治县地名志》（1990）收有"丘处样、外处坳、何处"，皆村名。又据颜逸明（1994），浙江南部丽水、缙云、云和、景宁、庆元、龙泉、松阳、遂昌等八处，都把房子都记为"处"。又据曹志耘等（2000），全所房子遂昌 tɕʰyɤ˧、云和 tʃʰyˀ、庆元 tɕʰye˧，都写作"处"。庆元房间也叫"处"，正房叫"正处 tɕieŋˀ tɕʰye˧"。

    闽语地区什么时候开始把房子写作"厝"，一时无可考求。但习非成是，今闽语无法把"厝"改写作本字"处"。《现代汉语词典》注有三个义项：一是放置，如"厝火积薪"；二是把棺材待放待葬，或浅埋以待改葬；三是指房屋。前两种义项都继承了"厝"字的本义，都是书面用法。第三种用法是闽语方言的用法。即使是最权威的辞书有时候也需要从众从俗。

三、余论

    笔者与辞书结缘的经历，使笔者对各种辞书有感情，对辞书编纂人员也充满敬意。对于任何有责任心的辞书编纂人员来说，辞书一经正式出版就会感到遗憾，总会感到有什么地方有缺陷，有可以进一步改正的地方，恨不得重新再来一遍。所以后来笔者会以一种很平常的心态，去对待其他辞书中的一些缺点或毛病，特别是关于注释方面的。我们不能苛求编纂人员"凡事通""每事通"，也不能苛求绝对的"周全"，即使名家大师编纂的辞书也难免有瑕疵，老虎也有打盹的时候呢！竹子，一般辞书注释都说"茎圆柱形"，可是我们知道福建闽北山区有一种竹子，名叫方竹，茎是方的；西瓜，一般辞书注释也说"果实球形或椭圆形"，但是我们知道，日本有的地方专门种植一种方形的西瓜，售价比平常西瓜贵几倍；狐狸，辞书上都说"毛通常赤黄色"，不过加拿大北部地区的狐狸，却是通身黑色皮毛的，最近有报道，日本北海道地区也发现了黑色的狐狸；乌鸦，辞书上说"全身羽毛黑色"，俗语有"天下乌鸦一般黑"，可是南方有的乌鸦其颈部是白的，看上去很像平常见到的喜鹊，曾有报道说澳大利亚甚至有一种白"乌鸦"。还有一般辞书"有、无、在、是"都有一条注释管它们叫动词，但是动词不动，跟一般语法教科书上说的不一样。我们可以很容易找出这些例子，但是我们不能就据此说一般辞书这些条目都错了。世上万物，千奇百怪，辞书只能注释常例，不能顾及特例和例外。

至于编纂方言词典，它比一般的辞书编纂多了一层用字方面的困难。我们主张根据不同的方言特点，合理、适当地使用本字和方言字，就是要把握分寸，把握适度，然后加上从众从俗的原则。编纂方言词典的主要目的是为方言区的人服务的，也是为了保存方言区的语言文化服务的，与此同时为方言区之外的其他使用者服务的，过分强调某一方面显然不合适。

参考文献

本文"略说"以语言事实资料为主。其中的资料大多来自李荣先生主编《现代汉语方言大词典》的分卷本。这里不一一罗列，特向有关作者表示感谢。还有一部分资料来自笔者平时的读书笔记。其他资料主要来自以下各种参考文献：

［1］曹志耘，秋谷裕幸，太田斋，等，2000.吴语处衢方言研究［M］.东京：好文出版社.
［2］陈章太，李如龙，1991.闽语研究［M］.北京：语文出版社.
［3］邓玉荣，2019.广西钟山董家垌土话［M］.北京：商务印书馆.
［4］黑维强，2016.绥德方言调查研究［M］.北京：北京师范大学出版社.
［5］胡明晓，张振兴，2020.粤港澳大湾区语言研究综述［J］.语言战略研究（1）：34-45.
［6］李荣，1983.关于方言研究的几点意见［J］.方言（1）：1-15.
［7］李荣，1997.考本字甘苦［J］.方言（1）：1-13.
［8］李荣主编，1992—2002.现代汉语方言大词典［M］.南京：江苏教育出版社.
［9］沈明，周建芳，2019.湖南道县梅花土话［M］.北京：商务印书馆.
［10］吴伟军，2019.贵州晴隆长流喇叭苗人话［M］.北京：商务印书馆.
［11］颜逸明，1994.吴语概说［M］.上海：华东师范大学出版社.
［12］张惠英，顾晓东，王洪钟，2014.崇明方言大词典［M］.上海：辞书出版社.
［13］张振兴，2004.闽语特征词举例［J］.汉语学报（1）：8-15.
［14］张振兴，2010.赣语几个重要字眼的方言研究启示［J］.汉语学报（1）：45-50.
［15］熊正辉，张振兴，沈明，2011.新华方言词典［M］.北京：商务印书馆.

A Brief on Annotation and Characters Used in Dictionaries of Chinese Dialects

ZHANG Zhenxing

(Institute of Linguistics, Chinese Academy of Social Sciences, Beijing, 100732)

Abstract: This paper mainly discusses the notes and characters used in compiling the dialect dictionary. In the dialect dictionary, some items reflecting the language and cultural characteristics of the dialect area are relatively easy to annotate, but that's not the case with the seemingly simple and common items. Meanwhile, some common problems with the annotation of the dialect dictionary are illustrated. The difficulty of compiling dialect dictionaries lies in the use of dialect characters. Thus, the general principles to be followed are: rational and proper use of dialect characters, and the speaker being the decisive factor with the folk and customs taken into consideration. The full text is mainly illustrated with examples, with the hope of being helpful to the compilation of dialect dictionaries.

Key Words: Dialect, Dictionary, Annotation, Use of Characters

对《现代粤语词典》的四点意见

郑定欧[①]

(香港城市大学语言学及翻译学系　香港)

【提　要】论文主要从社会语言学、应用语言学、教育语言学和词典分类学4个角度对《现代粤语词典》中存在的主要问题进行述评，并给出相应的改进的意见。

【关键词】现代粤语　词典　社会语言学　应用语言学　教育语言学　词典分类学

本文所评论的《现代粤语词典》（下文简称《现粤》）是广东人民出版社于2021年10月出版的，编者虽然署名"暨南大学汉语方言研究中心词典编纂组"，但编写组成员多与暨南大学汉语方言研究中心无关，主要是由经验不足的年轻人承担，因此问题较为集中。该词典分单字条目和词语条目。单字收录范围以《通用规范汉字表》为基础，有所增删，单字条目共计9522个；词语条目共计17152个。词典条目按普通话读音排序。该词典在微信小程序和粤语字典APP上配有在线粤语发音。

笔者买来此书细读，发现里面存在不少的问题，觉得不吐不快。不揣冒昧，从以下四个角度简单地谈谈自己的一些看法，以求推动粤语词典编纂健康而科学的发展。

一、社会语言学角度

社会语言学的关键词为：变异。一为载体变异，另一为年代变异。

就载体变异而言，1989年第二届国际粤方言研讨会在暨南大学举行，其间中山大学高华年教授明确提出了一个观点，即粤方言发展至今出现了两个代表方言：广州粤语与香港粤语。1990年朱永锴在《方言》（第一期）发表了《香港粤语词语汇释》（朱永锴，1990）一文，这是"香港粤语"这一名称首次出现在国内核心期刊上，而1997年更于上海汉语大词典出版社出版了《香港话普通话对照词典》（朱永锴，1997）。林伦伦在序中给予了充分的肯定："这是香港话与民族共同语对照的学术成果。"笔者于1998年曾在

---

① 郑定欧（1940—2022），男，汉族，先后任职于北京第二外国语学院和香港城市大学。曾担任中国人民大学客座教授、教育部语料库语言学赴欧考察团学术顾问（2002年）、教育部语用所刊物《语言文字应用》编委，为中国语言学会会员、欧洲汉语言学会会员。

《语言变异——香港粤语与广州粤语比较研究》(郑定欧，1998)一文中举例介绍当时粤语内部广州话和香港话的一些变异现象。但是，这个颇吸引人的课题始终缺乏一个系统的研究，直至2021年香港中文大学张洪年出版了《香港粤语：二百年沧桑探索》(张洪年，2021)才让人看到一个比较完整的描写。词典，作为社会文化产品理应发挥应有的作用。遗憾的是《现粤》完全忽视了这方面的实时记录。当然，《现粤》的作者完全可以从狭义的角度来进行设计，即只收录广州粤语，那就叫《现代广州话词典》好了，以免产生不必要的误解。

社会语言学的另一个关键词为：年代变异，即历时与共时。1998年白宛如的《广州方言词典》(白宛如，1998)介绍了20世纪20年代至70年代广州话的基本面貌。1997年麦耘等人合著的《实用广州话分类词典》(麦耘、谭步云，1997)则记录了20世纪70年代末至90年代中的基础词语。进入21世纪，上述词典所收录的部分词语已逐渐退出大众日常交流的平台。笔者于1996年由江苏教育出版社出版的《香港粤语词典》(郑定欧，1997)，是探索版、试写版，但词典的责编戎文敏在《中华读书报》(1997年5月7日)撰文对香港话和广州话的差异提出了国内前所未见、中肯的见解。直到2018年我们才看到张励妍等人合著的与时俱进的《香港粤语大词典》(张励妍、倪列怀、潘礼美，2018)，以及本人2020所撰的收词时间跨度为2000—2020年的《粤语小词典》(郑定欧，2020)。"香港粤语"这一概念以词典的形式确立其社会语言学的地位并得到与时共进的认可。"与时共进"可不是一个抽象的概念，这需要一种系统跟踪、及时更新的坚持。就广州话而言，值得借鉴的是陈小雄2005年的《地道广州话用语》(陈小雄，2005)。至于《现粤》，既然冠以"现代"，就得合理地处理历时词和共时词的关系，把焦点放在至少近10年、15年的演变轨迹之上。可是，调查结果显示，《现粤》毫无差别地收录了近二三十年来大众弃用的词语，如：

【㗎】、【㗎过你】(109页)：吓，表示制止、斥责。

【倒塔咁早】(138页)：比喻做事过早。注意：《现粤》的"塔"为自造字，非正字。

【飞仔】、【飞女】(198页)，注意：跟"流氓烂仔"毫无关联。

【沙尘白霍】(647页)：好出风头、夸夸其谈，做事漂浮。

【牙擦擦，𠰌刮刮】(841页)：爱表现，夸夸其谈。

【眼枷】(848页)：眼镜的旧称。

【揸水煲】(921页)：在餐厅或茶楼跑堂的服务员。

这些大众弃用的词语，对非粤语区读者来说，就是一个语用的陷阱。一句话，我们认为，"现代粤语"这个名称在社会语言学意义上缺乏一个明晰的交待，令人觉得名实不符。

二、应用语言学角度

从应用语言学角度看，该词典至少存在以下三个比较大的问题：

第一，众所周知，词典属于应用人文科学，以应用为先，以读者为本。目标读者是谁？他们需要什么？我们通过什么手段来满足他们？这三个问题不能含糊，必须正面回答。可是，《现粤》强调的是"词典正文按普通话读音排序，目的既是为了方便非粤语区使用粤语，也是为了粤语区读者更好地学习普通话"。这论证过了吗？试行过了吗？一下子搬进词典里来的风险评估过了吗？我们认为没有，因为这直接向前人的科学研究提出了愚蠢的挑战：普通话的音节（约1200个）明显地少于粤语的音节（约1600个），按普通话读音排序，这是试图用简单的系统来检索复杂的系统。编词典可是个复杂的工程，容不得半点儿拍脑袋的做法。在这种奇怪逻辑的指导下，两种不同类型的读者（粤语区和非粤语区）很快发现语音检索系统对接不灵，而且支离破碎。《现粤》共收录9522个单字条目，当中竟有268个"普通话音节外"读音的单字条目，占2.81%，况且大部分为常用的高频词，如：

表1　普通话音节外读音的单字条目

佢/他	嚟/来	啲/一些	瞓/睡觉	噉/那么	咁/这么	攞/拿	冇/没有	搲/拉
啱/对	嘥/浪费	餸/菜	唞/休息	揾/找	黐/粘	嘢/东西	咗/了	睜/后跟

这充分说明，"按普通话读音排序"这种处理方式很不合理。

第二，《现粤》采用的"粤语拼音方案"（下文简称"粤拼"）所显示的串拼图像跟国内流行逾50年之久的"汉语拼音方案"（下文简称"汉拼"）有着明显的差别。人们会问为什么硬要把串拼对应度高、市场覆盖面广且具有不可忽略的亲和力的"广州话拼音方案"（下文简称"广拼"）排除在外。词典既然是大众化的社会产品，读者需要的是直观的东西，一看就能掌握的东西。在双语的语境下，"广拼"与"汉拼"的交叉倒换就具有"粤拼"与"汉拼"无可比拟的优势，后者很容易造成"两头唔到岸"的情形，徒然增加检字的时间压力而影响到《现粤》的适读性。这里顺便说说一件事。笔者的《香港粤语词典》面世之后受到香港浸会大学某些人公开发表文章给予恶评并加以标签为"香港人看不懂的香港词典"，理由只有一个：用了以韵母、声母、声调为序的《现代汉语方言大词典》（李荣，2012）排列法。而这是专家们的方案，一般的香港读者对此一头雾水，没法查。所以，选定哪个拼音方案，兹事体大，理应慎之又慎。

第三，《现粤》共收录9522个单字条目，这大大超过我们预期的数量。地域性的方言词典完全没有必要收录那么多。我们以《现代汉语词典》（下文简称《现汉》。中国社会科学院语言研究所词典编辑室，2017：505-597）字母H的板块为例进行一对一的调查，发现《现粤》收录了《现汉》的585个打头字中的442个，即占H字头的75.55%。需要指出的是，这442个打头字竟然包含186个与粤语日常交流语境完全无关，因而完全无效的单字条目，比例高达42%。这是一个很可怕的比例，说明《现粤》的异质成分严重失控，不能不说这是该词典的一大硬伤。详细数据如下（共标示两组页码，前者为《现汉》页码，后者为《现粤》页码；两者之间用斜杠分隔开）：

表2 《现汉》与《现粤》在字母H中相同且无效的单字条目

类别	字例	页码/页	数量/个
金属元素	铪	505/265	3
化学元素	胲	506/205	2
学科用字	焓	512/268	8
动物用字	犴	510/267	15
植物用字	蔊	513/269	9
宗教用字	吽	537/284	3
古语用字	鹖	530/280	10
书面用字	扞	514/269	73
古今民族	纥	525/278	2
古今姓氏	预	510/267	14
古今地名	邗	511/267	29
古今食品	醢	509/266	2
古今用具	盉	530/279	16
合计			186

顺便介绍两个出乎意料之外的例子。(1)【嗐】(267页),表示惋惜、感伤、悔恨的语气词。粤语不用。既然粤语不用,真不明白为何还收录进去。(2)【蹢】(313页)自造字,音he5,游荡、懒散、无所事事。很明显,这是香港粤语的hea;它的出现同样令人费解。对于香港词语,《现粤》还真的收录了数则,不过都解释错了:

【刨码经】(27页):计算六合彩的摊头小册子(应为"刨马经")。

【炖冬菇】(174页):冷落,降职,作弄(应为职场霸凌的"冻职")。

【省港旗兵】(669页):广州、香港两地不法分子组成的犯罪团伙(应为穗港犯罪团伙潜往香港进行械劫,此词出现于20世纪八九十年代,现已弃用)。

这种大开中门的做法给读者造成巨大的隐性浪费,徒然降低《现粤》市场上的认可度。

三、教育语言学角度

《现粤》在前言提到"语言词典是语言学习和应用工具书",其实这涉及到两个不同的概念。"语言学习"旨在催生语感,而"语言应用"则与语感无关。我们认为,以语言学习为主导的词典在其条目结构中应牵涉到至关重要的词性标注问题,特别是双语词典。

词性是客观存在的，各种语言都有自己特定的词类，彼此在数目上、内涵上不尽相同。广州话跟普通话之间就有不容忽视的差异。遗憾的是，《现粤》除了在量词标注上下了功夫之外，其他词类一律欠奉。须知当前学界有一项共识，即有无词类标注，以及词类标注是否完整、完善，这是衡量语文性词典质量高低的主要标准之一，直接影响到该词典的学术价值、市场价值。

下面就《现粤》的情形，提取两项示例说明缺少词性标注及缺乏词类观所带来的问题。

（一）【寒】（268页），共收录6个义项，如表3所示。

表3 《现粤》中条目"寒"的义项

序	释义	示例（普通话译文从略）
1	身体虚寒	佢啱大病嚟，仲有啲寒
2	指某些蔬菜、水果的凉性	苦瓜都几寒
3	惊怕；心惊	俾佢吓到我心寒（与"心"共现才有此义）
4	躬背，背不直	坐直，唔好寒埋条背（与"背"共现才有此义）
5	冷；寒冷	只提供例词：寒冷，御寒，寒来暑往
6	穷困	只提供例词：寒舍，清寒

我们认为，除了第一、二项之外，第三、四项属语义关联；第五、六项属语义凝固。两类宜作独立条目处理。词类标注操作的一项原则是要视乎该条目入句后能否独立地体现某种句法功能。第一、二项之所以能成立在于它们都能独立地充当谓语。这是为了便于读者套用、活用。

（二）【夜啲】（860页），只有一个义项，如表4所示。

表4 《现粤》中条目"夜啲"的义项

1	靠后；拉倒	你想我信你，夜啲啦
		要我帮佢，夜啲啦

这样处理，明显欠妥。应该分为两个条目，如表5所示。

表5 条目"夜啲"的处理

【夜啲】副词	夜间时间上靠后	（今晚夜啲再打电话俾你）
【夜啲啦】固化动词作特殊谓语，必须带话题小句作为主语	拉倒	你想我信你，夜啲啦
		要我帮佢，夜啲啦

可见，如果离开词类标注，就会发现读者不会用的情况。而读者不会用，这本词典就丧失了市场价值。这样粗糙的、丢三落四的处理方式实在是不应该出现的。

四、词典分类学角度

只谈一个问题：面向全民族的词典，如《现汉》，跟面向地域群体的词典，如《现粤》，在附录配置上是不同的。后者应该从本地读者的实际需要出发，而没有必要浪费篇幅去附录诸如"我国省、自治区、直辖市、特别行政区及省会（首府）名称表""我国少数民族简表"乃至种种"计量单位表"。这显得很不地道。如果从读者的实际需要出发，我们建议换为：

粤语源流简介
粤音自学提示
粤语词汇对比
粤语语法对比
粤语语用对比
……

以此体现对"读者友好"的编辑风格。

参考文献

[1] 白宛如,1998.广州方言词典[M].南京：江苏教育出版社.
[2] 陈小雄,2005.地道广州话用语[M].广州：羊城晚报出版社.
[3] 麦耘,谭步云,1997.实用广州话分类词典[M].广州：广东人民出版社.
[4] 暨南大学汉语方言研究中心词典编纂组,2021.现代粤语词典[M].广州：广东人民出版社.
[5] 李荣,2012.现代汉语方言大词典[M].南京：江苏教育出版社.
[6] 张洪年,2021.香港粤语：二百年沧桑探索[M].香港：香港中文大学出版社。
[7] 张励妍,倪列怀,潘礼美,2018.香港粤语大词典[M].香港：香港天地图书出版公司.
[8] 郑定欧,1997.香港粤语词典[M].南京：江苏教育出版社.
[9] 郑定欧,1998.语言变异——香港粤语与广州粤语比较研究[J].中国语文（1）.
[10] 郑定欧,2020.粤语小词典[M].香港：香港三联书店.
[11] 中国社会科学院语言研究所词典编辑室 2017.现代汉语词典[M].7版.北京：北京商务印书馆.
[12] 朱永锴,1990.香港粤语词语汇释[J].方言（1）.
[13] 朱永锴,1997.香港话普通话对照词典[M].上海：汉语大词典出版社.

Four Comments on *Modern Cantonese Dictionary*

ZHENG Ding'ou

(City University of Hong Kong)

Abstract: This paper reviews the main problems in Modern Cantonese Dictionary from four perspectives: sociolinguistics, applied linguistics, educational linguistics & dictionary taxonomy, and gives corresponding suggestions for improvement.

Key words: Modern Cantonese, Dictionary, Sociolinguistics, Applied Linguistics, Educational Linguistics, Dictionary Taxonomy

重视方言词典的文化价值[①]

刘村汉[②]

（广西师范大学文学院　广西桂林　541004）

【提　要】 方言词典当分普及型和研究型两种。研究型方言词典要体现其语言文化价值。深入的调查是文化价值的根基，严密的考证是文化价值的保障。调查研究过程中谨防误导误判。对权威字书拾遗纠误，对流行说法匡谬正俗，都是研究型方言词典的文化担当。本文试写随州方言词条36则，以为引玉之砖。

【关键词】 方言词典　方言调查　随州方言

方言是地方文化的镜像，按理说，应当全方位反映地方文化的全貌，可是，由于性质和体例关系，不可能做到。方言词典在方言中占据核心地位，应当尽可能地反映方言所承载的地方文化信息，不限于一般语文词典的要求，解释清楚词义就完事了。说话要看对象，首先应当给方言词典一个准确的定位。

一、方言词典的定位

这个题目是从读者中来的。《现代汉语方言大词典》分地方言词典《柳州方言词典》出版后，地方文化工作者多次抱怨没有办法查找词条。此事主编早有预料，并作了相应的安排。正文按字音排列，以本方言的韵母、声母、声调为序。"引论"中有带页码的音节表，等于首字字音索引。正文后面还有义类索引与条目首字笔画索引。汉字三要素的音、义、形都兼顾到了，怎么还没办法查呢？

原来这不是为一般读者准备的方言词典，注音是国际音标，词形是繁体字，再加上未必记得声韵调的情况，几个拦路虎摆在那里，读者哪还有心思去看义类索引。他们需要的是另外一种样式的词典。

笔者考虑到方言词典应该有两种，一种是普及型，一种是学术型。两者都可以传承

[①] 本文的注音字母有两种，带调号的是汉语拼音，用圈发或数字标声调的是国际音标。一般都不加方号，如果国际音标带有附加符号的，就外加方括号。
[②] 刘村汉，男，1937年生，广西师范大学教授，曾任全国汉语方言学会理事、中国应用语言学会理事。

地方文化，由于对象、目的和任务都不同，收词范围、注音方法、释义程度、词形用字等，都应该有所不同。普及型在于普及文化知识，让读者认识自己的家乡话，了解其中的文化蕴涵，慰藉乡愁，激发固守精神家园的自觉性，要让语言行当以外的读者读得懂。学术型重在学术含量，"语言工作者可以据此从事专题研究。文史方面的学者，也可以取用其中的语料。"（李荣，1993）本文主要谈后面一种方言词典，其基础是尽量挖掘生活词语，尤其是淘起那些已经或者将要沉底的词语，对其作出具有一定深度的文化解读。

笔者幼年的语言生活受祖母影响极深。笔者出生时祖母已经50多岁，她的语言成熟于清朝末年。旧时生活节奏缓慢，民国年间社会动乱给语言带来的变化，对广大农村几乎没有什么影响。笔者幼年时已经觉得她的话很古奥，十多岁时到了新社会，大量的新词跟她的话对不上，需要"翻译"。从小学到初中的一个阶段，脑子里装的是祖母那些过时的话，当写作文要用当前的语句表达时就会转换不过来，让人非常苦恼。现在回想起来，却是惋惜祖母的话笔者记得太少了。她随意说出来的许多词语，可以直接从古代文献中找到依据。这里摘举祖母口中的先秦文献词汇20条。

芼：mau^{42} 摩挲。见于《诗经·周南·关雎》

悁：$ʐuan^{44}/yan^{44}$。郁闷；憋屈。见于《诗经·陈风·泽陂》

儦：$piau^{44}$ 快走。见于《诗经·小雅·吉日》

扡：$tʂʅ^{44}$ 顺着布的纹路裁割。见于《诗经·小雅·小弁》

哆：$tʂʰɑ^{53}$ 张大。见于《诗经·小雅·巷伯》

让：$ʐuaŋ^{53}$ 今作嚷。责备；训斥。见于《左传·桓公八年》

禄：$nəu^{42}$ 食禄，寿命。见于《左传·僖公二十三年》

掉：$tiau^{53}$ 摆动。见于《左传·昭公十一年》

承：$ʂən^{42}$ 承受；使承受。见于《左传·哀公十六年》

譟[1]：$tsau^{213}$ 喧哗。见于《谷梁传·定公十年》

快：$kʰuai^{213}$ 随州儿化。高兴的心情。见于《战国策·秦三》

藿羹：$xo^{213}kən^{0}$ 菜糊。见于《战国策·韩一》

怏：$iaŋ^{44}$ 神情萎靡。见于《战国策·赵三》

雉：$tʂʅ^{213}$ 雄山鸡。见于《周易·旅》

蓏：no^{53} 果。见于《周礼·天官·甸师》

熛：$piau^{44}$ 火迸飞。见于《尸子·贵言》

慊：$tɕʰian^{53}$ 欠缺，不满足。见于《孟子·公孙丑下》

慹：$tʂʅ^{213}$ 惊诧。见于《庄子·田子方》

愀：$tɕʰiau^{213}$ 不满，恼。见于《庄子·让王》

擗：pi^{53} 拗折。见于《楚辞·九歌·湘夫人》

---

[1] 譟，同"噪"。

以上只是检核了部分上古典籍发现的随州方言老词，汉至清代文献中的方言词更多，读元杂剧和水浒时甚至感觉祖母是直接从那个时代穿越过来的。祖母的年代距今已经很遥远了，她口中的许多词语早已退出了交际舞台。这些词语虽然不属基本词汇，但是它们应该是历史上的通语，跟基本词汇一起，共同维护了汉语的稳固性，传承了中华文化；往大里说，谓之对守望中华民族的精神家园作出了贡献，也不为过。今天拾来，倍感珍贵。

编写方言词典的格局要大一点，不以记录见闻为能事。太史公有言："究天人之际，通古今之变，成一家之言。"不过不是"藏之名山"，而是供同行诸君研究讨论，为完整的汉语历史、汉语文化及其理论建树，贡献一份信得过的材料。

二、到基层淘词语

《现代汉语方言大词典》分地方言词典才出几本，就有人发文章提出：
- 收取动植物名称太少
- 对那些不太常见和易混的动植物名称，应指出其科名或目名
- 不能用方言俗语释名

"指出其科名或目名"不一定能够做到，能举出其形态、性味、功用等方面的主要特征和学名就很好了。总的看来，这些意见无疑是正确的，值得方言工作者认真考虑。

《柳州方言词典》出版后，笔者应约写了一篇《雕龙塑凤，材质为本》，专谈柳州词汇的调查。方言以调查为本，怎么强调也不过分，这里再作两点补充。

（一）到生活、生产现场采撷词语

方言必须接地气。要沉到社会底层，进入实时的语言生活，特别要调查那些已经或者即将消失的语言和实物。就拿农民普遍使用的犁来说，现在很少见了，但笔者有过农村生活经历，记得一点，调查起来比较便利。

犁的部件，《现代汉语词典》收了"犁铧""犁镜""犁杖"三个双音词，"犁杖"还不是部件。随州犁的部件全是随州方言词，图上都标明了，不再列举。

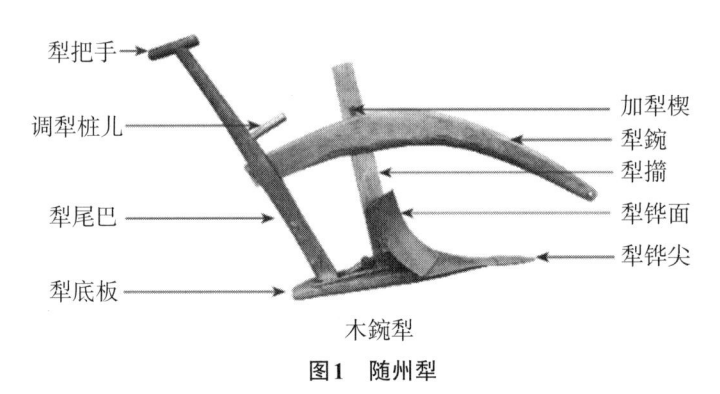

木鋺犁

图1　随州犁

捕鱼是农村极其常见的副业,在笔者家乡除了知道约20种鱼名以外,捕鱼方式和工具还收集到了30多条方言词。

叼(钓),鱼鹰(鸬鹚),鹰船,放鹰(放鸬鹚捕鱼),打哦嗬儿(指挥鸬鹚下水),簺子(置于水口接鱼),蛐蟮(蚯蚓,鱼饵),味子(鱼饵),鱼叉,叉软边(叉鳖的要领),藏窝儿(鳖钻进泥沙躲藏),拍瓮子(两个巴掌窝起来拍打水面,发出沉闷的响声,惊动鳖),副团鱼(在泥沙中摸鳖),翻潭(鳖受不了天气的闷热爬上岸),捡滩(在沙滩捉鳖),黄鳝笼子,黄鳝钩,鱼罩(竹编的罩子),𪐀鱼(用罩子),搭澯子("积柴水中以聚鱼也"),搪笩子(用粗蓆竖立河中挡住鱼的去路),封河(禁渔),起澯子,开河(解除禁令,可以随便在河里捕鱼),䈴子(网兜),鱼篓,笆篓(装鱼用),猪槽网,虾篮儿,钣网(撒出去的),沾网(细密的网沾鱼尾),磨网(密网,慢慢拖),拖网,撮网(捞虾用)。

其中有的词或语素,对当代人来讲,已经成了"历史"。

随州"赶山"一词,说起来容易,写起来简单,就是"打猎"。但参与其中,才能体会其中的文化意义。笔者在广西曾经参与过一次"赶山"活动。到山村调查,村里人纷纷往山里跑,说是"赶山猪"。山猪就是野猪。那时还没有野生动物保护法,笔者也跟着跑上去体验一番。山猪受伤逃命,尽往"险极难行走处"上跑,往"刺蓬"里钻。人们也跟着往这些地方追。踉跄跌跌,衣裤刮破,汗流浃背,上气不接下气,全然不顾,那真跟打仗冲锋"有得一比"。翻了"几架"山,最后把山猪逼到一条狭沟里,石头砸,棒子捶,终于将其击毙。当晚住在村里,享受了一顿野猪盛宴,也收获了许多方言语料。单人发现野猪要"结草"或砍树枝做"路记",发现"山猪洞"立即回村报信。吆喝村民带着"砂枪""鸟铳"前去围猎。集体捕猎的成果分配时,冲在一线的猎手们,可以分得猪头、下水拿回家,其余各户均分,来客也有一份,叫做"见者有份"。当时还了解到一种捕鸟的方法,叫做"放鸟媒"。鸟音"吊"的上声,来自《广韵》都了切。媒当作"䳟",《集韵·灰韵》谟杯切:"䳟,诱取禽者。"也叫"䳟子"。抓住雄性幼鸟加以训练,装在笼或网里,放在草丛或荆棘中,指挥它鸣叫,吸引野鸟自投罗网。引申为诱骗别人上当的人。

(二)从村学读物中寻找方言词

小时候不喜欢读"杂字"书,一是其中很多字难认,二是说话作文用不上。前几年为编地方文化丛书,便搜寻了几本,翻开一看,吷,如获至宝!其中许多农村生活、生产方面的词语,尤其是乾隆年间山东的《庄农日用杂字》和道光年间河北的《五言杂字》,足以勾起笔者儿时的记忆,打开尘封七八十年的"旧词"橱柜,联想到许多方言词,摘录如下。

画子(年画),包头(游艺节目中的旦角),凤冠霞帔(新娘彩妆),云肩(新娘彩妆上的硬披肩），拜钱（新婚次日堂前拜认长辈，受拜人给的红包），扳罾（起罾收鱼），缠带（一种可装钱的宽腰带），冰盘（装糖果的大磁盘），荡桨（摇桨），拌砖（行乞，拿砖砸自己），钞田（耖田），撇绳（使牛时指挥牛转向的绳子），鞅绳（将牛轭套在牛脖子上的绳子），兜嘴（牛、驴的笼嘴），田塍（同塍，田间土埂），干基（小堤干，田埂），担淤（随州叫挖塘泥，做肥料），出粪（将人畜粪便掏出去，集中沤熟），攒粪（积肥），瓜秧（瓜类的幼苗），辣菜（又写作腊菜，即雪里蕻），稍瓜（菜瓜），卷煎（一种菜肴），开镰（开始收割），鱼鲊（腌制的酸鱼），橘饼（橘子做成的果脯），蓼花（一种糕点，又叫雪枣），黄表（敬神祭祖时焚化的极薄黄纸），箩柜（箩面粉的椭圆形大木桶），木架（承重屋顶的木头架子，随州叫立架），磉磴（垫在柱子下面的础石），上梁（建房屋的落成典礼），丝勺（用细铁丝编成的漏勺），黄桶（很大的储水木桶），戳箕（撮箕），搓挪（随州叫拖啰儿，油炸条状糍粑）。

杂字记录了两百年前的拜年习俗："老幼拜新年。先到祖宗堂……街坊邻右转。沿门走遍了，合村皆拜完。"随州正月初一上午挨家挨户拜年叫"拜跑年"。

杂字中还记载了东坡肉的早期做法。某六言杂字载"肘子东坡白煮"，这跟苏东坡自己说的完全相同。苏东坡《猪肉颂》："净洗铛，少著水，柴头罨烟焰不起。待他自熟莫催他，火候足时他自美。黄州好猪肉，价贱如泥土。贵者不肯吃，贫者不解煮，早晨起来打两碗，饱得自家君莫管。"没有酱料、冰糖，就是文火慢炖的"白煮"。随州就是这么做的，炖熟了搁盐，叫做"罐煨肉"，转为"罐娃儿肉"。现今市面流行的东坡肉是"红烧"的做法，说好听点是"豪华版"，实际上大异其趣。

三、严密考证音形义的道理

（一）考求读音根据

鞅：北京读阴平，取《集韵·阳韵》於良切；随州在"鞅绳"一词中读上声，来自《广韵·养韵》於两切。"商鞅"的"鞅"，随州读阴平。

狡：北京读jiào，随州读kau²¹³。两者同出于《广韵·效韵》古孝切，见母开口二等。见系开口二等的一些字存在洪细两读，有的是新旧有别，有的是文白之分，有的是据词分读。这些字是：夹家架掐下阶皆街解介戒芥界械谐鞋交角绞搅教窖觉敲间栋嵌岩晏雁咸苋陷江港。洪音声母读舌根音k、kh、ŋ、x，韵母无韵头；细音读舌面前音tɕ、tɕh、ɕ和零声母ø，韵母有韵头i。在汉语语音史上，tɕ、tɕh、ɕ是从精组和见系分化出来的，"狡"读kau²¹³是保存了前一个历史阶段的读音。

港：《广韵·讲韵》古项切。在"港口""香港"这些词中，随州跟普通话一样读ˇkaŋ，可是在地名"马坪港"中却读tɕiaŋ。"港"与"讲"同样是古项切，古音地位同样是江开二上讲见，为什么如此不同？按普通话来说，随州是"超前"，按总的规律来说，北京是"滞后"，随州读音是合规律的。

缠：在"缠带"一词中读tṣan。缠，《广韵·狝韵》持碾切。上字"持"属澄母，全浊音，全浊上声今读去声；全浊音在仄声中不送气。随州"缠带"中的"缠"读tṣan合乎规律。

垡：《广韵·月韵》房越切："垡，耕土。"《集韵》："耕起土也"，即犁地翻起的土块，随州叫"垡子"，转指石块、泥土都读pʰɑ⁴²。唇齿音读成双唇音，是"古无轻唇音"的遗迹，类似情况还有"髮"又读pʰɑ⁴²，"佛"又读pɑ⁴²，"凤"又读pʰuŋ²¹³。

鞔：随州读mən⁴⁴，跟《广韵·桓韵》母官切不合。王力《汉语语音史》中古桓韵在元代读uɔn，随州没有韵母uɔn或ɔn，于是转成相近的韵母ən。"拌"按贩韵（平贩上去）也属于桓韵，随州用于"凉拌"时口语也读韵母ən。

不要奇怪，有理走遍天下。

（二）稽考字形理据

方言是从口语传下来的，许多说法有音无字，或者写出来不符合汉字音形义相统一的原则，不可理解，这就要我们下一番考据功夫，寻求合适的词形。

稍瓜：菜瓜。字作"稍"不可解。随州写作"烧瓜"，也不合适。按"烧"的音查《广韵·宵韵》式招切，烧小韵就有"𤓰"字，释义"瓜名"。字从瓜，属瓜类，合适。没发现别的什么瓜叫这个名称，应该就是它了。

搫：《现汉汉语词典》释为"斜着支撑"。从字形看不出跟倾斜、支撑有什么关系。字出明万历年间的《字汇》，属俗字。《集韵·线韵》子贱切："揃，射敧令正也。"音"箭"，矫正的意思。字形符合汉字理据，且《集韵》比《字汇》早出570多年，当从《集韵》。

勚：《广韵·祭韵》馀制切，音yì。《说文·力部》："勚，劳也。"段注："勚，凡物久用而劳敝曰勚。"有的方言用"勚"合适，但随州读音不合。查《广韵·烛韵》余蜀切收"鋊"字，《说文·金部》："鋊，铜屑。"《史记·平准书》："更请诸郡国铸五铢钱，周郭其下，令不可磨取鋊焉。"明杨慎《俗言·磨鋊》引《五音谱》说："磨耆渐销曰鋊。"读撮口呼的地方，应取余蜀切的"鋊"。

展：沾上；擦除。元明戏剧常用"展污"一词。关汉卿《鲁斋郎》："我一脚的出宅门，你待展污俺婚姻簿。"王实甫《西厢记》："休将包袱做枕头，怕油脂腻展污了恐难酬。"汤显祖《牡丹亭》："淫邪展污了花台殿。"全凭"污"字达意，注家都有意忽略"展"字。"展"跟"污"放在一块不好理解，应该是同音的"黵"字。字从"黑"，代表"污"。《集韵·琰韵》止染切："黵，黑污也。"科举时代试卷沾上了墨污或有涂改痕迹，叫做"黵卷"，黵卷根本不用看，该考生自然与金榜无缘。随州还有另外一层意思，擦除污迹。看起来两个意思似乎相反，实际是一回事的两个方面。纸或衣物沾上污迹叫黵，擦除是让污迹沾在抹布等物上。这是汉语词义引申的一种方式，如果另造新字加以区分，便是分化造词。于是，至晚在唐代已经有了一个"捵"字，让擦拭义另立门户，分化造词完成。《现汉汉语词典》收"捵"也收"黵"，后者标明是方言，也算巩固了这个分化结果。

跟：连介词，和，与。随州读去声，而"跟"只有阴平一读。考察典籍，字当作去声的"更"。《广韵·映韵》古孟切，随州鞈、恩不分，去声"跟"与去声"更"读音相同。再看古人用例。唐皇甫冉《杂言月洲歌送赵冽还襄阳》诗："流聒聒兮湍与濑，草青青兮春更秋。""与""更"互文。宋杨万里《和段季承、左藏惠四绝句》："阿谁不识珠将玉，若箇关渠风更骚。""更""将"互文，"将"亦有"与"字义。唐李白《菩萨蛮》："何处是归程？长亭更短亭。"宋辛弃疾《鹧鸪天》词："携竹杖，更芒鞋，朱朱粉粉野蒿开。"宋姜夔《卜算子》词："绿萼更横枝，多少梅花样。"作者自注："绿萼、横枝，皆梅别种。"不同的品种，才配得上后头的"多少梅花样"。

（三）音形义综合考察

扡：《集韵·纸韵》丑豸切，随州读tʂhʅ⁴⁴。《诗经·小雅·小弁》："伐木掎矣，析薪扡矣。"毛传："析薪者随其理。"随州动作的对象和工具发生转移，指用剪刀的单刃顺着布的纹路向前裁割，再引申为用剪刀单刃向前裁割的动作，不限于裁布。

撇绳：牛绳在拉犁时的叫法。犁田时，犁者右手扶犁，左手握牛绳和鞭子，指挥牛转弯。拉紧牛绳同时口喊"哦"，牛就向左转；将绳索往牛身上"撇"一两下，同时口喊"撇"，牛就向右转，故称撇绳。另外，为了区别其他绳索，牛轭与犁连接而起牵引作用的绳索叫䌸绳，放养时既要保证一定的范围的草场，又要防止走失，需要将牛绳接长拴在树上或特制的铁桩上，这条绳索叫"縻绳"。这几条绳索粗细一样，各有专用，需要有相互区分的名称。

随州从前管"面前"叫"**跟踏**"。"跟"字可以意会（跟前），"踏"字难以理解。找到一个同音字"闼"，还是不好理解。把几个同义词都找出来一对比，发现更老的说法叫"**岩闼**"，综合分析后才解开疑团。"闼"是门，《广韵·曷韵》他达切。《说文·新附》："闼，门也。""岩"旧读ŋan⁴²，岩洞。太古时代人们在岩洞居住，岩洞的门口可不就是面前吗。"跟闼"是由"岩闼"派生出来的。还有几个词可作穴居的旁证。管一定的空间"里面"叫"洞里"，"靠里面"叫"岩里"。管"山墙"叫"山花"，那是岩洞外用石头垒砌的"华表"。不习惯说"地上"而常说"地下"，站在山上看平地，当然是下面。多发掘一些这样的词语，可以和考古学的成就相互印证。

夥颐：司马迁说"楚人谓多为夥"，"夥"字望文生训，"颐"字没有着落。陈涉的伙计惊叹宫殿的气派，侧面反映陈涉的讲排场、摆架子，就是搞腐化，为他的失败埋下伏笔。陈王认为藐视自己的权威，"斩之。诸陈王故人皆自引去，由是无亲陈王者……

诸将以其故不亲附，此其所以败也。"宋叶梦得《避暑录话》卷下："夥，吴楚发语惊大之辞，亦见于今。""惊"字说对了，"大"理解为夸张也合适。检41部分地方言词典，福州、贵阳、梅县三处未收"伙计"一词。哈尔滨、济南、洛阳、银川、西宁、乌鲁木齐、成都、南京、太原、长沙、崇明、上海、苏州、丹阳、杭州、宁波、温州、金华、绩溪、东莞、厦门、雷州、海口、南昌、于都、黎川、南宁平话共27处仅收店员、长工、合伙人的义项。广州、柳州、娄底、牟平、萍乡、万荣、武汉、西安、忻州、徐州、扬州共11处还收了义项"朋友"。萍乡带"欸"，武汉"计"字又读轻声tɕie，也有语气词的影子。扬州读"伙家"，并说明"家·tɕia"是"计·tɕi啊·a"的合音。随州说"伙计"有时并不是称呼特定对象，而是一种感叹，相当于现今网上流行的"哇噻"。表示感叹一定带有感叹语气词，说成"伙计欸"，并且经常三字合音为一个音节"咴一"，上声，末尾的元音拖长。试将"夥颐"连读，音感是一样的，《汉书·陈胜传》记载这句话就只写一个"夥"字，这不是连读合音么？联系自己的语言生活体察方言词语，详情揆理，这就是刘勰所说的"精思傅会"。

举两个别的方言的例子。

有一回在广州菜馆看到门前的招牌菜"象拔棒"，不知是什么东西，浏览门前的水箱，看到巴掌大的蚌壳，蚌肉伸出来尺把长，小麦色，像人的小臂。猜想大概就是象拔棒，得到店家确认后，又感觉名不副实，那形象不是像大象的鼻子吗？"拔"是什么意思呢？难不成"拔"是个借字，广州话"鼻"字读舒声阳去，不读入声"拔"呀。回来查书，原来"鼻"字在隋唐以来的韵书都归去声，上古却是入声。郭锡良《汉字古音手册》载，鼻的上古音属并母质部，拟音为［biĕt］。今北京、济南、西安、武汉、成都读阳平，太原、合肥、扬州、苏州、温州、长沙、南昌、厦门（文读）、福州（文读）读入声，双峰、梅县、广州、

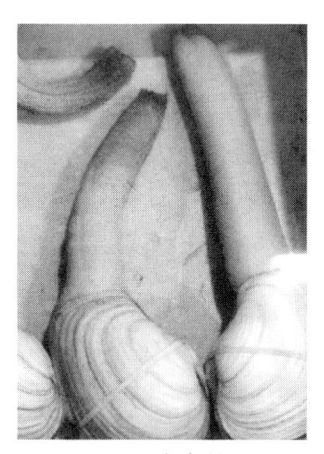

图2 象鼻蚌

阳江、潮州、建瓯读去声，大部分不合中古的毗至切。广西灵山、浦北的"鼻"读pʰɐt˨（全浊声母送气），正是上古音并母质部之遗存，北京等地的阳平和太原等地的入声都来自这个古音。粤语的钦州（市区除外）、灵山、浦北、廉州、防城方言，以及跟粤语关系密切的龙州、横县、宾阳、上林、融水、融安等地的桂南平话，都读入声，韵腹是短ɐ或是央元音ə，音感跟"拔"接近。"拔"是入声字，在这里是读入声的"鼻"的代用字。因此，该菜写作"象鼻蚌"才是文从字顺，名物相应。这个例子给我们的启示是，考察名物要以当地口语为基础，接触实物，参照外地说法和书面记载，推求音理和字理，才能正确地记录方言。

《汉语大字典》"瓹"字条：酒器名。宋赵与时《宾退录》卷三："《岭表录异》云：'盎上白甖瓹谓之瓹，一瓹三文。'……'瓹'字不见于字书。《说文》云：'甌瓿谓之瓿。

瓯，盈之切。'疑是'瓯'字传写之误。"试从汉字结构入手，从字形探索语音。先看看用"舌"作声符的字（仅取有关的音）。

表1 用舌字作声符的字

广韵	huà	kuò	guō	guā
夬韵下快切	话			
末韵古活切		括栝适	活䛀	鸹铦苦骺
鎋韵枯鎋切				趏
鎋韵古頒切				刮
鎋部下刮切				舌
合计	1	3	2	7

"括刮活话鸹栝铦苦骺"九字，说文指出"舌声"或"昏声"。昏，集韵末部古活切，guā。《说文段注》："凡昏声字隶变皆为舌，如括、刮之类。"据此推断，"瓯"字应该读guā，广西的西南官话读阳平，合乎规律。广西用"瓯"字构成"米瓯"，即量米筒，一般用竹筒，容米半斤。也有用瓷碗的，量米时同样叫"米瓯"。《汉语大字典》"瓯"字条全引《宾退录》的推测，自己只有"酒器名"三个字，还说错了。用碗舀酒，碗就成了"酒器"？说成"量器"还差不多。由此可见，编纂正规的大型字书，也必须考察字理，参证方言的说法。孔子早说过："礼失而求诸野。"

四、用系统观点考察词条

（一）追究话语背景

有些词语来路比较曲折，单从字音、字形看，跟词义联系不起来，必须深入考察，广泛求证，追究其所以然。

屋漏：古代室内西北隅施设小帐，安藏神主，为人所不见的地方称作"屋漏"。《诗·大雅·抑》："相在尔室，尚不愧于屋漏。"毛传："西北隅谓之屋漏。"郑玄笺："屋，小帐也；漏，隐也。"后即用以泛指屋之深暗处或隐秘处。随州民间所说的"屋漏"跟这则记载毫无关系，它来自一个传说故事。一家仅有老两口，半夜听到响声，婆婆提醒老翁关好猪圈。老翁早有察觉，一只老虎窥伺猪圈，一只猴子趴在山墙，故意说放心睡觉吧，什么都不怕，就怕"屋漏"。老虎跟猴子都大吃一惊，心想还有比我更厉害的"物杰儿"（东西）？我得小心。猴子吓得掉了下去，正好落到老虎身上，两个都以为碰到"屋漏"。猴子抓紧虎的顶花皮，老虎跳起来就跑，一直跑到两个都累死。随州只是把它当"古话儿"讲，平时少说，房顶真的坏了，就说"漏雨"或"漏了"。偶尔说"屋漏"，意思随语境而定，可以指没有根据的事、向壁虚构，也可以指迷魂阵、敲山震虎，还可以指聪明巧妙，智慧超群。如果不知道这个故事，是很难理解这些意思的。由此也可以看出，方言中有些尚未提炼、没有凝固的词语，随缘赋义。调查时，莫怪公说公有理，婆说婆有理了。另外，该故事多少反映了对那个神秘之处的模糊记忆。这是社会学和文化学研究的课题了。

郎柯儿：从字面看不出语音的"机关"，原来是南柯一梦的"南柯"。"南"的前鼻音韵尾受"柯"字的舌面后音声母影响，发生不完全逆同化，变成后鼻音韵尾，n、l相混，所以"南"变读成"郎"。这是语言避讳造成的。某些事物，随州忌言，不得不说的时候，就换一个说法。例如：猴子—三儿，老虎—扒山子，兔子—豁子，猫—财喜儿，老鼠—高客，蛇—溜子，鸭—扁毛/扁嘴，鸡—尖嘴，牙齿—财条子，舌头—赚头儿。这属于借代修辞。管梦叫南柯儿，除了借代之外，还用了"歇脚"修辞，南柯一梦，只说"南柯"，意思恰好就是没有说出来的"梦"。桂柳官话把"打工"说成"马武"，来自桂剧剧目《马武打宫》。先是歇脚修辞，取"马武"而歇"打宫"，再用谐音修辞，由"打宫"变成同音的"打工"，最后成为借代。此法古已有之，如以"友于"代"兄弟"，以"阳春"代"白雪"之类。

还有一种由节略修辞而来的词语，一条谚语，只取其中两三个字，表达与该谚语相关的意思，词语的字面意思跟所要表达的意思毫不相干。例如：

桂林的"屙夜屎"，指的是爱管闲事。来自谚语"爱管闲事屙夜屎"，因为白天管闲事太多，连如厕大事都顾不上。由此又派生出"夜屎佬"，女的叫"夜屎婆"，指爱管闲事的人。

柳州有个常用词"搭困"，用于否定别人的意见，或者表示对人极度鄙薄。来自"搭你都困"，即懒得搭理，不屑理睬。

柳州的"搥姜"，来自谚语"拍马搥马趼，搥姜搥姜濺"。"趼"是踢。"濺"指液体飞溅，姜汁溅到眼睛里，是一件非常难受的事。谚语原意是拍马拍到马脚上了，自己反倒吃亏受罪。节略成"搥姜"后，除了拍马的意思之外，还有讨好、抬举、表扬等意思，这是在语言的使用过程中发展出来的。所以，体察方言，最好是参加当地人的各种会话活动。

（二）关照词义系统

词义系统可以从若干方面去看，这里讲两点，一个是词义引申系统，一个是词的同源系统。

拿《现汉汉语词典》所载的"湾"来说，原指水流弯曲处。水流弯曲处一定有石崖阻挡，并且受水流力量的冲刷，愈来愈深，待要转弯，流速变缓，适合停船，所以转为停泊。水上生活毕竟不如陆地生活方便，终于要上岸定居，自然就近选择在水湾附近，于是将水湾的"湾"移至陆地，成为村屯的意思。水湾—停泊—村屯，构成一个词义引申链条，是为引申系统。联系"湾"的语义来源"弯"和村屯义改写为"塆"，字形不同，语音不变，就构成同源系统。

随州方言的"僄"（迅跑）、"瀑"（水飞溅）、"標"（草木快长）、"熛"（火飞迸），都读piau^{44}，有共同的声符（票有piau^{44}音），其间贯穿着"速进"的语义，构成一组同源词。它们都属方言词，应当收全。

犁杖受力的主要部件，北方叫"犁辕"，随州叫"犁鋺"。"鋺"念ʐuan^{44}或yan^{44}，跟"辕"的声调不同。"鋺"字不常见，意思不好理解，可以从同源词推知一二。"冤"是委屈，物体、道理弯折不直也叫"冤"，过秤的承载工具叫"箢"，也是弯的。可见"鋺"应该有弯曲义。《广韵·元韵》於袁切："锄头曲铁。"锄头颈部又叫"鹤颈"，自然是弯的。弯曲的锄颈和犁鋺，既省力又能将进土深浅控制在一定幅度之内，是合乎力学原理的。

五、谨防误导误判

《孟子·尽心下》："尽信书，则不如无书。"莎士比亚通过哈姆雷特之口说："聆听他人之意见，但保留自己之判断。"

每个人的认识都是有局限的，说出来或写出来的话，难免有误。

《康熙字典》是当时钦定，并以皇帝年号命名的字书，可谓无尚权威，但王引之《康熙字典考证》曾考出其错误2588条。2008年出版的《康熙字典》标点整理本很搞笑，不理解"籭，稻米磑也"的意思，也不参考实物和方言，本来根据"卢对切"注出了lèi，又用直音说"音对"，其实是张冠李戴，把它当成"碓"了。

《汉语大字典》是目前规模最大、形音义最完备的大型汉语字典，被誉为"共和国的《康熙字典》"。不收"嫠"字"栈山切"的读音，是个失误。查得崇明、苏州、杭州、宁波、温州、萍乡、绩溪、长沙、广州、南宁平话都用这个字，并继承"栈山切"的读音。《康熙字典》（标点整理本）倒是收得齐全，却叫人不得要领。除了两个地名用的反切之外，还有六个，其中有个音还是错的。前面注明是吐沫义，末尾一个栈山切释义为"鱼龙身濡滑者"，似乎是不同音的同形词。

《现汉汉语词典》（第7版，2016）"挼"：lǎo〈方〉囫绰（chāo）；抓取：天一亮，他就～起锄头出去了。

《汉语大字典》（缩印本，1992）"挼"：lǎo《字彙補》落好切。方言。扛。李劼人《大波》第二部第二章："右肩头挼一根梭镖。"

《洛阳方言词典》（1996）"挼"：nɔ^{53}扛：～一布袋粮食｜他～锄头去那儿。

《成都方言词典》（1998）"挼"：nau^{53}扛：～起锄头｜～一口袋米

2022年9月笔者在进行电话调查时，发现湖北安陆、随州、襄阳、十堰、恩施等地区，携带锄头都说"挼"，就是扛在肩上。注明是方言，就要到这种方言地区去调查。

《现汉汉语词典》收有"驳岸""驳船""驳壳枪""驳运",其中的"驳"找不到语义根据。柳州官话、南宁平话、广州粤语、梅县客家话对"驳"的解释都是"连接"或"接"。《现汉汉语词典》补一条方言义项"连接",一子落,满盘活,绝不是多余的。

有一本方言词典释"就棍打腿"说:疑当写作"脚拐儿打腿"或"脚孤拐儿打腿"。"脚拐"即足踝,"脚孤拐儿"指大脚趾旁侧突出部分,这部分在行走时碰腿,是自然而不费力的,正合顺势之意。"就棍"难解。

对此笔者想说,不看书也是不行的。"就棍打腿"是个成语,比喻乘便或顺势行事。清石玉昆《三侠五义》第40回:"听他之言,语内有因,他别与都堂有甚么拉拢罢,我何不就棍打腿探探呢?"老舍《赵子曰》:"魏女士既有意于你,你为何不'就棍打腿'和他拉拢拉拢?"书上不止一家之说,别的方言也有,随州说"就他的棍子敲他的腿儿",这就是语言社会性的体现,符合约定俗成的原则。再说,就棍打腿是主动的借势,"脚拐儿打腿"是被动的误撞,跟使用的语境不合。这位作者是主观误判,我们可不能盲目误信。

有一本方言词典误解"货板",写成"货办",释为"货物样品",举例中有"货不对办"。《柳州方言词典》释"货板":"旧时商行展示货物样品的木板,代指货物样品。"将"货板"写成"货办",是读音误导。该方言"办"是阳去调,处于词语末尾常常变读为阴上,跟读本调的"板"字同音,又没考察实物,就发生了误判。

误导的情况多发生在调查期间。

有人喜欢强作解释。不能听了就信,有闻必录,一定要另外找人核实。否则被他带偏,写出来就是自己的失误了。在桂林调查时有人提供了一些词语,并且言之凿凿地担保:"桂林有人说,人人能听懂。"笔者在桂林生活半个多世纪了,深知在"不大"的意义上,桂林人说"小"不说"细"。笔者从亲切感的角度进一步核查,真正的桂林人并不认同,都说听得懂,但不是桂林话。

有的发音人给笔者提供书面材料,把"花蕾"的桂林说法写成"花蕊","旱烟"写成"烟丝","患疟疾"写成"中暑","睁"写成"撑"。除了最后一条提供了一个"瞠"的读音有用,其余都是错的。

广西官话跟壮语交错的地区,习惯将量词冠在名词前面构成量名结构,语义实际就是名词的意思,量词不参与语义组合,如"个妹=妹,个老弟=老弟,间屋=屋,只瓮=瓮子"。有人坚持要写上那个量词,愚意语法、语料部分应该这么写,但词汇部分还是不写为好,否则,许多名词都用毫无意义的量词打头了。

有时自己理解错了,照自己的领会写出来,也会造成瑕疵。读初中时,有个同学家境较好,吃不惯学校的伙食,用豆腐乳佐餐又怕辣,听人说"原油豆豉"不辣,又下饭,就去酱园购买。他按自己没听真切的话说成"热油豆豉",怎么也买不着。随州乡音"原"读zuan^{42},"热"读zua^{42}。他还以为是什么金贵东西,越发想吃,到处打听,费了不少时间。后来有人破解了这个错误编码,他才如愿以偿,也落下一个"热油"的绰号。

还有人建议到风景点去采录。近年各地旅游景点弄了一些搞笑的方言，通过印刷、漆书或凿刻等方式传播，故意往歪里说。笔者在随州和桂林也收集了一些，尽是垃圾，那是旅游开发商搞的噱头。网上也发昏热似的秀方言，想攀文化的高儿，却露出了猴子的腚。方言词典决不能走这种野路子，不过，收作附录，或许对社会学家和文化学者有用。

学术型的方言词典应该对文献典籍具有拾遗纠误作用，也应该对流行的误解歪说匡谬正俗。

六、随州方言词条试写

以上所说，都是务虚，下面试写若干随州条目，以体现笔者对方言词典的理念。大体依照李荣主编的《现代汉语方言大词典》地点分册体例，并在双竖线后面作出说明。声调符号改为数码，用国际音标注音的是随州方言，随州方言a与ɑ有区别。

【鼾漦】xan⁴⁴tshan⁴² 名词。睡眠中流出的口水＝〖鼾水〗xan⁴⁴ʂuəi⁵³ ‖ 参见〖漦〗tshan⁴²。

【鼾水】xan⁴⁴ʂuəi⁵³ ⇒〖鼾漦〗xan⁴⁴tshan⁴²。

【家家】kɑ⁴⁴kɑ⁰ 名词。外婆。外公叫"家爷"kɑ⁴⁴i⁰。以外婆的家为家，反映出母系社会的痕迹。"家"今读tɕhia⁴⁴，在"人家""老人家""亲家""王家湾儿"等词中，"家"也可以读kɑ⁴⁴。"家家""家爷"的"家"固定读kɑ⁴⁴，"家家户户"的"家"读tɕhia⁴⁴。

【老鼠子刺】nao⁵³ʂu⁰tsʅ⁰tshʅ²¹³ 名词。山野常绿小乔木或灌木，既指叶片也指植株。冬青科冬青属猫儿刺种。叶片革质，卵形或卵状披针形，长15—30毫米，宽5—14毫米，先端三角形渐尖，渐尖头长达12—14毫米，终于长3毫米的粗刺，边缘具深波状刺齿1—3对，叶面深绿色，具光泽，两面均无毛。根入药，味苦，性寒，可清肺止咳，利咽，明目。一般用其枝叶防鼠，嫩叶可食。

图3 老鼠子刺

【乡活儿】ɕiaŋ⁴⁴xor⁰ 名词。旧时农村豆腐坊、磨坊等为附近村民加工的产品，也指这个劳作过程。主家以务农为主，经营时间一般是农闲期间。交易方式可以是来料加工，也可以是包工包料，但必须整买整卖，与自行零售不同。就性质来说，是一种副业，由此可以想见历史上第二次社会大分工的萌芽状态。

【启下】təu⁴²xɑ⁰/ɕiɑ⁰ 方位名词。底下，下面：山启下有矿产，海启下也有矿产｜随州高头是枣阳，启下是安陆；湖北高头是河南，启下是湖南 ‖ 启，由肛门引申为底。在陆地上，西、北两方为上（高头），东、南两方为下（启下），承袭了古人"天倾西北，地陷东南"的认识。参见〖启〗。

【岩（儿）里】ŋan(r)⁴²ni⁰ 方位名词。在一定空间的靠里边：床岩（儿）里｜墙岩（儿）里｜山岩（儿）里 ‖ 岩是石洞，这个词带有穴居时代的痕迹。参见〖岩囵〗。

【么事】mo⁵³sɿ⁰代词。什么。作主语、宾语和定语：么事是长虫啊？｜他在那儿搞么事？｜来了个么事亲戚儿，不晓得几特敬非常客气‖作定语可以只说"么"。强调语气中，"事"读阴平。

【唛】ma⁵³代词。什么。表疑问，只作宾语：这是唛？｜喊我做唛？｜新年八事的，她哭唛？‖"唛"就是"什么"的"么"，《现代汉语词典》ma音节收了这个单字，读轻声。有学者考证"什么"的原型是"是物"，这个"么"的读音最接近入声的"物"。

【哪（下）儿】na⁵³(xa)r⁰代词。表疑问，问处所。哪里：哪（下）儿有免费午餐哟｜钥匙放哪儿了呢？‖在强调的语气中，"下儿"读阴平。

【迩】ar⁵³动词。理睬：那种混账东西，莫迩他｜喊了几声，他迩都不迩呀‖"迩"的语义来自"近"，也写作"尔"。《诗·大雅·行苇》："戚戚兄弟，莫远具尔。"唐韩愈《释言》："公正则不迩谗邪。"成语"不可向迩""名闻遐迩"的"迩"都是"近"的意思。

【打粗】ta⁵³tsʰəu⁴⁴动词。①能干粗活，不讲究吃穿：他晓得几能打粗，野菜、糠饼子都不嫌弃｜小伙子打得粗，有发旺。②干粗活：旧衣裳莫丢了，留到打粗穿｜两手都是胼老茧，一看就是打惯了粗的。

【搲】xa⁴⁴①扒拉，翻动：麦子晒了半天了，搲得了｜快点儿赶鸡子，把点儿菜搲乱完了。②扒拢（细碎物）：到后山搲点儿松毛回来引火‖《集韵·鎋韵》下瞎切："搲，搔也。"

【搲铺】xa⁴⁴pʰu⁴⁴设置（床铺）；整理（床铺）：来客了，临时在堂屋里搲铺睡｜敲下儿单字的事儿，还怎格儿搲铺？‖旧时用稻草垫床，要把稻草扒拉开，厚薄均匀，所以要"搲"。现在不用稻草，仍然继承这个说法。

【亲就】tɕʰiən⁴⁴tɕiəu⁰问候，看望：表舅舅来了，去亲就下儿，请他来吃顿饭｜这个人不简单，要到他屋里去亲就‖古书"亲就"是亲近的意思。《汉书·张禹传》："后曲阳侯根及诸王子弟闻知禹言，皆喜说，遂亲就禹。"

【焾】kaŋ²¹³动词。把钝了或捲口的铁器回炉，加钢锻打，使之坚硬锋利：斧头口儿太铅了，要拿去焾｜这把刀才焾了的，好快，招呼割到手‖《玉篇·火部》古浪切。《字汇·火部》："焾，坚刃也。凡兵器经烧则坚，故今铁工烧刃曰焾。"后来的《龙龛手鉴》用居浪切的"钢"字。

【焾腿】kaŋ²¹³tʰəi⁵³动词。①干力气活的人打牙祭：莫叫累了，门儿明日割肉来跟你焾腿｜昨儿焾了腿就是不一样，两百斤的麻包甩上肩。②打牙祭，吃肉：有搭无事焾个么腿，他就是想吃肉｜嘴里寡淡，焾下儿腿也使得‖参见【焾】kaŋ²¹³。

【相与】ɕiaŋ⁴⁴zu⁰动词。示好，巴结：广结善缘，打过交道儿的，三不知要去相与的｜你不相与他，他就不尔你‖唐至清代"相与"是朋友的意思，随州词义转移。

【粇】xuŋ⁴⁴一作"杠"。形容词。①瓜果等因过熟而软烂：柿子都粇了，还能吃？｜南瓜到了时候快点收回来，留到地里粇了就去了多的损失大。②人太老身体衰弱、脑子糊涂：这个嬷嬷儿老粇了的，还出来做么事哦｜王大爷粇了的，找他问得出么名堂‖《广韵·东韵》户公切。《说文·米部》："粇，陈臭米。"段注："《汉书·贾捐之传》：'太仓之粟，红腐而不可食。'师古曰：'粟久腐坏，则色红赤也。'"

【惶惛】xuaŋ⁴²xuən⁰ 形容词。糊涂，神经错乱：一句话把我说惶惛了，半天转不过弯儿｜他是个惶惛头儿，话都说不抻腿儿｜脑出血痊愈了，还好，没有惶惛‖惶，《广韵·唐韵》胡光切。贾谊《新书·道术》："周听则不蔽，稽验则不惶。"《字汇·心部》："惶，惑也。"惛，《广韵·魂韵》呼昆切。《战国策·秦策一》："今之嗣主，忽於至道，皆惛於教。"高诱注："惛，不明也。"

【恍】xuaŋ⁵³ ①形容词。模糊；隐约：这个人有点儿恍恍儿的印象｜恍恍儿记得是她 ②副词。仿佛，大概，可能：这个人恍是老赵屋里的？｜上回儿来的是他？——恍哦‖《集韵·荡韵》虎晃切。《老子》第二十一章："恍兮惚兮，其中有物。"

【特敬】tha⁴²tɕiən²¹³ 形容词。特别敬重，非常客气：人家待客骚特敬，把我弄到不过意儿了｜对他这么特敬，是个么人？｜来的都是顶鉴的关系，对人家要特敬些。

【緵】tsuŋ²¹³ 形容词。绉（皱）：上了几天学啊？书都緵得像盐菜了！｜一天到晚緵到个眉毛，心思太重啰｜才三十搭点儿，脸上就有緵纹了‖《广韵·送韵》作弄切。晋郭璞《尔雅注》："今之百囊罟是。""百囊罟"是一种细密的鱼网，手感似緵。《现代汉语词典》作"纵"。"緵到个眉毛"属于活用。

【左】tso⁵³ 形容词。偏邪，错：扣子扣左了，（下摆）一边儿长一边儿短｜人家积德行善，会偷你的鸡子？你莫搞左了！‖《增韵·哿韵》："左，人道尚右，以右为尊，故非正之术曰左道。"苏轼《次韵子由论书》："钟张忽已远，此语与时左。"

【下】xa⁵³/xar⁵³ 量词。用于动作的次数：两下就搞好了的事儿，怎么半天搞不好呢｜碰了下它就倒了｜挂钟响了三下儿他才回来‖《广韵·马韵》胡雅切："去也；降也。"由动词转为动量词，两读皆可。《广州方言词典》："˰ha。①放在动词加数词之后表示动作次数（数词如是'一'，往往省去）。"

【曹】tshao⁴² 集合量词。用于年纪相仿、经常交游的人群：他们是一曹儿的，读书、下乡都在一年｜小明儿读5年级，智生儿才读3年级，小明儿是大一曹儿的‖也说"窠儿"。《广韵·豪韵》昨劳切。《诗经·大雅·公刘》四章："乃造其曹，执豕于牢。"《毛传》："曹，群也。"

【作】tso⁴² 量词。表示动量，酿酒、榨油等批量生产的一个完整过程，相当于"次"：这一作的饼 榨油的废渣 有人订了，下一作是你的｜煮一作酒要几天哪‖《孟子·公孙丑上》，"由汤至於武丁，贤圣之君六七作，天下归殷久矣。"

【尔么】ar⁴² ma⁰ / zl̩⁴² ma⁰ 副词，很，非常：尔么大｜尔么多｜尔么寡淡｜尔么恼火‖"尔"本读上声，"上大人"纸牌的"尔小生"，文盲都认识，读上声。在"尔么"中读阳平属于强调性变调。"尔"的意思来自"这，这样"。陶渊明《饮酒》诗："问君何能尔，心远地自偏。""尔么"的语气由感叹而变成夸张，如同"许"由"这"转成"很（许多）"。读 zl̩⁴² ma⁰ 的时候人们理解为"日妈"，那是20世纪50年代以后的事，以前思无邪，妇女这样说也很自然。

【下】xɑ²¹³副词。全都：街心里下摆的摊子，走都走不通｜书里下是老体字，认不到几个儿｜团转儿_{周围}的人挤圆了，下来看热闹｜下是罢脚子_{剩下的}，还卖这么贵？‖《广韵·祃韵》胡驾切。《广韵·马韵》："下，底也。"由"底"引为"处"，再引申为"全都"，其他语义都在双音词中。

【错已】tsho²¹³i⁵³ 既然：错已说了，收不回来了｜她是你妈，错已打你两巴掌，你不认她？｜你错已是个老大，就要多担点儿责任。

【独然儿】təu⁴²ẓuanr⁰副词。偏偏，用于否定对方的言行：人家都说不中，你独然儿说中，哪格信？｜那是医生瞧好的，独然儿你一掐就好了？‖用在句中也可以说"独然儿的"。

【容经】ẓuŋ⁴²tɕiən⁰副词。既然，既已：容经买了，退回去也不好｜你容经把丑话说了，还在乎他怎么样？

【左乙】tso⁵³i⁰副词。反正，既然：左乙到这儿来了，不问出个情况，不是白跑！｜左乙把话说出去了，总要兑现的‖"左"有副词"反正"义，明叶宪祖《金翠寒衣记·楔子》："奴家鞋弓袜小，左则走不脱。"这个意义，随州不说"左右"。

【不哉】pu⁴²tsai⁰助词，表反问语气。为何不……呢：怎么叫他去？你去不哉！｜说话想下儿不哉，说出来打死人‖普通话没有相应的表达方式。

【得】ta⁴²助词。表适时态，正在进行中：吃到饭得，缓下儿跟你打电话｜没得空儿，开到会得｜开到车得，不喝酒‖"开到车得"是吃饭时说的，开车的全过程尚未结束。

【着】tʂo⁴²助词。表权先态，权且先……：再忙也要吃了饭着｜再睡下儿着，还有时间。

关于方言词典，要说的话还真不少，一篇文章不可能面面俱到，文末以笔者编纂方言词典的点滴感悟收束，与同行共勉。

词典出于研究，坚持调查为本。
认准调查对象，谨防误导误信。
词语以音为根，切勿拿字找音。
释义准确周到，绵密不留疑痕。
不用方言释义，必用方言例证。
例句来自群众，释义出自我心。
例句归纳义项，不可先末后本。
考证就是理解，理解才能说清。
书证可分两种，当代前朝不混。
例句要有语境，凸显词义词性。
词目用字规范，也要清源正本。
要叫专家点头，先要群众确认。

Emphasizing the Cultural Value of Dialect Dictionaries

LIU Cunhan

(College of Liberal Arts of Guangxi Normal University, Guilin Guangxi, 541000)

Abstract: Chinese dialect dictionaries should be divided into popularization and research types. A research-oriented dialect dictionary should reflect its linguistic and cultural value. Deep investigation is the foundation of cultural values, and rigorous research is the guarantee of cultural values. Investigators should be cautious of misleading and misjudging during the investigation and research process. The cultural responsibility of research-oriented dialect dictionaries is to correct errors in authoritative dictionaries and correct popular sayings.

Key words: Dialect Dictionary, Dialect Survey, Suizhou Dialect

上海方言的拼音方案制定、正音正字贯彻和方言词典编著

钱乃荣[①]

（上海大学文学院　上海　200444）

【提　要】在大力推广普通话的大环境下，要科学寻求保护传承好上海方言的途径，探索制定上海方言拼音方案的方法，重视方言在社会使用中的正音正字，编写好有广泛读者查阅群的按语义分类的上海话大词典和以音序分类的上海话小词典。

【关键词】上海方言拼音方案　正音正字　词典编著

一、科学保护上海方言

笔者在上海大学中文系长期任教《上海方言和上海民俗文化》这门向全校公开的课程，自2003年开始，发现升入大学的新生突然全体不会说上海话了，而之前笔者在考试时总会出一道题：请你写出你会说的上海话新流行语，并作注释。因为21世纪初学生们在互联网上开始互相交流，从青年人中喷薄涌出了大量生动的新流行语，我曾搜集了上海青年人讲的上海话新流行语，还出版了一本《新世纪上海话新流行语2500条》（汉语大词典出版社）。但是后来升上来的新大学生戛然而止都不会说上海话了。从此，笔者在努力推广普通话的同时，也一直关注如何科学保护和传承方言的问题。

在上海开始关注方言的急速衰弱而高声呼吁保护方言的时候，当时社会上对要不要方言的争论还很激烈。好在上海市民从底层百姓到知识阶层都深感方言的衰弱对上海文化传承所产生的危害，大力支持正确对待方言的使用和振兴，呼吁讲好上海话的声浪十分强烈。2005年5月6日《新民周刊》就发表了记者采访笔者的长篇报道，题目为《保护上海文化基因》，副标题为"上海话是上海人的灵魂，保护母语就是保护自己赖以生存的文化基因"，2005年7月28日上海第一大报《解放日报》在"观点"版面头上刊登了笔者写的《传承上海话，就是传承上海文化基因》文章。笔者从此时已感到除了呼吁

---

① 钱乃荣，1945年生，毕业于上海复旦大学，曾任上海大学中文系主任等，主要从事汉语语言学、方言学和海派文化的研究。

外，一定要拿出实绩出来，就加紧编写好《上海话大词典》和学好上海话的课本。笔者的《跟我学21世纪新上海话》的课本率先在2002年由上海教育出版社出版。上海《青年报》记者在2007年6月22日又抢先在头版头条发表了《〈上海话大词典〉八月问世》的大黑体字，副标题兼加上了笔者的上海社科项目"上海话输入法也将诞生"。不久，在8月28日《文汇报》也派出资深记者来笔者家里做了深度采访，在"近距离"专版上刊载了整整一版题为《钱乃荣，上海话半生缘》的多角度报道。

2005年，上海沪剧院副院长、上海市政协委员马莉莉在上海市政协十届三次会议上提交了1058号提案《保护本土文化——沪语的规范与推行》。之后陆续有上海市人大和政协委员提交关于传承和保护上海方言的提案。

我们很快就进入了探索如何采用正确的方法和措施来保护方言的途径。

首先要说好在沪儿童为何从小要学会学好上海话的理由，外来的新上海人如何更好地融入上海、深入上海纵深的民俗文化，再讲清楚在推广普通话的同时如何传承上海话的途径。主要有以下两点，是我们做好方言传承与保护工作需要关注的问题。

1. 上课讲普通话，下课多讲方言

上海的情况是这样的：在开埠后的历史上有多达80%的移民，上海话是怎样传承下来的呢？大多数移民是陆陆续续以个人、家庭身份来上海的。来上海移民的第一代人中可能说着家乡话或说很勉强的上海话，但是从子女一代起就可用很准确的上海话交际。这是因为他们在幼儿园、小学里跟随会说上海话的孩子自然说起上海话（与老师几乎无关）。儿童在7岁前学习语言非常容易，11岁后要习得一门语言就困难了。

70后、80—85后因为在小学里上课说普通话、下课用上海话交际的习惯，所以双语至今都说得都很流利。习得、熟练说方言与以后的使用频率关系并不大。

事实已证明，单靠家庭里两代长辈在家里与孩子说方言，但孩子与同辈同龄人互相交际时不说，绝大多数人不仅不能习得方言，而且也不会对长辈说方言。我们至今看到的事实，几乎所有的孩子在未进幼儿园时跟着家长自然学会一口母语，说得很流利，但是一进幼儿园后，不到几星期，孩子就不再会说方言了，只会说普通话。儿童时期是天生的学习语言的最佳时机，过了11岁后，如果要再去学方言，大多数人就不愿学了，学说方言就成了个别人的行为。

2. 当今上海，同龄同辈人在校互相习惯说方言是习得母语的关键

（1）不仅要让孩子将从婴儿起跟长辈学得的母语自然带进幼儿园，还要在园里课间形成说方言的环境，这是最重要的，如此就可以把说方言习惯一直带到小学里的。

（2）现在中小学绝大多数学生不会说方言，不说方言。要打破这个长久以来形成的惯性很难。在下课时间要设法使班里会一点方言的人带头先说起来，鼓励学生干部带个头讲方言，并带动其他同学一起讲起来。其他的努力都是次要的。

（3）最有效的办法是校长重视并略作推动（有成功的实例），支持带头说上海话的少数学生，教师通过鼓励和表扬引导其他同学跟着讲上海话，大家开口了就好办了，方言即自然传承。这是面对上海中小学生普遍不说上海话最切实可行的办法。

（4）学校里可以布置一个有方言内容的教室，但不是只做一些给上级看的花架子。下课时让会讲该方言的老师常去引导和指导一下，学生互教互学，利用集体力量必然事半功倍。

（5）现在的情况是多数学生还是听得懂母语的，要切实使他们有环境讲、鼓励带头的学生，用"滚雪球"办法，使同学都开口说并能用方言互相交际就行。教而不讲，等于不教。语言毕竟是个交际工具，每天互相说，就会自动增加、扩充、传承词语，自动纠正错误，只有在课间自由说起来并形成自然交际环境才能让学生学会方言。

（6）为什么校长们几乎人人都对方言失传很着急，但不通过教师去稍作推动。有个别的中学校长去推动方言传承，让较会说的同学带头在下课时和同学开始说上海话。上课说普通话，下课说方言，在班里学上海话的模式很成功，但目前这种学校只是凤毛麟角。

2016年10月16日《光明日报》发表了《让校园适度拥有方言时空》一文，已明确说了："应允许中小学、幼儿园在课外说方言，让方言成为青少年日常用语之一。如果从家庭自然习得的母语在校园里获得了使用时间和空间，普通话和方言各司其职，和谐共存，就能避免二者对立局面。""各地基础教育部门可组织专家搜集整理本地语言资源，为不同学段的青少年编写多媒体形式的方言文化读本和乡土教材，试点开设方言文化校本课程，组织童谣传唱、学唱地方戏、方言经典吟诵等校园活动。"

我国不同地区应按普通话推广情况不同而实施相对不同的方言传承的办法。上海是普通话推广得很成功的地方，我们完全可把工作较多地用在如何实质性地传承方言。

关键是促使90后、00后、10后的人开口说上海话。否则，不论方言的词典、方言的拼音方案编得更好，皆像是在编历史。

二、方言的拼音方案

（一）上海方言拼音方案

1987年笔者在上海社会科学院出版社出版第一本书《上海方言俚语》时，发表了笔者自己设计的第一套《上海方言拼音方案》，并用这套方案对该书的词汇部分标音。2006年11月30日在深圳召开了首届"国际上海方言学术研讨会"，会上列举了16个国内外公布的上海方言拼音方案，与会的国内外老中青上海方言研究或教学的专家经过讨论后投票，最后以压倒性的多数通过了笔者小作修改的这个《上海方言拼音方案》作为上海话的正式拼音方案。这个经投票通过的《上海方言拼音方案》已先后在笔者出版的《上海话大词典》《上海话小词典》《小学生学说上海话》《新上海人学说上海话》等书上使用至今。

这个《上海方言拼音方案》是这样的：

上海话音系表

1. 声母

b[p] 巴搬兵百　　　　p[pʻ] 怕攀捧泼　　　　bh[b] 婆拌旁别　　　　m[m] 母满闷木

f[f] 夫反方福　　　　fh[v] 符犯坟佛　　　　d[t] 多单丁德　　　　t[tʻ] 体滩通脱

dh[d] 地段同特　　　n[n] 乃南让热　　　　l[l] 溜乱拎落　　　　g[k] 盖干工各

k[kʻ] 苦铅肯客　　　 gh[g] 葵环共轧　　　　ng[ŋ] 熬鹅硬额　　　h[h] 灰汉烘忽

hh[ɦ] 豪后红合　　　j[tɕ] 居尖精级　　　　q[tɕʻ] 区浅庆漆　　　jh[dʑ] 求件琴极

x[ɕ] 需宣相血　　　　xh[ʑ] 谢钱墙席　　　z[ts] 子专张责　　　　c[tsʻ] 超参撑促

s[s] 书三松说　　　　sh[z] 字传陈食

2. 韵母

i[i] 低西变现　　　　u[u] 布乌初多　　　　yu[y] 虑雨许鬼　　　　y[ɿ] 试资朱处

a[A] 拉鞋街泰　　　　o[o] 沙哑瓜画　　　　e[ɛ] 海悲推难　　　　ao[ɔ] 少包炒老

ou[ɣ] 否头口周　　　oe[ø] 半看猜算　　　　an[ã] 硬杏生打　　　　en[ǝn] 根恒能春

ang[ɑ̃] 昂杭商当　　　ong[oŋ] 功龙中翁　　　ak[ɐʔ] 法麦拆塔　　　ek[əʔ] 佛默出脱

ok[oʔ] 绿俗角作　　　ik[ɿʔ] 笔力歇吃　　　er[əl] 尔而儿饵　　　　m[m̩] 姆亩呒

n[n̩] 唔　　　　　　　ng[ŋ̩] 五鱼午

上面22个韵，都可以单独作韵母，i、u既可以作介音，又可以与其他韵组合。

以下韵母：

i——ia写谢、ie廿械、iao表桥、iou就流、ian将羊、in丁今、iang旺、iong荣均、ik 跌乙、iak脚削、iok菊局。

u——ua怪坏、ue弯惯、uoe碗官、uang荒王、uen困昏、uak刮豁、uek活骨。

i行的韵母，在前面没有声母的时候，写成yi(衣)、ya(呀)、yao(腰)、you(忧)、yan(央)、yang(旺)、yin(英)、yong(雍)、yik(益)、yak(约)、yok(郁)。

u行的韵母，在前面没有声母的时候，写成wu(乌)、wa(娃)、we(威)、wan(横)、wang(汪)、wen(温)、wak(挖)、wek(殟)。

在阳声调里，均在第一字母后加h，以示与阴声调音节读音区别。如：yha(野)、whu(胡)、yhong(云)、yhu(雨)、hhao(号)。

以yu和yu开头的韵母，在与声母相拼时，除了声母"n""l"外，其余的都可省去"y"，只写作"u"。如：贵ju，亏qu，jhuoe拳。但女nyu、旅lyu的"y"不能省略。

"yu"在普通话拼音中用"ü"表示，本文为了方便起见，在上海话拼音中都用"yu"表示。

3. 声调

阴平　　　52　　　　江天飞高心书

阴去　　　34　　　　懂好土对去太

阳去	23	来同有稻外大
阴入	5	笃各脱出黑级
阳入	12	六学白石木极

上海话在说话中实际发音是有"连读变调"的。两字连读的连读调大致就是前字声调向后字延伸。三字组以上的连读调,阴平字和阳入字领头的,也是第一字调向后两字的延伸。其余三个声调都用先低后高至顶再加上一个最低的低降调21构成。

所以,上海话在实际连读中,其实从两字组到五字组的词除了首字外,后面的字都失去了原来本字的声调。

表1 连读调调型总表(A、B表示两式或用)

单字调	两字连读调	三字连读调	四字连读调	五字连读调
阴平52	55+21	55+33+21	55+33+33+21	55+33+33+33+21
阴去34	33+44	33+55+21	33+55+33+21	33+55+33+33+21
阳去23	22+44	22+55+21	22+55+33+21	22+55+33+33+21
阴入5	3+44	3+55+21	3+55+33+21	3+55+33+33+21
阳入12	1+23	1+22+23	A. 1+22+22+23 B. 2+55+33+21	2+55+33+33+21

把表示连读调的两个数字简化成一个数字,用"下标"方式标在音节字母后,举例说明如下:

天 ti_{52},天堂 ti_5dhang_1,天落水 $ti_5lok_3sy_1$, 天下世界 $ti_5hho_3sy_3ga_1$

快 kua_{34},快手 kua_3sou_4, 快手脚 $kua_3sou_3jiak_1$, 快手快脚 $kua_3sou_5kua_3jiak_1$

后 $hhou_{23}$,后头 $hhou_2dhou_4$ 后天井 $hhou_2ti_5jin_1$, 后门口头 $hhou_2men_5kou_3dhou_1$

一 yik_5, 一级 yik_3jik_4, 一末生 $yik_3mek_5san_1$, 一天世界 $yik_3ti_5sy_3ga_1$, 一本三正经 $yik_3ben_5se_3zen_3jin_1$

热 nik_{12},热煞 nik_1sak_3, 热天色 $nik_1ti_2sek_3$, 热汤热水 $nik_1tang_2nik_2sy_3$ / $nik_2tang_5nik_3sy_1$ 热佬大头昏 $nik_2nong_5dhu_3dhou_3hun_1$

由于《上海话拼音方案》在设计上的巧妙,可以不用数字标示声调,可以依靠声母和韵母的字母来表示单字声调和连读调:

从上面的表可以看到,上海话中只有阴平单字调和阴平开头的连读调是直往下降的调型,本书在以阴平声调为首的词条开头用" ' "符号标示出来。

其他声调大致都是由下往上升的调子。在一个字的拼音里,凡是声母第二个字母是h的,和声母是鼻音边音m、n、ng、l的(第1条件),都为阳声调;韵尾有k的(第2条件),都为入声调。这样就在拼式上可以区分了阴去、阳去、阴入、阳入4个声调(阴去两个条件均无;阳去条件1有,条件2无;阴入条件1无,条件2有;阳入两个条件均有)。阴平声调单字调(和阴去一样两个条件均无)和阴平开头的连读调,是连续的降调,就在开头的地方加一个符号" ' ",如"天下世界 'tihhosyga",用以标示它与阴去声调的区别。

这样,我们完全可以不在上海话词典中标上数字,也能读出所有词条的声调和连读调了。

有的词条在注音中有一个"空挡",因为这个词条在发音中有个小停顿,是两个语音词,需要用前后两个单字调或连读调一起来读的。如"荡马路"这个词条有两种发音:dhangmolu(2+5+1)和dhang molu(23 2+4)。前者三字连读,后者第一字和后两字分读,中间有很小的停顿,两者的声调有很大差异。但大多数词语只有一种读法。

(二)编写吴方言拼音方案的原则方法

吴语的特点是保留了汉语中古音的浊音声母,即塞音声母三分,分为不送气音、送气音、浊音三种。如"布[p]、普[pʻ]、步[b]",塞擦音声母也分清浊,如"鸡[tɕ]、起[tɕʻ]、期[dʑ]"。不过吴语的浊音不是真浊音。

这样,吴语拼音方案在设计声母字母时有两种倾向。三个塞音声母用什么拉丁字母来表示,一种是按国际音标来设计,如"布[pu]、普[pʰu]、部[bu]",送气音用不送气音字母加"ʻ"或"ʰ"表示。

另一种是清声母用通用的普通话拼音字母表示,浊音声母则在不送气清辅音声母之后加一个字母h表示,如"布bu、普pu、部dhu"。笔者的A式方案即如此。赵元任在1928年《现代吴语的研究》中的吴语公约数方案主要也是用浊声母加h的形式表示浊声母。有的教授和笔者的B式方案提出用重复的不送气声母表示浊音声母。如"部bbu"。

我们应该对应普通话的《汉语拼音方案》来设计方言方案,不用对应英语、法语、国际音标的方案。这是因为:

(1)面向大众的通用的吴方言注音方案,用标注国际音标的方案行不通,一般的群众对国际音标很陌生,不会特地去学,而且,一般的报刊对方言难字注音时拒绝使用国际音标。

(2)如果对应国际音标设计拼音字母,那么吴语声母表中的声母所使用的字母与普通话声母所用字母几乎完全不同,只有一个s(思)相同。一张声母表上有这么多的差异,大家也不会去学。大众如见到疑难字旁注音的字母,通常都会去读成普通话音。

(3)我们还主张汉语各地的拼音方案尽量兼顾与各地方言所用字母的大致对应。吴语地区的音类初分,要兼顾南北吴语的通用性,以及与吴语外的汉语方言的对应性,要有全国一盘棋的意识。其他大部分地方的汉语都只有送气和不送气两类声母,吴语声母系统的送气音和不送气音所用的字母应与它们用相同的字母来表示,而与它们发音不同的吴语声母才用别的方法表示为好。因为大家从小都学习了普通话拼音字母,这已经充分地成为了最初认知拼音、会自发读出的一个底音,在意识中已根深蒂固。这也符合赵元任先生说过的用字母表示的音不能有太大的随意性原则。

（4）大家习惯了使用普通话的《汉语拼音方案》，上海话中有大量与普通话相同的声母、韵母，应尽量与普通话方案所用字母一致。读者见到与普通话不同的拼写时，就会自动去识别那些与普通话不同的方言声韵，否则在方言文章中对难字单读注音时往往会造成读音混乱。

上海的《新民晚报》每周有一版全载用上海方言写的文章，对有的方言难字必须在旁注音。比如"坒"（一坒砖头就是砌得很整齐的一层砖）字，其音是浊声母bh的"bhi"，大家一见到第二字母h就读出浊音声母。如果按国际音标来注音，便是［bi］，大多数人都会认读为"比"音。又如要在"匾［pi］"字旁注音，用我们的"上海方言拼音方案"是注bi，与"扁"同音。但如果用国际音标为基础的方案注音便是［pi］，一般读者会读成"骗"音。读者在见到与普通话不同的拼写时，会自动识别那些与普通话不同的方言声韵，促使其去针对性地学习上海话中特有的声母、韵母，否则在方言文章中对难字单读注音时会形成读音混乱。

（5）我们主张编写方言的拼音方案的所有字母，在可能的情形下，对有些与普通话语音相近的音素音位，可以借用普通话的字母。

如中古效摄字的韵，上海话读单元音"［ɔ］"，读音与普通话的前响复元音ao相近；上海话的"［ɤ］"，与普通话的ou发音也相近。这两个音所辖的字基本相同，我们就直接用ao、ou来表示这两个单元音。ou也不必像有的方案那样用eu表示，因上海话中只有"唉［e］"音而没有普通话中的"鹅e"韵，eu又易与en写混，ou的读法只需要在音系表中作个小的说明，大众在使用中十分方便。对于上海话中的鼻化音，处理的方法是用普通话的带鼻音韵代替，按音相近的原则，对前a元音上的鼻化用an，对后a元音上的鼻化用ang。

（6）在分辨上无妨碍处，字形要求短和简。如普通话拼音方案中的iou在与声母拼时写成iu，uen在与声母拼时写成un；撮口呼介音用"u"代"yu"。如"jiu救，kun睏，juoe捐，quik缺"。上海话拼音方案中也予采用。

（7）笔者在设计的《上海方言拼音方案》的字母拼写里，不仅要表示音位准确，还要特别注意拼式的整齐美观。因为拉丁字母高低可划出上下三层，如a、e、x只占中层，h、k、d占上、中层，q、j、g占中、下层。拼式要考虑到高低上下搭配参差协调和字母在拼写中出现频率的协调。如：用h作为浊音的符号，因为h声母用的频率较少；用k表示入声字的韵尾标志，一方面它前面的元音都是占中位的，体现高低参差使人一看就知道是入声字音节，另一方面还在于原老上海话里有一批与中古音对应的k尾入声字；为什么不用某些上海话方案中的q表示入声尾？那是因为笔者的方案里q已经做了声母，一方面是考虑字母出现的频率，另一方面又让形状相近字母的错开，包括在不同音节的拼式位置上不相似，如q用于入声音节尾，g用于阳声韵尾，阳声韵和入声韵的出现都是较频繁的，不要使整篇文章因韵尾相似太多而看上去不美。两个字母形近而容易看错，尤其要考虑到在手写时容易相混。还有用重叠字母（如bb）多处出现，也有损于拼式的美观协调。综上所述，上海话拼音方案在所用字母及其搭配排列上，还是用了些心思的。

这样，这个拼音方案中，大致上阴声韵词的韵尾都是在中层的，阳声韵词的韵尾是中下层的，而入声词的韵尾都是在上中层的，不仅易于区别，整个拼音的句式也比较美观。

这里举一句上海话拼音的例字看一下：

伊　做好了　一桩　　重要个　　工作。（他完成了一个重要的工作。）
Yhi zuhaolek yikzang shongyaoghek 'gongzok.

（8）尽量不用26个拉丁字母外的其他符号，如送气声母表示送气音时不用"'"，否则会造成满纸麻脸；字母上放两点或加一点等都不用，以免打字不便。所以应该限于26个字母，不造新字形，也不加符号。"迂"上海话拼音方案中用"yu"。

（9）要注意到生活上多方面的应用。做标牌或标题时，也会遇到像普通话拼音一样声调不标的问题。还有要注意吴语词语标示声调时最好是标连读变调，否则一般群众仍读不出方言词句的音。通用的大词典里，除单字出现外，对连读的词可不必因考虑学术上的完整性而注上单字本调。笔者编著的《上海话大词典》中就是如此。

目前上海、苏州（石汝杰）、宁波（钱萌）方言的拼音方案都有了，我们的看法是大体一致的，使用的字母也是基本对应的。成功地顾及南北吴语的曹志耘先生的《浙江方言的通用方案》也已出炉试用中。

三、方言书面语的文字标准化

与市民生活联系最密切的上海《新民晚报》自2010年3月7日开始发行至今，以"传承本土文化，珍爱上海方言"为宗旨，每周一次用一整版面刊载以上海话写就的文章，版面反映强烈，上海市民和许多著名文人用整篇都是上海话书写的文章投稿，很受读者的欢迎，为全国唯一用书面语言表达上海方言的报纸版面。两年后还集选佳文出版了《浓浓沪语海上情——〈新民晚报·上海闲话〉精编》一书，并附报上各期上海话练习题及答案的《别册》。购买者十分踊跃，在"上海书展"上被安排在中央大厅显眼的位置签售，除了请了提倡保护方言的专家代表外，上海方言《新民晚报》的总编辑和党委书记、上海出版局的副局长都亲临签名售书的现场台上，场面空前热烈。因每场签售只限一个小时，买书签售的队伍太长，在一小时后还移到旁边的小厅再签售了20多分钟，由此可见上海人对上海话的由衷热情。

但是，在刚开始二三年里，群众投稿的上海话稿件常出现不少的错字别字，责编就请笔者对每篇文章都进行修改，把握文字关。渐渐地，阅读者和投稿者也会读会写正确的上海话词语了。

后来，上海人都很喜欢用上海话来写文章，但由于没有一本具权威性的官方出版的上海话常用字表，写作者都认为自己写的字是对的。上海许多人特别喜欢阅读描写上海文化、生活、建筑等的上海话朗读散文作品，微信上几乎每天都有生动冠名为"上海话朗读"的群众性的上海话作品。

语言是开放性的，应该提倡多样化，但是文字使用必须标准化。

2002年8月上海教育出版社出版了笔者所著的《跟我学21世纪初新上海话》教材，共20课。在当年有些人把方言与普通话对立起来，在一片反对学说方言的声浪下，此书的出版形成了较大的社会影响。2004年，笔者出版的《上海话900句》发行后一直在网络上公开可随便下载，有的在沪外国人也通过下载此书学习上海话。

上海大学出版社在2012年8月出版了笔者著的《小学生学说上海话》，3次印刷卖了近30000本，2013年8月出版的《新上海人学说上海话》至今已是第5次印刷共33500本。

为了更好地普及、传承和振兴方言和民俗文化，大家都在用方言文字。近年来，方言书面语在微信、小说散文歌谣、报刊、街头、广告宣传品、商品包装纸、商店招牌等各处频频出现，五花八门的错误出现于报刊、微信及公众场合如商场、马路各处。错字多在过去接触方言甚少的青年群中以约定俗成的方式出现，常见的错误是用普通话的近音字代替写不出的字，如"吃饭"写成"切饭"，"上海人"写成"上海宁"，"个"写成"额"。还有个开了很多连锁店的面馆"上海味道"，大幅店招上都错写成"上海咪道"。方言文字的标准化提到了语保急需重视解决的议程。再不顺势抓紧，错字"约定俗成"，连报纸的编辑都误写甚至还用到大字标题上了，或会成灾。

针对上海社会使用上海话中出现的新情况，2020年8月和2022年8月我又在上海大学出版社的及时敦促下，先后出版了《原来上海话这样写：沪语难词的正音正字》和《原来上海话这样说：沪语佳句佳语配音学》，对于全社会进一步规范用字和说起词语更丰富的更生动的上海话，起了推波助澜的作用，上海新闻综合频道"新闻坊"的负责人亲临"上海书展"现场登台参加签售，上海《新闻晨报》记者则在签售现场摄片到网上传播。

上海语委也支持我们做上海方言规范用字的出版工作，但是没有官方权威组织公布《上海方言常用字总表》，总是不可能有权威性的。我们编写的规范字典、词典，所提供的标准字表，由于缺乏权威性，有些人就是认为自己写的字是对的或有根据的，甚者还要坚持与你辩个没完。

语保学者应关切方言正字这个大问题。目前曹志耘主持编写的《浙江方言字典》大工程已经完成，群众称是在做功德无量的事。

考证方言难字的定字原则应该有以下几条：

（1）正字的原则是什么呢？一个字不会写，不是找来一本有此字的古书或近代小说，就认为书上印的字是对的，因为古代书面语一般通用北方话文字，与现今的文人一样，要写个方言用字却从小没有学过，所以写的字往往不是可靠的。对方言实词的正字，不仅必须在《广韵》《集韵》《玉篇》等古代辞书中去查到本字，而且应该用本字，不用某地流行的俗字。编本地方言词典时都要编进这些字，并在后面附有出典。只能列出通用的极少数俗字并附上写明是俗字，不能把某地流行的俗字也算作正字。许多字只有在当地与语音对得上。各地都有常用俗字，但方言学家讨论时，必是古韵书古辞书上有的、其音义对应各地语音的字取胜。

（2）虚词（封闭类词）因常用、轻声等情况，声韵调都可能中性化，各地发音不同。应按各地实际语音用同音字，因须显示不同读音，故一般不考本字。（如"你"不用"尔""汝"，上海话是用已广为流通的"侬"字）

对虚词，不特地起用过去不用的怪字，如语义为"的"的虚词用"个"不用"嗰"。不用被普通话异体字取消的异体字如"箇"，因为在印刷时会被自动转换掉。"这个"的上海话写法用"挌个"不用"箇个"。

（3）有的方言俗字，在扩大的方正大字库里无字的，即在CJK统一扩充A、B（目前搜狗普通话输入法只用了扩充A）之外（即打不出字来的）的字，一律不用，更不自造新字。并把方正大字库里没收入的字，如过去在方言里常用的俗字，而现今在电脑中打不出来的字都予取消，如将上海方言中对"猴子"的称呼，前字去除反犬偏旁写为"活狲"。

查检方正大字库先部首后笔画排列的字十分麻烦。建议用"逍遥笔"4.0版软件在电脑上书写扩充A、B类字，点击一下就能上word文件。

（4）对有些确实写不出且原来没有的字，可参考过去的吴语等方言小说、《大戏考》等书中常用的字（如表示"剩余"的"挺"）或用合适的常用同音字来代写之，但必须经过方言学专家认真选择讨论慎重审定，提出专家推荐用字。

2007年1月在上海召开的第二届国际上海方言学术研讨会上，汇集了上海、苏州、香港、杭州、美国、日本等研究上海话的学者，对已收集到的上海话中确实说得出但写不出的字，经过讨论并参照有关吴语资料和辞书的搜索，已确定了52个字作为专家推荐用字且进行试用，如表示"剩余"的"挺"，表示"倔强"的"艮"。

（5）让词典中的方框字（即写不出的字）尽量消失。

（6）公布一地或一大区的方言常用字表，如吴语常用字表，吴语难字表。

（7）研制电脑、手机中的方言输入法，研制方言语音输入书写系统。这个"上海话拼音输入系统"（简称"上海话输入法"）已由笔者在2006年申请上海市哲学社会科学基金且已获批准，与郑晓钧合作，于2008年7月顺利制作成功，分老派音和新派音。该系统的推出带来了很大的社会影响。

四、编纂上海方言词典

下面谈谈方言字典编纂理论和实践。

（1）编纂方言词典的总原则与编纂普通话的一般原则是一样的。一是标音原则和方式自始至终的一致性，二是释义的明确性和不同义项的明确区分。选词应该适当保留一些旧老词语，积极加入新生词语。贯彻语言学家吕叔湘所述的收词宁滥勿缺的原则。

（2）适用于方言专家用的方言大词典应用国际音标标示声母、韵母的语音，用数字五度制符号标示声调，声调可以既标本调在上行、标连读标调在下行，也可以只在下行标实际读音连读变调。更通用的民间适用的方言大小词典宜用本方言的拼音方案标示语音。

（3）方言词典必须适当收录与普通话字形相同、语音不同的常用词。比如既收上海话中已经少用的"日头"，又要收入在本方言中常用的国内通用的"太阳"词条。一些与普通话字形相同、语音不同的常用词也应收入，如排列"身体"类词语不能不收"头""脚"等；不能只收"日头"不收"月亮"。但词典里收录与普通话相同字形的词语只能少量的且在本方言中常用的词。

（4）收词量大的大词典较宜用语义分类次序排列语词，如：一、天文、气象，二、地理、方位，三、节令、时间……。各类中的词语义亦应有排列次序。词条排列涉及查检方便。收常用词的小词典宜用音序排列，按方言语音的ABCD字母表次序排列，词条的第二个字母及之后的也按字母表次序排列。音序排列的方言词典尤其适用需要临时速查的词条。尤其是年轻人从小用惯音序查字，大多数人对要查的方言词连怎样写都不知，较难查阅按义类排列的方言词典。

（5）大词典要尽量收悉所有的本方言词，最好包括三字格、四字格、五字格甚至六字以上的惯用语、成语、固定词组，因为方言中的三字以上的固定词组都是口语词且有些更是常用词语，因此往往与一般词语划不清界限。

2006年在第一届国际上海方言研讨会上已经投票通过的《上海方言拼音方案》早已在笔者2008年出版于上海辞书出版社的《上海话大词典》（拼音输入版）中使用，至2017年已是第8次印刷。笔者2018年增订的《上海话大词典》（第二版）中，收词19300条，所收的词既有老派音系又有新派音系注音。此音系也用于上海大学出版社2017年《上海话小词典》第1版和2018年带口读语音的《上海话小词典》第2版中，也在《小学生学说上海话》《新上海人学说上海话》等书使用至今。上海大学中文系副教授丁迪蒙也主编了一本中型的《上海方言词语使用手册》于2019年在上海教育出版社出版。

既要有方便大众使用的词典，也要有语言学专用的方言词典。第一部《上海话大词典》是与笔者的研究生导师许宝华、汤珍珠合著的辞海本，这是语言学专业词典，是用国际音标注音和五度制数字标声调的。

对各条方言词语的释义，分项大致把词条的初生义、常用义置前，依次列引申义、比喻义等，各项释义分列，包括此方言词与普通话相同、相近的词义，编号排列每一项词义。

语言是随社会发展而变化的，要容纳新词新音，在已确定了老派、新派两种标准音系以后，对过时的、连80多岁的老年人都已不说了的旧上海话语音，如分尖团音等，不必记录，应让它随历史淘汰。

希望各地方言有更多的通用于群众的各种词典陆续出版。

Development of the Pinyin Scheme, Orthography, and Dialect Dictionary for the Shanghai Dialect

QIAN Nairong
(College of Liberal Arts, Shanghai University, Shanghai, 200444)

Abstract: In the context of strong promotion of Putonghua, it is necessary to seek reasonable ways to protect and inherit the Shanghai dialect, explore the development of Pinyin scheme for Shanghai dialect, pay attention to the correct pronunciation and characters of the dialect in social use, and compile a widely-used Shanghai dialect dictionary sorted by semantic category and a Shanghai dialect dictionary sorted by pronunciation.

Key words: Scheme of Shanghai Phonetic Alphabet, Orthography, Dialect Dictionary

20世纪粤东闽语"十五音"类字典及其研究综述

林伦伦[①]

(广东技术师范大学　广东广州　510665)

【提　要】本文根据作者掌握的文献资料描写了20世纪粤东闽语"十五音"字典的出版及发行情况，介绍了李新魁、黄典诚二位教授关于粤东闽语"十五音"字典来源及发展的学术观点。并根据张世珍的《潮声十五音》推拟了其所反映的音系，指出其不完善之处。本文重点介绍了新加坡许云樵教授、中国马重奇教授师生关于"十五音"字典研究的成果，指出他们的研究做出了很大的贡献，同时也提出一些值得商榷之处。

【关键词】潮声十五音　十五音类字典　潮汕方言音系　综述

"十五音"字典是全中国，乃至全世界延续时间最长、出版版本最多、发行量最大、发行范围最广的汉语方言字典，尽管它的编辑出版时间不是汉语方言中最早的。从1913年第一本"十五音"字典正式出版发行至今，已有100多年的历史。据不完全统计，正式出版的各种"十五音"字典有30多种，不同出版社的重印版本过百、发行量估计过百万（已经很难精确统计了）！

100多年来，尤其是在民国时期到史无前例的"文化大革命"爆发之前，几乎家家户户都有一本"十五音"字典。正如《新编潮声十八音》的作者刘绎如在他的自序中所言："我潮专注字音之书，有所谓'十五音'者，流传颇广。自繁盛之都市，以致荒僻之农村，凡稍识字者，几于家置一篇，奉为字学之津梁。"[②]潮汕原乡是这样，在南洋各地潮人聚居的地方也是一样；在劈波斩浪的红头船上，在漂洋过海谋生的"市篮"中，我们的祖先随身带走的，除了一捧故乡的黄土之外，还有一本本的"十五音"字典！正如新马（新加坡、马来西亚）著名的南洋史研究专家许云樵教授在他的著作《十五音研究》中所记录："'十五音'本为科学化之民间字书，闽潮一带极为普遍，几乎家喻户晓，莫不备供检索。""南洋最通行的一种（字书），却是《彙集雅俗通十五音》，商店的账桌旁，略识之乎者的家中，大多有这一本'万字不求人'的法宝放着。"[③]

[①] 林伦伦，广东技术师范大学教授，专业方向为汉语方言研究。
[②] 刘绎如：《新编潮声十八音·自序》，汕头大众出版社，1936年。
[③] 许云樵：《十五音研究》，星洲世界书局有限公司，1961年。

"十五音"字典的最大功劳是帮老百姓识字扫盲，只要字表中有一个字是你认识的，你就可以认识其他全部字的读音。因而，"十五音"字典，是潮人无师自通、识文断字的拐棍，是挈养潮人百余年的文化乳汁。因为有了"十五音"字典，潮州人知道了"八声"（8个声调），知道了"十五音"（15个声母），知道了"四十字母"（40个韵母，不包括入声韵母）；因为有了"十五音"字典，潮人懂得了"击木知音"（声韵调拼切字音的方法），懂得了反切之学；因为有了"十五音"字典，潮人懂得了辨别平仄，从而能够读懂唐诗宋词，因而又善于吟诗作赋，蔚成鼎盛文风！

惜乎哉，旧版"十五音"字典今已一书难求，几近灰飞烟灭，尤其是首版的张世珍《潮声十五音》；垂髫弱冠，已不识"分粉奋忽雲氛佛"为何物。因而，曾经对潮汕人的文化教育做出了重大贡献、具有重要的阶段性语料价值的"十五音"类字典值得我们对其进行保护和研究。

一、"十五音"字典的起源和发展

所谓"十五音"字典，其实就是一种把相同读音的字排列在一起的字表。这些同音字表以韵母为部，按部编写；以声母为纬，以声调为经，然后拼切出字音。因为同一格子（页）里都是同音字，所以只要认得其中一个字的读音，其他字的读音便都可以自然习得。按其性质讲，它是一种同音字典。它简单易学，可以作为扫盲读本，因而深得老百姓的欢迎。第一本正式出版的这种字典是《潮声十五音》，所以我们将此类字典统称为"十五音"类字典。

关于潮汕方言的"十五音"字典，我们现在能看到的最早的版本是澄海商人张世珍编写的《字学津梁：潮声十五音》（后人只称《潮声十五音》，下文同）。[①]关于《潮声十五音》的编辑源流，李新魁先生曾做过比较研究。他在《潮州"十五音"源流考略》一文中说："潮州话《十五音》的编纂，并不是当地的首创，而是有它长远的源流。潮州地区最早的《十五音》，是参照福建漳州的《十五音》编纂的，因为潮州话和漳州话都属于闽南方言区，语音比较接近，而且地域也相毗邻，所以漳州的《十五音》对潮州有一定的影响。"漳州音的"十五音"是漳州秀才谢秀岚编写的《彙集雅俗通十五音》，而《彙集雅俗通十五音》则改编自黄谦的《彙音妙悟》，《彙音妙悟》则与《戚林八音》有千丝万缕的关系。李新魁先生《潮州"十五音"源流考略》考证说："漳州的十五音又是根据泉州的《彙音妙悟》编成的。清嘉庆五年（公元1800年），泉州人黄谦根据福州的《戚林八音》编为此书。《戚林八音》也是流行于福建闽北地区的通俗韵书，它是合并明末戚继光所作的《八音字义便览》和林碧山所作的《珠玉同声》而成的。"[②]林氏的书原也是根据戚氏的书改订的，后来合而为一，所以称为《戚林八音》。厦门大学著名

---

① 张世珍自署"饶邑隆都西二区商人"，当时他的家乡隆城乡属于饶平县，现在属于汕头市澄海区。
② 李新魁：《潮州"十五音"源流考略》，《韩山师专学报》1985年第1期，第6-9页。

语言学家黄典诚先生生前也曾对《戚林八音》、《汇音妙悟》和《汇集雅俗通十五音》的渊源关系有过考证。①张世珍的《潮声十五音》在粤东闽语同音字典的编写方面筚路蓝缕、功不可没。但由于编者不是语言学方面的专门人才，所以还存在种种有待改善的缺点。此后的字典，便对前者都有所改进。一是对其析音不精、列字不当的错漏进行增益调整。例如漳州十五音是声母［b］/［m］、［l］/［n］、［g］/［ng］不分，而粤东闽语与福建闽南话分道扬镳以后，逐渐分离出来，于是变成了"十八音"。《潮声十五音》之后，有些读者可能懂得语言学的知识，所以便从声母方面做了增益，例如刘声绎的《潮州十七音》、姚弗如的《潮声十七音新字汇合璧大全》、刘绎如的《新编潮声十八音》等。刘绎如在其自序中开章明义地指出："（我）发觉其中有不少之错误，举其大者厥为所采字母之不足用。十五音之字母，即今之所谓声母，十五音以'柳边求去地'等十五字为声母，而潮音应有十八声母，方足运用。因此常有将两个不同音之字强合为一音之弊。例如以'人'与'阑'列为一音，'疑'与'宜'列为一音，'文'与'门'列为一音，实足使阅者迷乱，莫能辨别。又十五音将潮音分为四十部首（即四十韵），亦不敷用。"②还有谢益显的《增三潮声十五音》。谢是黎锦熙先生的弟子，音韵之学自然精通，所以特别注明是"增三"，即"增加了三个鼻音声母"。他在《答询〈增三潮声十五音〉命名并略谈编纂经过》一文中也做了类似的解释。③

列字方面的最大问题，一是鼻化韵字与阴声韵字混淆；二是前后鼻音混淆；三是训读字很多；四是编者的家乡口音不同，会明显影响到这类字典的列字。例如姚弗如是澄海澄城人，其口音无闭口韵尾［m］/［b］。在他的《潮声十七音》中，就有了闭口韵尾跟非闭口韵尾混淆的列字。例如："疆僵姜捐娟坚"与"兼"、"天"与"添"、"颠"与"珍"、"迁"与"签"同列等。在声调方面，主要的错误是把阴去和阳去两个调类经常搞颠倒了。例如《潮声十五音》列"八音"例字，把"上去声"的"棍、告、嫁、禁、计、贡、剑、见、镜、贵、降、敬、句、醮、寄、监、过、叫"等字列在"下去声"的位置上。这跟其模仿自漳州话的《汇集雅俗通十五音》有关，因为漳州音的去声是没有"上下"（阴阳）之分的。

1979年，中山大学李新魁先生为配合他的《普通话·潮汕方言常用字典》的出版，在广东人民出版社出版了韵表式的《新编潮汕方言十八音》，在审音归字问题上，以汕头市话为代表点，对上述旧韵书式字典存在的问题，做了比较彻底的改进。④

二、"十五音"类字典所反映的语音系统

按照当代人的理解，一本字典的收字、注音，编纂者是用一种语音系统作为标准音

---

① 黄典诚：《泉州〈汇音妙悟〉述评》，《泉州文化》1980年第2期。黄典诚：《漳州十五音述评》，《泉州文化》1980年第3期。
② 刘绎如《新编潮声十八音·自序》。
③ 谢益显：《答询〈增三潮声十五音〉命名并略谈编纂经过》，《侨港潮汕文教联谊会会刊》1966年第2期，第30—36页。
④ 李新魁：《普通话·潮汕方言常用字典》，广东人民出版社，1979年。李新魁：《新编潮汕方言十八音》，广东人民出版社，1979年。

来做的。于是，学者们都希望能从字典中整理出字典出版当时某个方言点的语音系统，因为这有助于研究方言的语音系统的历时变化，对汉语语音史研究也有一定的参考价值。

（一）张世珍的《潮声十五音》所反映的语音系统

《潮声十五音》4卷本系32开本，有4卷分开装订成4册的，也有4卷合订为1册的。第一卷列"君家高金鸡公姑兼（半）"8个字母（韵母），共96页；第二卷列"兼（半）基坚京官皆恭君"8个字母，共84页；第三卷列"均居歌光归庚鸠呱江膠"10个字母，共92页；第四卷列"膠娇乖肩扛弓归柑佳甘瓜薑烧"13个字母，共96页；加上序言及凡例说明15页，总共383页。

《潮声十五音》的"十五音"即"柳边求去地 坡他增入时 英文语出喜"15个声母。列出声母表就是：

柳 [l]　　边 [p]　　求 [k]　　去 [kʰ]　　地 [t]
坡 [p]　　他 [tʰ]　　增 [ts]　　入 [dz]　　时 [s]
英 [∅]　　文 [b]　　语 [g]　　出 [tsʰ]　　喜 [h]

用现代的辅音发音部位和发音方法的排列法，这15个声母就是：

唇音：边 [p]　坡 [pʰ]　文 [b]
舌尖音：地 [t]　他 [tʰ]　柳 [l]
齿尖音：增 [ts]　出 [tsʰ]　时 [s]　入 [dz]
舌根后音：求 [k]　去 [kʰ]　语 [g]　喜 [h]
零声母：英 [∅]

《潮声十五音》卷首列有"字母四十四字"，排列如下：

君家高金鸡　　公姑兼基坚　　京官皆恭君　　均居歌光光　　归庚鸠呱江
膠坚娇基乖　　肩扛弓龟柑　　公佳甘瓜薑　　乃啰哞烧

另有个"四十四字母分八音表"，则删去重复的"光""坚""基""公"4个字母，再加上"乃"部与"皆"部同，"啰"部与"歌"部同，"哞"部与"基"部同，均不列，实际上只有37个字母。编者知道这个问题的存在，所以他在书前说明"字母四十四字内'公基坚光'四字重音，又'乃啰哞'三字在'皆歌基'之内，除此七字外，仅得三十七字"。

这37字所代表的韵母分别是：

君 [uŋ]　　家 [e]　　高 [au]　　金 [im]　　鸡 [oi]
公 [oŋ]　　姑 [ou]　　兼 [iam]　　基 [i]　　坚 [iaŋ]
京 [iã]　　官 [uã]　　皆 [ai]　　恭 [ioŋ]　　君 [iŋ]
均 [əŋ]　　居 [ə]　　歌 [o]　　光 [uaŋ]
归 [ui]　　庚 [ẽ]　　鸠 [iu]　　呱 [ua]　　江 [aŋ]

膠 [a]　　娇 [iau]　　乖 [uai]
肩 [õĩ]　　扛 [ŋ]　　弓 [eŋ]　　龟 [u]　　柑 [ã]
佳 [ia]　　甘 [am]　　瓜 [ue]　　薑 [ĩõ]　　烧 [ie]

按照现代语音学的方法排列如下：
　　　　　　　基 [i]　　龟 [u]
膠 [a]　　佳 [ia]　　呱 [ua]
歌 [o]
居 [ə]
家 [e]　　烧 [ie]　　瓜 [ue]
皆 [ai]　　　　　　　乖 [uai]
高 [au]　　娇 [iau]
鸡 [oi]
姑 [ou]
归 [ui]
鸠 [iu]
　　　　　　　君 [iŋ]　　君 [uŋ]
江 [aŋ]　　坚 [iaŋ]　　光 [uaŋ]
公 [oŋ]　　恭 [ioŋ]
均 [əŋ]
弓 [eŋ]
　　　　　　　金 [im]
甘 [am]　　兼 [iam]
柑 [ã]　　京 [ĩã]　　官 [ũã]
庚 [ẽ]　　薑 [ĩẽ]
肩 [õĩ]
扛 [ŋ̇]

潮声八音（8个调类）是"平上去入四声，再分上下，共得八音"。例如：
君（上平）　滚（上上）　□（上去）　骨（上入）
裙（下平）　郡（下上）　棍（下去）　滑（下入）

从上面整理出来的语音系统看，它还是很不完善。

首先是"十五音"不能够代表当时编者家乡口音的实际读音。这15个声母代表字是根据漳州音的《彙集雅俗通十五音》的"柳边求去地 坡他曾入时 英门语出喜"稍加改造而来。根据收字的情况看，20世纪初的潮汕话已经是18个声母了，n-/l-、m-/b-、ŋ-/g-是已经有区别意义作用的音位了。"十五音"字母实际上也已经不能准确表示潮汕方音了,"文""柳""语"3个字母必须"一分为二"为6个声母了。这就是此后有不少工具书增补为"十七音""十八音"的原因。另外"十五音"(15个声母)的代表用字,代表[k]声母的"求"没有改为不送气的"球"[kiu](因为"求"在潮语都读为送气音的[kʰiu]);代表[pʰ]声母的"坡"潮汕音读[p],还是留下了源自漳州音《彙集雅俗通十五音》的蛛丝马迹。

其二,《潮声十五音》所列的37个韵母,远远不能包括当时潮汕方言的韵母。第一是鼻化韵没有都分出来。虽然,字母表里已经分出了"柑[ã]、京[ĩã]、官[ũã]、庚[ẽ]、薑[ĩẽ]、肩[õĩ]"6个鼻化韵母,但常见的"圆[ĩ]、横[ũẽ]"等没有分出来,所以列字多有含混,如"基"[i]部(韵母)列"天、鲜、稚、鼻、砚、面、棉、弦、舷、燕、扇"等"圆[ĩ]"韵母字。就是分出了鼻化韵母的代表字的,也有所混淆,如"归"[ui]部列"县、跪"[ũĩ]等字。这种不鼻化韵母与鼻化韵母混淆的现象也可能与老百姓的口头习惯有关。虽然,鼻化与否是有辨别意义的作用,但在民间文艺作品,比如歌谣和歌册中,阴声韵母跟鼻化韵母字,例如"姨"和"圆"、"归"和"县"、"沙"和"山"、"加"和"京"、"家"和"耕"是可以押韵的,所以这种差别可以忽略不计。

其实,张世珍在编著此书的过程中,已经发现了十五音不足以分辨潮语读音的现象,他在《潮声十五音》的前言中说:"其中亦有不能尽叶者,如'人'与'阑'同韵,'妻'与'鲜'同韵,又如'箭'与'至'、'卢'与'奴',又如'扇'与'世'、'老'与'脑'、'焕'之与'泛'、'傩'之与'罗',诸如此类,正复不少。不可得而分之者,故附于同韵之内耳。"其中,"人"与"阑"、"奴"与"卢"、"脑"与"老"、"傩"与"罗"是声母[n]与[l]的问题,而"妻"与"鲜"、"至"与"箭"、"世"与"扇"是[i]与[ĩ]的问题,也就是阴声韵与相同元音的鼻化韵混淆的问题。可惜以张世珍先生的语言学知识,不能够更加准确地审音分部,把应该区分的字分出来。

第三,按照传统的拼音习惯,入声都作为调类来处理,所以三十七字母不能反映出来究竟有多少个入声韵母,我们只能从收字的具体情况来查检。"姑""京""皆""均""居""娇""乖""肩""扛""柑""薑"11个字母(韵母)入声"空音不录",即没有入声韵母字。其余计有26个入声韵母便是(斜杠之前的韵母是与入声韵母相对应的元音韵母和鼻音韵母):

      基[i]/[iʔ] 龟[u]/[uʔ]
胶[a]/[aʔ] 佳[ia]/[iaʔ] 呱[ua]/[uaʔ]
歌[o]/[oʔ]
家[e]/[eʔ] 烧[ie]/[-ieʔ] 瓜[ue]/[ueʔ]
高[au]/[auʔ]
鸡[oi]/[oiʔ]
归[uiʔ]/[uiʔ]

鸠 [iu]/[iuʔ]
　　　　　　君 [iŋ]/[ik]　　君 [uŋ]/[uk]
江 [aŋ]/[ak]　　坚 [iaŋ]/[iak]　　光 [uaŋ]/[uak]
公 [oŋ]/[ok]　　恭 [ioŋ]/[iok]
均 [əŋ]/[ək]
弓 [eŋ]/[-ek]
金 [im]/[ip]
甘 [am]/[ap]　　兼 [iam]/[iap]
　　　　　　　　　　　　　官 [ũã]/[ũãʔ]
庚 [ẽ]/[ẽʔ]

37个阴声韵母和26个入声韵母，一共得63个韵母，只能说比较接近当时张世珍家乡口音的实际情况。就现在的澄海莲华镇隆城街道的口音看，有闭口的 [m]/[p] 韵尾，与澄海澄城口音不同，甚至与一江（东里溪）之隔的溪南镇、莲上镇、莲下镇不同，因为这些地方大部分都没有闭口的 [m]/[p] 韵尾。但也没有像潮州府城一样分出 [ieŋ]/[iek] 和 [ueŋ]/[uêk] 来。如果不考察连读变调的话，这个音系明显与澄海的澄城话不同，倒是比较接近当时的饶平话。

总之，尽管《潮声十五音》还有不少不完善的地方，但"它是一本不完善的好书"①。作为第一本"十五音"字典，其筚路蓝缕之功，还是值得我们今天为之记上的。

（二）"十五音"字典所反映音系与今音的比较

1960年9月广东省教育行政部门公布的"以汕头音为根据的"《潮州话拼音方案》有韵母61个，但在"说明"中指出：还有8个"有音无字或管字甚少的韵母不列"，《彙集雅俗通十五音》的这个韵母系统与《拼音方案》的这个韵母系统对比起来，相对比较接近。林伦伦、陈小枫《广东闽方言语音研究》（1996）记汕头话音系韵母84个，詹伯慧先生《潮州方言》（1959）记潮州府城话韵母有76个；王笑、张晓山等《潮州市方言志简编》（稿本）则还多出13个只在口语中使用的韵母；蔡俊明《潮州方言词汇》（1991）记揭阳榕城话韵母85个，林伦伦《澄海方言研究》（1996）记澄海在城话韵母78个。由此可见，在"十五音"声母和"四十字母"韵母比较粗放的框架下，是难以科学地描写潮汕方言音系的，因而也很难以某一个版本的"十五音"字典来判断其所反映的音系是某个具体方言点的。或者，说某本"十五音"字典是代表某个具体的方言点的，是不科学的武断之说。我们也不能因为"十五音"字典里没有记录某些韵母，就断定当时没有这些韵母，或许，这些管字比较少的韵母，是由于受漳州音的《彙集雅俗通十五音》母

---

① 谢益显：《答询〈增三潮声十五音〉命名并略谈编纂经过》，《侨港潮汕文教联谊会会刊》1966第2期，第30—36页。

本的韵母字的影响而没有分列出来,就像"十五音"没有分出"[l]/[n]、[b]/[m]和[g]/[ŋ]"声母一样;或许,是因为"十五音"字典的作者语言学知识不足、析音不精而没能把实际语音中存在的韵母单列出来。现在我们的专家学者在精密的现代电子设备的辅助下的记音及分析都会出现差异,100年前的编者们的疏漏也就完全可以理解了。另外,当时的字典编纂者都没有"发音合作人"及其所代表的"语音系统"的语言学意识,主要还是根据"母本"为蓝本,以自己的家乡口音来修订整理的。所以,我们只能以这些资料来了解当时的语音系统的大概情况和某些特点,要罗列出一个代表某一个方言点的严密的韵母系统是有困难的,也是不科学的。

三、粤东闽语"十五音"类字典研究述略

潮汕"十五音"类字典出现时间不迟不早,刚好在20世纪之初,后来,改善之作越来越多,但是,对其进行带有学术性的研究专著并不多,现在笔者能见到的,是许云樵教授的《十五音研究》一书。

(一)许云樵教授的《十五音研究》

许云樵,原名钰,以字行,号梦飞,别号希夷室主。祖籍无锡,清光绪三十一年(1905年)出生于苏州。父母早故,赖外祖母抚育成人。20世纪20年代先后肄业于苏州东吴大学和上海中国公学大学部,青年时即矢志于南洋史地研究,曾先后在《东方杂志》《教育杂志》等刊物上发表有关暹罗的文章。1931年,他南渡新加坡,后又转往马来半岛柔佛州的新山宽柔学校担任教务主任。一年后返回新加坡,执教于静芬女子学校。在《星洲日报》副刊《南洋文化》发表《大泥考》。1933年冬,前往暹罗南部北大年(古称"大泥")的中华学校主持校务。在暹罗期间,潜心研究北大年历史,于1940年底撰成《北大年史》一书,纠正中国古籍将北大年与渤泥牵合之误。这是他研究南洋史的代表作。许云樵教授不但是著名的南洋史专家,还有不少关于语言学方面的著作,其中《南洋华语俚俗辞典》(1961)、《十五音研究》(1961)2种在南洋华人中影响较大。因为"十五音"类同音字典在闽南、粤东一带闽南方言地区广为流传,在东南亚也影响广泛。

许云樵教授的《十五音研究》,1961年12月由星洲世界书局有限公司作为"南洋袖珍丛书之五"出版印行,笔者看到的版本则注明是香港金强印务公司承印(公司地址为:香港士丹顿街205号),定价也是以港币定的:一元五角。可见不仅仅在南洋行销,也在香港印刷销售。或者是全部在香港印刷,再发往南洋销售也未可知。

是书为小32开异型本(16.5cm×10cm),凡114页。第1—2页为《南洋袖珍丛书编印缘起》,第3—32页为《十五音研究》正文全文,第33—113页为附录《十五音图》,

最后一页第114页为《著者关于语言学之其他著作》,共著录《十五音研究》之外的12种著作,其中包括《华语音韵学》《南洋华语俚语辞典》等著作2种和《〈戚林八音〉研究》(载《南洋学报》六卷二辑)等论文10篇。每页23行,每行21字,正文凡14490字,其实就是一篇长论文。这篇论文的最后,有一个"一九四〇、二、一四,于星洲"时间地点的落款,可知论文定稿时间是1940年,到《十五音研究》出版,已经是21年后的1961年了。所以,这篇论文所研究的语言事实,应该是1940年以前的。

在许云樵教授这篇约1.5万字的论文中,有几个问题时至今日仍然具有学术意义,值得我们重视。

1. 这篇论文反映了当时南洋华人群体复杂的语言生活的现实

《十五音研究》不仅涉及语音学的问题,还涉及词汇学的问题:"这里所谓的大众语非是一种统一的语言,而是南洋各地,其来源极庞杂的一大群语词,内中有中国话、马来语、暹罗话、英国话、荷兰话等。"并分5类举例说明:

第一,中国语词。例如"唐山(中国)、番仔(土人)、红毛(欧美人)、头家(店主或富户)、阿舍(纨绔子)、财副(书记)……"。

第二,马来语词。如"羔丕(Kopi咖啡)、榴莲(Durian)、镭(Duit钱)、石呖(Selat海峡)、都隆(Tolong相助)、沙哩(Sari铅皮)……"。

第三,英语语词。如"罗厘(Lorry货车)、峇士(Buss载客车)、杯葛(Boycott抵制)、呀囒(Grant地契)、士坦(Stamp邮票)、菲林(Film软片)……"。

第四,暹罗语词。如"泰(Thai)、铢(Bat暹币一元)、达呖(Talat市场)、越(Wat寺)……"。

第五,其他语词。如印度语的"罗底(Roti面包)"、阿拉伯语的"雪文(Sabun肥皂)葡萄牙语的"甲必丹(Captain首领)、荷兰语的"盾(Gulden荷币)……"。

这种土著语言和外来语言、移民方言混杂使用的现象,确实是当时的华人语言生活的真实写照。从中国来的移民,大部分来自福建和广东,基本上讲的是闽南语。但他们在与当地居民的交往中,必须讲土著语,跟政府官员或者文化水平高一点的人来往时讲英语,所以,各种语言和方言混着使用,或者在一句话中夹杂各种语言或者方言的词语、语码随意转换(Code-switching),这是南洋华人语言生活的显著特点,直到现在还是这样。对这种现象,新加坡国立大学中文系的李子玲教授多做研究,著述甚多,我这里就不啰嗦了。[①]

2. 用现代语音学的知识对传统的同音字表式的"十五音"字典的编排和拼切的方法做了比较科学的解释,并指出其不足之处

许云樵指出:"所谓'十五音',就是将漳泉方音的声母分为十五类……,又将韵母

---

① Lee Cher Leng(李子玲,新加坡国立大学中文系). "Patterns and Motivations of Code-switching in Singapore Mandarin"(《新加坡人讲华语时语码转换的类型和因素》),首届中国社会语言学大会论文,2002;"Code-switching in Singaporean Mandarin and Singaporean Teochew"(《新加坡华语和潮州话中语码转换的现象》),见www.fas.nus.edu.sg/chs/chinese/previous projects/html.

分作四十部。……于是根据四十部首将方音分别列四十表，每表十五行，每行顶上列一声母。每行又分八格，以表上平、上上、上去、上入、下平、下上、下去、下入等八个声调。这样每表共得一百二十个不同的音质。凡音值相同的字，都填入同一格内。"①

他还用现代音韵学的知识对十五音所代表的方言的真实情况进行了研究，指出了"十五音"的不足。

第一，他虽然是江苏人，但他已经认识到"十五音"不足以描写漳泉和潮汕一带的方音。许云樵教授说："十五音的十五个'音'是否完全能包括漳泉潮汕等地的方音声母，这是我们当先加以检讨的。""检讨"的结果发现："漳泉潮汕等地方音，并非都没［n-、m-、ng-、ts-、ts'-］等声类，而潮汕一带更为显著，所以后出的潮声十八音，便将'柳''文''语'三类各析为二。"②这就说明，当时潮汕方言的语言事实，是18个声母，n-/l-、m-/b-、ŋ-/g-是已经有区别意义作用的不同音位了，"十五音"实际上已经不能准确表示潮汕方音了。

第二，许云樵教授发现，现实的漳泉潮汕一带还有"更-e(n)、京-ia(n)、薑-io(n)、姜-eo(n)、天-i(n)、间-oi(n)、官-ua(n)、光-uo(n)、柑-a(n)"9个鼻化韵母。有的"十五音"字典把鼻化韵和非鼻化韵母放在同音字表里，这是析音不精的表现。

第三，许云樵教授把"十五音"字典里"四十字母"（韵母）包含了入声韵母的道理说明清楚。他指出："现在闽潮方音，不但阳声有入，即阴声的复合元韵也有入声，而鼻化韵的入声更是或阴或阳地不统一。"③

第四，许云樵教授颇有见地地解释了"十五音"字典的拼切方法及其来源的看法。他认为，虽然中国汉字读音反切的方法可以追溯到很早，但"十五音"字典先韵母后声母再声调的拼切方法有自己的特点："因十五音的拼切，是先说韵后说纽的，如计'君柳——纶'（kun-liu lun），'君边——分'（kun-pian pun）。但这在音韵方面说来，却也含其理：因为先提出一韵，使第二字弃原韵与之相叶，自然得起天籁；所以即使不学无术之辈，也能瞭然。……以一纽一韵拼出的音，虽只一个，但依据声调轻重，却可别八声。——所谓上下四声，上即清，下即浊，上亦即阴，下亦即阳。……于是十五音便每行列八格，每格表一声。"他还进一步认为，这种韵、声、调的韵表（同音字表）不是首创，而是根源于数百年前的《切韵指掌图》等等韵学著作。因而他断定："始创这十五音的，一定是一位聪明而有见识的等韵学家，也许怀才不遇而从横路发展，犹如李汝珍将数十年研究等韵的心得，编在镜花缘小说里一样。"④

---

① 《十五音研究》第10页。
② 《十五音研究》第19页。
③ 《十五音研究》第23页。
④ 《十五音研究》第30页。

（二）马重奇师生的系列研究

对粤东闽方言的"十五音"类字典研究成果比较多的，是福建师范大学漳州籍的马重奇教授及其研究生们。他们在21世纪初开始对"潮声十五音"进行研究，成果丰硕。他们研究的"十五音"类字典一共有5种：张世珍的《潮声十五音》、蒋儒林和肖云屏等的《潮语十五音》、江夏懋亭氏的《击木知音》（《汇集雅俗通十五音》）、姚弗如的《潮声十七音》和李新魁的《新编潮汕方言十八音》。马重奇发表了《〈潮声十五音〉音系研究》、《〈潮声十五音〉与〈潮语十五音〉音系比较研究》、《姚弗如〈潮声十七音〉音系研究》、《粤东潮汕五种闽南方言韵书音系比较研究》、《清末两种中西潮汕方言文献音系比较研究——〈潮声十五音〉和〈潮正两音字集〉音系比较研究》（与马睿哲合作）、《〈击木知音〉音系研究》（与马睿颖合作）、《〈潮声十五音〉音系动态比较研究》（与马睿颖合作），陈伟达发表了《〈潮语十五音〉》音系研究》等。2022年，这些论文作为马重奇教授的科研课题《清代民初闽方言整理及研究》成果的一部分编辑成书在中国社会科学出版社出版，计有《〈潮声十五音〉整理及研究》、《〈潮语十五音〉整理及研究》、《〈击木知音〉整理及研究》和《〈潮声十七音〉整理及研究》4种。

马重奇师生的论文和著作，有如下之贡献：

1. 下功夫进行文献整理，几乎对每一本字典的每一个字都做了校读，确定其声韵调地位是否正确。最后整理、编辑成为《新编〈潮声十五音〉》《新编〈潮语十五音〉》《新编〈击木知音〉》《新编〈潮声十七音〉》4种著作并出版。

2. 对每本字典都做了分析、整理，总结出其语音系统（包括声母、韵母和声调），指出其属于哪一个方言点音系，并撰写、发表了《〈潮声十五音〉音系研究》、《〈潮语十五音〉音系研究》、《〈击木知音〉音系研究》和《姚弗如〈潮声十七音〉音系研究》等论文。

3. 对各本字典所反映的音系进行比较研究发现，不同籍贯作者的字典的不同语音系统（特点），并撰写、发表了《〈潮声十五音〉与〈潮语十五音〉音系比较研究》、《粤东潮汕五种闽南方言韵书音系比较研究》、《清末两种中西潮汕方言文献音系比较研究——〈潮声十五音〉和〈潮正两音字集〉音系比较研究》和《〈潮声十五音〉音系动态比较研究》等论文。

总之，马重奇师生对粤东闽语"十五音"类字典的整理、研究投入了很多的时间和很大的精力，形成了系列成果，做出了很大的贡献。其他专家学者，还有一些零星的文章或硕博士论文，篇幅所限，这里就不赘述了。

四、余论

关于粤东闽语"十五音"类字典所反映的音系的方言点归属的定性，我们与马重奇师生有一些不同的看法，在这里提出来商榷。马重奇先生认为："从音系性质上来说，

《潮声十五音》和《潮语十五音》所反映的均为汕头方言音系,《击木知音》所反映的为潮州方言音系,《潮声十七音》所反映的(均)为澄海方言音系,(李新魁)《新编潮汕方言十八音》所反映的是潮汕方言的综合音系。"①

说姚弗如的《潮声十七音》基本上反映的是澄海音,我们是同意的。但说《潮声十五音》《潮语十五音》反映的是汕头方言音系、《击木知音》反映的是潮州方言音系、《新编潮汕方言十八音》反映的是潮汕方言综合音系,我们就不敢苟同了。原因如下:

1. 张世珍《潮声十五音》开始编辑于晚清,约于光绪三十三年(1907)写成初稿,宣统元年(1909)澄海苏湾居士剑樵李世铭为其作序,民国二年(1913)正式出版。蒋儒林的《潮语十五音》是《潮声十五音》的改善版,民国十年(1921)出版。这个时候,并未形成"汕头方言音系"。根据中山大学施其生教授《从口音的年龄差异看汕头音系及其形成》一文的研究,真正的"汕头方言音系"形成于20世纪30、40年代。汕头虽于1860年开埠,但1921年才成立市政厅。20世纪早期的市民,分别来自潮阳、揭阳和澄海等周边地区。就是到了20世纪30年代在汕头出生者,还带有其家乡口音,要到40年代的出生者,才有可能操一口与周边方言不同的"汕头口音"。②所以,张世珍、蒋儒林等编纂"十五音"字典的时候,"汕头方言音系"并未形成,更不能说《潮声十五音》《潮语十五音》所反映的是"汕头方言音系"。

2.《击木知音》全称为《彚集雅俗通十五音》,首版时间是1915年,仅仅比《潮声十五音》慢了两年,但与《潮声十五音》一样,其编辑母本是漳州音的《彚集雅俗通十五音》是可以肯定的。根据揭阳著名文史学者孙淑彦先生的考证,其编纂者"江夏懋亭氏"籍贯是揭阳,其书中也有揭阳音的痕迹,如"斤"部"斤根跟筋"字同音,并与"彬宾轻因新熏勋轩亲"等同韵,"七一匹得失息必笔乞揭式室"也同韵等。所以,我们只能说,《击木知音》是一部带有揭阳口音特点的潮汕方音杂烩字典。《潮声十五音》也只能说是带有当时的饶平县、后来的澄海县(区)东里溪以东的口音特点的潮汕方言大杂烩。

3. 李新魁的《新编潮汕方言十八音》反映的基本上是当时的汕头方言音系,而不是"潮汕方言的综合音系"。在《新编潮汕方言十八音》前面的"说明"里,李新魁先生明明白白就说了:本书收字"读音以汕头语音为主要依据"。在同时出版的《普通话·潮汕方言常用字典》的"凡例"中也说:"本字典对潮汕方言的注音,按照我省公布的《潮州话拼音方案》以汕头市语音为依据。"③而李氏两书用以标音的《潮州方言拼音方案》,则也在其"说明"的第二点声明:"本方案以汕头音为依据,其他各县语音与汕头音有出入者可根据本方案增删声韵母(及声调)。"④当代的汕头方言音系其实正是一个放弃了

---

① 马重奇:《粤东潮汕五种闽南方言韵书音系比较研究》,《福建师范大学学报》2008年第4期,第96-104页。
② 施其生:《从口音的年龄差异看汕头音系及其形成》,《中山大学学报》1988年第3期,第102-107页。
③ 李新魁:《普通话·潮汕方言常用字典》,广东人民出版社,1979年,第2-3页。
④ 李新魁:《新编潮汕十八音》,广东人民出版社,1979年,第4、147页。

潮州、揭阳、澄海、潮阳各地的突出特点而融合成的一个新的音系，而且是在20世纪50年代以后逐步发展成为了潮汕方言的代表点的。不能因为它有没有某地的韵部、像这个点又不像那个点而判断为"综合音系"。①

A Review of Chao-Shan Fifteen Sounds Dictionaries in 20th Century and Related Studies

LIN Lunlun

（Guangdong Polytechnic Normal University, Guangzhou, Guangdong, 510665）

Abstract: This article describes the publication and distribution of the Chao-Shan "Fifteen Sounds" Dictionaries in the 20th century, and introduces the academic views of Professors Li Xinkui and Huang Diancheng on the origin and development of the Chao-Shan "Fifteen Sounds" Dictionaries. Based on Zhang Shizhen's "Chao Voice Fifteen Sounds", we proposes the phonology of Chao-Shan it reflects, and points out its imperfections. This paper focuses on the contributions to the study of the "Fifteen Sounds" Dictionaries made by Professor Xu Yunqiao of Singapore, Professor Ma Chongqi of China and his students.

Key words: Chao Voice Fifteen Sounds, "Fifteen Sounds" Dictionaries, Chao-Shan Dialect Phonology, Review

---

① 林伦伦：《汕头市话刍论》，《汕头大学学报》1997年第1期，第88-94页。

浅论基于汉语拼音的方言拼音方案需要考虑的因素

——以吴语拼音方案为例[①]

凌 锋[②]

(华东师范大学 上海 200062)

【提 要】本文主要探讨了供方言爱好者使用的方言拼音方案在制定时需要考虑的因素。我们认为，普及性方言拼音方案需要尽量与汉语拼音方案接近，以降低学习成本。但是基于汉语拼音方案就必然要采取一些妥协的，甚至比较累赘的补救措施。如何取舍是制定者们需要考虑的重点。

【关键词】方言拼音 汉语拼音方案 普及性方案

中国语言资源保护工程已经开展了多年，至今不但积累了不少方言调查成果，也引起了社会各界的广泛关注。但如何开发这些方言文化资源，向广大受众普及方言知识，以便更好地传承方言文化，这是一个值得不断探索的问题。

随着国家经济水平的提高，很多非专业人士也开始越来越关注地方文化的发展，甚至自发地参与到方言文化的保护传承工作中来。如果能够有效动员组织起这些爱好者，对中国的语言保护和语言资源建设工作必将是个重要的助益。

只是对于多数方言爱好者来说，如何正确地记录方言语音，如何合理地使用方言字词，都有很现实的困难。所以编写一些普及性的方言词典或者网络查询工具，以供这些爱好者查询相关方言字词的读音、写法是一个很有现实意义的工作。本文将主要谈谈与方言语音相关的方言拼音方案问题。

说到语音的标注，国际音标自然是方言研究者首选的工具。但是这套工具对于非专业人士来说入门门槛比较高。而且对于方言爱好者来说，这主要用来记录自己的母语，并不会有多少机会去记录自己不大熟悉的方言。所以在一定程度上对他们来说，学习国际音标是杀鸡用了牛刀，他们更需要的是一套方言的拼音方案。

目前很多研究者以及资深的方言爱好者热情很高，已经给很多方言设计了拼音方案。

---

① 基金项目：本文得到国家社科基金重大项目"吴语语料库建设和吴语比较研究"(项目批准号20&ZD301)的资助。
② 凌锋，1976年生，毕业于香港城市大学，现为华东师范大学国际语言文化学院副教授。主要从事实验语音学、方言学研究。

有些影响力大的方言甚至有好多套拼音方案。所以有必要讨论一下，一个面向大众的方言拼音方案应该具有哪些特点。

从目前我们了解的情况来看，常见的拼音方案无非两种类型，一种拼写习惯尽量接轨汉语拼音方案，另一种参考国际音标。偶尔还有其他一些别具匠心的设计，但是只能限于小范围使用，这里就暂且不论。在深圳大学曾经举办过一次"上海话国际学术研讨会"。其中讨论制定上海话拼音方案就是一个重要的论题。其中最激烈的争论就是到底选用接近汉语拼音的方案，还是接近国际音标的方案。两派意见各有优劣，都说服不了对方。最后的妥协方案只能是同时颁布两套推荐方案，一套参考汉语拼音，一套接近国际音标，使用者可以自行选择。

本文无意在学理上评价两种思路的优劣，而是想在实践层面谈谈这个问题。因为要发动广大爱好者参与方言保护工作，就需要一款适于普通人使用，而非专家学者进行学术研究的拼音方案。

那么什么样的方案是适于推向大众的呢，最基本的需求就应该是容易上手，学习门槛越低越好。这样就必然带来一个结果，愿意学习方言拼音的人，一般都会有比较良好的汉语拼音基础。所以这个方案与汉语拼音兼容性越好，学习的成本就越低。

所谓兼容性，就是凡是与普通话差不多的音，都用和汉语拼音一样的拼写形式；或者反过来说，凡是拼写形式跟汉语拼音一样的，对应读出来的音也应该跟普通话差不多。不能出现与普通话的音类似，但拼写形式却完全不同于汉语拼音；或者拼写形式跟汉语拼音一样，但读音完全不同之类的情况。比如说有些方案把上海话的[ɔ]标写成ao，这样处理虽然就上海话本身而言没问题，但是很容易误导不了解上海话的人，以为上海话这个韵母跟普通话的ao是一样的。

这样的处理必然带来的问题就是汉语拼音的优点和缺点都不得不一起沿袭过来，而且由于方言音系的特点，不得不再打上一些不那么完美的补丁。

所以，接下来我们打算结合现有的一些吴语拼音方案，对汉语拼音一些不同于国际音标或者拉丁字母使用常例的特点而相应方言拼音方案需要做的调整进行讨论。

一、汉语拼音的特点带来的问题

第一个问题是浊辅音字母的使用。这里又可以分成三类，第一类是浊塞音，第二类浊塞擦音和擦音，第三类是鼻音和边音。

先说浊塞音字母的使用。按照西方传统，一般来说p、t、k表示清声母，b、d、g表示浊声母，比如威妥玛拼音就没有使用b、d、g。但是这样闲置一些字母显然不够经济，所以北方话拉丁字母、国语罗马字拼音之类的方案都是用b、d、g表示不送气塞音，p、t、k表示送气塞音。这样的办法也在汉语拼音方案中得到了沿袭。但是像吴语这类公认保留了古全浊声母的方言，塞音有3套，显然就无法直接完全沿用这样的做法。既然要以汉语拼音为基础。这6个字母本身已经不能改了。只能对浊声母的标音法做一定处理。现在比较常见的是浊塞音字母加h如钱乃荣（1989）和汪平（2007）等的方案，或者浊塞音字母双写的办法，如钱乃荣（2002）的方案。

从学理上来说，加h本身是一个很好的处理方案。因为多数保留全浊声母的方言，全浊声母音节发音时会带有浊气流，只是加h在汉语拼音中已经用来表示舌尖后音了。虽说汉语拼音这种加h的方式有其历史原因，其实如果统一用r，可能系统性更好。事实已经如此，而且即便浊塞音加h也并不影响，但是涉及到塞擦音和擦音就会有问题。除非浊音声母用多种不同的方式来表示。如果要保持所有全浊声母形式统一，那只能用别的方案。双写字母是个可接受的方案。

也有学者从音位角度考虑全浊声母和阳调，其中一个是冗余特征，只要标调上能区分阳调，全浊声母和清不送气声母共用一套字母也是可以的。比如汪平（2007）的方案在单字标音的时候就是这么处理的。但是这样处理的缺点是，在很多吴语中，浊声母字如果位于后字位置，声调调型会和清声母字一样，仍然是依靠辅音清浊来区分。比如汪平（2007）方案中，位于后字的全浊声母，就必须再加h。我们认为在不同环境用不同的拼法，反而可能增加学习成本，也许还是统一一种标法更方便。

第二类是浊擦音和塞擦音。其中舌尖浊擦音常规是直接用z来表示的，但是由于拼音方案这个字母已经用来表示舌尖清不送气塞擦音了。所以可能只能统一还是按照浊塞音的方案来处理。这样带来的问题是f对应v，但是v拼音方案并没有用到。所以可能需要斟酌一下，统一表示显得比较整齐，单独处理则更接近拉丁字母的普遍用法。另外，假如采用双字母表浊音的办法，ff、ss这样的写法也容易让人觉得音理上不够好。不过就至少北部吴语的浊擦音现状来说，多数方言的浊擦音已经清化。所以也不是不能接受。问题倒是在那些有舌尖后音的吴语方言，本身舌尖后音已经用双字母表示了，如果再重叠肯定就不大好看了。这一点我们在后面谈舌面前音的时候再讨论。

第三类是次浊类的边音和鼻音。根据有些学者的记录，它们其实也是根据阴阳调会分出两套来的。比如钱乃荣（1989）就指定了两套字母来区分阴阳调中的次浊声母。不过次浊声母与阴阳调的关系虽然看似与全清全浊与阴阳调的关系一致，但是在后字位置上，声调中和了，全清全浊仍然是对立的，而次浊声母也跟着声调一样中和了。因此，从简化起见，我们认为用一套字母表示次浊声母应该够了。

第二个问题是舌尖元音问题。因为汉语拼音的元音字母不够用，舌尖元音在普通话中又和[i]是互补的，所以形式上把它们都统一用i来标了。但是很多方言舌尖元音与[i]是有对立的，而且像吴语这样单元音丰富的方言也不可能做到只用单独的拉丁字母来表示所有单元音，所以必然有一些元音包括舌尖元音都要用上加符号或者多字母形式来表示。上加符号肯定不是一个好办法，这会给输入带来很大的麻烦。双字母是个比较好的选择。比如朱晓农（2006）用ir，汪平（2007）用ii，都是这种做法。也有一些方案仍然追求单字母，比如钱乃荣（1989）用y'，上海话拼音二式用z。但这两种方法都不是很妥当。用y，不光和汉语拼音差别太远，和拉丁字母一般用法以及国际音标用法都不合，更何况有些方言中还有圆唇的舌尖元音。而用z则打破了声母和韵母的界限，作为一种音位性标音系统，同样是不可取的。所以舌尖元音还是用某种双字母来标音比较合适。有些方言可能还同时存在舌尖前音和舌尖后音，因为一般都是互补存在，我们建议合并为一套。

第三个问题是舌面前声母j、q、x与常见拉丁字母用法不大一样。很多人因此而批评汉语拼音。但是从充分利用字母和单独标音角度来说，汉语拼音这样做还是合理的，所以方言拼音也可以进一步沿用。与此相关的是舌尖后音问题。从汉语方言普遍情况来看，舌尖后音和舌面前音一般都是呈现互补分布，而且发音部位也非常接近，所以像威妥玛拼音、（民国时期的）国语罗马字拼音都把这两类部分或者全部合并成一套。汉语拼音方案是把两类分开的。这本身不是问题，但是由于舌尖后音用的是双字母，这如果还要同时表示浊音就比较麻烦。所以我们认为存在这样情况的方言，不妨考虑把舌尖后音和舌面前音合并，都用j、q、x来表示。由于舌尖元音我们已经建议不要和[i]采用相同的拼法，所以只要靠后面韵母的四呼就可以区分两类声母。

第四个问题是元音[y]的问题。这个元音在汉语拼音设计的时候就是个难题。因为拉丁字母是没法单独表示这个元音的。设计者既不想设计新的字母，又想减少附加符号，还希望独立字母。也许当初直接选择y是一个可以接受的选择，但是y又已经作为隔音符号了。最后实际使用是以ü、u（声母为j、q、x）、yu（零声母）、io(ng)和yo(ng)这样多种不同形式出现。基于汉语拼音这样的现实，方言拼音只能在此基础上略做改良。像y、yu、ü等形式都有方案选择。我们认为既然吴语单元音因为数量多已经不可避免多字母组合了，所以还是用yu这样辨识度最高，输入方便，还不会与汉语拼音矛盾的办法比较好。

第五个问题是隔音符号问题。隔音符号之所以要设计，是因为汉语拼音有分词连写的设计。但是从纯粹注音的角度来说，分词不是需要关注的问题。每个字的注音之间都用空格分开更有利于阅读，所以隔音符号其实也已经不是问题，甚至没有必要了。不过由于大家在使用上已经习惯用y、w来代替零声母齐齿呼和合口呼的韵头，这两个也可以保留。

此外，还有省略和改写问题。汉语拼音在制定的时候出于经济等一些因素，规定了部分韵母可以用简略形式。比如iou在非零声母情况下可以写成iu。这种规定对于一个单纯标音系统来说意义不大，反而增加学习成本。我们认为所有声母韵母如果不是发生变声变韵，都应该始终采用相同的形式比较方便。汉语拼音制定者考虑到有些字母的手写形式容易混淆，就制定了如"au，韵尾可以改写成ao"等规定。但是对于现在的使用者来说，多数情况都是电脑输入，改写规则已经没有必要了。

二、汉语拼音之外的问题

除了要基于汉语拼音方案这个限制条件，而需要考虑一些问题之外，方言自身也会存在一些汉语拼音方案没有涉及到的问题。

首先是标调问题。方言调型调值跟普通话不同，自然也不会直接沿袭汉语拼音。但是存在的问题倒是跟汉语拼音一样。汉语拼音是用上标调号的办法解决了四声标调。但我们目前看到的吴语拼音方案，只有汪平（2007）的方案参考汉语拼音标调还比较成功。他的办法是用上加符号区分五个舒声调，韵尾字母区分两个入声调。但这毕竟是个例，因为电脑中上加符号有限，并不是每个方言声调的调型都正好可以找到符号的。而且，即便也找到了，但用键盘输入仍然是个大麻烦。所以，大多数方案没有采取汉语拼音的方式，而是用数字来标调。数字标调也有两种标法，一种用数字表示调类，另一种是用五度标调法。从简洁角度来说，前者更好，而从标音直观来说似乎后者更好。

其次是变调、变声和变韵问题。这一点在汉语拼音中并没有很好的解决方案。鉴于方言词典主要条目都是词，这个问题是不可回避的。如果不能把这些变化标出，而只是标单字音，读者还是无法知道实际读音。尤其是有些变化的规则性不是那么清晰。就吴语而言，主要是连读变调。连读变调主要是有所谓广用式和窄用式。前者其实是词调，后者是单纯的语音变调。我们建议词调像汪平（2007）那样以词为单位来标比较好，而不是一个个音节分别标变调。单纯的语音变调可以考虑单独标。变声、变韵问题由于吴语拼音没有涉及，我们这里无法给出很好的建议。

其三是浊声门擦音问题。这个问题也是吴语比较突出的问题。就北部吴语的语音现实而言，单念的时候实际上开口呼的阳调零声母字正趋向于清化，而其他三呼的喉擦基本已经没有了。位于后字位置的时候，则四呼都不能跟对应的零声母阴调字区分了。所以像这样的情况，一定程度也可以视作变音。我们建议单念零声母开口呼直接用h标，其他三呼和后字位置一律与零声母一样处理。

其四是音系分析问题。我们可以根据一些音系规则，利用互补关系把某些音类合并，从而简化拼音系统。但是我们认为这一方面不利于标音的准确性，而且过于为某个方言定制的方案不利于与周边方言的比较。比如说由于尖团合流，有些方言完全可以用一组声母同时表示舌尖音和舌面音，但是这就不利于与周边分尖团的方言比较。又比如说很多吴语方言都能区分阳声韵的前后a。在很多吴语拼音方案中，因为吴语阳声韵的鼻音一般是同一音位，所以用an表示前a、ang表示后a。对本方言这样标音固然没问题，但是an跟普通话的an音色差异太大，容易给人造成误会。

总之，我们认为音系处理的总原则应该从分不从合，这样不但有利于标音的准确性，也有利于相关方言的比较。另外，关于拼音方案是记录新派还是老派口音的问题，我们认为尽量同时兼顾两种口音，其实这也是一种从分不从合的方式。而对于普通话中没有出现的声音，我们认为这些音的字母设计应该尽量向国际音标靠拢。

三、结语

给一个方言设计拼音方案，肯定不会只有唯一一种答案，而且可能不存在一个完美的、可以满足各种需求的答案。本文只是考虑到推广的便利性，主要讨论了基于汉语拼音的方言拼音方案需要考虑的因素。由于汉语拼音设计的时候并没有考虑兼顾方言标音的问题，以此为基础的方言拼音方案需要采取一些妥协的，甚至比较累赘的补救措施。但是为了让更多人无需花费多少额外精力就能够掌握，从而可以更积极参与方言保护工作，这些代价是值得的。否则即便学理上再完美，不能让大众使用，也只能变成少部分人的玩具。

说明：本文部分资料参考了中文维基"上海话拉丁化方案"词条。在此感谢参与词条编纂的网友们。

参考文献

[1] 钱乃荣, 1989.上海方言俚语［M］.上海：上海社会科学院出版社.
[2] 钱乃荣, 2002.跟我学上海话［M］.上海：上海教育出版社.
[3] 汪平, 2007.标准苏州音手册［M］.济南：齐鲁书社.

A Preliminary Study on the Factors in the Dialect Pinyin Scheme Based on the Scheme of the Chinese Phonetic Alphabet

LING Feng

（School of International Chinese studies, East China Normal Universtiy, Shanghai, 200062）

Abstract: This article mainly discusses the factors that need to be considered when developing a dialect pinyin for dialect enthusiasts. We believe that a popular dialect pinyin needs to be as similar as possible to the Hanyu Pinyin to reduce learning costs. However, based on the Hanyu Pinyin, some compromise and even cumbersome remedial measures need to be taken. How to make trade-offs is the key for the developers to consider.

Key words: Dialect Pinyin Scheme, The Scheme of the Chinese Phonetic Alphabet, Popularity Scheme

粤方言拼音方案概说[①]

陈永聪[1]　侯兴泉[2][②]

(1. 文化艺术出版社　北京　100007；2. 暨南大学中文系　广东广州　510632)

【提　要】自清代以来，人们出于不同的考虑，给粤方言制定了许多种拼音方案。本文在简述国内外发布的30多套通用粤方言拼音方案的基础上，重点对穗港澳三地最通行的三套方案进行了具体的介绍和全面对比，发现三地方案的不同很多时候是由于制定者之间缺乏沟通和协调而人为造成的。这一方面给三地的粤方言使用者以及国内外非粤方言区的学习者造成很大的不便乃至困惑，另一方面也不利于粤方言的信息加工与应用。建议三地的语言文字管理部门加强沟通和协商，尽快联合相关单位的专家和负责人商讨制定一套权威、通用的粤方言拼音方案，供社会各界使用。

【关键词】粤方言　拉丁化　拼音方案　大湾区　标准

从清代至今，我们能收集到的通用粤方言拼音方案（主要基于权威粤方言广州话或香港话）就有30多套，其他有一定影响力的地点方言也有各自的拼音方案。如无特别说明，本文所指的粤方言拼音方案为通用方案。给粤方言标出拼音的初衷是为了方便民众了解和学习粤方言或方便学者进一步研究，但数量过多且拼法各异的拼音方案实际上只会给使用者平添更多的麻烦。尤其是在公众媒体和旅游景点的拼音标注上，很容易引致不必要的误解。当前粤方言使用的核心城市是广州和香港、澳门两个特别行政区，历史的原因让三地基本形成了三种差别较大的拼音方案，这一方面给三地的粤方言使用者以及国内外非粤方言区的学习者造成很大的不便乃至困惑，另一方面也不利于粤方言的信息加工与应用。本文先对粤方言的拉丁化历史做一个简单的介绍，再对穗港澳三地最流行的三套粤方言拼音方案进行具体的介绍和全面对比，最后提出一点小建议供三地的语言文字管理部门参考。

[①] 本文是中央高校基本科研业务专项资金项目"海内外汉语方言俗字文献数据库建设研究"（项目编号19JNYH05）的阶段性成果。特别感谢张群显、井作恒、吴清闲、胡志聪、马起园、吴浩文等师友在本文撰写过程中的帮助。

[②] 陈永聪，文化艺术出版社数字出版部数字编辑，国际标准化组织表意文字小组中国籍授权专家和Unicode技术委员会下属CJK & Unihan Group长期积极贡献者。侯兴泉，博士，博士研究生导师，暨南大学文学院中文系教授，暨南大学汉语方言研究中心研究员，暨南大学岭南数字人文实验室研究员。

一、粤方言拉丁化简史

对一种语言或方言进行拉丁化[①]往往包含有两种目的：一种是使缺乏历史传承文字系统或文字系统不能满足当代需要的语言或方言拥有成熟的文字；另一种是在历史传承文字的基础上进行发音转写，以方便认读和引用至其他语言文字中。在具体的做法上，有些方案严格局限于英文使用的基础拉丁字母内，有些方案则使用额外的符号或扩展拉丁字母。粤方言的拉丁化在目的上属于后者，在具体做法上则二者皆有。为了言说方便，本文把粤方言拉丁化拼音方案统一简称为"粤拼方案"。

从19世纪开始，欧美人士为了方便在粤方言区传教和做生意，制定了多种粤拼方案，比较突出的有马礼逊（R. Morrison）、卫三畏（S. W. Williams）、裨治文（E. C. Bridgman）和湛约翰（J. Chalmers）等人所制定的拼音方案（片冈新，1993）。在清末拼音化运动中，也出现了一些和粤方言有关的拼音方案。王炳耀（1956）在1896年出版的《拼音字谱》中提出了一套以速记符号为基础的字母系统，其中包含了拼写粤音的符号及其拉丁转写。卢戆章（1957）在1906年出版的《中国字母北京切音合订》等著作中提出了一套笔画式切音字母，其中也包含了广东切音字母及其拉丁转写。由于这两套方案中的拉丁化只是为了让读者了解作者制定的符号对应的读音，这两套系统实际上并不完整。

据倪海曙（1948）介绍，在民国时期有两种比较重要的拉丁化方案：一种是赵元任提出的粤语罗马字，其字母和声调拼写规则与国语罗马字比较接近，也与其后来提出的"通字方案"一脉相承；另一种是延续北方话拉丁化新文字的思路制定的广东话拉丁化新文字，这个方案和当时其他拉丁化新文字一样不标调，而且强调分词连写、同音改写和与大众语结合。后一种方案曾明确考虑作为一种文字加以发展的，但最后并没有成功。

值得注意的是，20世纪30—50年代还出现了两种以注音符号拼写粤方言的方案。一种是记录于《注音符号总表》内的方案，由粤方言和当时的"新国音"共通或相似部分的注音符号以及额外的"闽音符号"构成。（赵元任，1932；岑麒祥，1940）这个方案中除了面向广州话，还涉及顺德话。实际上，这套方案并没有真正使用起来。广东省人民政府文教厅在1952年又制定了一套与前者不完全一样的广州音注音符号。后者在新中国成立初期的扫盲工作中发挥了一定的作用，也有一定的文献价值，因此国际标准ISO/IEC 10646（以下简称UCS）和Unicode分别在其第6版和第13.0.0版中收录4个粤方言额外使用的注音符号。（杨伟坚、陈永聪，2019）

根据我们的资料收集和整理，目前全球已知有明确来源的通用粤拼方案有30多种，下面我们按照时间顺序列表说明这些方案的公布时间[②]、制定人/发行地区以及详细出处。具体如表1所示。

[①] 本文根据冯志伟（2011），将术语"Romanization"连同"Latinization"都对应为"拉丁化"。
[②] 没法确定具体年份的我们以宽泛一点的年代来代替，如2000s。

表1 粤方言拼音方案列表

序号	公布时间	制定人/发行地区	代码	出处说明
1	1828	国外	RM	马礼逊拼音 A Vocabulary of the Canton Dialect
2	1841	国外	EB	裨治文拼音 A Chinese Chrestomathy in the Canton Dialect
3	1855	国外	JC	湛约翰拼音 A Chinese Phonetic Vocabulary：Containing All the Most Common Characters, with Their Sounds in the Canton Dialect
4	1856	国外	WS	卫三畏拼音 A Tonic Dictionary of the Chinese Language in the Canton Dialect
5	1877	国外	EE	欧德理拼音 Ernest John Eitel：A Chinese Dictionary in the Cantonese Dialect
6	1883	国外	JD	波乃耶（James Dyer-Ball）Cantonese Made Easy：A Book of Simple Sentences in the Cantonese Dialect with Free and Literal Translations, and Directions for the Rendering of English Grammatical Forms in Chinese
7	1906	国外	OW	Oscar Francis Wisner Beginning Cantonese
8	1933	澳门	OM	1933年澳门拼音
9	1941	大陆	SW	黄锡凌拼音《粤音韵汇》
10	1941	大陆	SY	黄锡凌拉丁拼音《粤音韵汇》
11	1947	大陆	CR	赵元任制定的粤语罗马字
12	1947	国外	MW	Bernard F. Meyer（马奕猷）与 Theodore F. Wempe《学生用粤英字典》/《实用粤英词典》[②]
13	1950	国外	BC	K. M. A. Barnett《实用粤英词典》[③]
14	1952	大陆	BO	广东省政府颁布注音符号拼音
15	1960	大陆	GZ	原版广州话拼音方案
16	1960	国外	YU	耶鲁式拼音
17	1962	澳门	DC	《中葡字典》
18	1971	国外	CC	Three Way Chinese Commercial / Telegraphic Code Book：C.C.C. / S.T.C. - Romanized Mandarin - Romanized Cantonese
19	1977	香港	SL	刘锡祥拼音《实用粤英词典》

[①] 详见 https://worddisk.com/wiki/Meyer%E2%80%93Wempe 和 https://findwords.info/term/meyer-wempe。

[②] 详见 https://worddisk.com/wiki/Barnett%E2%80%93Chao/#cite_note-CCG-2/。

续表

序号	公布时间	制定人/发行地区	代码	出处说明
20	1983	大陆	RG	广州话拼音方案《广州音字典》
21	1985	澳门	MO	1985年澳门电报拼音
22	1990	香港	HE	香港教院式拼音
23	1993	香港	HK	香港语言学会粤语拼音方案
24	1996	国外	UH	Unihan Database 早期拼音
25	1999	大陆	YM	杨明新《简明粤英词典》
26	2002	大陆	ZB	詹伯慧《广州话正音字典》
27	2002	香港	SS	黄港生《商务新字典》
28	2006	香港	HM	何文汇《粤音正读字汇》
29	2013	大陆	FJ	范俊军等《20天学会粤语广州话》/《现代粤语词典》
30	2019	大陆	HD	荷达拼音[①]
31	1940s	大陆	GL	广州话拉丁化新文字
32	2000s	国外	PE	Penkyamp[②]
33	2010s	大陆	NE	网易云音乐
34	2010s	大陆	QQ	QQ音乐

从表1所列数据不难看出，19世纪的粤拼方案基本上都出自国外传教士或文人之手，20世纪以来的粤拼方案则主要出自中国人之手，发布地区集中在穗港澳三地，以港穗为主。

二、穗港澳三地主要通行的粤拼方案

由于广州、香港和澳门三地（特别是广州和香港）是出版和使用粤拼方案最多、同时也是影响最大的地区，很有必要对穗港澳三地较为通行的粤拼方案做一个详细的介绍。由于穗港澳地区正式场合使用的书写系统都是汉字，三地粤拼方案的主要用途都是用来给汉字标音、辅助识字用的。

---

① 详见 https://zhuanlan.zhihu.com/p/56295651。
② 详见 http://eng.anarchopedia.org/Penkyamp。

（一）广州方案

1960年下半年，广东省教育行政部门陆续公布了广州话、客家话、潮州话、海南话四种拼音方案（芬，1960）。广州话拼音方案是其中一种，这套方案沿用了汉语拼音方案的一些写法，据说当年也出版了一些识字课本。与汉语拼音方案和北方话拉丁化新文字的关系不同，这一版的广州话拼音方案和广东话拉丁化新文字在韵母的写法上相差甚远。1983年，饶秉才编写的《广州音字典》正式出版，之后多次印刷再版，对粤方言区的使用者以及粤方言学习者产生了巨大的影响，其中的粤拼方案①也成为了广东乃至整个大陆地区影响最大的一个粤拼方案。该方案还影响了台山话拼音（邓钧，2006）、阳江话拼音（叶柏来，2004）、东莞话拼音（李吉劭，2010）、吴川话拼音（钟德，2014）、广宁话拼音（郑国宗，2015）等多种地点粤拼方案的制定。

下面具体介绍1983年《广州音字典》中的广州话拼音方案。

（1）字母表②（27个）

a b c d e é ê f g h i j k l m n o p q s t u ü w x y z

说明：根据GB/T 2312-1980和GB 18030-2022的规定，汉语拼音数字化中的ɑ不作a，ɡ不作g。广州话拼音方案承继汉语拼音方案，因而数字化中也应沿用这一规定。这两个字母对应的大写字母仍是A和G，因此在本文统计中并不把这两个字母视为扩展拉丁字母。

（2）声母表（19个，方括号标写的是国际音标，下同）

表2　广州话拼音方案声母表

b	[p]	p	[pʰ]	m	[m]	f	[f]
d	[t]	t	[tʰ]	n	[n]	l	[l]
g	[k]	k	[kʰ]	ng	[ŋ]	h	[h]
z/j	[ts/tʃ]	c/q	[tsʰ/tʃʰ]			s/x	[s/ʃ]
y	[j/ɥ]	w	[w]				
gu	[kʷ]	ku	[kʰʷ]				

说明：①z、c、s和j、q、x两组声母在广州话里没有区别，但前者与非i、ü开头的韵母相拼，后者只与i、ü和i、ü开头的韵母相拼；②零声母不使用任何标记。

---

① 据饶秉才（2003）介绍，1983版《广州音字典》中使用的粤拼方案听取了群众意见，在广东省教育部门1960年发布版的基础上作出了适当的修改，使同一字母或字母组合在音节中的发音更为一致。如，1960年版中［ɐu］写作ou，但其他与［ɐ］有关的韵母都写作e-，这和1952年的广州音注音符号一致，这对读者而言容易产生误解；1983年版中［ɐu］修改为eo，这便和其他与［ɐ］有关的韵母相一致了。

② 本文所提及的字母表与原方案所列的有所不同，这里指在数字化中所有用到的小写拉丁字母。下同。

（3）韵母表（53个，p'、t'、k'表示韵尾非爆破塞音，下同）

表3　广州话拼音方案韵母表

a	ai	ao		am	an	ang	ab	ad	ag
[a]	[ai]	[au]		[am]	[an]	[aŋ]	[ap']	[at']	[ak']
	ei	eo		em	en	eng	eb	ed	eg
	[ɐi]	[ɐu]		[ɐm]	[ɐn]	[ɐŋ]	[ɐp']	[ɐt']	[ɐk']
é						éng			ég
[ɛ]						[ɛŋ]			[ɛk']
	éi								
	[ei]								
ê						êng			êg
[œ]						[œŋ]			[œk']
		êu			ên			êd	
		[ɵy]			[ɵn]			[ɵt']	
o	oi				on	ong		od	og
[ɔ]	[ɔi]				[ɔn]	[ɔŋ]		[ɔt']	[ɔk']
		ou							
		[ou]							
i		iu		im	in		ib	id	
[i]		[iu]		[im]	[in]		[ip']	[it']	
						ing			ig
						[ɪŋ]			[ɪk']
u	ui				un			ud	
[u]	[ui]				[un]			[ut']	
						ung			ug
						[ʊŋ]			[ʊk']
ü					ün			üd	
[y]					[yn]			[yt']	
					m	ng			
					[m̩]	[ŋ̍]			

说明：①êu本应作êü；②ü、ün、üd与j、q、x相拼时，要写成u、un、ud。

(4) 声调表 (9个)

表4　广州话拼音方案声调表

阴平	阴上	阴去	阳平	阳上	阳去	上阴入	下阴入	阳入
1	2	3	4	5	6	1	3	6
[53/55]	[35]	[33]	[21/11]	[13]	[22]	[5/55]	[3/33]	[2/22]

说明：虽然在原方案说明里声调使用原形阿拉伯数字，但在所有正式的场合都使用上标阿拉伯数字。在没有任何额外说明的情况下，最合理的数字化方案是与IPA对齐。

（二）澳门方案

1988年10月11日，时任澳葡政府总督高斯达（Vasco de Almeida e Costa）签署颁布第88/85/M号法令，发布《密码及广州音译音字汇》（*Silabário Codificado de Romanização do Cantonense*）。这里说的密码其实是指电报码，这与中国内地（大陆）、香港、台湾现在仍使用的电报码有同一个早期来源，再略微增删。这套方案的电报码编号和拉丁转写当前主要用于澳门特区的身份证明材料中，部分也用于特区内的地名。这套方案实际上是对1933年3月30日进行的调整，去掉了一些广州话音系中并不存在的韵母、基本拉丁字母以外的符号，将带有变音符号的字母改成了不带变音符号的版本或者复合字母。经过比对，1988年版中仍有一字与权威方言广州话和香港话的读音对应不上，即编号为6799的"醐"，一般通用粤拼方案拼写作ham，而非hom①。另外，1933年版中收录有一个拼作huoi的音节，暂时不清楚其所指代的具体发音，也不能直接对应上广州话音系。这个音节及其所代表的方言字仍有待进一步研究。

由于1988年版并不适合作为一种严格的拼音方案，本文用以比较的澳门方案是一种折中办法——音系基本按1988年版，但声母和韵母的写法都按1933年版。

(1) 字母表 (22个)

a á c e é f g h i k l m n o ó ö p s t u ú w

(2) 声母表 (19个)

表5　澳门话拼音方案的声母表

p	[p]	p'	[pʰ]	m	[m]	f	[f]
t	[t]	t'	[tʰ]	n	[n]	l	[l]
k	[k]	k'	[kʰ]	ng	[ŋ]	h	[h]
ch	[ts/tʃ]	ch'	[tsʰ/tʃʰ]			s	[s/ʃ]
i	[j/ɥ]	w	[w]				
ku	[kʷ]	k'u	[kʰʷ]				

说明：零声母不使用任何标记。

---

① hom音除了出现在澳门老粤语中，在周边的中山、南海、顺德、番禺等地区也较为常见。

(3) 韵母表（53个）

表6　澳门话拼音方案的韵母表

á	ái	áo		ám	án	áng	áp	át	ák
[a]	[ai]	[au]		[am]	[an]	[aŋ]	[apˀ]	[atˀ]	[akˀ]
	ai	ao		am	an	ang	ap	at	ak
	[ɐi]	[ɐu]		[ɐm]	[ɐn]	[ɐŋ]	[ɐpˀ]	[ɐtˀ]	[ɐkˀ]
é						éng			ék
[ɛ]						[ɛŋ]			[ɛkˀ]
	ei								
	[ei]								
ö						eóng			eók
[œ]						[œŋ]			[œkˀ]
		oi			on			ot	
		[ɵy]			[ɵn]			[ɵtˀ]	
ó	ói				ón	óng		ót	ók
[ɔ]	[ɔi]				[ɔn]	[ɔŋ]		[ɔtˀ]	[ɔkˀ]
		ou							
		[ou]							
i		io		im	in		ip	it	
[i]		[iu]		[im]	[in]		[ipˀ]	[itˀ]	
						eng			ek
						[ɪŋ]			[ɪkˀ]
u	ui				un			ut	
[u]	[ui]				[un]			[utˀ]	
						ong			ok
						[ʊŋ]			[ʊkˀ]
ü					ün			üt	
[y]					[yn]			[ytˀ]	
				m		ng			
				[m̩]		[ŋ̍]			

说明：①本韵母表与1933年原版相比，删去了óm、óp、uoi三个韵母；②éng、ék、ö在1988年版中分别改为eang、eak、oe；③1988年版中不包含m，此处根据1933年原版，对比实际而作保留；④声母i与ü以及i、ü开头的韵母相拼时省略声母，声母w与韵母u相拼时，1933年原版省略声母，1988年版不省，本文按1988年版处理。

(4) 声调表（0个）

澳门方案，无论是1933年版，还是1988年版都没有声调的部分。

（三）香港方案

1993年底，香港语言学学会粤语拼音方案工作组定稿了"香港语言学学会粤语拼音方案"，并在第四届粤方言研讨会中进行推介。该方案追求的目标是"简单、合理、易学、易用"，因此对方案所使用的字母和符号都要求局限于ASCII的范围内。在方案制定后，香港语言学学会仍对方案进行补充和重申（香港语言学学会，2022）。ASCII即是ANSI INCITS 4《美国信息交换编码标准》（原标准号为ANSI X3.4），是全球信息化中字符集与编码方面最为基础的标准之一，是国际标准ISO/IEC 646的美国版本，也被其他国家和地区采用或直接使用。香港特区和澳门特区长期以来并未具有完善的标准化制定与管理机构，不少基础性标准直接使用而非采用其他地区制定的标准。

虽然该方案在三种方案中最为年轻，但却是当下使用最广、也最受欢迎的一种。Unicode标准从其2.1.0版开始收录名为kCantonese的汉字属性，当时使用的是一种修改过的耶鲁大学方案；从4.1.0版开始完全转向使用香港语言学学会的方案，足见该方案的认受性之强。与该方案有一定相似度的还有香港教育署语文教育学院原方案、耶鲁大学方案等（高宇旋、温育霖，2020）。香港地区人名地名长时间以来使用一种"乱中有序"的非系统性方案，实际使用并不统一，同一个字的同一个读音可以有多种拼法，同样的拼法也可以表示不同的读音（片冈新，1993）。其他一些书籍中也还有使用各自的方案。

下面具体介绍香港语言学学会的粤拼方案。

(1) 字母表（22个）

a b c d e f g h i j k l m n o p s t u w y z

(2) 声母表（19个）

表7 香港粤语拼音方案的声母表

b	[p]	p	[p^h]	m	[m]	f	[f]
d	[t]	t	[t^h]	n	[n]	l	[l]
g	[k]	k	[k^h]	ng	[ŋ]	h	[h]
z	[ts/tʃ]	c	[$ts^h/tʃ^h$]			s	[s/ʃ]
j	[j/ɥ]	w	[w]				
gw	[k^w]	kw	[k^{hw}]				

说明：零声母不使用任何标记。

（3）韵母表（60个）

表8　香港粤语拼音方案的韵母表

aa	aai	aau		aam	aan	aang	aap	aat	aak
[a]	[ai]	[au]		[am]	[an]	[aŋ]	[ap̚]	[at̚]	[ak̚]
a	ai	au		am	an	ang	ap	at	ak
[ɐ]	[ɐi]	[ɐu]		[ɐm]	[ɐn]	[ɐŋ]	[ɐp̚]	[ɐt̚]	[ɐk̚]
e		eu		em	en	eng	ep	et	ek
[ɛ]		[ɛu]		[ɛm]	[ɛn]	[ɛŋ]	[ɛp̚]	[ɛt̚]	[ɛk̚]
	ei								
	[ei]								
oe						oeng		oet	oek
[œ]						[œŋ]		[œt̚]	[œk̚]
			eoi	eon				eot	
			[ɵy]	[ɵn]				[ɵt̚]	
o	oi			on		ong		ot	ok
[ɔ]	[ɔi]			[ɔn]		[ɔŋ]		[ɔt̚]	[ɔk̚]
		ou							
		[ou]							
i		iu		im	in		ip	it	
[i]		[iu]		[im]	[in]		[ip̚]	[it̚]	
						ing			ik
						[ɪŋ]			[ɪk̚]
u	ui			un				ut	
[u]	[ui]			[un]				[ut̚]	
						ung			uk
						[ʊŋ]			[ʊk̚]
yu				yun				yut	
[y]				[yn]				[yt̚]	
				m		ng			
				[m̩]		[ŋ̍]			

(4) 声调表（9个）

阴平	阴上	阴去	阳平	阳上	阳去	上阴入	下阴入	阳入
1	2	3	4	5	6	1	3	6
[53/55]	[35]	[33]	[21/11]	[13]	[22]	[5/55]	[3/33]	[2/22]

说明：香港语言学学会在2022年3月5日重申，表示声调的阿拉伯数字应为其原形而不推荐使用上标或下标。其声明并非没有道理，但从其解释的理由中可以看出制定者对当今字体技术与网页排版的新进展有所误解。本着尊重的原则，本文提及该方案中的声调都会恪守最新申明。

三、三地方案的主要异同

本部分将上文提及的穗港澳三种方案的差异点进行对比，具体归纳如下十五个方面。

（一）字母数量差异和是否使用扩展拉丁字母

从字母数量的角度看，广州方案包含了27个字母，香港方案和澳门方案都只包含了22个字母。

从字母种类的角度看，广州方案和澳门方案都使用了扩展拉丁字母，广州方案包含24个基本拉丁字母和3个扩展拉丁字母，澳门方案包含17个基本拉丁字母和5个扩展拉丁字母；香港方案所包含的22个字母全部都是基本拉丁字母。

需要额外指出的是澳门方案中的5个扩展拉丁字母中，á、é、ó的大小写字母和ü的小写字母都因继承《香港增补字符集—2008》而进入《澳门特别行政区资讯系统中文编码统一方案》，ü的大写字母也已经被加入到《澳门增补字符集—2020》而进入《澳门特别行政区资讯系统中文编码统一方案》（澳门特别行政区行政公职局，2021）。而ö的大小写字母由于不是汉语拼音方案和葡萄牙文所用的扩展拉丁字母，至今仍未进入到《澳门特别行政区资讯系统中文编码统一方案》中，笔者相信这是有关管理部门的无心遗漏。

（二）送气与不送气的塞音、塞擦音是否用同一个字母

广州方案与香港方案使用不同的字母，澳门方案使用同一个字母，但送气的塞音、塞擦音需要额外加上送气符号。比如[p]、[pʰ]在广州方案与香港方案里分别写作b和p，而澳门方案写作p和p'。在大多数对汉语中不包含浊辅音声母的方言早期的拉丁化方案中都和澳门方案的处理方法相类似。广州方案与香港方案和汉语拼音方案及其上承的北方话拉丁化新文字相一致。

（三）[ts/tʃ]类声母是否只用一套符号

对于这一组声母的IPA，当前学界至少有两种观点，有的学者认为是舌尖前音，有的则认为是舌叶音，赵元任（1932）还有另外的观点。本文在此不对这个问题作进一步讨论。

在广州方案中，制定者认为[ts/tʃ]类只有一组发音，但需要在拼写时使用两套字母；而香港方案与澳门方案中都只有一套字母。

（四）作为声母的舌面中半元音[j/ɥ]使用哪个字母

在这一点上，穗港澳三个方案所使用的字母都不一样——广州方案使用y，这也是对熟悉汉语拼音方案和当代英文拼法的使用者最容易被接受的做法；香港方案使用j，这与IPA的用法相一致；澳门方案用i，由于与韵母中的i同形，导致了拼写规则需要更多的额外说明。

（五）唇化音使用哪个字母

在广州话音系中，唇化音一般只出现在[k]和[kʰ]后面构成[kʷ]和[kʰʷ]。广州方案和澳门方案都使用了u，而香港方案使用了更为接近IPA的w。

（六）是否能反映[a]和[ɐ]之间的关系

广州方案中以[a]和[ɐ]开头的韵母分别用a和e两个字母来表示，香港方案和澳门方案这两组所采用的字母是有关联性的。香港方案分别用aa和a，澳门方案分别用á和a。三个方案在以[a]和[ɐ]开头的韵母中所使用的字母都在单一方案内一致。

（七）[œ]和[ɵ]的写法是否一致

在广州话音系中，[ɵ]并不会单用，而且在读汉字的单字音时，这两组韵母形成互补关系，因此在诸多方案中，[œ]和[ɵ]都是用同样的字母或字母组合来表示。而在香港方案中提出在口语中[œt̚]和[ɵt̚]存在最小对立，因此[œ]和[ɵ]使用了不同的字母组合。澳门方案的情况相对复杂，[ɵ]写作o，[œ]单独做韵母时写作ö，做韵腹时写作eó。

（八）韵腹 [i] 与 [ɪ]、[u] 与 [ʊ] 的写法是否一致

在广州话音系中，在只记录常用汉字的读音时，韵腹 [i] 与 [ɪ]、[u] 与 [ʊ] 都是互补分布的，因此大多数的方案中，韵腹 [i] 与 [ɪ] 合作 i，[u] 与 [ʊ] 合作 u，广州方案和香港方案都沿用这个做法；而澳门方案则将韵腹 [i] 写作 i，韵腹 [ɪ] 写作 e，韵腹 [u] 写作 u，韵腹 [ʊ] 写作 o。在澳门方案中，字母 o 作韵腹时还能代表韵腹 [ɵ]。

（九）韵腹 [y] 的写法

广州方案与澳门方案中，韵腹 [y] 都写作 ü，香港方案写作 yu。在汉语拼音方案中，ü 作为一个不是因为声调而使用的扩展拉丁字母，在只能使用基本拉丁字母的环境中，ü 便无法使用。长期以来，人们会用汉语拼音方案中没用的 v 来作为替代或直接使用 u。国家标准 GB/T 28039-2011 第 6 款第 2 条说明（中华人民共和国国家质量监督检验检疫总局中国国家标准化管理委员会，2011：3），在大写字母环境下，Ü 可以用 YU 来代替，这与香港方案刚好暗合。

（十）[u] 作韵尾时的写法是否一致

广州方案与澳门方案都分成了 o 和 u 两种——广州方案中，[u] 在 [a] 和 [ɐ] 后写作 o，在 [ɔ] 和 [i] 后写作 u；澳门方案中，[u] 在 [a]、[ɐ] 和 [i] 后写作 o，仅在 [ɔ] 后写作 u。而香港方案则在任何时候都是一致地写作 u。

（十一）[y] 作韵尾时的写法与 [i] 是否相同

在广州话音系中，以 [y] 作韵尾的韵母只有 [ɵy] 一个，且并不存在与 [ei] 或 [ɵu] 的最小对立。广州方案中，[ɵy] 本应写作 êü，省略为 êu，与 [i] 作韵尾的写法不同；香港方案与澳门方案分别使用 eoi 和 oi，这就与 [i] 作韵尾的写法一致了。

（十二）声母 [j] 与韵腹 [i] 是否用同一个字母

在目前已知的大多数方案中都不存在这一问题，这是澳门方案特有的情况。这个做法会导致拼写规则复杂化，也无法区分韵腹 [i] 加上声母 [j] 和零声母时的两种读音。

（十三）塞音韵尾与不送气塞音声母是否相同

在广州方案和澳门方案中，塞音韵尾与不送气塞音用同一套字母，如广州方案把

［ap̚］写作 ab，［p̚］写作 b，澳门方案把［ap̚］写作 áp，［p̚］写作 p；而在香港方案中，塞音韵尾与不送气塞音不是同一套字母，而与送气塞音用同一套字母，如［ap̚］写作 aap，［p̚］写作 b。塞音作为韵尾时并不存在送气与不送气的区别，因此即使塞音韵尾与不送气塞音声母所使用的字母不同也不会产生混淆。

（十四）是否有口语音特有的韵母

广州方案和澳门方案都是为了记写汉字和部分方言字的读音而制定的，因而很多口语音中特有的韵母并没有设立专门的规定，澳门方案尤其如此；香港方案比广州方案和澳门方案多出了 7 个韵母，分别是 a［ɐ］、eu［eu］、em［ɛm］、en［ɛn］、ep［ɛp̚］、et［ɛt̚］、oet［œt̚］。

（十五）是否标记声调

在广州方案和香港方案中，声调是重要的组成部分，且入声的标调方式也相一致，但不同的是，广州方案采用的是上标阿拉伯数字，香港方案采用的是原形的阿拉伯数字；澳门方案并没有对声调标记的规定，这一点与广东话拉丁化新文字相似，但广东话拉丁化新文字有其他手段来解决单字同音混淆的问题。

通过以上对比我们不难发现，虽然穗港澳三地的地方主流媒体都使用口音跟广州话差不多的通用粤音在播报，但在三地辅助发音的粤拼方案当中，字母使用上的差别还是很明显。造成这种差别很大程度是由于制定者处理方式的不同造成的，并非是由于三地语音的实际差异而需要在字母使用上有所区分。

以前三地分属不同的国家在进行管理，相互之间缺乏协同和沟通，造成这种差异也是可以理解的。现在香港和澳门特别行政区都已回归祖国多年，特别是《粤港澳大湾区发展规划纲要》（中共中央、国务院在 2019 年印发）发布以来，加快推进粤港澳大湾区各项事业的建设与发展已成三地共识，我们在语言文字的使用上也应该多加沟通协调，尽快制定和对外颁布一套三地通行的粤拼方案和粤方言字使用规范，以促进三地文教和传媒事业的互联互通、共同发展。

四、结语

粤拼方案在粤方言区日常使用、学习、研究等诸多方面都有着重要的用途。本文在简述国内外发布的 30 多套通用粤方言拼音方案的基础上，重点对穗港澳三地最通行的三套粤拼方案进行了具体的介绍和全面对比，发现三地方案的不同很多时候是由于制定者之间缺乏沟通和协调而造成的，这一方面会给三地的使用者以及国内外非粤方言区的学习者造成很大的不便乃至困惑，另一方面也不利于粤方言的信息加工与应用。

在全面推进粤港澳大湾区各项事业建设与发展的背景下，三地的语言文字管理部门应联合学术界、出版界和传媒界的专家和相关单位负责人，加强沟通和协调，尽快在已有方案的基础上制定一套权威、通用的粤方言拼音方案，作为地方性标准或行业标准对外推广和使用。并在此基础上，逐步建立起推荐字表、字符子集、字库、词库和输入法等基础性工具，通过权威方式进行发布和推广，使一般民众能够相对便利地获得与使用，从而减少因为不规范使用而带来的不必要麻烦，同时为粤方言的信息处理和地方文化资源的数字化奠定坚实基础。

参考文献

[1] 澳门特别行政区行政公职局, 2021.《澳门增补字符集—2020》字符表［M］.澳门：澳门特别行政区行政公职局.

[2] 澳门政府, 1985.密码及广州音译音之字音表［M］.澳门：印务局.

[3] 岑麒祥, 1940.国语注音符号及其广州闰号之比较［J］.语言文学专刊（1）.

[4] 邓钧, 2006.台山方音字典（普通话对照）［M］.长沙：湖南教育出版社.

[5] 芬, 1960.广东省审定公布四种方言拼音方案［J］.文字改革（15）.

[6] 冯志伟, 2011."罗马化"还是"拉丁化"［J］.中国科技术语（2）.

[7] 高宇旋, 温育霖, 2020.粤语（广州话）拼音方案评述［J］.北部湾大学学报（3）.

[8] 广东省人民政府文教厅, 1952.广州音职工速成识字课本［M］.广州：华南人民出版社.

[9] 国家技术监督局, 1994.中华人民共和国国家标准GB/T 15273.1-94 信息处理 八位单字节编码图形字符集 第一部分：拉丁字母一［M］.北京：国家技术监督局.

[10] 李吉劭, 2010.东莞音字典［M］.广州：广东人民出版社.

[11] 刘锡祥, 1977.实用粤英词典［M］.香港：政府新闻处刊物销售小组.

[12] 卢戆章, 1957.中国字母北京切音合订［M］.北京：文字改革出版社.

[13] 倪海曙, 1948.中国拼音文字概论［M］.上海：时代书报出版社.

[14] 片冈新, 1993."香港政府粤语拼音"：一个乱中有序的系统［J］.中国语文通讯（1）.

[15] 饶秉才, 2003.广州音字典：普通话对照［M］.广州：广东人民出版社.

[16] 王炳耀, 1956.拼音字谱［M］.北京：文字改革出版社.

[17] 香港语言学学会, 2022.粤拼［OL］.https://www.lshk.org/jyutping.

[18] 叶柏来, 2004.阳江音字典［M］.阳江：阳江市新华书店.

[19] 赵元任, 1932.注音符号总表［M］.北平：国语统一筹备委员会.

[20] 郑国宗, 2015.广宁白话定位注音词典［M］.广州：羊城晚报出版社.

[21] 政府资讯科技总监办公室, 公务员事务局法定语文事务部, 2017.香港增补字符集—2016［M］.香港：香港特别行政区政府.

[22] 钟德, 2014.吴川音字典［M］.广州：广东人民出版社.

[23] 中华人民共和国国家市场监督管理总局中国国家标准化管理委员会, 2022.中华人民共和国国家标准 GB 18030—2022 信息技术 中文编码字符集[M].北京：中国标准出版社.

[24] 中华人民共和国国家质量监督检验检疫总局中国国家标准化管理委员会, 2011.中华人民共和国国家标准 GB/T 28039–2011 中国人名汉语拼音字母拼写规则[M].北京：中国标准出版社.

[25] YANG Ben（杨伟坚）, CHAN Eiso（陈永聪）, 2019. ANSI/INCITS/L2/19-177R Proposal to encode Cantonese Bopomofo Characters[OL]. https：//www.unicode.org/L2/L2019/19177r-cantonese-bopomofo.pdf.

[26] CEN, 2000. CEN Workshop Agreement CWA 13873：2000 Information technology – Multilingual European Subsets in ISO/IEC 10646-1[M]. Brussels：CEN.

[27] INCITS, 2007. ANSI INCITS 4-1986（R2007）Coded Character Sets - 7-Bit American National Standard Code for Information Interchange[M]. New York：ANSI.

[28] ISO, IEC. International Standard ISO/IEC 10646：2020 Information technology — Universal coded character set（UCS）[M].Vernier：International Organization for Standardization, 2020.

[29] ISO, IEC, 2019. International Standard ISO/IEC 14496-22：2019 Information technology — Coding of audio-visual objects — Part 22：Open Font Format[M]. Vernier：International Organization for Standardization.

[30] Unicode Consortium, 2022. The Unicode Standard Version 15.0[M]. Mountain View：Unicode Consortium.

An Overview to the Phonetic Transcription Scheme of Chinese Yue-dialect

CHEN Yongcong[1], HOU Xingquan[2]

（1. Culture and Art Publishing House, Beijing, 100007;
2. College of Liberal Arts of Jinan University, Guangzhou, Guangdong, 510632）

Abstract: Since the Qing Dynasty, people have formulated many phonetic transcription schemes for Chinese Yue-dialect for different reasons. Based on an interview to more than 30 sets of phonetic transcription schemes published at home and abroad, the paper focuses on the specific introduction and comprehensive comparison of the three most popular schemes in Guangzhou City, Hong Kong SAR and Macao SAR. It is found that the differences among the three schemes are often caused by the lack of communication and coordination between the makers. This, on the one hand, has caused great inconvenience and confusion to the Chinese Yue-dialect users in the three regions and learners in non-Yue-dialect areas at home and abroad, and on the other hand, it is not conducive to the information processing and application of Chinese Yue-dialect. It is suggested that the spoken and written language management departments in the three regions should strengthen communication and consultation, and work together with experts and heads of relevant units to discuss and develop an authoritative and universal phonetic transcription scheme of Chinese Yue-dialect for use by all sectors of society.

Key words: Chinese Yue-dialect, Romanization or Latinization, Phonetic Transcription Scheme, Guangdong-Hong Kong-Macao Greater Bay Area(GBA), Standardization

《海南话拼音方案》的有关问题[1]

刘新中[2]

（暨南大学汉语方言研究中心　广东广州　510632）

【提　要】本文对20世纪60年代由广东省教育部门公布的《海南话拼音方案》作了系统介绍，包括字母表、声母表、韵母表、声调表4个部分。本文不仅对海南话拼音方案与已有的海南话音系的研究作了比较，对梁猷刚等先生对于1960年的"方案"做的更改也做了详细说明；还就海南话拼音方案中没有喉塞尾的韵母以及《海南话拼音方案》的拼读等问题作了讨论。

【关键词】海南话　拼音方案　文昌话音系　音位归纳

一、《海南话拼音方案》简介

《汉语拼音方案》在1958年2月11日由第一届全国人民代表大会第五次会议批准推行，之后，为了推广普通话、帮助方言区的人们学习文化知识，在南方方言区相继出现了一些方言版本的拼音方案，广东省也公布了广州话、潮汕话、客家话和海南话的拼音方案。海南话的拼音方案于1960年由广东省教育行政部门公布，包括字母表、声母表、韵母表、声调表4个部分。具体如下：

1. 字母表

字母表用了26个拉丁字母：a、b、c、d、e、f、g、h、i、j、k、l、m、n、o、p、q、r、s、t、u、v、w、x、y、z。这26个字母中，c、f、j、k、q、r、t、w、x用来拼写普通话，拼写海南话时不用。

2. 声母表

声母15个：b波、p坡、m摩、v无、d装、dd刀、n挪、l罗、g哥、ng俄、h可、hh号、z支、s妻、y余。

---

[1] 本文是2022年度国家社科基金重点项目"广东粤闽客三大方言语音特征的系统层实验研究"（项目编号22AYY010）的阶段性成果。
[2] 刘新中，暨南大学汉语方言研究中心主任，暨南大学发音语音学实验室主任，教授、博士生导师。

3. 韵母表

韵母有43个：a亚、o荷、e下、i医、u呜、ia也、ua换、io腰、ue话、ai哀、uai（坏）、oi鞋、ui威、ao喉、iao妖、ou黑、iu柚、am暗、iam厌、im音、an安、uan弯、in烟、un温、ang红、iang央、uang汪、eng英、ong翁、iong（匈）、ab盒、iab（协）、ib邑、ad遏、uad挖、id乙、ud核、ag（鹤）、iag（菊）、uag（廓）、eg益、og喔、iog育。

4. 声调表

声调名称分别为第一声、第二声、第三声、第四声、第五声、第六声、第七声、第八声，符号用1、2、3、4、5、6、7、8，例字如：诗、时、死、四、是、视、失、实。

声调符号标在音节的右上角，例如，诗di^1、时di^2、是di^6、实did^8。

该方案有两点说明：(1)基本上是根据汉语拼音方案拟订的，原则上不另制新字母，不随便改变原来字母发音；(2)方案以文昌音为依据，海南各县可根据这个方案作适当的增减或变读。

二、《海南话拼音方案》的声韵调

根据多年来群众使用海南话拼音方案的经验，梁猷刚等先生在《海南音字典》中，对1960年的"方案"作了一些更改，主要有两点：

(1)更换了一些声母和韵母的例字，如"m看"改为"m摩"，"h糠"，改为"h可"，"iab（劫）"改为"iab（协）"，"ad达"改为"ad遏"，"ag角改为"ag鹤"，"og握"改为"og喔"。

(2)文昌音中管字很少的声母"gh"（"饿"的声母）和"dh"（"你"的声母），原方案省略了。这些在拼注具体几个字音时会用到，但不把gh、dh等列入声母表。声母是gh的字有"饿、我、吴"等；声母是dh的字有"你、些"等。

下面我们从声母、韵母、声调等方面来进一步对《海南话拼音方案》进行说明。

（一）《海南话拼音方案》的声母

《海南话拼音方案》的声母共有b、p、m、v、d、dd、n、l、g、ng、h、hh、z、s、y，读作"波、坡、摩、无、装、刀、挪、罗、哥、俄、可、号"（以上声母本音加上o来读）和"支、妻、余"（以上声母本音加上i来读）拼音实际只用本音，不用加上o或i。

声母p，文昌读不稳定的"双唇送气清塞音"或前带轻微闭拢的"双唇清擦音"ϕ，海口读f（"唇齿清擦音"）。声母v，文昌读"双唇不送气浊塞音"，海口读"唇齿浊擦音"。声母dd，现在通常叫"浊内爆音"，当时的描写是，前带喉塞音的"舌尖齿龈浊塞音"，发音时有轻微的吸气作用。声母b是前带喉塞音的"双唇浊塞音"，发音时也有轻微的吸气作用，但弱读式可作一般的"双唇不送气清塞音"，故只简单记作b，这个声母就是通常所说的内爆音。声母ng，是舌根软腭浊鼻音。声母h是舌根软腭清擦音，气流缝隙较窄，摩擦作用强，往往前带轻微的送气塞音k，近似kh。声母hh是喉壁清擦音。声母z是"舌尖齿背不送气清塞擦音"；s是"舌尖齿背清擦音，y是"舌尖齿背浊擦音"。这三个音后拼i行韵母时，舌面最前部与齿龈也起发音作用。

《海南话拼音方案》主要以海口、文昌等地的海南话作为依据，但是它基本能够反映海南闽语的主要特点，我们把20世纪几个主要研究者所描写的海南几个点的声母和它作一比较，见表1。

表1 20世纪几个主要研究者所描写的海南闽语的声母

	詹伯慧	张贤豹	张光宇	陈鸿迈	云惟利	梁猷刚	桥本万太郎	冯成豹
地点	万宁	海口	海口	海口	文昌	文昌	文昌	板桥
声母总数	17	17	16	16	18	18	19	18
1	ʔb	b	ʔb	ʔb	ɓ	ʔb	ɓ	p
2	b				b	b	b	
3		p					p	
4	ph	pʻ	ph	f	f	ɸ	f	ph
5	m	m	m	m	m	m	m	m
6		v	v	v				v
7	ʔd	d	ʔd	ʔd	ɓ	ʔd	ɓ	t
8					d	d	d	
9	t	t	t	t	t	t	t	
10								th
11	n	n	n	n	n	n	n	n
12	l	l	l	l	l	l	l	l
13	ts	c	ts	ts	tɕ	ts	ts	ts
14							c	tsh
15	s	s	s	s	ɕ	s	s	s
16								θ
17	z	z	z	z	dze	z	z	dz
18	k	k	k	k	k	k	k	k
19	kx	kʻ	kh					kh

续表

	詹伯慧	张贤豹	张光宇	陈鸿迈	云惟利	梁猷刚	桥本万太郎	冯成豹
20	g				g	g	g	
21				x		x		
22	h	h	h	h	h	h	h	h
23					ɦ		ɦ	
24	ŋ	ŋ	ŋ	ŋ	ŋ	ŋ	ŋ	ŋ
25		-			ʔ		ʔ	
26	∅		∅	∅		∅		∅

表1所反映的海南闽语几个点，在声母的描写中，既反映了描写者的分歧，也反映了不同地方的差异，主要表现在下面几个方面：①浊内爆音的标记；②帮组、非组的部分字是双唇爆破音、双唇擦音还是唇齿音；③精、从、庄、照、禅等母的部分字记为 ts、tɕ、c 的不同；④精组、庄组、章组的部分字记为 s 还是 ɕ；⑤日母、云母、疑母的部分字标记为 z 还是 dʑ；⑥端组、知组、见组、晓匣母、喻母的部分字记为 kx、k'、kh、x、h 的分歧；⑦晓匣母、喻母等的部分字标记为 ɦ、h 的不同；⑧有无喉塞声母？。表2是笔者所记海南文昌市头苑镇的声母。

表2 海南文昌头苑的声母

ɓ	b	ɸ	m	ɗ	d	t	n	l	k	g	ŋ	h	ɦ	ts	dz	s	ʔ	∅
波北	文马	符普	门网	道陈	你滴	祖新	南软	老而	贵桥	我月	五仰	去太琼	云痕温	精食	日以	草出	碗烟	幻休玄阿恶乌

桥本万太郎（1961）对双唇和齿龈的内爆音（bilabial and alveolar implosives）作了讨论。根据我们的调查，就海南东部与北部的闽语而言，以上的八个分歧中还是可以统一起来的，为了反映语音的实际情况，我们认为应根据不同地方作如下标记似乎更好一些：①ʔb 或 ɓ；②p' 或 ɸ；③ts；④s；⑤z 或 dz；⑥h；⑦ɦ 或 ∅；⑧∅。在文昌话音系为基础的拼音方案，写成键盘中有的字母是合适的，这样便于输入。

（二）《海南话拼音方案》的韵母

《海南话拼音方案》中的韵母如下：i、u、a、ia、ua、o、io、e、ue、ai、uai、oi、ui、ao、iao、ou、iu；am、iam、im、an、uan、in、un、ang、iang、uang、eng、ong、iong；ab、iab、ib、ad、uad、id、ud、ag、iag、uag、eg、og、iog。在方案中各个韵母的读音都有一个例字，其中例字加"（ ）"的只取其韵母，如"坏"读 huai，只取 uai。"匈、

协、鹤、菊、廓、育"只取其韵母iong、iab、ag、iag、uag。

e、ue本拟作ê、uê，e是前半高不圆唇元音，舌位比普通话的e略高。im、ib的i和m（或b）之间文昌音略带轻微的o，近似iom、iob。in、id，i和n（或d）之间文昌音略带轻微的e（ê），近似ien、ied。eng、eg的e是"前半高不圆唇元音"，即舌位很高的e，近似i。

-b、-d、-g尾的韵母是入声韵母，读音短促。文昌音中有些人的口语还带喉塞音韵尾，《海南话拼音方案》中不列入这类韵母，我们只在附注的文昌音中用到，如"鸭a[6]（文昌读ah[7]）"。

我们也把《海南话拼音方案》的韵母，与20世纪几个有影响的研究者所描写的海南闽语的韵母作一比较。下面是詹伯慧、张贤豹（张光宇）等记录描写的海南万宁、海口等地的韵母：

詹伯慧（万宁46+19）：i e a o u iu ai oi ua io au ue iau ui uai［15］
　　in/iŋ en/eŋ ien/ieŋ aŋ/an iaŋ/ian uaŋ/uan oŋ/on ioŋ/ion uŋ/un［9+9］
　　it/ik et/ek iet/iek ak/at iak/iat ok/ot iok/iot ut/uk uat/uak［10+10］
　　iʔ eʔ aʔ iaʔ aiʔ auʔ iauʔ oʔ ioʔ uiʔ ueʔ uaʔ［12］

张贤豹（海口55）：a i u e ɛ o ɑi ɔi au ou iu iɑ iau io uɑ uai ui［17］
　　am om iam im an in uan un aŋ oŋ iŋ uŋ iaŋ ioŋ uaŋ［15］
　　aʔ iʔ eʔ ɛʔ oʔ iaʔ ioʔ uɑʔ ap op ip iap at uat ut it ak ok iak iok ik uak uk［23］

陈鸿迈（海口46）：a i u e ɛ o ai iɛ au ɔu ia io iau iu ua ue uai ui［18］
　　m am om iam im in un ŋ aŋ eŋ ɔŋ oŋ ian iɔn uan［15］
　　ap ɔp iap ip it ut ak ek ɔk ok iak iɔk uak［13］

云惟利（文昌48）：a i u e o ai oi au ou ia io iu iau ua ue uai ui ei［18］
　　am om iam iom an ian uan un aŋ eŋ oŋ iaŋ ioŋ uaŋ［14］
　　ap op iap iop at iat uat ut ak ek ok iak iok uak［14］

梁猷刚（文昌54）：a i u e o ai oi au ou ia io iu iau ua ue uai ui［17］
　　am om iam iom an ien uan un aŋ eŋ oŋ iaŋ ioŋ uaŋ［14］
　　aʔ iʔ eʔ oʔ oiʔ iaʔ ioʔ uaʔ ueʔ ap op iap iop at iet uat ut ak ek ok iak iok uak［23］

上面是5位学者对海南闽语几个点的韵母的描写。他们对同一个点的描写，也会出现韵母数量不等的情况，主要原因是有无喉塞音ʔ，以及一些韵母记录上的差别。根据笔者对这两处方言的调查，海南闽语的喉塞音没有吴语和湘语那样明显，因此在音位的归纳上就产生了差异。我们认为如果只是互补的话，从简洁的角度而言，可以不记录喉塞音，只是需要在韵母部分作一些说明。因为在海南闽语中，上声字的阴声韵韵母都有一些紧喉色彩，但并没有标记出来，所以可以将韵母中的紧喉色彩的韵母用说明的办法来解决。作为拼音系统，更需要简洁、系统，但是对于考察历史演变的需要，就可以将可能的音位变体全部记录，下面是笔者所记录的文昌市区的韵母系统，具体见表3。

表3 海南文昌市区的韵母系统

a	i	u	ɛ	ɔ							
亚三	女舌	符去	家星	汤河							
ai	au	ia	iu	ɔi	iau	ua	ui	3ɛ	uai	ɔi	ou
西介	到流	惊车	收休	娘叫	条娇	我盘	门酸	横飞	怪帅	多齐	路苦
am	iam	ɔm	ɔm								
含暗	盐甜	心林	赣								
an	ien	uan	un								
艰岸	连新	全关	船运								
aŋ	iaŋ	ioŋ	uaŋ	eŋ	oŋ	ak	iak				
红放	穷胸	雄	风广	琼经	讲用	目北	鹿一				
ap	iap	iop	ɔp								
十合	业粒	入急	匿								
at	iet	ut	uat								
法节	笔七	出骨	阔夺								
iɔk	ɛk	ɔk	uak								
竹欲	色泽	木局	逐廊								
aʔ	iʔ	iaʔ	iɔʔ	uaʔ	3uʔ	ɛʔ	ɔʔ	iɔʔ			
鸭	铁	食只	药石	刮活	月	客百	作各	八			

表3共有韵母54个，其中单元音5个，复合元音12个，鼻音韵尾韵母14个，塞音韵尾14个，还有弱喉塞韵尾的韵母9个。海南话拼音方案中没有喉塞尾的韵母，反映了音位归纳中的经济原则。

（三）《海南话拼音方案》的声调

海南话的代表通常认为是文昌话，文昌话有8个声调，海南话拼音方案的声调定为第一、二、三、四、五、六、七、八声，调值以文昌音的"诗、时、死、四、是、视、失、实"为代表字，虽然各地实际调值的音高略有不同，但调类基本是一致的。

一般第一声相当于阴平，第二声相当于阳平，第三声相当于阴上，第四声相当于阴去，第五声相当于阳上或阳去，第六声是由比较高的阴去、阳去分化出来的，所以可叫做"高去"，第七声相当于阴入，第八声相当于阳入。海南话第二声与第三声经常混淆，第六声经常与第四声、第五声混淆，第七声与第八声也经常混淆。

几位学者所记录的海南闽语的声调，其中詹伯慧记录的是万宁话的声调，袁家骅、桥本万太郎、云惟利、梁猷刚记录的是文昌话的声调，张贤豹、陈鸿迈记录的是海口话的声调，冯成豹记录的是板桥话的声调。具体描写如下：

詹伯慧（7）：阴平33、阳平11、阴上21、阳上53、去声13、阴入44、阳入12

袁家骅（9）：阴平33、阳平11、上声21、阴去24、阳去53、阴入4、阴入52、阳入21、阳入35

桥本万太郎（7）：阴平（中升）、阳平（中平）、阴上（低塞）、阳上（中降）、阳去eq中降、阴去eq高平、阴入（高塞）、阳入（中塞）

云惟利（6）：阴平44、阳平33、上声21、去声11、阴入51、阳入42

梁猷刚（8）：阴平44、阳平22、上声21、阴去11、阳去42、高去53、阴入55、阳入33

张贤豹（7）：阴平13、阳平22、上声21、阴去35、阳去33、阴入5、阳入3

陈鸿迈（8）：阴平24、阳平21、上声213、阴去35、阳去33、长入55、阴入5、阳入3

冯成豹（7）：阴平33、阳平21、上声11、阴去35、阳去42、阴入55、阳入33

文昌话的声调很多人作过记录，如桥本万太郎（1959）、袁家骅等（1960）、云惟利（1987）、梁猷刚（1986）。袁家骅等（1960：262）所记的文昌话的声调有9个，并指出"海南有一种特别的现象，即上声字由于调值短促，一律带上了轻微的喉塞-ʔ，例如'剪'tsienʔ²¹、'感'kamʔ²¹、'仰'ŋiaŋʔ²¹。这现象不但为闽南话中所仅见，在汉语其他各方言中也是少见的"。其实，根据目前所掌握的材料，这个现象在方言、民族语中都有。桥本（1961）对海南话（文昌）的声调著文专门讨论，将上声（主要是阴上）与阴入、阳入都放在断音（staccato）这个特征之下。这确实是海南闽语在声调方面的一个特色。下面是笔者记录的海南文昌市区的单字调系统，见表4。

表4 海南文昌市区的单字调系统

阴平	阳平	上声	阴去	阳去	高去	阴入	阳入
35	33	21	22	42	41	55	33
诗大面	时楚暖	体古女	试异帽	岸是近月	视袖旦锡	急竹曲	入局十

总体上来说，我们倾向于梁猷刚先生对文昌话声调的记录，但在入声韵中梁猷刚先生把带喉塞的按清浊分别归入阴入和阳入，我们认为慎重起见，还是应该按调型将这部分字放在阳去和高去的下边，并在下边作必要的说明，根据以后的发展情况再行定夺。因为海南闽语中没有带-p、-t、-k尾的上声同样带了一个轻微的喉塞音，但仍然根据它的调型自成一类，海口话的声调我们基本赞同陈鸿迈先生的记录。

三、《海南话拼音方案》的拼读

汉语的拼音是声韵调的整体,声韵组合时,要领是"声母轻短韵母重,两音相连猛一碰"。如拼giang[1],先读轻短的g,紧接着连读iang,读重些,就可拼出giang音来。再按音节末一字母右上角的调号数字,读出调值来。如giang[1]是"江",giang[3]是"讲",giang[4]是"降"。

《海南音字典》注海南音时使用的反切(即"急读"),可用两字急速连读拼出字音来。如"严"的反切上下字是"义盐",急速连读即得"严"音。有时反切下字带有声调符号,即表明急速连读后得出的音节要读注出的声调。如"厦"的反切上下字是"希也[6]",急速连读"希也"得"兄"音,要把"兄"读成第六声,才得"厦"音。

参考文献

[1] 陈鸿迈,1991.海口方言的指示代词的疑问代词[J].中国语文(1).
[2] 陈鸿迈,1996.海口方言词典[M].南京:江苏教育出版社.
[3] 冯成豹,1986.崖州话的语音特点[J].海南大学学报(2).
[4] 冯成豹,1989.海南省板桥话的语音特点[J].方言(1).
[5] 何大安,1981.澄迈方言的文白异读[J].(台北)历史语言研究所集刊(52本).
[6] 黄谷甘,1988.海南省乐东县黄流话音系[J].广东民族学院学报(2).
[7] 梁猷刚主编,华南师范大学中文系《方音字典》编写组编,1988.海南音字典(普通话对照)[M].广州:广东人民出版社出版.
[8] 梁猷刚,1958.海南岛海口方言中的吸气音[J].中国语文(1).
[9] 梁猷刚,1960.海南方言语音中声母的特点[J].华南师范学院学报(2).
[10] 梁猷刚,1964.海南方言中的喉塞音[J].中国语文(6).
[11] 梁猷刚,1986a.海南岛文昌方言音系[J].方言(2).
[12] 梁猷刚,1986b.海南音字典[M].广州:广东人民出版社.
[13] 刘新中,2006.海南闽语的语音研究[M].北京:中国社会科学出版社.
[14] 袁家骅,1960.汉语方言概要[M].北京:文学改革出版社.
[15] 云惟利,1987.海南方言[M].澳门:澳门东亚大学出版.
[16] 詹伯慧,1957.海南方言中同义字的"训读"现象[J].中国语文(6).
[17] 詹伯慧,1958.万宁音概述[J].武汉大学文科学学报(1).
[18] 张贤豹,1976.海口方言[D].台湾:台湾大学.
[19] 赵元任,1935.中国方言当中爆发音的种类[J].历史语言研究所集刊(第2本第2分).
[20] 中央研究院,1929.中央研究院院务月报[J].中央研究院院务月报,1(7).
[21] Hashimoto Mantaro J,1959.海南语音韵论——"文昌"方言の音声论と音韵法则[J].中国语学(91).

[22] Hashimoto Mantaro J, 1960. The Bonshio dialect of Hainan[J].言语研究（38）：106-135.
[23] Hashimoto Mantaro J, 1961. 海南話の声調体系[J].东京支那学会报（7）：35-52.

Scheme for the Hainanese Phonetic Alphabet

LIU Xinzhong

（The Institute of Chinese Dialects, Jinan University, Guangdong, Guangzhou, 510632）

Abstract: This paper gives a systematic introduction to the Hainanese Phonological Scheme published by Guangdong Provincial Education Department in the 1960s, including four parts: alphabet, initials, finals and tones. We compare the Phonological scheme with the existing research on the phoneme system of Hainanese, and explain in detail the changes made by Liang Yougang and others to the "scheme" of 1960. The paper also discusses the entering tone and the spelling of the phoneme scheme of Hainan dialect.

Key words: Hainanese, Phonological Alphabet, Phoneme System of Bunshio Dialect

广州话词典的介词表义结构示例

陶原珂[①]

(广东省社会科学界联合会　广东广州　510050)

【提　要】广州话虽然属于汉民族共同语的地方变体，但它是可以在日常独立运用的语言系统。作为可以独立运用的语言，它的介词系统构成不仅仅只有广州话独用的介词，还包含有和共同语通用或共用的介词。按本文的收集整理和初步探析，广州话特有的介词只占广州话所使用介词的1/4（12个）左右，还有约3/4（34个）的介词与普通话通用或共用。为了使读者能够从广州话词典了解到广州话的全貌，广州话词典不仅应该收释广州话特有的介词，还应该收释广州话与普通话都用的介词。

【关键词】广州话　介词　词典　义项　构成

　　从言语目的的角度探讨广州话的表义结构，就是要探讨广州话承载语义的构成单位及其用以表达语意的结构构成，探明结构成分之间的关系。而词典是收集和解释承载语义的最小单位的，因此，广州话词典不仅要收集、解释广州话词语的义项单位，而且应该注意收集、解释广州话词语单位表达语意的结构构成，以及与相关词语的搭配。

　　然而，目前白宛如《广州方言词典》和饶秉才等《广州话词典》是在大陆影响较大而且较为成熟的广州话词典，对广州话介词的标示和解释仍有不少疏漏，而新近出版的《现代粤语词典》则完全不标注词性类别。因此，笔者觉得很有必要对广州话所用介词逐一解释，做一番清理。本文以示例方式罗列较为确定的广州话介词，对于尚有存疑的介词问题，置于"余论"部分提示并略作探讨，以求正于方家。

一、广州话特有介词释义

　　关于汉语介词，有专家指出："介词在句法结构中起着重要的作用，它的基本作用是介引某些词语（主要是体词性词语，但不限于体词性词语）组成介词短语作修饰语。"[②] 这个介词定义也是本文对广州话介词句法功能的一般认识。在此介词功能定义的基础上，

---

① 陶原珂，广东省社会科学界联合会研究员、编审、博士（已退休），主要研究词典学、广州话、汉语。
② 陈昌来：《介词与介引功能》，张斌、范开泰主编：《现代汉语虚词研究丛书》，安徽教育出版社，2002年，第32页。

我们以示例方式，比对、探析广州话介词个体与普通话介词个体的异同。

广州话不同于普通话的特有介词不多，只有"粵畀、喺、响、兜、攞、使、掌、賸（戥）、打、过、至到、除咗"等。但是，对它们的介词义项作出完满解释的广州话字典、词典却难以找到。因此，本文试着对它们的介词义项逐一释义，对其非介词义项则暂不讨论。

（1）粵畀

《广州方言词典》①虽然对"粵畀"字标有介词义项，但是，引介施事的"被"义项没有包括进去；《广州话词典》指出"粵畀"有"被、受、让、用"等介词义，但是缺"受"义的释例，而且释例"畀佢入嚟"中的"粵畀"（粵让）义，不属于介词义项②。这里试释"粵畀"的介词义项如下。

畀【介词】①被、受，引介施事：佢畀只狗咬亲。（他被那只狗咬了。）| 佢是畀人支使嘅嗻。（他不过是受人支使的。）| ②用，引介工具、方式、材料等：畀棍撬起嚿石。（用棍子撬起那块石头。）| 畀口讲，唔好郁手。（用口说，别动手。）| 畀铁皮封面。（用铁皮封表面。）

（2）粵喺

《广州方言词典》没有标示"粵喺"为介词，《广州话词典》标示"粵喺"为介词，收有两个介词义项③，但解释未全。这里试释"粵喺"的介词义项如下。

喺【介词】①在，引介时间点或时段：个钟喺正点会响。（这个钟在正点会响。）| 只鸡乸喺呢个月生咗20只蛋。（母鸡在这个月下了20个蛋。）②在，引介空间、处所、范围：支旗插喺正中。（旗子插在正中间。）→支旗喺正中插住。（旗子在正中间插着。）| 呢件事喺线上倾唔多妥。（这件事在线上聊不大妥。）| 佢匿咗喺边度？（他躲在哪了？）③由、从，引介起点或经由：你喺边度来？（你从哪儿来？）| 你喺呢条路行到过去咖。（你由这条路可以走过去的。）

（3）粵响（hœŋ³⁵）

在语感上，"粵响"是比"粵喺"更随意的口语介词，两者表义相当。《广州方言词典》用"粵向"字表示"粵响"，只解释了它的介词义"由、从"；《广州话词典》用"粵响"，只解释它的处所、范围义向④，没有解释时间、经由义向。这里补释如下。

响【介词】①在，引介时间点或时段：花市响一点结束。（花市在一点钟结束。）| 啲猫响白天瞓觉。（那些猫在白天睡觉。）②在，引介空间、处所：插三支香响神台。（插三根香在神台。）| 你冇道理，响边度都讲唔通。（你没道理，在哪儿都说不通。）③由、

---

① 白宛如：《广州方言词典》，江苏教育出版社，1998年，第137页。
② 参阅《现代汉语词典》第6版，商务印书馆，2012年，第1085页关于"让"字的解释。
③ 饶秉才、欧阳觉亚、邹无忌编《广州话词典》，广东人民出版社，1997年，第193页。
④ 按《现代汉语词典》解释，介词"是用在名词、代词或名词性词组的前面，合起来表示方向、对象等的词"，介词本身没有实义，只有大致的取义方向，故本文简称"义向"。

从，引介起点或表示经由：佢哋晌从化返来。（他们由从化回来。）｜你晌呢条路直行就系喇。（你从这条路直走就是了。）

（4）⑳兜

《广州方言词典》没有给"⑳兜"标示介词，虽然有义项解释。这里试释"⑳兜"的介词义项如下。

兜【介词】①对着、照着，引介目标对象：兜头兜脸淋落嚟。（劈头盖脸浇下来。）②用手或持物对着，引介手段：宜得兜巴捆醒佢。（真想一巴掌打醒他。）｜兜棍擝落嚟。（一棍子打下来。）

（5）⑳攞

《广州方言词典》没有收释"⑳攞"的介词义项；《广州话词典》有所标示，但释义较简。这里试释"⑳攞"的介词义项如下。

攞【介词】①用，引介所凭借的工具：你攞棍擝下佢。（你拿棍子打打他。）｜攞张报纸遮下就得喇。（用张报纸遮挡一下就行了。）②以，引介所处置或关涉的对象：攞佢条裙做样。（拿她的裙子做式样。）

（6）⑳使

《广州方言词典》标示并解释了"⑳使"的介词义项，但《广州话词典》没有标示和解释"⑳使"的介词义项。这里试释如下。

使【介词】用①，引介工具、手段：佢使免钉胶黐夹板。（他用免钉胶黏合夹板。）｜佢使毛笔写信。（他用毛笔写信。）

（7）⑳挐（na⁵³）

《广州方言词典》没有标注"⑳挐"的词性，《广州话词典》标注"⑳挐"的词性为连词，没有标示和解释介词义项。《现代粤语词典》②对"⑳挐"的用字和释义与多字相混。以下试释"⑳挐"的介词义项。

挐【介词】①替，引介行为的对象：你挐佢买番一两件衫啦。（你替她买回一两件衣服吧。）②为，引介对象：啲工友挐佢送行。（那些工友为他送行。）③同，引进同比对象：我对佢挐亲生仔咁。（我待他像亲生儿子似的。）

（8）⑳䁅（戥 deng²²）

《广州方言词典》和《广州话词典》对这个词的用字不同，都没有标示"⑳䁅"或"⑳戥"的介词属性。但是，从两部词典所给释例的功能语义看，应该标示为介词。以下试释"⑳䁅（戥）"的介词义项。

䁅（戥）【介词】①替，表示对象：呢盘棋输咗，我哋都䁅/戥你可惜。（这盘棋输了，我们都替你可惜。）②为，表示原因：大家都䁅/戥场大雨高兴。（大家都为这场大雨高兴。）

---

① 按：据《现代汉语词典》的释义，普通话"⑳使"表示"用"语义是动词义项。
② 暨南大学汉语方言研究中心词典编纂组编《现代粤语词典》，广东人民出版社，2021年，第533页。

（9）㉠打（da³⁵）

《广州方言词典》和《广州话词典》都没有标示和解释"㉠打"的介词义项。以下试释"㉠打"的介词义项。

打【介词】①从，表示起始：你今日打边度来呀？（你今天从哪里来呀？）②由，表示路径：打河边条小路行会快啲。（由河边的小路走会快些。）

（10）㉠过

《广州方言词典》和《广州话词典》都解释"㉠过"含两个介词义项，一是用在形容词后，表示比较；一是用在动词后和间接宾语前，比较给予。本文认为，前一个介词义项构成了广州话不同于普通话的比较结构，例如：

你高过佢啲（你比他高一点）。

但是，后一个义项，由于在表示"给予"的结构中语义较实，有违介词的语义虚化性质，词类属性尚存疑点。例如：

①㉠佢畀咗本书过我（㉡她给了本书给我）→㉠佢畀咗本书畀我（㉡她给了本书给我）

②㉠将呢本书畀过佢（㉡把这本书给她）→㉠将呢本书畀返佢（㉡把这本书给回她）

③㉠鱼攞过阿婆啦（㉡鱼拿去给阿婆吧）→㉠鱼攞过畀阿婆啦（㉡鱼拿去给阿婆吧）

④㉠畀件衫过我（㉡把那件衣服给我）→㉠畀件衫我（㉡给那件衣服我→给那件衣服给我）

⑤㉠借啲钱过佢使啦/借啲钱佢使啦（㉡借些钱他用吧）→㉠借啲钱畀过佢使啦（㉡借些钱给他用吧）①

例①"㉠过"的语义可对译为普通话的"给"，而且，可以用"㉠畀"替代，语义不变。广州话里的双"㉠畀"句和普通话话里的双"㉡给"句，都用得相当普遍②。由于两个"㉠畀"和两个"㉡给"都含有很实的动词语义，因此也可以认为例①是连动句。例②的"㉠畀过"的"㉠过"虽然有由一点移到另点的语素义，但是与"㉠畀"的语义结合一体，介引功能不明显，所以《广州方言词典》把"㉠畀过"当作独立的词条来处理（笔者按：或可看作动趋式离合词）。如果进一步与"㉠畀返"比较，"㉠畀过"的"㉠过"就不妨看作是表趋向义的助动词。例③"㉠攞"与"㉠过"的语义方向不同，"㉠过"含"给"义不明显（其实表趋向），所以还可以后加"㉠畀"，如箭头后所示，后句加"㉠畀"后构成连动句。例④表明，"㉠过"在表达与间接宾语的关系时，可以不用；此例用"把"字句译出，改变了原句的句式，如果按词语顺序对译，则是与例①一样的连动双"给"句。例⑤是兼语句，"㉠过"也可以省去，省去后"给"义关系清楚；如不省略的话，"㉠过"的"给"义并不明显，也只是趋向义；如果要强调兼语前的动词义，则可加"㉠畀"，如箭头后所示，而"㉠借"与"㉠畀"是连动关系，"㉠过"仍可

---

① 后二例参见麦耘、谭步云编《实用广州话分类词典》，世界图书出版广东有限公司，2016年，第179页。

② 本人及周围的亲友只说"㉠畀咗本书畀我"这样的句子，而不说"㉠畀咗本书过我"这样的句子。

以看作是助动词。例⑤反映出，"⑲过"从表趋向义到表"给"义，存在不清晰的过渡迹象，笔者感觉箭头后的例子结构关系更清晰一些。而结合例④和例⑤看，"⑲过"在表达与间接宾语关系中均可以省略，这表明"⑲过"的趋向义比介引功能更明显一些，需要强调动词义时则用"⑲界"（可后加助动词"⑲过"表趋向）。

从以上对①至⑤例的分析可见，"⑲过"若标示介词义项"给"，仍有存疑点，并且在例②和例③有用作表趋向的助动词倾向，但在普通话里没有相应的助动词可对译。

（11）⑲至到

这是广州话不同于普通话的特有双音节介词，《广州方言词典》和《广州话词典》虽然有收释的义项，却都没有标为介词。以下试释"⑲至到"的介词义项。

至到【介词】①至于，表示另提一事：至到呢个问题，第二日至讲喇。（至于这个问题，第二天再说吧。）②到，表示所达地点：行至到呢度，我重未见佢个影。（走到了这里，我还没见他的影子。）｜由条桥至到呢度，有三公里。（由桥到这里，有三公里。）③到，表示时间点：至到呢个时候，佢都未来。（到这个时候，他都没来。）

（12）⑲除咗

这是由广州话特有语素"⑲咗"与"⑲除"复合构成的双音节介词。《广州话词典》收释了"⑲除咗"词条，但没有标示介词；《广州方言词典》没有把它作为词条收释，但在"⑲除"字的释例使用了"⑲除+咗"。这里试释"⑲除咗"的介词义项如下。

除咗【介词】除了，表示不计算在内：除咗啤酒，重饮咗汽水。（除了啤酒，还喝了汽水。）

以上广州话特有介词释例的解释次序，都尽量先用普通话对应词对译，再提示该介词的基本表义方向（简称义向）；所用普通话对应词，按《现代汉语词典》[①]的词性标注，除了"到"外，均为介词。《现代汉语词典》没有"到"字的介词义项；而王宁主编的《通用规范汉字字典》虽然没有标注词性，却在"到"字条给出例句"到上海去"。这个"到"有"向、往"义，引介目标、方向。又如："车到郊外去了，你到河边走。"按此例句，"到"字的语法功用是把目的方向或地点引介给后边的动词的，因而属于介词用法。有人将这种现象解释为"从动词虚化为介词是一个渐变过程"[②]。

二、广州话与普通话同用介词释义

方言作为共同语的地方变体，除了独特的变体因素之外，还保持了许多与共同语同用的因素。广州话使用的介词，除了上述广州话特有的介词，就同时使用着与普通话通用或共用的一些介词。如果我们把广州话当作一个能够独立运用的语言系统，广州话词典不仅应该解释广州话特有的介词，还应该酌情收释广州话与普通话通用或共用的介词，

---

① 中国社会科学院语言研究所词典编辑室编《现代汉语词典》第6版，商务印书馆，2012年。
② 陈昌来：《介词与介引功能》，安徽教育出版社，2002年，第42页。

这样广州话介词功能的展示才算全面,词典使用者才能够完整了解广州话运用介词的真实情况。

实际上,广州话与普通话通用或共用的介词,比广州话特有介词多,包括"由(于)、从、至、向、对、沿(住)、顺(住)、照、因(为)、以、为(咗)、替、依(照)、按(照)、当、凭、除(咗/开)、用、将、同、被、比、连"等。这里大体按《现代汉语词典》所列介词义向类型[①]分述如下。

1. **方向类**

广州话与普通话通用而表方向义向的介词,有"㊋向、沿(住)、顺(住)、照"等。其中,《广州方言词典》对"㊋照"有释义,但没标注介词义项。这里试解释如下。

(1)㊋向(hœŋ³³)【介词】向,引介动作的方向:向南开门口。(向南面开门。)|向佢䫢下手,佢就会来喇。(向他招招手,他就会来了。)

(2)㊋沿【介词】顺,表示顺着某种情势、路线(进行):沿(住)河边行就到喇(沿河边走就到了)|沿(住)呢个思路谂就啱喇。(沿〈着〉这个思路思考就对了。)

(3)㊋顺【介词】沿,表示沿自然情势、路线(移动):条蛇顺(住)竹杆爬咗上去。(那条蛇顺竹杆爬上去了。|顺大路行。(沿大路走。)

(4)㊋照【介词】向、对着,引介行为、动作的方向:照头淋落去。(照/对着脑袋浇下去。)|照预定目标行就系喇。(照/向预定目标走就是了。)

其中,广州话表示方向义的介词,除了特有的"㊋兜"之外,其余"向、沿、顺、照"与普通话通用。"㊋住"往往接于"㊋沿"和"㊋顺"之后,以强调"顺、沿"的方向义。

2. **处所或时间类**

广州话与普通话通用的介词"㊋由、从、至、当"等,既可以表示处所义向,也可以表示时间义向。其中,《广州方言词典》没有收释"㊋从",但收释了"㊋至"的介词义项(释例:由呢处至你处有几远|两点至五点),并对"㊋由"的介词义项解释较丰富,只是缺失"经由"义项。《广州话词典》既没有标注"㊋由"的介词义项,也没有收释"㊋至"的介词义项,甚至没有收释"㊋从、当"字条。这里试解释如下。

(1)㊋由【介词】①从,引介空间、时间或变化的起点:由朝到晚。(由早到晚。)|由西到东。(从西到东。)|由头食到尾。(从头吃到尾巴。)|由唔识到识。(由不会到会。)②经由,引介动作经过的路线、场所:由小路行近啲。(从小路走近些。)|请由东门入场。(请从东门入场。)

(2)㊋从【介词】起始于,引介空间、时间或变化的开始点:从朝做到晚(从早上做到晚上。)|从大东门塞到西门口。(从大东门堵到西门口。)|从头湿到落脚。(从头

[①]《现代汉语词典》第6版第667页:介词是指"用在名词、代词或名词性词组的前面,合起来表示方向、对象等的词,如'从、自、往、朝、在、当(方向、处所或时间),把、对、同、为(对象或目的),以、按照(方式),比、跟、同(比较),被、叫、让(被动)'"。

湿漉到脚。) | 佢从笑到喊唔使两分钟。(她从笑到哭不用两分钟。)

(3)粤至【介词】到,引介空间或时间的截止点:至而家重未见佢来。(到现在还没见他来。) | 至呢度先有啲风咋。(到这里才有点风儿呢。)

(4)粤当【介词】①正在(那时),表示以当时情景为条件:当跳嗰阵心慌。(在跳时心里慌慌。) | 当其时重企得起。(当时还能站起来)。②正在(那地),表示以当场所在为条件:当场畀人捉住。(当场被人捉住。) | 当(住)大家嘅面将件事讲清楚。(当〈着〉大家的面把事情说清楚。)

其中,"曾至"在普通话为书面语,而且《现代汉语词典》标注为动词(释例:自始至终 | 至死不屈)。在广州话里,"粤至"比"粤到"更显本地色彩。从语义看,"粤由、从、至、到"表示方向性义向,"粤当"则表示即时或无方向性在场义向。"粤当"表示空间义向时,往往加"粤住"强调,《广州方言词典》标为动词,本文按《现代汉语词典》标为介词。

3. 对象或目的类

广州话不用普通话引介处置对象的"曾把",但是"粤对、向、将、为(咗)、替"等,含有与普通话共用的介词义项。《广州方言词典》和《广州话词典》都没有标释介词"粤对、粤向(hœŋ³³)",后者标释了前者漏收的介词"粤将"。这里试解释如下。

(1)粤对【介词】①向,引介动作对象:对佢讲番声多谢嘛。(对她说一声谢谢嘛。) | 你对只狗发乜噚风呀?(你对狗胡说八道什么?)②对于,引介行为相关对象:对呢个问题你点睇?(对于这个问题你怎么看?)

(2)粤向【介词】对,引介动作对象:向佢介绍产品。(向他介绍产品。)

(3)粤将【介词】①把,表示把受事提到动词前加以处置:斩开条蔗两橛→将条蔗斩开两橛。(把那根甘蔗砍成两截。)②把,表示致使:唔好喊花块脸→唔好将块脸喊花咗。(别把脸哭花了。)

(4)粤替【介词】为,引介行为受益者:佢要替个老窦报仇。(他要为老爸报仇。)

(5)粤为【介词】给,引介行为受益者:为佢开账户。(给/为她开账户。) | 为人做嫁衣裳。(给/为他人做出嫁的衣服。)

(6)粤同【介词】①跟,引介行为动作的与事:呢件事同阿妈商量过。(这件事同/跟阿妈商量过。) | 你同阿兰嘈过交嚟。(你同/跟阿兰吵过架。)②给、替,引介行为受益者:佢话要同老窦报仇喎。(他说要同/替老爸报仇哪。) | 你同我话佢知啦。(你同/替我告知她吧。)

其中,广州话表示处置义,不用"曾把",而与普通话通用"将"①;广州话引入行为受益者不用"曾给",而与普通话通用"替、为"。广州话表示行为动作对象义的介词,与普通话通用"对、向(hœŋ³³)"。

---

① 《现代汉语词典》"将"字的介词义项"把2"用释例:将他请来 | 将门关上。实际语感比"把"文气些。

4. 方式或工具类

广州话除了表达方式、工具类义向的介词"㊀攞、使"之外，还使用与普通话通用的介词"㊀以、用、按"。《广州方言词典》和《广州话词典》都没有收介词"㊀以、用、按"。这里试解释"用、以、按"的介词义项如下。

（1）㊀以【介词】①用、拿，引介方式、工具：以四两拨千斤。（以四两力拨动千斤。）｜以/攞关刀对大炮。（以/用/拿长柄大刀对抗大炮。）②按照，引介方式：以号排队。（以/按号码排队。）

（2）㊀用【介词】拿，引介方式、工具：用滚水冲茶。（用开水沏茶。）｜自己用眼睇。（自己用/拿眼睛看。）｜用成绩同我讲。（拿/用成绩跟我说。）

（3）㊀按【介词】依照，引介方式：按两计价。（按两计算价钱。）｜按时食药。（按时服药。）｜按老窦讲嘅做。（依照老爸说的做。）

其中，广州话特有"㊀攞"表方式、工具义向，不用"㊁拿"表方式、工具义向；而"以、用、按"表方式、工具义向则与普通话通用，只是在普通话里，"㊁用"比"㊁拿"略为文气些。

5. 原因类

广州话没有表示原因义向的特有介词，表示原因的介词"因、因为、由、由于"等，都与普通话通用。《广州方言词典》没有收双音词"因为、由于"，所释"㊀因"没有标注介词义项，所释"㊀由"的介词义项缺原因义。这里试释如下。

（1）㊀因【介词】因为，引介原因：佢因乜去香港？（他因为什么去香港？）｜因爱成恨。（因为爱转成为恨。）

（2）㊀因为【介词】引介原因：佢因为够胆立咗功。（他因为有胆量立了功。）｜佢因为生性得人惜。（她因为懂事得人疼。）

（3）㊀由【介词】由于，引介原因或理由：由感冒引起肺炎。（由于感冒引起肺炎。）

（4）㊀由于【介词】引介动作行为的原因或理由：由于银纸问题，佢哋嘈咗半日。（由于钱的问题，他们争吵了半天。）｜佢由于工伤要请两日假。（他由于工伤要请两天假。）

其中，双音节介词"㊀因为、由于"，在语感上比单音节介词"㊀因、由"较为文气一些，而且，单音节语素"㊀乜"与单音节介词"㊀因、由"搭配较为自然，通常不与双音节介词"㊀因为、由于"搭配。

6. 依据或凭借类

广州话表示依据或凭借类义向的介词，都与普通话通用，包括"依、依照、按、按照、因、凭"等。《广州方言词典》和《广州话词典》都没有收释介词"㊀依、依照、按、按照"，也没有收释"㊀因"作为介词的凭借义项；虽然收释了"㊀凭"字，但只解释"㊀凭（beng^{22}）"的"依靠、所依靠"义，没有解释作为介词的"㊀凭（peng^{11}）"。而《现代粤语词典》虽然收释了"㊀凭"的有关义项，但没有标示词性。《广州话词典》没收释"㊀由"的凭借或依据义项。这里试逐一解释。

（1）⁽粤⁾依【介词】按照，引介依据：依我睇，咁做都得。（依我看，这样做也行。）

（2）⁽粤⁾依照【介词】依据，引介行事的根据、标准：依照老板讲嘅做啰。（按照老板说的做呗。）

（3）⁽粤⁾按【介词】按照，引介依据：按我话，你最好唔知情。（按我说，你最好不知情。）

（4）⁽粤⁾按照【介词】根据，引介动作行为的依据：按照导航，应该左转。（按照导航应该左转。）

（5）⁽粤⁾因【介词】根据，引介动作行为的凭借、依据：因势利导（顺着势头加以引导。）｜因漏就简。（就着粗陋条件从简办事。）｜因菜食饭。（根据菜的多少情况来吃饭。）

（6）⁽粤⁾凭【介词】凭借，引介实现行为动作的依靠：凭乜嘢要我畀钱佢啫？（凭什么要我给他钱呢？）

（7）⁽粤⁾由【介词】凭借，引介依据的对象：由呢啲迹象睇，就系佢。（由这些迹象看，就是他。）

其中，在广州话里，单音节的凭借或根据类介词，比双音节的凭借或根据类介词更随意，双音节表凭借或根据义向的介词在语感上较文气，并且受后边要用双音节词的语义韵限制。另外，虽然广州话与普通话通用介词"凭"，但广州话通常不说双音节词"⁽粤⁾凭借"。

7. 条件类

广州话中动词所表行为动作的条件义向的介词，除了"⁽粤⁾除咗"因含广州话特征语素"⁽粤⁾咗"而属于广州话特有介词外，其余的"除、除开、连、当"等与普通话通用。但是，《广州方言词典》和《广州话词典》都没有收释这几个介词。这里试解释如下。

（1）⁽粤⁾除【介词】除了，表示不计在内：除皮二十斤。（不计包装二十斤。）｜除佢冇人食嘅。（除他之外没人吃的。）

（2）⁽粤⁾除开【介词】①除了，通常与"⁽粤⁾都、全部"配合表示不计在内：除开佢都来咗喇。（除了她都来了。）｜除开雪梨，全部打包。（除开雪梨之外，其他全部打包。）②除了，通常与"⁽粤⁾重、就"配合表示除此之外还有别的，或强调别的方面：除开踢球，佢重游水。（除了/开踢球，他还游泳。）｜除开返学，佢就喺屋企。（除了上学，她就在家里。）

（3）⁽粤⁾连【介词】①引介计算对象，表示包括在内计算：连皮三十斤。（连包装三十斤。）｜连埋佢哋四十个人。（连他们算四十个人。）②通常与"⁽粤⁾都"配合，表示就引入强调的对象说：连老窦都冇得倾。（连老爸都没说的。）

其中，单音节介词"⁽粤⁾除"之后通常接单音节名词或代词，不需要与副词"⁽粤⁾都、全部、重、就"配合，表示不计在内或除此之外。单音节介词"⁽粤⁾连"后所接名词或代词则没有明显的音节要求，如果加"⁽粤⁾埋"后，语义略有加强。

8. 比较类

比较，通常包括同比（即表达相同、一样的意思）和差比（即表达差等、更优等意思）。广州话较随意的比较结构，用"形容词+过字结构"构成，如"㉄佢大过你"（他比你大）；有的比较结构用与普通话通用的介词构成，如用"比、同"的比较结构，略文气一些。《广州方言词典》对"㉄比、同"的比较义项有所收释，《广州话词典》没有收释"㉄比"，所收释"㉄同"的介词义项不含比较义向。这里试释介词"㉄比、同"的比较义项。

㉄比【介词】比较，引介差比对象，用来比较性状和程度的差别：佢高过你→佢比你高。（他比你高。）| 身体好过嚟年→身体比嚟年好咗。（身体比去年好了。）

㉄同【介词】跟，引介同比对象，用来表示性状或程度相当或不同：你同佢一样/差唔多高。（你同/跟她一样/差不多高。）| 你同细佬唔同岁。（你同/跟弟弟不同岁。）

其中，广州话使用特有介词"㉄过"结构表达差比时，较为随意，如果用与普通话通用的介词"比"结构，表义较郑重些；而不用"㉄比较"的说法。"㉄同"则用于同比结构。

9.被动或施事

广州话表示被动义向的介词，除了特有的"㉄畀"用得较广泛之外，还使用与普通话通用的"被"，表示主语为受事，但是后边省略施事，直接连接单音节动词。广州话使用与普通话通用的"由"引入施事。《广州方言词典》和《广州话词典》都没有收释"㉄被"和"㉄由"的介词义项。这里试解释如下。

㉄被【介词】表示被动，所引入动作的施事要省略：佢屋企琴晚被盗三万蚊。（他家里昨晚被盗三万元。）| 棵树被刮倒咗。（那棵树被〈风〉刮倒了。）| 歌手被奸杀咗。（歌手被〈人〉奸杀了。）

㉄由【介词】归、由，引介行为动作的施事：呢件事由佢搞掂。（这件事由他办妥。）| 费用由细佬出。（费用由弟弟出。）| 间屋由佢搞卫生。（这间房由她搞卫生。）

其中，广州话表示被动的介词，用"㉄被"较郑重些，但是"㉄被"后往往会省略表施事的名词或代词；如果要在介词后接表施事的名词或代词，则通常不用介词"㉄被（bei^{22}）"，而要用广州话特有的介词"㉄畀（bei^{35}）"（例如：佢畀人偷咗三万蚊）。广州话介词"㉄由"所引入行为动作的施事名词或代词则不能省略。

从以上疏理的广州话与普通话通用或共用介词的情况来看，其中原因类义向和依据或凭借类义向的介词全部为广州话和普通话通用，而且，其他类别义向也多有通用或只是使用语域略有差异的介词，广州话词典如果只收释广州话特有介词而不收释与共同语通用或共用介词，则缺失太多，这样会使广州话学习者一头雾水。

三、余论：介词的搭配结构

以上所释介词，都与其后边的名词（或名词性结构）或代词搭配成介词结构，在句子中充当修饰语，或个别充当补语（如介引比较义向的"㉄过"字结构）。广州话与普通话通用的"以上、以下、以前、以后"等表示空间或时间的词，是以虚词素加方位词素构成的，属于复合词，其中的"以"不是句法结构层面的介词，因此不在以上讨论范围。

广州话和普通话通用的"以"，作为介词，还出现在"以人废言、以人为本、以身试法"等成语式固定搭配之中。这些固定搭配是古代汉语表达方式的遗存，在广州话较为文气的表述中多有使用，广州话词典也不妨收释为介词用例。

从以上探析我们也感到，"动词和介词在典型成员之间的区分和对立上是非常明显的。但由于介词多数是从动词虚化而来的，虚化作为一种历时过程是有时间流程的，虚化过程是否完成往往很难明确断定"①。因此，介词的判定还需要我们进一步从结构关系来探析。

广州话日常口语的介词搭配，如"㊋喺……到……"，表现出介词"㊋喺"还有"从"义的用法，在词典中还需要考虑通过介词的搭配用法呈现和说明介词义向。广州话与普通话通用的"到"是否有介词用法，也需要从"到"与介词搭配的结构关系来探明。例如：

㊋从【介词】起于，"从……"表示"拿……做起点"：从上海到北京｜从不懂到懂｜从无到有｜从少到多。(《现代汉语词典》)

㊋由【介词】引进动作的起点、变化的来源：由南到北｜由早9点到晚8点。㊋从【介词】引进动作行为时间、处所、范围或变化的起点：从不认识到认识。(《现代汉语规范词典》)

其中，"从……到……"和"由……到……"的对称搭配结构，在这两部现代汉语词典中，都只是用作"从、由"介词义项的释例，而没有出现在"到"字条释例中，掩盖了"到"在上述对称搭配中的词性显示。所以，我们揭示广州话"㊋到"的介词义项时，也有必要把它放到介词的搭配中来认识或类比②。《广州方言词典》标示"㊋至"为介词，也可作类比对照。

另外，"㊋运"是否是介词，《广州话词典》持保留意见③，因为它虽然有"由、从"义项，可以说"运呢度行近啲（从这里走近一些）"，但是不能置换"由上到下、由里到外"中的"㊋由"。本文的意见是，结构应该分为固定搭配结构与句子的搭配结构两个层次来认识。从句子结构层次说，"㊋运"可以在句子结构中用作介词，表示经由义向，但是，不能进入一些固定搭配结构中充当介词。可见，"㊋运"虚化为介词，是较为晚近的事。

还有一些词的词性判定需要细酌。如"㊋帮"，《广州话词典》虽然释义为"替"，但是没有标示为介词，释例是"我帮你值班"（应译为：我代替你值班。），因为此

---

① 陈昌来《介词和介引功能》，张斌、范开泰主编《现代汉语虚词研究丛书》，安徽教育出版社，2002年，第40页。
② "到"的介词用法属"介所到"，可参黎锦熙《新著国语文法》，商务印书馆，2001年，第151页。
③ 《广州话词典》第114页："'运'是动词或者用作介词，'从'是介词。'从上到下''从南到北'，广州话都不能用'运'，但可以用'由'：'由上到下''由南到北'。"

"替"应是动词义"代替",而不是介词。据《现代汉语词典》,"⑳替"的介词义项是"为",例如:"⑳我们都替他高兴"(粤我哋都腾/戥佢高兴)。这句不能以"粤帮"对译"⑳替"。

又如"粤等",饶秉才等《广州话词典》第334页虽然将其标为介词,释为"让",释例有"等我睇下(让我看看)"和"打开窗口,等啲新鲜空气入嚟(把窗户打开,让新鲜空气进来)"。但是,《现代汉语词典》所收"⑳让"的介词义项表示被动义,释例为"行李让雨淋了",另有动词义项"表示指使、容许、或听任",释例有"谁让你来的丨让我仔细想想"等。《广州话词典》所释"粤等",正是普通话"⑳让"的使役动词义项。可见,这个"粤等"并非介词。

同理,《广州话词典》第306页释"粤畀"字条,所标示的介词义项包括"被、受、让、用"。从该词典表"让"义的释例"畀佢入嚟(让他进来)"看,所用的是使役结构,由此判断,"粤畀"的"让"义,也不是介词义向,而是使令动词义。

从以上的释例探析中,笔者认识到,广州话作为汉语变体的一个日常使用系统,既有方言因素的独特性,又有方言语法的系统性。在描述方言因素独特性的时候,还有必要考虑如何兼顾方言语法描述的系统性,以便使广州话介词的判定和词类归并,能够尽量融入汉语语法的描述系统。以上描述广州话的介词系统,基本合乎"广州话介词结构充当动词前修饰语"的结构格局,只有表差比义向的介词"粤过"字结构是充当形容词后补结构的。

Definitions and Examples for Explaining Preposition Structures in Cantonese Dictionary

TAO Yuanke

(Guangdong Federation of Social Sciences, Guangzhou, Guangdong, 510050)

Abstract: Although Cantonese is a local variant of Chinese, it can be used as a language system independently in daily life. Cantonese preposition system is not composed only with the prepositions held by itself, but also with some prepositions shared by both Cantonese and national common language, Putonghua. According to the collection of this paper, there are only twelve prepositions specifically used in Cantonese and 34 ones shared with Putonghua. If our making of Cantonese dictionary serves readers to capture a full view of Cantonese, we should not only collect and explain the prepositions used by Cantonese, but also collect and explain those prepositions shared by both Cantonese and Putonghua.

Key words: Cantonese, Preposition, Dictionary, Sense, Composition

粤语词典编纂的基本原则

高 然[①]

(暨南大学汉语方言研究中心 广东广州 510632)

【提 要】本文结合2013年发表的《粤语词典编纂的问题与思考》,对粤语词典编纂诸多问题再思考,参考更多的粤语词典作为实例来分析和探讨,进而提出个人所认定的粤语词典编纂的十项基本原则:(1)遴选粤语词语的基本原则;(2)遴选词语的基本原则;(3)标音/注音符号遴选的基本原则;(4)释义诸多方面的基本原则;(5)举例的基本原则;(6)俚詈语收录的基本原则;(7)词性标注基本原则;(8)词条查索设计基本原则。

【关键词】粤语 词典 编纂 基本原则

关于粤语词典编纂问题及其相关思考的类似论述,笔者已在2013年《粤语研究》(第十四期)发表过《粤语词典编纂的问题与思考》,还有稍后于2015年《南方语言学》(第九辑)发表了《汉语"青"是什么颜色》。数年过去了,又见新近出版的,或参阅过去已出版的各种粤语词典,笔者的新思路新看法仍涌现不止。因此结合前作,本文拟选数本较常见的粤语字典、词典为材料依据,重新审视粤语词典编纂的诸多问题,再探讨粤语词典编纂的基本方法和理论,提出个人所认定的"基本原则"。

一、遴选粤语词语的基本原则

粤语词典既然关乎"粤语",当然是收录粤语词语。但是,什么是粤语词?甄选的标准是什么?从过去已发表出版的粤语辞书来看,这本来不算是个问题,都大体遵从了不成条文框框的"收集广州话中与普通话不相同的词语……"(麦耘等,1997);"主要收集广州话中跟普通话不同的词语,其中有些词语可能在别的方言里也通行,但在普通话里一般是没有的……"(饶秉才等,2009);"收录香港粤语中与普通话不同的词语………"(郑定欧,1997);"收录香港方言词语……是指流行于香港地区的词语,

---

[①] 高然,博士,暨南大学汉语方言研究中心研究员。

跟普通话完全一致的不包括在内……"（张励妍等，1999）等，都含有"广州话/香港粤语与普通话不同的词语"之元素。从上述各词典收词的实际情况来看，麦耘本收词语约7500条，基本是粤语口语词，饶秉才本收词语近12000条，几乎都是粤语词语；张励妍本收词语7000余条，有极少量普通话词语掺杂其间；郑定欧本却有许多例外，其词典收词约8000条，但经不完全统计，词典中与普通话完全相同，而又无其他粤语意义的词语700多条，占全部词条总数的近10%！例如"花生、学校、学生、学费、鹤、木瓜、木耳、木偶戏、竹竿、竹笋、足球、烛台、绿、绿豆、六、六十、宿营、浴缸、玉、菊花、啄木鸟、剁、疟疾、药方、脚趾、脚尖、脚印、豆腐、豆浆、裁缝、彩虹、胎盘、做手脚"等。"与普通话不同"是遴选粤语词语最基本，也是最重要的依据，是粤语词典存在的理由（否则人人都去查普通话词典就得了）。据不完全统计，与普通话不同的粤语词语（词/某些常用短语）超过16000条，加上纯粤语四字成语（非普通话成语）约1500条，谚语约2000条，熟语（含惯用语、歇后语、俗语等）约2000条，还有常用重叠式数百条，总数超过22000条。这个数目的粤语词语/句，除了"与普通话不同"，还得是放之全世界各个角落这种狭义粤语区里通用的、可行的纯粤语生活中的通用语（不包括粤语区各具特点的，不"通用"的词语用法），才算得上是需要遴选收录的粤语词语。

接下来，还得谈及这种粤语词语词形与语音或内涵的标准。传统上，都以广州话为标准，近来几十年，又加上香港话，以粤港两地为这类粤语的"通行语标准语"。问题是30多年来，内地起了翻天覆地的变化，而广州话同样也起了不可逆转的巨大变化：广东珠三角包括广州粤语广播、电视、媒体等，还有公交车等公共场合的粤语播音等，已几乎只剩6个声调（即阴上35与阳上13合并成35，如"苑=远"；阴去33与阳去22合并，读33，如"试=事"；中入3并入阳入2，如"跌=秩、乙=越"），中年或以下的年轻人绝大多数亦如此，想找读9个声调的都属稀罕事。在词语和句式上，更是舍弃了传统使用的大量说法：只说"蜻蜓"而不说"塘尾"，只说"螳螂"而不说"马螂狂"，只说"客人"而不说"人客"，多说"佢比我高"而少说"佢高过我"等。大量传统、地道的粤语用法因环境发生巨变而改变或消失，而这种变化仍在飞速进行中，而且势不可挡！对比中国内地之外世界各地（含中国港澳）的所谓传统"广州腔粤语"，与吸收大量普通话用法的这种"当代中国内地广州话"，已远远地、悄悄地拉开了距离，范俊军本《现代粤语词典》（暨南大学汉语方言研究中心词典编纂组，2021）正是迎合这种背景问世。范本里共收入17000余条词语说法，据初步统计，勉强算得上传统粤语词语用法的仅9000余条，只占总数约52%，另外约48%的都属普通话及其用法。在这些接近一半的普通话词语中，有部分已成为内地粤语区特别是珠三角地区中青年的日常用语了，如说"番石榴"或"芭乐"而不说"鸡屎果"，说"打气"而不说"泵气"，说"关门"而不说"闩门"，说"前边"而不说"前便"，说"水泥"而不说"石屎"或"红毛泥"，说"冰箱"而不说"雪柜"，说"溜冰鞋"而不说"雪屐"等。然而，在范本词典里，更有大量的普通话语词几乎可说是有音无实用，即在实际上基本没人会说的，例如"荸荠（第

34页)、尺蠖(第85页)、蜣螂(第604页)、蠛蠓(第619页)、惶惑(第303页)、鹡鸰(第322页)、雎鸠(第373页)、矍铄(第380页)、咔嚓(第383页)、潋滟(第443页)、蟋蟀(第465页)"等。还有极大量的,不说粤语背景人士,就算普通人也不甚了了的字词,如"堉、猡、觍、铌、乩、坦、蛸、厙、屾、伈、埞、宕、勒、樋、匜、芁、岐、弾、柘、秳、辂、膻、朕、噌、猰、屼、薏、洨、苊、鞔、舣、媤、阮、砚、亍、匠、玐、锖、灌、齼、铝、鹾、蟛、跹、嘈、炛、琂"等等。这样一本冠名为"粤语"的词典,充其量,只是一本"当代中国内地中青年广州话词典",而非传统上,且通行于世界各个角落的通用粤语之词典了。当今中国内地广州话的变化非常真实,已然无法承当传统上粤语的代表了。试问:仅有6个声调的粤语又如何代表世界各地仍在使用9个声调的粤语?更遑论其他词语、句式等充斥着普通话的说法,尽管裹着粤语语音外衣。

"粤语"一词有广义与狭义两种意义,广义粤语指的是包括各粤语方言在内的粤语,如"广府片、四邑片、高阳片、勾漏片……"。狭义粤语则仅指传统上以广州话(后加香港话)为主的这种世界性通用粤语(奇特的是,全世界无论哪个角落,哪怕在两广的不同粤语方言区演大戏,即粤剧,语音或词语用法等的高度一致令人叹为观止)。非要算,范本说到底也只是众多粤语词典,如"阳江粤语词典""南宁粤语词典"等中的一本区域性或仅特殊人群使用的粤语词典而已。

因此,能代表通用粤语的词典,到现在为止,仍只能选用"与普通话不同的词语用法",并且,最重要的是,在世界各个角落传统狭义粤语群落里能通用的粤语,而非只通行于某区域内的粤语。

二、遴选"词""语"的基本原则

既然冠名为"词典(而非语典、句典、辞典等)",选词(语)应有选词(语)的基本规则。什么是"词"?"语言里最小的,可以自由运用的单位"(中国社会科学研究院语言研究所,1996)。"词是由语素构成,比语素高一级的语言单位。词是句中最小的能够独立运用的语言单位"(黄伯荣等,1997)。既为"词典",当然非"语典""句典"。但是适当地收录某些与该词条相关的短语、语句、用法等并不为过。在本文所引述的词典里,绝大部分选词(语)都符合上述对词的定义范畴,即基本是"词",附加少量的"语"或"句"。如麦耘本里的重叠式"搣搣紧、水汪汪"等,四字成语或词组"亲力亲为、落手落脚、实牙实齿、龙精虎猛"等。饶秉才本也有这类情况,如"晕酡酡、盆满钵满、打烂砂煲问到笃"等。在词典里,选录适量的重叠语词、成语、谚俗语、惯用语等,既可当独立词/语条,又可辅助说明该词/语的同源本义成引申、延伸义或作用,如"熻hen^{33}(热,烫)"可带出"熻焓焓 hen^{33} hep^2 hep^2(热烘烘)";而"惹屎上身 je^{13} si^{35} sœŋ^{13} sɐn^{55}(招惹是非)"又是"惹je^{13}(挑逗,招惹)"的延伸用法等。但是,在前文(第一原则)里已提到过,谚俗语、成语、惯用语、歇后语、重叠词语等总数超过6000条,都放进词典里，恐怕得较大型词典才能容纳得下，因此"适量"是符合收录原则的。问题是，"词"的定义明确清楚，但"语"呢？"吃了、睡了、看着、想着、坐下、放下、提起、说起、快点儿、慢些、学会、看懂、拉紧、绑紧"等算是词吗？抑或算作"语"？范俊军本里便有极大量的该类组合："跪低（跪下）、趴低（趴下）、剩低（剩下）、为咗（为了）、记起（想起）、钳实（夹紧）、攞住（拿着）、闻得（可知/闻）"等，这些都属"词+词"惯用组合，该类组合里的"低、咗、起、实、住、得"大都是助词。若这类"语"都可收入词典，那么"低"组合就可以有"瞓低（躺下）、坐低（坐下）、掉低（丢下）、抌低（扔下）、踎低（蹲下）、放低（放下）、留低（留下）……"；"住"也可以有"瞓住（睡着）、坐住（坐着）、抌住（扔着）、踎住（蹲着）、放住（放着）、留住（留着）……"；"咗"则可以有"瞓咗（睡了）、坐咗（坐下了）、掉咗（丢了）、抌咗（扔了）、放咗（放了）、留咗（留了）……"。除了助词组合，范俊军本里还有"嫌少（嫌少）、学晓（学会）、戙满（倒满）、快啲（快点儿）、猛咁（猛地）、搙长（拉长）、抹吟（擦亮）、钳断（夹断）、睇开（开始看）、企定（站稳）、话定（说好了）"等组合。如此收录词/语，该词典应有数万上十万词条而不止。

三、标音符号遴选的基本原则

粤语词典的标音，历来五花八门，各标各的。麦耘本采用混合音标注音，即在传统国际音标标注粤语读音的基础上，麦做了不少调整：如改声母［tʃ、tʃʻ、ʃ］为［ts、tsʻ、s］；改韵母［ɐ］为［ʌ］；鼻韵尾［uŋ］和［ɔŋ］写成ong和ong；［ŋ］注成ng（注意国际音标表上缺乏这个符号）等。声调方面麦也一改音标右上角双数字调值符号展现直观作用的传统做法，改用单数字"1、2、3……"来代表各类声调类，如1代表阴平和阴入，2代表阴上，3代表阴去和中入，4代表阳平，5代表阳上，6代表阳去和阳入。饶秉才本则采用了所谓的"广州话拼音方案"而非国际音标，如饶本以b表示［p］、p表示［pʻ］、d为［t］、t为［tʻ］、z和j为［ts］、c和q为［tsʻ］、s和x为［s］、g为［k］、k为［kʻ］、ng为［ŋ］、gu为［kw］、ku为［kʻw］等。韵母方面则以单字母a代表长元音［aː］，如"ai［aːi］、ao［aːu］"等；以字母e代表短元音［ɐ］，如"ei［ɐi］、eo［ɐu］"等；以字母o代表［ɔ］，如"on［ɔn］、og［ɔk］"等；以字母u代表［u］，如"ung［uŋ］、ud［ut］"等；以字母ü代表［y］，如"ün［yn］、üd［yt］"等，以字母ê代表［œ、ø］，如"êu［øy］、êg［œk］"等。声调方面，饶本标法同麦耘本，都是1—6单数，表示（代表）的调类一致。郑定欧本则几乎与饶秉才本一样，都采用广州话拼音方案。张励妍本采用的是港版"广州话拼音系统"，即国际音标与拼音方案混合体。声母方面，张本把［tʃ(ts)、tʃʻ(tsʻ)］注成dz、ts，如"支dzi、抽tsau"等；［kw、kʻw］标注成gw、kw；其余的b［p］、p［pʻ］、d［t］、t［tʻ］、g［k］、k［kʻ］、ng［ŋ］与饶本郑本的一样（但没有j、q、x三个字母符号）。韵母［aː］张本标注成双字母aa（单发音除外，如"巴ba"等），如"挨aai、三saam、交gaau"等；[ɐ]标注成单字母a，如"欧au、分an、不bat"等；[e、ɛ]则用e代表，如"你lei、尺tsek、赢jeng"等；[œ、ø]用œ两个字母来表示，如"靴hœ、居gœy、香hœng"等；[ɔ]以字母o代表，如"爱oi、渴ot"等；[u]以字母u代表，如"乌u、屋uk"等；[i]以i表示，如"燕jin、适sik"等；[y]以字母y表示，如"冤jyn、月jyt"等。声调方面，张本采用的是9个单阿拉伯数字代表法：1阴平、2阴上、3阴去、4阳平、5阳上、6阳去、7阴入、8中入、9阳入，如"分fan^1、焚fan^4、愤fan^5、发faat^8"等。范俊军本与张励妍本声韵母的声调标法都极相似，但范本不用j而用y，如同是"腰"，张本注jiu，范本注yiu，"烟"张注jin、范注yin等。入声韵尾张励妍本是-p、-t、-k，范俊军本则标注-b、-d、-g，如同是"脚"，张本注gœk，范本注gœg；"急"张注gap，范注gab等。声调也同样是九个数字，但范俊军本所代表的调类与张励妍本的有相当大的不同，如表1所示：

表　范本与张本的声调调类

本别	代表调号								
	1	2	3	4	5	6	7	8	9
张励妍本	阴平	阴上	阴去	阳平	阳上	阳去	阴入	中入	阳入
范俊军本		阳平	阴上	阳上	阴去				

前述5本词典有4种相当不同的标音法，加上未列举的其他标音法（据不完全统计，有超过30种粤语标音方式），对读者而言，不论阅读或词典查索，都是力不能支的现实。实际上，汉语及其方言各种拼音方案（不含国际音标），均是1950年代"汉字拉丁化"运动的产物，即消灭汉字，使用拉丁字母（又称罗马字母，即Aa、Bb、Cc……）来代替汉字作书写符号。本来就是当拼音文字使用，主要功能是"文字"，而非"拼音"（"拼音"在此仅是个定语），这是为什么后来粤语拼音方案多达30几种的缘由——就26个字母，如何"拼"都无法如意，东家如此说，西家这样改了，改来改去，依然毛病多多。光说标声调的阿拉伯数字，在国际音标上标双数字，直观明了，表示"高平、中升、低升、中降、曲折"等，如广州话"诗si^{55}、时si^{21}、史si^{35}、市si^{13}、试si^{33}、事si^{22}、惜sik^5、锡sɛk^3、食sik^2"，清楚又直观。而单数字虽也能代表，但代表什么内容还都不一，查甲词典得认一种，查乙词典又换一新花样。声韵母的拼音方案所代表的音也都相当不一致，都缺少了国际音标符号的唯一性、排他性，还有最重要的——准确性！

既然拼音方案仅是文字的替代品，而非准确高效的东西，加上粤语书面语汉字的消失仍遥遥无期，因此粤语书面语面临的只剩下标音一项。既然仅是标音，又为何不使用汉语及其方言研究，还有各种外语标音都共用的"国际音标"呢？对读者而言，学会国际音标并不比学各种拼音方案难多少，而实际上还高效得多。

使用国际音标标注粤语读音，应是粤语词典应采用的基本方法。

四、粤语词典释义的基本原则

已出版的诸多粤语词典，几乎未见"粤粤词典"，即以粤语为词条，以粤语为释义语、举例语，如：

转头 tsyn³³t'ɐu²¹ 翻头，翻转头：呢碗面你食住先，～我煮多碗罢就|你先头话还钱，～唔认数，乜意思啊？

傻更 sɔ²¹kaŋ⁵⁵ 戆居，戆，蠢：咁～，唔畀人玩都唔得‖傻更更|傻傻更更

这类词典，以粤语为语言文字，还得以粤语文化为认知媒介，才能读懂词条、释义以及相关例词例句的含义。在已出版的80多种粤语词/语典中，以英、法等外语为释词语言的有几本，除此之外，绝大多数都以汉语作为释词语言、对照、举例、译文语言等。既然能读懂这类粤汉词典，那么读者起码应具备几种基础：①汉语语言及文字基础；②某种程度的粤语基础；③该词典使用的标音符号基础；④普通常识基础。例如"菊花、啄木鸟、学生、花生、木偶戏、钓鱼、跳高、腰、帆船、蚊帐、粉笔"等词语（郑定欧本收录）根本就无需释义，因其本身不论词形、词义都与普通话（华语）的无差别，而且还都是普通常识，人人知晓；但郑定欧本不仅收入这些词语，数目上超过700个，而且还都花了不少篇幅来释词说明。有关释义问题，本人曾于《粤语词典编纂的问题与思考》一文中讨论过。参照旧文，添加新料，本文再论该问题。如前述，词典阅读者需具备几种认知基础，方能基本"读"懂该粤语辞书，那么释义则尽可能做到如下几点：

（1）普通常识，普通认知范围内的词语只需列出汉语对照语词，而无需解释说明，更要避免下定义，以免越描越黑。例如"狗虱 kɐu³⁵sɐt⁵（跳蚤）、狗尾粟 kɐu³⁵mei¹³suk⁵（小米）、火钻 fɔ³⁵tsyn³³（红宝石）、瞓戾颈 fɐn³³lei²²keŋ³⁵（落枕）、货脚 fɔ³³kœk³（运费）、日头 jɐt²t'ɐu³⁵（太阳）、月光 jyt²kwɔŋ⁵⁵（月亮）"等词语，都是常识，只列出对照词语（或译文）就可以了。对读者而言，属非普通认知或常识外的事物或概念，便得下功夫释义说明，当然要准确、扼要、概括，例如"蛋挞、黑胶绸、频婆、鸡蛋果、割禾青、荆纸鹞、打真军"等词语，不解释说明，一般人还真不甚了了。汉语释词/对应词语应多列几个，以防被释词条有隐藏的歧义而引起不解或误会，例如"马路面 ma¹³lou²²min³⁵ 马路旁，马路边"，该词用了"马路旁、马路边"两个汉语对应词语，含指仅限"马路边儿"，而非马路上。又"孭 mɛ⁵⁵ 背，负"，通过"背，负"二个对应词，把"孭"的意义限定在"背、负"的范围里（在此，无论只写"背"或"负"，都还有另义）等。

（2）词条应尽可能列出本义义项，而非仅引申义，例如郑定欧本"札炮"（第327页），只有"断炊，特指失业"等引申义项，缺本义，指以布包扎大炮以示停战歇息。第259页"省镜"，本义是"揩镜 saŋ³⁵keŋ³³"，擦亮镜子，使镜头锃亮，引申上镜（"揩"，摩擦，擦拭）。还如同页"硬颈"，本义是脖子硬，挺着脖子，喻固执，执拗。范俊军本第178页"掟煲"也只列引申义项，为"恋爱关系破裂"，实际上，这词不仅可

以指恋爱关系，也可以指婚姻，以及一般的较亲密的关系等。其本义是"扔/摔瓦锅"，缺少该义项，不熟粤语者便无法知晓"掷"和"煲"的含义（此处的"煲"还仅指瓦煲），因为相应的，粤语词还有"箍煲 k'u⁵⁵pou⁵⁵（复合，言归和好、破镜重圆）"。这里的"箍煲"，即用铁丝重箍瓦锅以再次使用（如裂缝不扩大的话，煮一两次粥可以填补细缝而不致漏水。过去经济条件不好，重新利用旧/废物的方法很多）（范本未收录"箍煲"一词）。范俊军本里还有不少这类现象：第591页的"七彩"、第804页的"咸水话"等，都缺少本义项。

（3）释义多义项时应有明确的排列顺序，即：本义→引申义①→引申义②（如果有的话）→引申义③……。范俊军本里有不少顺序混乱的情况：如第634页的"肉"，第①义项先说"瓤；芯儿"，第②义项才是"人和动物体内……物质"。还如第659页的"蛇"亦然，第①义项为"懒"，第②义项为"非法入境者"，最后一项才是"爬行动物"。范本里的"紧（第360页）、浸（第362页）、壳（第391页）、勒（第428页）、仙（第801页）"等都属这类情况。

（4）同义的或几乎同义的要概括成同义项，而不是分成诸多义项。范俊军本里也有大量的类似情况，如第414页的"濑"，第①与第②义项本是相同的，都是"缓浇/淋（液体）"，而且该词条下所列的"濑粉、濑花、濑洒、漱尿/屎、濑字、濑头撒尾"等中的"濑"都属同一义。第178页的"戙dung⁶"也是，第①②项义同，即"竖、竖起"；第②项的"支起、抬高"仍旧是"竖直脚（翘起腿脚）"的另说。第③项"戙"当量词，应另项（同是"戙"，范本里缺席"戙企、戙戙企企、戙笃企、戙起床板"等词语）。还如"恶，og⁸（第181页），范本里居然有多达6个义项！实际概括一下，①和⑤都是"凶、狠"；④和⑥都是"坏、恶"；③是"难、不易"；而②"生气"实际上应归①和⑤。范俊军本里这类情况还不少，如"弊（第38页）、噭（第528页）、掆（第590页）、骑喱（第594页）、肉紧（第634页）、之不过、不过（第943页）"等。

（5）共用同一汉字（字形），实则是不同的词，应分开独立排列。例如范俊军本里的"钵"（第47页），本身就是三个词，虽然使用同一汉字，其义是"钵"或"砵"，即器皿；第二个词是拟声词，如"钵钵车"中的"钵"，模拟喇叭响之类。该"钵"字拟音还当动词，如"行快小小，费事畀后便车钵（稍走快点儿，以免被后头车以按喇叭催促）"；"架车喺后便猛咁钵，钵到你火都升起（那辆车在后头一直催，催得你怒火心生）"等（实际上，这里的拟声"钵"按理不该借用该字，而应写成"嗱"之类的）。第三个词还是拟声，不过是音译，如"钵柜（酒柜）"，范本在此说成是英语sideboard后半节的音，暂存疑。饶秉才本、张励妍本，郑定欧本均收录了这个词，但没有说明来源。饶本只说是"酒柜"；张本则有"餐柜、碗柜"的说法；郑本则是"专门储酒的躺柜"。至于"钵酒"，一种葡萄牙产葡萄酒，郑本未收录该词，饶本与张本收了，与范本同，均说是音译自英语port，亦存疑。该种酒原文是葡文porto（原义港口），或oporto，"钵（或'嗱'）"读不送气音，葡语p-正是读不送气音，说其音译自英文的送气port，有显附会。在除范本外的各本里，拟音的"嘫"与原器皿义的"钵（缽）"分字用，范本合用，但没将其分开区别排列。范俊军本里还有不少这类现象，还如第507页的"咪⁴"，下列的词语从"咪表"开始，到最后一个"咪住"止，几个来源不同的带"咪"词混列在一起。类似的庄有"重（第958页）、揢（第528页）、面（第513页）、强（第604页）、绕（第625页）"等。

（6）释义对应/对照词语应尽量在词性或结构上与被释词条对应，如名词对名词，动词对动词；在结构上主谓对主谓、述宾对述宾等，例如"口疏 hɐu³⁵sɔ⁵⁵嘴快、口快；发羊吊 fat³jœŋ²¹tiu³³发羊癫疯"等。

（7）惯用语、顺口溜、谚语、熟语、歇后语等的释义、对译原则。这些都是短语或句子，尽量使用对应的语或句，而且还应先有直译语/句，再放置意译语/句，如直接以意译语/句而缺少直译语/句，读者可能会对被释/译语/句产生理解问题。如：

鬼揞眼 kwɐi³⁵ŋɐm³³ŋan³⁵鬼遮眼（鬼迷心窍）。
死悭死抵 sei³⁵han⁵⁵sei³⁵tɐi³⁵死俭死熬（极俭坚忍）。
唔嗲唔吊 m²²tɛ³⁵m²²tiu³³不撒娇不装傲（不紧不慢，爱理不理）。
跌地下仲掕番拃沙 tit³tei²²ha¹³tsuŋ²²la³⁵fan⁵⁵tsa²²sa⁵⁵跌倒在地还得抓一把沙子（遇困境了还得捞回点儿什么）

但假如粤语词/语条属字面上较易理解的，则可直接采用意译（或对应语）；而没有对应语的，则直接直译，如：

摸门钉 mɔ³⁵mun²¹tɛŋ⁵⁵吃闭门羹
唔够掕牙罅 m²²kɐu³³sip³ŋa²¹la³³不够塞/填牙缝

五、粤语词典举例的基本原则

词典里的词条是否都得举例？或哪些该举例，而哪些又不该举例？还有哪些不但得举例，一个例子不够还得多举一个或以上的例子，方能说明被释词条的意义或功能作用等等。本文所参考的5本词典，都没有很好地解决这些问题。与前述第四节"释义的基本原则"相同，不仅释义要参照四种认知基础，举例也应参照、考虑该四种基础而决定是否举例。例如"枱 tʰɔi³⁵桌子""日头 jɐt²tʰɐu³⁵太阳"，这些都是常识，三岁小孩都知道桌子和太阳。但张励妍本举例说"搬～[搬桌子]"；"日头"举例说"今日冇出～(今天没出太阳)"；麦耘本举例"～好猛，晒到皮都甩（太阳很猛，晒得皮都掉了）"；饶秉才本"出～喇（太阳出来了）"；郑定欧本"～唔够，影相唔理想（没提供译文）"等。

举例究竟为了什么？为了进一步说明、用实例说明该词条所含的意义、作用等。而"桌子、椅子、太阳、月亮、星星、下雨、刮风、吃饭、漂亮、丑、走路……"，都是任何粤汉词典使用者都认知的常识（粤语与汉语里共享的同一事概念），如果都举例，那应该有多厚的词典才够用？

一本好书，或一本好辞书，应该是用最少的篇幅，最简明扼要的语言，传递最多、最大量的既纯正又精确的信息，而不是相反。如非举例说"这是桌子，那是把椅子""我在桌子上看书""今天出太阳而昨天没出太阳""早上我吃饭，中午我也吃饭，晚上我还吃饭，一天三顿饭"等，究竟为了什么？麦耘本里是几乎每词/语必举例，如"热头（太阳）、月光（月亮）、飞发铺（理发店）、影相铺（照相馆）、鼻水（鼻涕）、眼泪水（泪水）、口水（唾液）、口水溦（唾沫星子）……"；郑定欧本亦然"晒（暴晒）、浊（混浊）、冲（冲泡）、同学仔（小同学）、壮（健壮）……"；饶秉才本"尘（灰尘）、滚水（开水）、过云雨（阵雨）、光（亮）、冷天（冬天）、山坑水（山泉）……"；张励妍本"巴士（公交车）、啤啤（婴儿）、冻冰冰（冷冰冰）、瞓下眼（眨眼）、自动波（自动档）……"；范俊军本"屎坑（茅厕）、豉油（酱油）、床板、屙肚（拉肚子）、蠄蟧（蜘蛛）、米粉、女仔（女孩儿）、山鸡（野鸡）、铁线（铁丝）……"。这些词语所含的内涵与概念，粤汉并无不同，都是常识，用得着举例吗？上述例子中还不乏两个例子以上。是时候认真审视这个问题了！

反过来说，该举例的词语，却也不乏常见缺席现象：范俊军本第223页的"钢"，本来只当名词使用，而范本的①②义项均把其当动词用，但如何使用？是啥状态？词典中一个例子也没有。第226页里的"膏"亦然，也当动词使用，也有两个义项，也都缺乏例子说明之！第227页的"割禾青"，不仅没有例子，还缺少了本义项以及引申义①项，在其词典中所列的仅是引申义②项罢了。该词条实际上应为：

割禾青 kɔt³wɔ²¹tsʼɛŋ⁵⁵①收割未成熟（未黄）之稻子。②低价预购未成熟谷物：成百亩禾昇邝老板割咗禾青，好唔好收横定佢都包埋啰（近百亩稻子都叫邝老板给预/定购了，收成好坏反正他全包了）。③赌钱等赢钱后开溜之行为。

除了上述之外，所举例子还应避免生造书面语式/普通话式粤语句，即避免出现"大院式粤语（the Campus Cantonese）"而造出的文绉绉的、带普通话内核，粤语读音外壳的"普通话式粤语"句子。地道、正宗的粤语口语，都深藏于民间市井中，而深入细致调查，挖掘，记录，进而真实反映是语言学者义不容辞的责任义务。

六、粤语词典词语词性注释基本原则

纵观已问世的80多本粤语辞书，还未见对所收录词语之词性/类进行标注者。尽管现代汉语语法或方言语法研究的诸多方面仍存在大量争议，但就基本词性/类的确认，大体争议不大。因此，有条件的话，是时候注明词性/类，以帮助读者进一步认识各词条真实含义与作用等。但是短语或固定用法之类可不必标注，应放置在该词条及各相属词条最后的位置，例如：

晒₁sai³³〈动〉①（日）照，曝（日光）：热头～（太阳晒）。②吸收（光或热）：～谷（晒稻谷）|～相（冲洗相底/相片）。③炫（耀），展示：～命（炫示，炫弄）。

晒棚 sai³³p'aŋ²¹〈名〉(屋顶)露台、晒台(又见"天棚")。
晒命 sai³³mɐŋ²²〈动〉炫示/弄自己。
晒谷庭 sai³³kuk⁵t'ɛŋ²¹/³⁵〈名〉晒谷场(院)。

‖晒月光 sai³³jyt²kwɔŋ⁵⁵ 月光浴,月下游,喻谈恋爱。|晒席 sai³³tsɛk² 晒席子,喻生意清淡(又见"拍乌蝇")。

晒₂ sai³³〈助〉光,净,全,都:人走~(人跑光了)。|奔湿~(淋湿透了)。|靓~(十分完美,太漂亮了)。|安乐~(完全放松下来)。|多谢~(十分感谢)。

上面例子里同一字形"晒",分开"1"和"2",是因为本来为两个不同的词,即前字应写为"曬",简化后与"晒"合并使用。

七、粤语词典里脏话、詈语、禁忌语等的收录基本原则

该问题笔者在文章(高然,2013)中曾提过,而且也在澳门粤语研讨会上讨论过,受到不少与会者认可。即脏话、詈语、禁忌语等,不仅是该语(方)言日常用语的一部分,也是该语(方)言里十分重要的组成部分,应该酌情收入词/语典。词/语典既是该语(方)言的语汇、用法之集大成,又是记录性的、中性的。词典既可以收褒义性词语、中性词语,也应该收录贬义性成分,都是该语(方)言文化的沉积物。语/词典具这种中性特性,因此不可能去承载和担当沉重的道德责任,一如菜刀,既可用于砍瓜切菜,又可用于砍人,责不在菜刀,而在使用者。更何况,许多貌似脏话、詈语的成分,在实际语言应用中还充当多种作用(高然,2013)。

八、粤语词典的查索设计基本原则

粤语词典的查索方式,也都基本上各显神通,符号有别,方法各异。不仅是拼音标音的符号差异,粤语书写用字的差别也不小。例如"ts'a⁵⁵(乱涂)",饶秉才本、张励妍本写成"扠",而郑定欧本写成"权";"pɐi²²(糟,坏了)",饶本写"嚊",而张励妍、郑定妍、范俊军本都写"弊";"pei³³(麻,麻痹)",饶本、张本写"痺",而范本写"痹";"kuk⁵(憋气)"饶本、张本写"掬",麦耘本范本写"局",郑定欧本写"哈";"niu⁵⁵(细长,小)"饶本、张本写"嫋",麦本写"鬙";"huŋ⁵⁵ k'waŋ⁵⁵ laŋ⁵⁵(空荡荡)"饶本写"空寙寞",麦本、范本写"空框吟";"mɐt² tsɐt⁵ tsɐt⁵(很密状)"饶本、范本写"密质质",麦本写"密屋屋"等,如以汉字笔划为序,则查索见难。因此,不论采用何种查索方式,都各有利弊。但是,从实际来看,粤语词典的读者群应是有粤语背景的人士为多。因此,按粤语读音为正文查索方式,仍是应采用的主要方式。考虑到粤语背景人士汉语水平的提高,在正文后附加汉语读音查索,以起辅助作用。

本文小结

（1）粤语词典既然冠名"粤语"，就应选用通行于世界各个角落广为使用的"粤语"，而非仅流行于某局部地区的"区域粤语"，或仅流行于某种人群的社会粤语"。（2）粤语词典的选词应以"词"为主要选录对象，以及适量的短语惯用语、谚俗语等。临时组合的"词+词"或"词+语"并不适合选入词典内。（3）标音符号应直接用国际音标，而非五花八门的各种拼音文字方案。国际音标符号的唯一性、排他性，是标音记录准确明了的前提。（4）粤语词典释义应尽量利用普通话相应的对照/对应词语，要避免下定义或冗长啰嗦不清的说明。另外，既然被释义词是粤语词，释文都应先有本义项，否则读者在对本义不甚了情况下升跃到引申义，则更加雾里云端。释文若有多义项应考虑内在逻辑顺序排列，而非杂乱无序。释义应更深入研究该词语后方归纳概括义项别（高然，2015）。（5）能不用举例的不随便举例，该举例的则不可缺少，一个例子不能说清的得举两个或以上。例子语言应口语化，而且简单扼要，又说明问题。（6）词类、词性要标记出来，以方便读者。（7）詈语、禁忌语要酌情收录，其是粤语文化的一部分。（8）粤语词典查索正文部分仍以粤语语音查索为主，国际音标标音为优，正文后可附普通话语音查索表。（9）外来语词尽可能注明出处，没把握的未考证部分可注明"疑"字眼。（10）词典释义语言应为中性色彩，尽量不带意识形态或个人道德、政治观点等色彩。

参考文献

[1]中国社会科学院语言研究所,1996.现代汉语词典[M].修订版.北京：商务印书馆.
[2]黄伯荣,廖序东,1997.现代汉语（上册）[M].增订2版.北京：高等教育出版社.
[3]上海译文出版社,2000.世纪版新英汉词典[M].上海：上海译文出版社.
[4]李新魁,黄家教,施其生,等,1995.广州方言研究[M].广州：广东人民出版社.
[5]麦耘,谭步云,1997.实用广州话分类词典[M].广州：广东人民出版社.
[6]张励妍,倪列怀,1999.港式广州词典[M].香港：万里书店.
[7]欧阳觉亚,周无忌,饶秉才,2009.广州话方言词典[M].香港：商务印书馆.
[8]暨南大学汉语方言研究中心词典编纂组,2021.现代粤语词典[M].广州：广东人民出版社.
[9]郑定欧,1997香港粤语词典[M].南京：江苏教育出版社.
[10]曾子凡,温素华,2003.广州话普通话速查字典[M].广州：世界图书出版公司.
[11]陈小雄,2005.地道广州话用语[M].广州：羊城晚报出版社.
[12]甘于恩,2007.粤语与文化研究参考书目[M].广州：广东科技出版社.
[13]周长楫,1993.厦门方言词典[M].南京：江苏教育出版社.
[14]黄雪贞,1995.梅县方言词典[M].南京：江苏教育出版社.

［15］张维耿，1995.客家话词典［M］.广州：广东人民出版社.

［16］高然，2013.粤语词典编纂的问题与思考［J］.粤语研究（第十四期）.

［17］高然，2015.汉语"青"是什么颜色［M］//甘于恩：南方语言学：第九辑.广州：世界图书出版公司.

［18］高然，1997.漳州方言词汇概说［A］//邓景滨.汉语方言论文集［C］.香港：现代教育研究社.

The Basic Principles for Compilation of Cantonese Dictionary

GAO Ran

(The Chinese Dialects Institute of Jinan University)

Abstract: Joining with my 2013's paper Compilation of Cantonese Dictionary: Problems and Thoughts, and referring to more dictionaries, I propose 10 basic principles in selection of Cantonese words, word selection, transcription & phonetic symbols, interpretation, illustration, slang collection, part-of-speech tagging, design of entry searching, loanword labeling and interpretation neutrality.

Key words: Cantonese, Dictionary, Compile, Principles

湛约翰《英粤字典》所记一百多年前广州方言音系[①]

王毅力[②]

(广州大学人文学院/国家语言服务与粤港澳大湾区语言研究中心
广东广州　510006)

【提　要】湛约翰的《英粤字典》(An English and Cantonese Pocket-Dictionary)初版于1859年,是一部记录清末广州方言的词典。本文以第六版《英粤字典》(An English and Cantonese Dictionary)为依据,整理出书中反映的一百多年前广州方言的声韵调系统,并以同音字汇的形式列出词典中出现的所有单字的读音。

【关键词】湛约翰《英粤字典》　广州方言　声韵调系统　同音字汇

一、引言

湛约翰(John Chalmers, 1825—1899),英国伦敦教会牧师、汉学家。受教会委派,1852年湛约翰抵达香港,主持伦敦教会香港分会事务。1859年移居广州传教。同年,其编纂的《英粤字典》(An English and Cantonese Pocket-Dictionary)由伦敦教会出版社(The London Missionary Society's Press)在香港印刷出版,共161页。其后该书多次修订,再版六次。第二至六版均经由湛约翰本人修订完成。第六版《英粤字典》(An English and Cantonese Dictionary)1891年由别发洋行(Kelly & Walsh, Ltd)在香港出版,全书增加到303页,收词丰富,记音精准。第七版则是在湛约翰去世之后的1907年由香港皇仁学院(Queen's College)教师狄烈(T. Kirman Dealy)增订出版,全书达835页。

《英粤字典》分前言和正文两大部分。第一版前言题为"Rules For Pronouncing the Chinese(中文发音规则)",第六版改为"Directions for Using the English and Cantonese Dictionary(《英粤字典》使用指南)",主要介绍该书采用的拼音系统。正文按英文字母顺序进行编排,以英文单词作为词头,后列相应的广州方言词语及罗马字母拼音。

目前笔者手头上的资料有《英粤字典》第一、二、三、六、七版共5个版本。通过对比发现,第二、三版主要是在第一版的基础上增补了少量词语。从第七版书前保留的

[①] 基金项目:广东省哲学社科规划项目(项目编号GD22XZY01)。本文初稿得到庄初升和陈卫强两位先生的指正,审稿专家也提出多条中肯建议,谨致谢忱。
[②] 王毅力,广州大学人文学院副教授、博士,主要从事汉语史研究。

第五版前言来看，1878年印刷出版的第五版是在前四版8个声调的基础上增加了最高平调和中入调。第六版则进一步明确标注了上声变调（详见下文）。第七版是在第六版的基础上增添了一些例句和部分词语，并修订了个别字音和一些拼写错误。总之，除声调外，一至七版《英粤字典》所反映的语音系统基本相同。

黄奇芳（2000）、詹伯慧（2002）、游汝杰（2002）等对《英粤字典》进行了著录或介绍。罗言发（2013）初步归纳了第一版《英粤字典》的音系，但对声调的归纳存在失误，部分音值的认定也缺乏具体说明。本文以第六版《英粤字典》（下称"《字典》"）为基本依据[①]，同时校以其他版本，利用Excel的查询排序功能，归纳19世纪中后期广州方言的语音系统，以同音字汇的形式排列书中出现的汉字读音。

二、声韵调系统

1. 声母23个（包括零声母）

字典所使用符号及笔者构拟的音值如表1[②]。

表1 《字典》的声母

p[p] 布本並	p'[pʰ] 拍派賠	m[m] 美問民	f[f] 帆花苦	
t[t] 短道定	t'[tʰ] 體頭徒	n[n] 年奴鬧		l[l] 來留牢
ts[ts] 精借侵	ts'[tsʰ] 詞村情		s[s] 信心私	
ch[tʃ] 助主直	ch'[tʃʰ] 吹茶出		sh[ʃ] 船山食	y[j] 人右一
k[k] 計官減	k'[kʰ] 溪啟契	ng[ŋ] 岸牛眼	h[h] 向棄蝦	
kw[kw] 軍瓜國	k'w[kwʰ] 誇狂羣			w[w] 黃位允
[Ø] 碗魚葉				

说明：字典中有声母p'l，但只出现在拟声词"p'lik¹⁰-p'lak¹⁰"中，不列出。

2. 韵母（55个）

字典所使用符号及笔者构拟的音值如表2。

表2 《字典》的韵母

a[a] 家花馬	aai[ai] 街大買	aau[au] 交鬧考	aam[am] 監三貪	aan[an] 間殘關	aang[aŋ] 冷盲爭	aap[ap] 甲立答	aat[at] 辣發察	aak[ak] 格白拍

[①] 本文以第六版《英粤字典》作为考察依据的原因在于，该版本是湛约翰亲自修订的最后一个版本，经他本人多次修订后，此书记音准确，注释详细，收字也较全面。狄烈修订的第七版虽然增加了一些字词，订正了个别字音讹误，但也存在不少擅自改动的地方。如Drizzle条"落雨微"中"微"第六版为最高平调，不误，今广州话（一般写作"雨溦"）即读高平变调（参看白宛如，1998：79），但第七版改为上平调。

[②] 表格中的例字一律依照《英粤字典》原文，下同。

续表

	ai[ɐi] 鷄低西	au[ɐu] 狗扣醜	am/um[ɐm] 林針尋	an/un[ɐn] 根分神	ang[ɐŋ] 耕能登	ap/up[ɐp] 入急十	at/ut[ɐt] 吉實骨	ak[ɐk] 德黑塞
oh[ɔ] 哥多鵝	oi[ɔi] 該代開	o[ou] 高道路	om[ɔm] 甘含暗	ohn[ɔn] 趕安看	ong[ɔŋ] 江方講	op[ɔp] 合鴿閘	oht[ɔt] 葛喝割	ok[ɔk] 各落獲
e[ɛ] 茄寫借					eng[ɛŋ] 鏡頸病			ek[ɛk] 石笛隻
ö[ø] 靴					eung[œŋ] 匠娘亮			euk[œk] 脚藥削
		ui[ʊi] 罪對碎		uun[ʊn] 論信進	uung[ʊŋ] 冬公胸		uut[ʊt] 出律卒	uuk[ʊk] 谷木肉
ue[y] 居女雨				uen[yn] 居亂磚			uet[yt] 雪決劣	
i[i] 鼻志氣		iu[iu] 嬌鳥燒	im[im] 劍閃點	in[in] 堅千天	ing[ɪŋ] 兵情停	ip[ip] 劫葉帖	it[it] 歇鐵跌	ik[ɪk] 息色力
ze[ɿ] 子資寺								
oo[u] 古苦穌	ooi[ui] 悔賠貝			oon[un] 本門管			oot[ut] 活括末	
'm[m̍] 唔	'ng[ŋ̍] 誤午五							

说明：①有些韵母有两种拼写法，表2用斜线分隔。《字典》"使用指南"第Ⅲ页："u如同英语中的fun那样发音，可以和短音a互相替换。"因此um/up、un/ut分别与am/ap、an/at相同，本文拟作[ɐm/ɐp]和[ɐn/ɐt]。②ing/ik。"使用指南"第Ⅲ页："i如同英语machine那样发音，但位于-ng/k前和英语king中的i一样。"据此将-ng/-k前的i拟作[ɪ]，但与[i]不形成对立。③oh。"使用指南"第Ⅲ页："oh如同horn那样发音。"故把oh拟作[ɔ]。既然oh拟作[ɔ]，那么o应该是[o]。oh[ɔ]单独作韵母或出现在-n/t韵尾前，o[o]见于其他韵尾前，二者不形成对立，是同一音位的条件变体。④ö。"使用指南"第Ⅳ页指出元音ö和eu读音很相似，但在听感上有差别。本文将前者拟为[ø]，以示区别，但二者并不对立。

3. 声调（11个）

字典调类及所使用名称、标记方法如表3。

表3 《字典》的声调

代码	调类	声调名称	标记方式	例字
①	上阴平	upper even（上平）	wan	溫幫深淵猜
②	下阴平	uppermost even（最高平）	ˎmaau	貓猩簪鳩鍋

续表

代码	调类	声调名称	标记方式	例字
③	阳平	lower even（下平）	wan	雲佛集船成
④	阴上	upper rising（上上）	ʻwan	穩減短想診
⑤	阳上	lower rising（下上）	ʻwan	允馬瓦老與
⑥	阴去	upper going（上去）	fanʼ	訓怕快放賬
⑦	阳去	lower going（下去）	wanʼ	混件讓用樹
⑧	上阴入	upper abrupt（上入）	wat	屈出色筆息
⑨	下阴入	middle abrupt（中入）	kohtʼ	割鴿百擱血
⑩	阳入	lower abrupt（下入）	wat	核踏實絕藥
⑪	变入		*waak	笛蝶鋏

说明：①字典用斜体罗马字拼音表示阴调，正体罗马字拼音表示阳调。②"使用指南"第 V 页指出：粤语口语（Canton colloquial）中平声调有三个，其中最高平调（uppermost even）类似一种叫喊声。这说明该声调调值很高[①]。③"使用指南"第 V—VI 页特别指明：入声调有三个，中入调和上入调调值的差别，如同上去和上平的差别；中入调几乎只与长元音（long or broad vowels）相配，而上入调只和短元音（short vowels）相配。④"使用指南"第 VI 页指出：除了上平调和上入调，其他声调都有可能变读为一种夸张的上声（exaggerated rising tones）。字典正文一般在字音的左上角用"*"号表这种上声变调，同时也标出本调。这种变调有时直接标为上上调，可知它的调值与上上调近似[②]。入声字有一部分拼音前也标有"*"号，读上声变调，参考李新魁等（1995）归为独立的调类，本文称"变入"[③]。

三、同音字汇

同音字汇共整理和归纳出单字 4743 个，包括繁简字、异体字、多音字等。这些单字按照韵母、声母、声调的顺序排列。调类改用代码①—⑪来表示（见表3），其中舒声韵的上声变调字归入阴上，它们和变入调的字前都根据原书加星号"*"为识。

字典中出现了不少训读字、方言同音字（或近音字）和俗字，分别在字下加浪线"＿"、单横线"＿"和双横线"＿"标识。异体字照样列出，用斜线"/"分隔开不同字形。文中用字尽量忠于原书，供方言用字研究参考。有音无字者用方框"□"代表，同时根据字典释义作补注。有本字可写者（主要参考白宛如，1998；麦耘、谭步云，

[①] 据袁家骅等（2001：186），现代广州话除了9个基本调以外，还有高平和高升两个变调，其中高平变调的调值比阴平55调略高。

[②] 袁家骅等（2001：186）指出，现代广州话"高升变调，调值比阴上稍为提高一点"。

[③] 变入调与前面来自舒声的变调，统属变音。变音是相对于本音而言的。本音是某一方言在音韵层面上的字的读音(字音)。变音则是"本音带有某种意义的派生形式（derivative form）"(李荣，1983)，是一种词汇层面和语法层面上的读音。

2016），把本字列在字头后的方括号"[ ]"内。字头有必要注释时在字后用小字表示，注释里用波浪号"～"代替被释字，写不出本字的用音标代替，冒号"："后是本文根据字典释义对例词所作的解释，不同义项间用分号"；"隔开。凡有一义多音者，在字头的右下角按先后顺序编上数字。

表4 根据《字典》整理出的同音字汇

a [a]

p	①巴爸笆吧~嘢：吵嚷 ④把靶吧~碼油：沥青，外来词 ⑥霸 ⑦罷 ~了罷 ~欄地酒：白兰地酒
p'	③扒划(船)扒尾龍~：牛的上腰肉 爬 爬下~：下巴 杷 枇 琶1毘~沙：鳄鱼 耙 犁 笓/耙扒草的工具 ④*琶2毘~ 耙[扒]牛肉~：牛排 鈀鐵~：铁算子 ⑥怕
m	①媽1~媽仔~生仔：双胞胎 ~埋：共，同 ②媽2媽；孰：接生婆 仔~姑烟：香烟，外来词 ③麻麻~藥；瘋蔴芝~嘛~嘛哋：一般地 ④*媽[嫲]梳頭；女仆 痲出~：出麻疹 嘛~哋 *碼1炮~：炮弹 碼吧~油：沥青 ⑤馬媽~[嫲2]煮飯~；女厨师 瑪 碼2呦~：子弹，法：即砝碼 碼 铆接 ⑦罵
f	①花~费花1花朵 ②花2花朵 ⑥化
t	④打
t'	①他
n	①□粘 ③拿嗱语气词 ④𤝘狗~：母狗 虱~：虱子
l	①喇语气词 ③拉~亂：嘈杂① ⑥罅缝隙 罅 鲊：脏
ts	①咋孜孜~~：叽里咕噜
s	①□拟声词
ch	①渣揸抓，拿，握 厴 痄疮 ④*鳾豬屎~：鸟名 鮓 鱸~：脏 ⑥炸 詐 蚱 蜢 痄~腮：病名，腮腺炎 榨~挤压 ⑦咋支支~~：搬弄口舌 拃阻拦
ch'	①差差別② 叉~手：交叉双手 ~口：岔道 杈~杖：拐杖 ②叉叉子 杈 禾~：叉稻草的叉子 ③查茶 搽涂抹 搓[搽]搽撮~星：彗星 ⑤*搽~去：擦掉 ⑤搽涂写 ⑥詫

sh	①沙/砂1裟紗1 ②沙2紗2 ④耍灑
y	①呀叹词
k	①家傢~伙：家具、设备等物件 加 嘉 袈 枷 ②家词尾，舖~：店主 加交：交叉，划十字 ④假~意 *架架子 ⑥嫁價駕架架~厘：咖喱 假放~
ng	①丫1分岔 ③牙芽衙 ④*牙齷~：口齿不清 啞~：拟声词 ⑤瓦雅 ⑦丫[閪]~開腳：叉开脚
h	①哈叹词 哈欺负 蝦~痩~聲：哮喘 ②蝦2 ③霞瑕 □叹词 ④*下乡~；旗~：旗人；上~：大约 *下/吓1量词，一～ ⑤下~手，放 ~下 吓2量词 ⑦夏廈喠下~底
kw	①瓜1 ②瓜2 ④寡 ⑥掛卦啩语气词
k'w	①誇
w	①嘩喧~哇拟声词 ③華樺 ④搲1抓挠*話名词 *畫1名词 ⑦話畫2名词
ø	①丫2分岔呀语气词 丫[呀]鴉啞嘔~：黎明 □i¹i¹~~：絮叨叨 ②丫枝枒 ④啞瘂 ⑥亞亞[阿]~婆 ⑦□□e³e³~~：说话吞吞吐吐

aai [ai]

p	④擺 ⑥拜湃 ⑦敗
p'	③排牌1 ④*排辮~：假发 *排一~：一阵子 *牌2 牌筏子 ⑥派儤~倦
m	③埋 ⑤買 ⑦賣邁
f	⑥快塊
t	①獃拉~：邋遢 ④歹*帶名词 *大老~：年老 ⑥帶戴 ⑦大
t'	④太老~：海关稽查员 ⑤舦舵轮 ⑥太

---

① 拉，字典Uproar条"拉乱"为阳平调，1—3版为阴平，7版为阳去，录此存疑。
② 差，Nearly条"差不多"为下阴平调，疑误，1—3版及7版均为上阴平。

湛约翰《英粤字典》所记一百多年前广州方言音系

n	②奶师~：太太 ③奶~奶：(尊称)夫人 ④囗踩*奶奶~：(尊称)夫人 ⑤奶/嬭牛~ ⑥叻~住：拖住；栓住囗~船：领航；~水佬：领航员
l	①拉拉 ②獃：邋遢 ③黎三~鱼：西鲱鱼嚹~漏：懒散、松懈瀬~褛：邋遢 ④囗舔 ⑥癞 ⑦赖嚹遗漏瀬淋：浇洒
s	①嘥浪费 ④壐 ⑥嘥全部，作补语
ch	①斋 ④*寨老舉~：妓院 ⑥債
ch'	①猜差~舘：警察局搓揉捏 ④柴豺嚓~臺：发嘘声 ④*柴刨~：刨花端〔踩〕
sh	⑥晒舐①
k	①佳皆街1階/垍1 ②街2階2 ④解~說解魚~：鱼酱蚧蛤：一种蜥蜴 ⑥解押送戒界芥
k'	⑤揻1拿 ⑥揻2拿
ng	③崖 ⑦艾挨抵~：忍受
h	③鞋諧嘥粗糙，不平滑嘥叹词 ⑤蟹 ⑦械懈囗猜测諧~意：预示，表明
kw	①乖② ④拐/枴~杖囗〔蜊〕囗kop⁹~：蟾蜍 ⑥怪
k'w	⑦囗调皮
w	①歪 ③槐懷 ⑦壞
∅	①挨 ②挨~晚：傍晚 ⑥哎~呀：叹词嗌~交：吵架隘〔嗌〕~交

m	②貓 ③矛1茅蟊 ⑤牡~丹 ⑦貌
n	③鐃錨鐃~ ⑤撓惱怒 ⑦閙/鬧~交：吵架；~熱：热闹
l	①撈打捞
ch	①嘲~笑啁1~~，吱~：叽喳 ②啁2吱吱~~：叽叽喳喳 ④找爪③抓肘1 ⑥罩蘸煎炸④ ⑦櫂驟1~嚇：使震惊
ch'	①抄抄写抄〔觩〕(用牛角)顶撞抄~爆：激怒 ②抄手~：手抄本 ③巢縐皱 ④吵炒鈔鉸 ⑥囗〔抄〕翻找，搜寻鈔稅~
sh	①梢 ④稍 ⑥哨
y	②咗〔撓〕左~：左撇子
k	①交⑤餃1~子郊膠教~王：教皇 ②交嗌~：吵架 ④狡絞攪 ⑥滘涌~：小河流笠~杯：一占卜工具鉸~剪：剪刀，铰链餃2水~子較教酵窖覺瞓~：睡觉校~訂
k'	①靠
ng	①坳猫叫声揹抓挠 ②胶覘~：藏猫游戏揹把~：扒草的工具 ③肴 ⑤咬
h	①敲哮尻~骨盆：骨盆拷 ④考巧 ⑥孝 ⑦效
∅	①坳~黝：穷苦坳~黳：穷苦坳~烏：猫的叫春声 ④拗折~鱼：捕鱼 ⑥拗〔撈〕爭~，~頸：争辩

aau [au]

p	①包胞 ②包名词胞稣~：膀胱胞〔脬〕尿~：膀胱 ④飽 ⑥爆 ⑦爆抄~：激怒
p'	①拋 ②泡水~：水疱，水痘水面上的泡胞〔泡〕~仔：水疱疱大頸：大脖子病 ③鮑刨动词鮑~花：发胶 ④跑*刨名词 ⑤泡1~仔：水泡砲/炮爆〔炮〕~竹豹

aam [am]

p	⑦湴1烂泥
t	①擔动词軕 ④膽 ⑥擔/担名词 ⑦啖一~：一口淡〔啖〕淡1⑥澹
t'	①貪 ③談痰潭燖火~煤：油烟 ④*淡淡~地：有点淡 ⑤淡2 ⑥探
n	③男南 ⑤腩肚~：肚子的突出部分 ⑥蹦跨楠跨

---

① Lick条"舐"为阳平调，7版同，误。
② 乖，Unsophisticated条"不乖巧"韵母为ai，误；7版改为aai。
③ 爪，Convolvulus条"五爪龍"为上阴平调，7版同，疑脱半圈符号，3版为阴上调。
④ 蘸，Fry条下声母为送气ch'，7版同，疑误，前三版均为不送气ch。
⑤ 交，Intercourse条"交接"中声母为h，h当为k之误，7版改为k。
⑥ 淡，Distaste条"見淡"为阳平调，7版同，疑误。

l	③婪嵐藍襤同"襤"，~褸 ④欖*籃篮子 ⑤攬摟抱 ⑥躏~疇：隔日 ⑦濫檻纜攬~载纸：提货单
ts	②簪 ⑦暫鏨/剜~刀：雕刻用的刀
ts'	①參~將 ③蠶讒巉同"巉"，巖~：凹凸不平 ④慘
s	①三 ②三~叉：三叉戟，Trident
ch	④斬 ⑥蘸 ⑦站
ch'	③攙1刺扎 ⑤攙2刺扎桹1門~：門坎 ⑥杉
sh	①衫1 ②衫2
k	①監~督 ②監牢房，坐~ ④減 ⑥監太~鑑
ng	②啱合适，恰好，~~：剛剛 ③巖 ④譖~話：胡话
h	③函涵鹹銜 ⑥喊喊叫，哭喊打~露：打呵欠 ⑦陷
∅	⑥陷~泹：烂泥中打滚

n	③難䶪~ ⑥蠚風：风疹攤用长脚针粗缝 ⑦難患~
l	①躐㔽蘭1荷~水：汽水 ②蘭2~薯：马铃薯，法~西欄1猪：猪圈；货栈，集市 ③欄蘭~花欄2栅~；羊~：羊圈 ④*蘭吊~，芥~*欄家~啩：自家养的*爛~仔：小流氓 ⑤懶 ⑦爛
ts	⑥讚濺［濺1］② ⑦濺［濺2］
ts'	①餐餐~；一~ ②餐名词，大~ ③殘
s	④散~亂 ⑥散~開
ch	④盞賺［賺1］*棧1仓库 ⑦撰饌賺［賺2］棧2仓库
ch'	④產鏟弗燒肉~：串肉用的铁扦 ⑤桹2門~：門坎
sh	①山閂删珊 ②山檀香~：地名 ③潺粘液 ⑥汕
k	①奸姦䶪間時~ ②間中~ ④简揀繭鹼/覸同"鹼"，番~：肥皂 ⑥諫間~隔涧
ng	③顏研磨：拉（琴） ④*眼量词，~针 ⑤眼 ⑦鴈同"雁"
h	①慳吝啬 ③閒空~ ⑦限③
kw	①關鰥 ②關海~，双~冠1鸡~ ⑥慣慣［摜］~倒：跌倒
w	①彎灣 ③還圜環頑 ④*環耳~*樏無~樹：树名 ⑤挽鯇 ⑦患幻
∅	⑥晏晚□别的，其他的

aan [an]

p	①班斑瘢同"瘢" ②班跟~斑/班~鴉 ④板版坂䬳②辦名词，样品 ⑥扮① ⑦辦动词泹2烂泥
p'	①攀/扳䬳~睛：白内障 ⑥泛1蒲蒲~：漂浮
m	①攀拉挽 ②晚1挨~：傍晚 ③蠻 ④*晚2挨~：傍晚*慢~，遲 ⑤晚 ⑦萬曼漫慢鰻
f	①番~茄，~薯翻/璠~譯翻［返1］~歸：回家；贏~：贏回 ②番老~：洋人 ③凡帆煩礬蹯④反返2返回*犯監*販小~ ⑤泛2迷茫，蒲蒲~：漂浮販 ⑦飯犯瓣花~
t	①丹單 ②單貨~，被~ ④*蛋1*彈糖~：糖果 ⑥誕 ⑦但蛋2彈~子：子弹憚
t'	①灘攤~開 ②攤賣货~，番~館：赌馆 ③壇檀彈~壓 ④坦袒疸癱瘓~疸：恶疮 ⑤灘沙~水中沙洲 ⑥炭嘆歎好~：很享受

aang [aŋ]

p	①啡拟声词 ③啡拟声词 ⑦啡~髀：又开腿
p'	③鵬棚淜同"澎"，~湃蟛~蜞：一种小螃蟹 ⑤棒 ⑦啡拟声词
m	③盲 ⑤猛1
l	②冷喊夜~：拍卖 ⑤冷冷~巷：小巷

---

① 扮，Dress条和guise条下"装扮"均为阴去调，7版同；2、3版为阳去调，存疑。

② Splash条下"濺"字确实记有阴去和阳去二读。

③ 限，Indefinite条"不限定"声调为阳平，7版同，音节右上角当脱半圈符号。

ch	①爭~門；~的：差点儿 睜手~：肘睜脚~：足跟 撑[碇]~開：脹開，抻開（衣服）⑦樘尖~：楔子 挣打~：钉鞋掌
ch'	①撐1支撐，撐（船）④*橙橙子 ⑥撐2撐開；支柱 瞠同"瞠"，~花眼：使眼花
sh	①生1~氣 ②生1醫 ④省節 啃刷洗
k	①經紡织物上的经线 更睇~：夜間守衛 ②更~夫 經羅~：罗盘 ⑥涇~水：蹚水
ng	③硬拟声词 ④*硬~要 ⑦硬
h	①坑1 ②坑2 ③行1行走 ④肯1*桁1椽子
kw	①轟~~：嘈杂声 □~□lang¹，□kwing¹~：拟声词
k'w	①筐1 ④莖[梗]植物的茎 ⑥逛礦1纏蹭挭1缠
w	③橫1 ④*橫笼子上的横条
ø	②罂罐子

aap [ap]

t	⑨答搭答[搭]~膊蔓：披肩 答~口：咂嘴 ⑩踏
t'	⑨塔塔[鉈1]罐子 碏[鉈]罐子
n	⑩納~税 衲/納緜~：棉袄
l	⑨攝~埋：拨拢 ⑩立立~亂：杂乱 攝~搔：垃圾；~雜：杂乱；~箒星：彗星 蠟臘鑞
ts	⑩習集雜襲
s	⑨搔攝~：垃圾
ch	⑨眨剳驻扎 插~生：失足, grow from a slip □[啂]~口：咂嘴 ⑩閘水~插同"閘"，~側：倾斜 極[閘]~側：倾斜口[閘]两邊：摇摇摆摆 極馬：一种折凳 鈒蝦蠘：含啬鬼
ch'	⑨插 ⑪*插匙：钱包
sh	⑩燚[煠]水煮
y	⑨押~起：掖起

k	⑧夾1① ⑨甲夾2莢筴夹具 ⑪*鋏老鼠~
k'	⑩及1
h	⑨嗑[呷]峽1 ⑩洽匣狎俠峽/陝2
ø	⑨鴨押1 ⑪*鴨水~：野鴨

aat [at]

p	⑨八
m	⑧抹1擦拭 ⑨抹2擦拭
f	⑨法發髮 ⑩乏1罰1伐~~：拟声词
t	⑨笪块 ⑩達
t'	⑨撻□唯~：浪费
n	⑧鈉1~鉛：烙铁 ⑨鈉2烫；~炮：放炮
l	⑩辣剌量词，列
ts	⑨疾跳~：灵活 □~吓：抽筋 ⑩疾~速蒺曱由~：蟑螂
ts'	⑨擦 ⑪*擦牙~：牙刷
s	⑨撒薩
ch	⑨札
ch'	⑧察1 ⑨察2獺
sh	⑨殺刷
k	⑩曱~甲
kw	⑨刮
w	⑨挖 ⑩猾
ø	⑨壓遏~制；窗~：窗戶 壓[遏]橫~2頞幽：狐猴, lemur

aak [ak]

p	⑨百伯柏/栢1珀迫逼~：拟声词 ⑩白帛葡蘿~
p'	⑧拍1 ⑨拍2拍[趋]一~：并排柏2
m	⑨擘掰开 ⑩麥1墨鞋~：黑鞋油
f	⑨拂搅打（鸡蛋）；~塵：撣尘

---

① 韵腹为长元音的"夾抹鈉察拍責喫隔客蛤托作角覺國惡踢着凸脫雪啜說貼接詰沫"等27字，声调有上阴入和下阴入两读。这些字的上阴入调怀疑有误，也有可能体现阴入调分化的尾声。

l	⑧肋胳~底：腋窝 ⑨□發~酸：心酸
ts'	⑩賊1 ⑪*賊2
ch	⑧責1压 ⑨責責2压窄 ⑩澤擇摘宅擲 ⑪*窄窄~地：有点儿窄
ch'	⑧測1栅~坼~~：形容嘶哑的声音 ⑨册策拆坼~裂：裂
sh	⑨索探~索肋~骨
y	⑧吃/喫1 ⑨喫2
k	⑧胳~肋底：腋窝隔1 ⑨革格隔2 ⑪*格印字~：复印本
ng	⑧阨骗 ⑩額逆/噫1
h	⑧客1刻1克/尅1~制 ⑨客2刻2尅2[刻]~薄嚇 ⑪*客堂~：女客
kw	⑧摑~~：拟声词 ⑨摑（用手掌）打
w	⑩或惑鯎~頭：鱸鱼畫动词 ⑪*畫黄~：一种鱼
∅	⑧軛 ⑨鈪手镯

ze [ɿ]

ts	①資髭孜滋蜘油~：一种疥癣 ②資信~：邮费㙓1~~嚳：一绺绺 ④子仔~細㙓2~嚳：一绺绺 *字1紫滓*寺1 ⑦自字2寺2嗣祀
ts'	①雌疵差参~ ③詞辭茨瓷慈磁臍柿糯米~：荔枝的一种 ④此*鵝*柿柿子 ⑤似 ⑥刺*莿莿牙：剔牙厠次賜恣
s	①私思~想司絲1師1獅螄斯撕嘶 ②司名词，布政~絲2師2 ④死史使假~*事通~：翻译人员，訪~：间谍*士道~ ⑥四肆思意~使天~ ⑦士事

ai [ɐi]

p	①跛鎞鈉~：烙铁 ⑥閉嗶吧~：吵嚷蔽~翳：忧愁贔[蔽]~鳳：忧愁 ⑦弊稗同"稗"

p'	①批~評；~灰：抹灰批租剠削 ⑤埤睥②
m	①哩~埋口：撅嘴 ③迷 ④謎1③ ⑤米咪別 ⑦謎2~語
f	①揮麾 ④*痹熱~：痱子 ⑥廢肺費 ⑦吠
t	①低底[低]下~ ④底抵牴根深~固*弟徒~ ⑥帝 ⑦弟第遞
t'	①梯 ③啼蹄提題 ④體睇看*蹄馬~：荸荠 ⑥替剃涕嚔
n	③泥/坭 ④*埿英：硅酸盐水泥
l	①拉~雜：杂乱 ③來1嚟[來]藜犁 ④*來翻~：回来嚟扭转（身体）嚟控告 ⑤禮 ⑦例麗荔勵礪利1流~
ts	①擠~擁劑 ④仔儿子 ⑥祭際濟 ⑦嚌多得~：极多
ts'	①妻凄栖 ③齊蠐 ④*齊一~ ⑤薺鱭同"鱭"，黄尾~：一种鱼 ⑥砌
s	①西犀荽1芫~：香菜 ②西法蘭荽2芫~ ④洗 ⑥細婿
ch	①擠放 ⑥制禁~；條~：闸柄製~造 ⑦滯
sh	①篩 ②篩筛子 ④使~喚駛*誓~願：发誓 ⑥世勢 ⑦誓噬~牙：呲牙
y	③吟差
k	①雞/鷄1 ②雞/鷄2枅跱：吊艇柱鷄[枅]跱~：扳机 ④*計扭~：算计*計二~：轮船上管理机器的二把手*計骨~：关节髻1同"髻" ⑥計詭~繼髻/髻2蓟
k'	①溪 ④啟 ⑥契④
ng	①噅恳求 ③危巍 ⑤蟻埏睨 ⑦僞毅藝魏
h	④嚱叹词嚱在 ⑦系/係關~係是
kw	①龜1圭歸 ②龜2 ④鬼軌晷詭*櫃1 ⑥貴桂季瑰癸 ⑦跪櫃/匱2僨
k'w	①規盔窺 ②窺日~：日晷 ③葵

---

① 批，Point条"批灰"为阴上调，疑误，7版为上阴平调。
② 见于Look条"聘睨"，"聘"为"睥"之讹。
③ Riddle条"謎"为阴上调，当属变调。
④ 契，Mistress条"老契"声调标为上阴平调，7版同，误；前三版均为阴去调。

w	①威喊叹词 威漂亮 ③爲行~遺桅1違圍圉[圩]基~：水坝惟 ④委萎諉偉緯毁譭*位1*桅2*圍围栏 ⑤葦 ⑥畏喂/餵慰碱 ⑦衛胃蝟位2惠慧爲~食：贪吃
∅	①唉叹词 ④矮 ⑥縊翳蔽~：忧愁殪[翳]瞖~：忧愁瞹闷热

ch	①周/週賙洲 ②洲满~ ④肘2 ⑥晝呪/咒 ⑦宙胄
ch'	①抽抽[搊]抬，提 ③仇1酬籌~畫稠綢1 ④丑男~醜籌拈~：抽签 綢2 ⑤趍扭伤 𨃅吓：缓慢地走 躊~~吓：缓慢地走 ⑥臭
sh	①收 ②仇2愁 ④手守首 ⑥瘦獸 ⑦受授壽
y	①休幽憂蚯庥 ③柔由油柚1蚰䖡疣猶游泅[游]~水：游泳遊 ④*油漆*柚2油[柚]~木*右左~：附近*友书：同学 ⑤友有誘牖 ⑥幼 ⑦又右佑囿
k	①溝鉤/鈎1 ②鳩斑~ ④九久韭狗苟 ⑥救究夠/彀疚灸媾 ⑦舊颶風~：台风樞傴佝1量词，团、块球/毬[俅]量词，团、块
k'	①摳混合，搅拌 ③求述球/毬裘 ④*扣名词①*球鲜花~ ⑤舅柏 ⑥扣蔻鉤一种缝纫法□□faan1~：心酸
ng	①鈎/鈎2 ③牛 ④*牛文~：妓女；米牛：象鼻虫 ⑤偶 ⑦毚呆傻
h	①□[眐]侦察 ③侯喉瘊 ④口② ⑤厚1 ⑦厚2後候鱟
∅	①鷗歐漚浮~：水中泡沫 ③姣淫荡 ④嘔③ ⑥漚用水浸软

au [ɐu]

p	⑦呠1松软
p'	⑥呠2鬆~：松软
m	①踎~低：蹲下 ③谋矛2 ⑤某畝牡塞子 ⑦茂貿
f	③浮1 ④*埠1~頭：商埠 ⑦阜豊~：丰富埠2~頭：商埠；新~：槟榔屿
t	①兜同"兜"，湯~：汤碗兜~起：翹起兜~踎：令人厌恶的 ④斗*豆/荳1痘1 ⑥鬥鬥咪~：别理抖觸碰寶窩□□oh²li²kat⁸：放荡 ⑦豆/荳2荳鼍~：呆傻痘2逗□老~：老爸竇水道
t'	①偷 ②偷~~：暗暗 ③投頭1 ④抖歇息；氣：喘气頭2 ⑥透
n	①䶉怒恼怒 ④扭紐/鈕纽扣，旋钮□剪~佬：扒手 ⑦繆滑佲腻
l	①摟引诱，怂恿蔞[簍]披□口水~：围嘴儿騮1馬~：猴子茇~：一种藤本植物之叶 ②蔞[簍]大~：大衣騮2馬~ ③樓1蔞萎蒿留遛1逗~流硫 ④*樓2留不~：一向榴瘤1流輪~，一~*漏洒~，沙*瘤瘡 ⑤柳柳入~：沟槽綹剪；扒手篓 ⑥摺哄遛2~口：结巴 ⑦陋漏泄漏遛2逗~
ts	④走酒 ⑥奏皺/縐 ⑦就袖驟2~嚇：使震惊
ts'	①秋鰍海~魚：鯨偢~彩：理睬燋~黑：熏黑 ②鞦~韆 ⑥湊/凑同，和；~巧
s	①修羞饈 ②修~金 ④搜 ⑥秀銹繡漱嗽

ch	①周/週賙洲 ②洲满~ ④肘2 ⑥晝呪/咒 ⑦宙胄

am/um [ɐm]

t	②泵拖水~：水泵④ ④泵[揎]搥打 ⑥泵~堆：没精打采 ⑦䛐1~~轉：团团转䛐~脚：跺脚
t'	③䛐2~~轉䛐拟声词 ⑤氹水~：水池氹3~~轉 ⑥噆哄骗，安抚
n	③淰甜~~：甜滋滋腍软 ⑦淰墨在纸上漾开稔瞴~：睡熟
l	①啉花蕾啉~鑿：凿子啉~啡：斥责啉深~：忧郁□抄袭用书，a book for "cribbing" ②啉嫩芽，新苗冧鈴~鼓 ③林淋痲石~：结石臨 ⑦啉擜

---

① 扣，Buckle 条"带扣"为阴上调，实属阴上变调。
② 口，Pucker 条"呀埋口"为阳上调，疑误，7 版为阴上调。
③ 嘔，Retch 条"作嘔"韵母为 ou，疑误，7 版改为 au。
④ 泵，Pump 条"拖水泵"音 tum²，7 版同；今音[pɐm⁵⁵]。

ts	⑥浸
ts'	①侵 ③尋尋~日: 昨天鱘
s	①心₁心[新]~抱: 新娘 ②心₂ ④□[糝]撒 ⑦沁/渗不好
ch	①鍼/針₁砧₁斟箴 ②針₂□[針]烧肉~: 串肉用的铁扦碪/砧₂ ④枕朕手足茧 ⑥浸油漆层 ⑦沉/沈₁朕量词, 用于烟、气等
ch'	③沉/沈₂沈哈~: 嘟囔
sh	①深参人~森 ②森~木: 树名 ③鳩 ④審嬸 ⑥渗 ⑦甚
y	①音陰欽 ②音口~ ③淫髡[簪]~口、~头: 屋檐 ④飲*衽幅~: 布帘 ⑤衽衣领汪₁浸湿 ⑥蔭 ⑦任賃汪₂浸湿
k	①金₁今 ②金₂ ④錦 ⑥禁~止 ⑦搇按压
k'	①衿/喼/嗒[禁]耐用襟 ③琴禽擒~爬 爬蠄~螃: 一种蜘蛛; ~蜱: 蟾蜍□~日: 昨天 ④喼盖上: 盖子
ng	③哈[吟]~沈: 嘟囔 ⑦唅拟声词
h	⑦□~□pang⁷/□lang⁷: 全部
∅	④掩捂

an/un [ɐn]

p	①檳 ④品稟 ⑥搣/梈编织擯 ⑦笨₁
p'	③貧頻擷~婆: 凤眼果 ⑤笨₂ ⑥噴潰~上: 溢上来擯同"擯"
m	①文₁货币单位, 元蚊₁ ②文₂货币单位, 元蚊₂ ③文~章民紋⑤聞 ④紋₂*聞新~ ⑤敏鳖汶~灰: 擦灰憫 ⑥呡边缘 ⑦問文~飾
f	①分~别①吩紛昏婚燻 ③墳 ④粉膶₁睡*分股~ ⑤奮憤忿 ⑥糞訓膶₂睡 ⑦分安~份
t	①墩₁臀~ ②墩[噸]重量单位 ④墩₂柱~: 柱基石□~墩尿窟: 屁股蛋 ⑥墩[扽]颠簸顿整~褪₁后退
t'	①吞 ②飩餛: 馄饨 ⑥褪₂后退
n	④然[撚]挪~: 巴结, 哄骗恁栽培; 摆弄恁拖~: 使肮脏 ⑤撚₂挪~: 巴结, 哄骗

l	①嗹頻~: 匆忙 ③倫英~: 英格兰
ts'	①親
s	①辛新
ch	①珍眞形容词 ②眞画像, 寫~ ⑥振震鎮 ⑦陣/陳
ch'	③塵陳蔯茵~蒿: 植物名 ④診疹 ⑥趁襯幫~: 光顾
sh	①身₁申伸紳 ②身₂ ③神臣辰晨 ⑤腎₁ ⑦腎₂慎
y	①因恩姻茵慇 ③人₁仁~愛仁₁种子, 杏 ④隱忍₁*人₂ ⑤引蚓癮忍₂ ⑥印 ⑦孕
k	①巾₁跟根齦牙~肉: 牙龈斤觔筋 ②巾₂跟~班 ④緊菫~菜僅謹近将~ ⑦近₁
k'	③勤/懃芹 ⑤近₂菌₁
ng	①奀瘦小 ③銀₁仁₂种子 ④*銀₂ ⑥奀上下弹动; ~脚: 踮脚 ⑦刞朌[垽]沉淀物
h	③痕痕痒 ④狠懇 ⑦恨
kw	①均軍君 ④滾₁ ⑥棍
k'w	③羣裙 ④滾₂菌₂綑~边*裙圉 ⑤菌₃ ⑥困
w	①温瘟暈[昏]頭~、暈₁頭~魂匀雲 ④穩搵找 ⑤允 ⑦混餛韻溳運諢暈₂頭~

ang [ɐŋ]

p	①崩崩~纱: 蝴蝶 ⑦□□ham⁷~□lang⁷
p'	①彭拟声词 ③朋硼憑~據
m	①擝緪~~: 皱巴巴 ③盟萌 ④*蜢草~: 蚱蜢 ⑤蜢蚱~猛₂ ⑥擝拉, 拔 ⑦孟
t	①登燈₁ ②登特~: 特地燈₂ ④等*戥戤~: 戥子 ⑥凳 ⑦澄~麵: 特制一等面粉戥称量
t'	③籐
n	③能
l	①□拟声词 ⑦□□□ham⁷□pang⁷~
ts	①曾~祖增憎罾 ⑥甑酒~: (制酒) 蒸馏器鱛~鯏鱼: 比目鱼 ⑦赠
ts'	③曾~經層

---

① 分, Distract 条 "分心" 为阳平调, 误; 7版为上阴平。

s	①僧₁密~：矿物名 ②僧₂陀~：即密陀僧 ⑥蹭~脚：放荡撝~鼻
ch	①筝撑［睜］~眼睖：睁眼看
sh	①生₂~氣牲笙 ②生₂醟~
k	①庚耕羹羹汤更~改 ②羹小勺 ④梗骾僵硬梗僵硬 ⑥更更加
k'	④骾嘻 ⑥揩烟味浓，让人厌恶的揩₂~住：缠住；~阻：阻挠
ng	③硬~~：拟声词
h	①亨 ③莖行₂出~恆桁₂椽子 ④*杏₁肯₂ ⑦杏₂幸行品~
kw	①轟~~：雷声薨~~：拟声词 □~□ lang¹：拟声词
k'w	③逛拟声词
w	③橫₂宏~~：拟声词
∅	①罌~粟鶯［鸚₁］~哥：鹦鹉 ②鶯鸚₂~哥 噆树干上突出的疙瘩 ④瘦胳

ap/up [ɐp]

t	⑧嗒［耷］~低头；垂下头 ⑩搭拍打□~铜人；铜匠搭~濕：淋湿；掉下□［鈣₂］罐子
t'	⑧□~~：咕哝声
n	⑧粒粒肥~~：胖乎乎凹凹陷；酒~：酒窝凹［泅₁］油腻 ⑩遝身体不适疤~食：傻
l	⑧笠篓子；手~：手套；~住口：罩住嘴
ts	⑧執量词，把
s	⑧什₁~碎：碎屑唑［什₂］~碎：碎屑
ch	⑧汁執
sh	⑧濕 ⑩十拾［什₂］~碎：碎屑什~物拾收~
y	⑧泣邑揖禽眼~毛：睫毛□~眼：眨眼 ⑩入
k	⑧急
k'	⑧給吸級汲相~力：引力笈覆盖 ⑩及₂
ng	⑧級壁架吸［噏~三~四：乱说唭眨眼 ⑩唭招（手）：点（头）唭摇晃
h	⑧恰恰［瞌］~眼矓：打瞌睡哈［瞌］
∅	⑧洽揖浥敷（药）□~~脆：非常脆

at/ut [ɐt]

p	⑧不筆篳嗶~嘰：一种纺织品 ⑩拔提~；象~：象鼻
p'	⑧疋量词，称量衣服
m	⑧乜~野：什么；做~：为什么 ⑩物密蜜襪日尋~：昨天
f	⑧忽惚乏罰₂窟屎~：肛门拂~塵：掸尘；布~：拖把拂㕍（水）⑩佛
t	⑧咄轻拍；搽涂咄~吓~吓：蹒跚而走 ⑩凸突探揼~
t'	⑧撻別~：拟声词
n	⑧嫩嬲~：惹怒
l	⑧甩脱落哩𠺕~
ts	⑩疾~病疾~口：争论嫉
ts'	⑧七漆 ⑩□男阴
s	⑧膝
ch	⑧質枳~塞子；塞住枑 ⑩侄/姪室墊
sh	⑧失室虱 ⑩實
y	⑧一 ⑩日逸溢泆
k	⑧吉~祥；空桔刮剌，戳拮~剧□ oh²li²~ □ tai⁶：放荡 ⑩吃~口：结屯趌~脚：跛行趉~鸡：扳机~枂：吊艇柱~託：拟声词
k'	⑧咳
ng	⑨齕~臭：极臭 ⑩屹［兀］突~：突然
h	⑧乞□打~□ ch'i¹：打喷嚏 ⑩核~子：坚果
kw	⑧骨橘譎詭~：奸诈 ⑩掘倔榾~头：树桩
w	⑧屈鬱 ⑩核果核；眼~：眼珠

ak [ɐk]

p	⑧北
m	⑩脉麥₂墨默
t	⑧得德 ⑩特忒木桩
n	⑧齰［齤］~牙：大舌头
l	⑧肋/扐~喀：不流利；不平坦肋脱赤~：赤条条 ⑩肋勒簕/竻刺；蛇抱~：覆盆子竻~特：奇怪，反常

ts	⑧則剿~劇：逗笑
s	⑧塞□[息]曾孫
ch	⑧側
ch'	⑧測2
k'	⑧喀肋~：崎嶇不平
h	⑧黑克2~己：克制私欲刻3
w	⑧□~~：擬聲詞
∅	⑧阫狹窄

ng	③鵝1蛾1 ④*鵝2*蛾2 ⑤我 ⑦餓臥
h	③何河荷~葉 ④可*何無幾~：很少 ⑦賀荷負~
kw	①戈 ④果菓蜾裹*過~頭 ⑥過
w	①蝸窩 ②鍋窩䆫~：鳥巢 ③禾和~氣 ⑤膈腐坏的，变质的 ⑦禍和~匀
∅	①阿~芙蓉，~魏阿迎合柯屙/疴同"屙"，排泄 ②□~□li²□kat⁸□tai⁶：放荡

oh [ɔ]

p	①波波台球菠坡玻1~璃 ②玻2~璃 ⑥簸播 ⑦葽~~：葽葽：茂密
p'	①儎量词，棵 ③婆1 ④頗婆2 ⑥破
m	①摩~~：慢慢摩轻抚 ②摩鼠~：小偷；~啰人：伊斯蘭教徒 ③魔磨动词 ④摸触摸~盲：捉迷藏摩[摸]*磨1名词 ⑦磨2名词
f	①科登~ ②科牙~，外~ ④火伙夥 ⑥貨課
t	①多1 ②多2 ④朵躲垜 ⑦惰墮
t'	①拖 ③佗陀駝鴕砣/鉈馱~胎：怀孕舵1 ④*鉈泵~：铅 ⑤妥橢舵2 ⑥唾
n	①挪揉搓挪1~撚：巴结，哄骗 ③挪~移挪2~撚：巴结，哄骗 ⑤娜嫋：忸怩 ⑦懦糯
l	①囉~嗦囉~柚：柚子 ②囉~~仔：流浪漢羅1絆~：滑轮 ③羅蘿~萄螺1騾 ④裸臝攞拿，捕（鱼）瘰~癩：病名 螺2*騾海~：河狸 羅2律~：滑轮*鑼
ts	④左*坐1 ⑦坐2座
ts'	⑤坐3*錯1错误 ④挫銼錯2错误
s	①唆挲嗦 ④瑣鎖 ⑤葰葰~~：茂密
ch	④阻咀完成体标记，了 ⑥詛咀 ⑦助
ch'	①初 ②初亞~：新手 ③鋤 ④楚
sh	①疏梳动词 ②梳名词 ④所
k	①哥1歌1 ②哥2歌2 ④個1指代词，那 ⑥個量词個2指代词，那

ohn [ɔn]

k	①干乾竿肝1杆1 ②肝2杆2 ④趕程 ⑥幹
ng	⑦岸
h	①看~守 ②看~監：狱卒 ③寒骬① ④罕 ⑤旱 ⑥看~見 ⑦汗釬焊接翰悍
∅	①安 ②安請~鞍 ⑥按案

oht [ɔt]

k	⑨割葛
h	⑧喝1吆喝 ⑨褐渴喝2

oi [oi]

t	④*袋 ⑦代玳待
t'	①胎1 ②胎2 ③苔臺/台1檯桌子擡/抬 ④*臺2檯2
n	④*耐1久 ⑦内奈/奈耐忍~耐2久
l	③來2萊
ts	①災哉 ④宰*載責~：压舱石 ⑥再載~貨 ⑦在
ts'	①哚叹词，相当于"哗" ③才材財裁 ④彩採*才秀~ ⑥菜賽
s	①鰓腮1 ②腮2
k	①該 ④改 ⑥蓋1
k'	④*概大~ ⑥概/槩溉慨蓋2

---

① 见于Snore条"扯鼻剿"，"剿"为"骬"之误，第7版写作"骬"。

湛约翰《英粤字典》所记一百多年前广州方言音系 \ 133

ng	②呆詐偽~：撒谎 ③呆癡~ ④*外額~，生~ ⑦礙外
h	①開 ③孩骸 ④海洋~：海洋；河凱 ⑦害
∅	①哀埃 ④噯打~氣：打嗝 ⑥愛

o [ou]

p	①褒煲煮；锅鯆1~魚① ②煲锅 ④保寶補*簿登記~部［簿］信：回单簿 *步生~：陌生人 ⑥布佈報 ⑦部1步1~：行~；~頭：码头 暴捕苞~蛋：孵蛋苞［苞］孵
pʻ	①鋪1~開 ②菩1~薩，~提樹 袍1泡［浮2］~起：浮起 蒲［浮］~~：泛；漂浮；蒿：浮萍 蒲1~草 胞：禽类内脏 匍葡1~萄，~提子：葡萄 ④普1譜甫［鋪］长度单位，~路：十里路 袍2*舖1店铺 ⑤抱抱新~：媳妇 泡2水~ 鮑~哥魚：电鳐 ⑥舖2
m	②芼［毛］黄狗~：蕨草 ③無1毛氂 ④*帽*毛眼氂~：眼睫毛 ⑤母1無2 ⑦冒帽2務1霧1莫酸模，一种野菜
t	①刀1 ②刀2 ③島賭到1捉~倒［到］得~倒跌~，~攔擔*渡橫水~：渡船 ⑥到~處到2知~，食~飽妒蠹 ⑦道導度法~渡鍍杜倒扭計：算计②
tʻ	①韜1~曩饕 ③徒圖屠逃桃1萄淘塗翻 ④土討燾擣③*套信~：信封*桃5⑤肚 ⑥兎同"兔"吐套韜2
n	③奴 ⑤腦瑙惱 ⑦怒
l	①撈打扰擄~亂：搅乱；~滑：混得油滑瘤2 ③牢④勞癆嘮［嘮］~嘈：絮叨 爐1爐蘆薈櫨顱鸕鱸 ④佬*橑2*蠟蠊~*路來~貨：洋货 ⑤老⑤佬*悷：杂乱 魯櫓潦~水：洪水 鹵虜 ⑦路賂露鷺潞倒~入

ts	①糟租 ④早祖棗藻 ⑥灶 ⑦做造
tsʻ	①粗操 ③嘈槽蠐鱛□撫養 ④草懆佐~：杂乱 ⑥醋燥躁
s	①搔鬚臊蘇1亞~仔：婴儿 ②蘇2亞~仔 ③沙拟声词 ④嫂掃毛~：毛撢子 ⑥素訴掃
sh	④數动词 ⑥數名词
k	①高篙膏羔糕1②高~，談士：演讲家 膏石~糕2 ④槁稿 ⑥告
ng	③聱搖 膫船龙骨 ⑦傲
h	①蒿嗥~~：拟声词 ③毫豪壕蠔 ④好~笑 號暗~ ⑥犒好~色 ⑦浩號
∅	①懊够到 ⑥奥澳

om [om]

p	①□拟声词 ②□~炮：炸弹爆炸
k	①甘疳 ②柑 ④感敢橄噉这样 ⑥咁这么
h	①堪 ②龕 ③含 ④坎坑坎［扻］碰，撞扻［扻］⑤頷 ⑦憾冚盖住
∅	①庵鵪 ②蚶蜊：蚶子 ④揞~焙手：暗中贿赂 ⑥暗

ong [oŋ]

p	①邦幫/帮錺鋤；锄头 ②磅祊~：拟声词 ④綁膀 ⑦磅磅秤
pʻ	③旁傍磅重量单位彷 ⑤蚌 ⑥謗
m	①網~罟 ③亡忘忙虻/蝱 ④*忘~形 ⑤網妄莽蟒 ⑦望
f	①方荒慌 ②坊街~，牌~方藥~ ③防妨魴~魚房1 ④訪紡恍謊*房2 ⑥放況曠

---

① "鯆步菩母霧"等模韵帮组及虞韵微母字的韵母有［ou］和［u］两读，可能反映其处于［u］向［ou］的演变阶段。
② 倒，Circumvented条"扭倒計"列有阴上和阳去二调，7版同，阳去调当为阴去调，列此存疑。
③ 擣，Crumble条"擣碎"声母为送气tʻ，7版同，前三版均为不送气t。
④ 牢，Basement条"地牢"，韵母为oo，7版同，疑是o之误。
⑤ 老，Aged条"老大"为阳平调，7版同，疑误。

t	①當~面 ②瑯玎~：拟声词 ④黨擋 ⑥當~舖 ⑦蕩盪涂，抹	h	⑩闔合核［合］~桃：核桃 ⑪*合夜~：花名*盒纸~
tʻ	①湯劏宰杀 ③唐糖偒/塘~突塘池~；~汛：军事驿站，十里一设堂螳~蝻：蜻蜓膛手版：手心棠 ④倘*堂育嬰~ ⑥熨［烫］~斗：熨斗		

ok [ok]

p	⑨博脯駁堡基~：堤坝 ⑩薄泊灣~：停泊電 ⑪*薄錫~：錫纸
pʻ	⑧□水泡 ⑨撲樸

n	②囊脚~：小腿肚子 ③囊瓢	m	⑧剝1 ⑨剝2摸估~ ⑩膜隔膜幕 ⑪*膜同"摸"，約~*膜薄膜
l	③郎猪~：未阉的公猪狼廊榔筤~萁：一种蕨类植物 ④哴/哴洗刷哴~油：上釉 郎新~，令~ ⑤朗浪1~子 ⑦晾［眼］浪波~浪2~子	f	⑨霍
ts	⑥葬 ⑦藏存东西的地方臟	t	⑧□□kok10~：拟声词 ⑩度测量
tsʻ	①倉1蒼鶬~鴣：鸟名艙1 ②倉2鶬艙2 ③藏隐~	tʻ	⑧託朗~：拟声词托1 ⑨托/託2 ⑪*托花~
s	①桑喪~禮 ⑥喪~失	l	⑧洛［落］角~頭：角落駱咯语气词籠~咯语气词 ⑩落樂快~絡网兜
ch	①莊裝粧妝椿打~靚偸看 ②莊田~装~腔：摆架子粧鏡~：镜匣椿动物用后腿直立靚~咬：藏猫游戏 ④*狀告~ ⑥壯 ⑦狀撞撞浸入	ts	⑧作1 ⑨作2 ⑩昨酢鑿 ⑪*鑿名词
chʻ	①瘡1 ②瘡2 ③牀/床 ④廠 ⑥創撞~包生：江湖医生	tsʻ	⑨錯~雜
sh	④爽	s	⑨索勒~
k	①江肛缸綱剛 ②江外~：外省剛~啱：刚好；花~青：花岗岩 ④講港 ⑥鋼杠降下~蜂天~：彩虹	ch	⑩濯
		sh	⑨朔欶/嗽吸
kʻ	①抗~排：骄横 ④慷*虻馬郎~：螳螂 ⑥抗匟~床：坐具	k	⑧角1覺1自~ ⑨各閣擱角2桷覺2知~ ⑩□□tok8：拟声词 ⑪*角丢眼：抛媚眼
ng	③昂 ⑦戇傻	kʻ	⑨確涸壑
h	①筐2誆糠 ②腔裝~糠木~：锯屑 ③行行列降投~ ④*行銀~；倒~：倒闭巷1糠~隨：有霉味的 ⑥炕烤~麵包吭~船：搁浅 ⑦項巷2	ng	⑩岳~頭：抬头噩~高：抬高愕諤鍔~噩鶚鱷獄樂~器
		h	⑨殼殼勺子 ⑩學鶴1 ⑪鶴2
kw	①光桄~榔 ②光月~，一掃~ ④廣	kw	⑧國1 ⑨國2
kʻw	③狂 ⑥礦2	w	⑩獲鑊锅
w	③王黃磺皇徨蝗 ④柱*黃蛋 ⑤往 ⑦旺	∅	⑧惡1~婆 ⑨惡2~毒

op [op]

p	⑩□拟声词
pʻ	⑩□~~：轰鸣声
k	⑧蛤1~蚧：一种蜥蜴 ⑨鴿蛤2~蟆：青蛙□[蛤]~□kwaai4：蟾蜍

e [ɛ]

p	①卑~酒：啤酒
pʻ	⑤啤行得~~吓：走路摇摇摆摆
m	①咩羊叫声掅背负 ②咩羊~：山羊 ④歪歪斜歪車~：陀螺
t	①爹□□ti¹□ti¹~~：小孩咿呀说话声 ④哆~吊：拖拉，懒散□损坏

ts	①嗟 ④姐 ⑥借 ⑦謝
ts'	③邪斜1 ④*斜2斜~落：下斜 ⑥斜斜坡；倾斜
s	①些 ④寫 ⑥卸瀉
ch	①遮 ②遮傘 ④者赭 ⑥蔗鷓
ch'	①奢車 ②車風~花：西番蓮，植物名 ④且扯扯离开
sh	①賒 ③蛇 ④捨①*蛇蚺~：蜥蜴；雷公蛇；壁虎 ⑥赦 ⑦射麝
y	③耶爺椰 ④*椰~衣：蓑衣*夜出~：潜行 ⑤惹冶野野东西 ⑦夜
k	⑥嘅助词，的之[嘅]的[嘅]
k'	③騎 ④*茄
ng	①唹拟声词 ③□~~：咕哝声
w	④搲2抓挠
ø	③□~~~□a⁷□a⁷；形容说话吞吞吐吐

eng [ɛŋ]

p	④餅 ⑥柄1 ⑦病
p'	③瓶1平便宜 ④*瓶2
m	③名1 ④*名2 ⑦命1
t	①叮疔釘丁[釘]木~ ②釘名词 ④頂1*定1地方 ⑥掟扔 ⑦定2地方
t'	①聽1~話廳[聽]~差聽~日：明天 ②廳 ⑤艇 ⑥聽~從、~話
l	②嚹护舷 ③靈2零1 ⑤領1 ⑥靚漂亮
ts	①精1 ④井阱 ⑦淨1
ts'	①青1 ②青花剛~：花崗岩 ④請1
s	①腥 ④醒1
ch	⑥正1②
sh	①聲1 ②聲[生]好~：小心 ③成1城1 ④*城省~：广州覡~婆：巫婆

y	③贏
k	①驚1 ②麖黃~：香獐 ④頸鏡眼~③ ⑥鏡
k'	③埞边缘
h	②輕1④ ⑥熒1热

ek [ɛk]

p'	⑧霹拟声词 ⑨劈 ⑩擗扔
t	⑨踢跑 ⑩荻 ⑪*笛
t'	⑧踢1 ⑨踢2
l	⑧剠用刀划 ⑩瀝浅滩瀝[壢]田埂瘰瘰~：病名，淋巴结核
ts	⑨脊瘠1鶺 ⑩席/蓆1
ts'	⑨刺~痛：疼痛瘼頭~：头疼
s	⑨錫
ch	⑧吱语气词，表示"只不过" ⑨隻炙
ch'	⑧赤1 ⑨尺
sh	⑩石 ⑪*石雲~：大理石
k'	⑨摑扎扣；扣结 ⑩屐展

ep [ɛp]

n	⑨冚[泅2]油膩

et [ɛt]

ng	⑩齧嘖咬齧拟声词

ö [ø]

t	①躲[朵]耳~□□hö³~：喇叭
l	③螺3
ch'	①□叹词，同"啋"
k	①据1拮~

---

① 捨，Deny 条 "捨己" 为阳上调，7版同，疑误。
② 正，Rectify 条 "改正" 为上阴平调，误；7版为阴去调。
③ 鏡，Spectales 条 "眼鏡" 为阴上调，实属阴上变调。
④ Light 条 "輕" 为下阴平调，仅1例，疑误，7版为上阴平调。

h	①靴 ③□~□töʰ: 喇叭

eung [œŋ]

t	①啄啄 ②□［膼］耳~: 耳垂
n	③娘姑~ ④*娘新~
l	③良茛薯~凉梁粱量量丈~ ④兩重量单位*梁鼻~ ⑤兩数词 ⑦亮諒量力~
ts	①浆將~來 ④獎槳匠1*像画像*像炮~: 炮竹 ⑥醬將副~ ⑦匠2象橡像
ts'	①鎗1 ②鎗2 ③墙/牆祥詳 ④搶
s	①相~反箱1霜鑲 ②箱2 ④想*相影~: 照相 ⑥相宰~
ch	①張章樟 ②張量词, 一~刀麈 ④掌長生~*帳蚊~*丈岳~*杖拐~ ⑥仗1打~帳賬债务; 量词, 次脹漲水~障瘴娼*寮① ⑦丈2仗2打~杖2杈~: 拐杖
ch'	①窓1娼 ②怱/窗/窻2 ③長~久塲腸1償1 ④塲戲~, 較~*腸2 ⑥唱暢
sh	①雙商傷 ②雙~關, ~數 ③常裳嘗償2 ④賞*尚和~ ⑤上~岸 ⑦上岸~尚
y	①秧 ②萬 ③羊1洋佯陽楊 ④挟抖映~轉處: 炫耀*羊2樣1 ⑤養癢仰 ⑦釀讓樣2
k	①疆韁薑1 ②薑2
k'	③強剛~ ④蘁须根 ⑤強勉~
h	①香鄉 ②香名词, 茴~, 松~ ④享響向在餉 ⑥向方~

euk [œk]

t	⑨啄~木鳥 斲
l	⑩掠略 ⑪*略略~
ts	⑧雀1 ⑨雀2爵嚼鵲1 ⑪*雀裝~: 诱捕鸟雀
ts'	⑧鵲2 ⑨鵲3

s	⑨削
ch	⑧着1穿 ⑨勺芍酌棹同 "桌" 着2穿 ⑩着~火
ch'	⑨卓超~: 超越
sh	⑨杓同 "勺"
y	⑧□［喊1］呕吐 ⑨約籲呼~ ⑩藥若弱虐躍□［喊2］呕吐 ⑪*約大~
k	⑨脚 ⑪*脚蹐~: 放荡, 擒~: 懶汉
k'	⑨却

ui [ʋi]

p	①杯笅~: 一种占卜工具
f	④潰
t	①堆动词; 量词 ②堆名词 ④*隊1*對对联 ⑥碓對1 ⑦兌隊2
t'	①推 ③頹 ④腿 ⑥退蜕
l	③雷1擂 ⑤罍類②彙［類］字~: 字典 ⑦戾淚累類呂1~宋屦1
ts	④嘴 ⑥最醉 ⑦罪
ts'	①催1 ③隨1隨1~息: 臭味 ⑥脆/脆翠
s	①雖 ④碎啐~: 碎屑③髓精*繼 ⑤髓 ⑥歲碎穢［噦］~寫: 鸟噦 ⑦穗祟悴遂璲瑞山~香: 女贞子
ch	①追佳沙~: 鱼名錐1 ⑥贅1 ⑦墜贅2
ch'	①吹推~測④ ③搥搖打 ④*槌/鎚/椎
sh	①衰 ③垂誰1セ~: 谁 ④水*誰2セ~: 谁 ⑥稅 ⑦睡
y	②桜榛子錐2 ⑤蕊蕊汁液 ⑦銳裔

uun [ʋn]

t	①墩3烟~: 烽火台 ④壹囤积不白~子: 做成砖状的瓷坯 ⑥墩［扽2］ ⑦沌鈍1
t'	⑤盾

---

① 娼, Bawdy-house 条 "娼寮" 声母列有 ch 和 ch' 两读。
② "類" 读阳上仅出现在 "類推" 一例中, 列此存疑。
③ 碎, Crumb 条 "啐碎" 为阴上调, 实属阴上变调。
④ 见于 Calculate 条, 当源自《广韵》尺佳切。

湛约翰《英粤字典》所记一百多年前广州方言音系 \ 137

l	①咽啫咽~哼：支支吾吾 ③隣鱗輪倫淪論不~①卵*麟麒~*輪車 ⑦吝論論~蠢：咕哝
ts	①津遵罇1瓶子 ②罇2瓶子 ⑥進 ⑦盡
ts'	③旬巡循紃纺锤 ⑤鱒口吞吃
s	④笋/筍竹笋榫 ⑥信遜汛~地：军事驻防地訊筍同"榫"，門~：拼接榫头
ch	①啍啫 ④准準駰同"隼" ⑤蠢論~
ch'	①春櫄1蛋 ②春四季~：花名櫄2蛋 ④蠢
sh	③唇/脣純鶉 ⑦順
y	④口［潤］肝 ⑦閏潤

uung [ʊŋ]

p	⑦捧量词，一~随：一股臭味蓬烟~~：雾气腾腾的样子
p'	③蓬篷1 ④*篷2 ⑥挓/碰
m	①懞［矇］~亮：天刚亮 ②檬檸~ ③蒙獴朦/矇 ④懵*蒙捉迷~：捉迷藏 ⑦夢
f	①豐楓封風1峰1蜂1瘋鋒刀刃 ②封信~風2峰2蜂2瘋名词鋒先~ ③逢縫 ④俸*縫裁~ ⑥諷 ⑦奉鳳
t	①冬東 ④董懂凍果、肉等汁凝成的块状物 ⑥凍 ⑦動峒棟木桩戚~鑿：撬棍
t'	①通蓪1纸~：一种纸 ②蓪2~纸：同"纸蓪" ③童瞳同銅桐筒1 ④桶捅統②筒2 ⑥痛
n	①燶［]烧焦 ②燶［]烧焦 ③農濃1膿
l	①寵1 ②寵2 ③龍櫳1籠1嚨聾朧/矓 ④*龍五爪~：植物名*櫳2*籠2*寵通~：漏孔 ⑤壟攏隴［攏］~總櫃［籠］箱子 ⑦弄
ts	①宗踪棕鬃1 ②櫻同"棕"鬃2 ⑥總 ⑥縱 ⑦訟誦從~犯
ts'	①聰 ②蔥 ③松從叢

s	①鬆菘~藍 ④悚慫聳 ⑥宋送送菜③
ch	①中1~意忠終春摏猛击鍾鐘1口吃力地走，trudge ②中2~間盅鐘2 ⑥腫種种子 ⑥中~暑種耕~粱 ⑦重1不轻重仍，还
ch'	①冲~茶充涌小河 ③蟲1重~疊 ④寵④塚/冢*蟲2 ⑤重2 ⑥銃
sh	③崇
y	①翁1癰 ②翁2 ③容蓉榕鎔茸絨/毡1庸濃2 ④蛹慂同"恿"擁~擠壅*絨2 ⑤勇 ⑦用
k	①弓工1功攻公1宮供恭 ②工2公2恭出~ ④拱 ⑥貢 ⑦共
k'	①芎/穹量词，把 ③穹穿
h	①凶/兇胸空~閒 ③紅虹洪雄熊 ④孔恐 ⑥空~白控⑤汞光晕
ø	④擁推 ⑥甕甕~菜：空心菜；~想：幻想

uut [ʊt]

l	⑩律栗1慄綣~羅：滑轮律［綣］~羅⑪*栗2
ts	⑧卒蟀
s	⑧率榁插销，插头恤
ch'	⑧出
sh	⑩術述

uuk [ʊk]

p	⑧卜占~吓整手~：打响指 ⑩瀑僕奴~蹼［伏1］趴下
p'	⑧覆1~轉：翻转蹼［覆1］
m	⑧𪛉发芽 ⑩木牧目痘瘼~
f	⑧幅福輻蝠蓿植物名腹復/覆重~，反~覆2~轉 ⑩服復再，又⑤伏2~兵茯袱
t	⑧督篤㞒尾~：臀部 ⑩毒獨讀瀆牘謅~

---

① "論"读阳平仅见Whatever条"不論乜野"一例，7版同，存疑。
② 統, President条"總統"韵母为ung, 7版同，韵母当脱u。
③ 送, Course条"一味送"韵母是ung, 7版同，韵母当脱u。
④ 寵, Pet条"寵愛仔"声母为ch, 误, 7版为ch'。
⑤ 復, Rejoin条"復答"为下阴入调，误, 7版为阳入调。

t'	⑧禿
n	⑩□揉捏
l	⑧碌勞~碌~柚：柚子轆轆轮子轆/攏滾动 ⑩六陸戮鹿₁爈烫煮錄祿綠籙 ⑪鹿₂
ts	⑧足促₁~織 ⑩族俗續□唸
ts'	⑧速①觫促₂~織蹙折叠
s	⑧宿宿腐臭粟肅嚴~；局~：严厉
ch	⑧竹祝粥築嘱燭觸畜₁捉₁ ⑨捉₂ ⑩逐濁軸
ch'	⑧束速₂觸畜₂蓄搐
sh	⑧叔縮 ⑩蜀屬熟贖
y	⑧玉₁肉育獄辱欲慾褥~仔：褥子沃肥沃郁动 ⑪玉₂*肉刀~：刀刃褥₂牀~
k	⑧谷呣~~：拟声词谷~氣，恼怒穀梏鵠菊 ⑩局局烤焙 ⑪局行政单位，议政~
k'	⑧曲₁②
h	⑧哭曲₂ ⑩酷縠
∅	⑧屋

ue [y]

n	④*女仙~ ⑤女
l	③驢₁ ④*驢₂ ⑤裏~頭呂₂ ⑦慮濾褸/褸~屢₂
ts	①疽 ⑦聚序
ts'	①蛆 ③隨₂隨₂糠~：霉味 ④取*娶未~：单身汉 ⑥趣娶
s	①須需 ④*絮 [穗] 穗子 ⑤緒絮
ch	①猪/豬諸朱株硃珠₁胀 [珠] 臀~：屁股蛛肥~：潮虫 ②猪₂/豬₂珠₂胀 [珠] 面~：脸蛋儿蛛蚰 ④主煮 ⑥注註蛀著鑄 ⑦住
ch'	③除③廚躇 ④處~女貯 ⑤柱杵楮署₁臬~ ⑥處₁地方

sh	①書₁舒輸 ②書₂ ③薯~仔：马铃薯 ④暑*薯番~：白薯鼠 ⑤署臬 ⑥處₂④庶恕 ⑦樹豎
k	①居据₂拮 ③車喪：殡仪车 ④舉擧老~：妓女矩 ⑥句鋸據₁憑~ ⑦具颶風：飓风懼據₂證~
k'	①拘驅嶇⑤ ③渠劬 ④*蜍蜍 ⑤拒距佢他
h	①虛墟集市嘘迂~腐 ④許去₁ ⑥去₂
∅	①於 ③魚₁如虞愚餘踰榆 ④瘀₁青肿*魚₂盂語成~，俗~ ⑤雨羽宇語乳與 ⑥瘀₂~傷飫飽 ⑦遇禦寓預豫喻諭

uen [yn]

t	①端 ④短*緞斷~奶 ⑥斷決~；~無 ⑦段鈍₂
t'	③團屯臀/臋 ⑤斷阻~
n	⑤煖 ⑦嫩
l	①孿 ③聯~合；~口：缝合鸞 ④*聯對~亂摛摛~：搅混 ⑦戀亂
ts	①尊 ⑥鑽 ⑦鑽 [轉] 囉囉：徘徊
ts'	①村₁ ②村₂ ③泉存全痊 ⑥攛寸
s	①孫₁酸/痠宣 ②孫₂ ③旋漩 ④損選*蒜₁ ⑥筭蒜₂ ⑦篡選₂
ch	①專磚₁ ②磚₂ ④轉倒 ⑥轉~彎
ch'	①穿 ③傳 ④喘鼠~匿：隐藏 ⑥串穿 [串] ~埋：串起来
sh	③船₁ ④*船₂ ⑤吮
k	①捐捐攣~：蠕动鵑₁ ②鵑₂ ④卷捲 ⑥眷絹 ⑦倦
k'	③拳權顴
h	①喧圈₁ ②圈₂ ④犬犬 [蠉] 黃~：蚯蚓 ⑥勸楦鞋~

---

① "速"字声母有ts'和ch'两读，可能体现了ts'向ch'演变的趋势。
② 曲，Bandy-legged条"曲脛"中声母是k，7版同，疑误，第1-3版为k'。
③ 除，Remove条"除去"为阳去调，误，7版为阳平调。
④ 處，Lie条"瞓倒處"为上阴平调，误，7版为阴上调。
⑤ 嶇，Rugged条"崎嶇"为阴上调，7版同，疑误。

湛约翰《英粤字典》所记一百多年前广州方言音系 \ 139

∅	①寃淵 ②鴛 ③元完芫~菱原源玄員圓園1紈鉛懸鳶緣 ④苑婉*院*園2*丸藥~*櫞香~ ⑤遠軟 ⑥怨 ⑦願縣緣鑲边

uet [yt]

t	⑧凸1突出物 ⑨□圆锥形凸2 ⑩奪
t'	⑧脫1 ⑨脫2
l	⑧捋~聲吞：狼吞虎咽 ⑨劣捋 ⑩捋2
ts	⑨啐/啜吸 ⑩絕
ts'	⑨撮
s	⑧雪1 ⑨雪2
ch	⑧啜1亲吻 ⑨拙啜2
sh	⑧說1 ⑨說2 ⑪说小~
k'	⑨決/决缺1蕨
ng	⑩齾/嚛~~：拟声词
h	⑨血缺2①
∅	⑩月悅閱越鉞穴

i [i]

p	①悲卑碑萆［蓖］~麻啤~~：哨子陂水坝 ④比彼俾给；用髀*腿*篦篦子 ⑥臂彎痺同"痹"庇摒倒水秘~密 ⑦鼻被~告髮備避
p'	①披被［帔］衫~：上衣的前襟 ③皮1疲琵粃枇脾膍~胵：鸡内金 ④鄙痞~滿：便秘*皮2 ⑤婢被被子 ⑥譬屁
m	①咪小口喝迷捉~蒙：捉迷藏② ②眯螚：蜻蜓迷酸~草微落雨~：下小雨尾收~，結~ ③眉楣糜浮沫，浮渣糜微 ④*眉畫~雀：鸟名味1 ⑤美尾 ⑦未味2寐~水：潜水媚

f	①非飛 ③肥 ④匪榧
t	①□~~□te¹□te¹：小孩咿呀说话声的1~些 ②的2~些 ④*地本~*地窄窄~：有点窄 ⑦地地/哋词尾，佢~：他们；白白~：有点白
n	①呢语气词，表疑问 ②呢指代词，这呢一种毛织物 ③尼 ⑤你 ⑦泥拘执③腻餌
l	①篱篮，筐 ②璃1玻~□oh²~□kat⁸tai⁶：放荡 ③厘架~：咖喱鳌犛離籬~□璃2利希~：尼：希腊 ④*狸*梨 ⑤李里理④娌帆鯉裏/裡衬里□□k'i⁵：整洁 ⑦詈利2~害，流~俐莉痢脷舌头
s	①嘶~~：拟声词 ③嘶~~：拟声词
ch	①之芝支吱枝肢知脂梔 ②蜘~蛛枝荔~ ④止址趾紙衹枳山楂树旨指嘴 ⑥至⑤致緻志誌痣制/製節~；條~：开关智置質人质 ⑦治痔
ch'	①黐/糍粘痴脛胵~：鸡内金□打~hat⁸~：打喷嚏 ③池遲持時~踟鯔/鯿~鱼；鲱鱼 ④齒始恥侈*匙灰~：瓦刀 ⑤恃 ⑥翅胵蒲~：禽类内脏
sh	①屍施詩1 ②詩2 ③時匙鎖~：钥匙；灰~：瓦刀；~羹：勺子 ④屎視近~眼 ⑤市恃2 ⑥試 ⑦示視侍氏市利~：吉利是嗜致蒔~禾：插秧
k	①兀同"几"，茶~肌飢機譏饑基其奇单数 ②嘰喱~機⑥嘰~喱 ④己紀紀有身~：怀孕幾 ⑥記既寄計髻 ⑦妓伎芰蕨角忌
k'	①崎①奇~怪祈其期棋1蜞~塱：蚂蟥旗麒 ④*棋2*蜞蝫~：一种小螃蟹企屋~：房子 ⑤企［徛］站立；~斜：陡峭□~□li⁵：整洁
ng	②偽詐~呆：撒谎
h	①欺熙嘻嬉禧希稀 ④喜起⑥ ⑥器棄氣⑦餼饲喂戲

---

① 缺，Chasm 条"缺陷"声母确为h，7版同。
② 见Blind-man's-buff条，7版为mai阳平，列此存疑。
③ 泥，Slime条"泥濘"标为阳去调，误，7版为阳平调。
④ 理，Disposal条"管理"和mananger条"總理"为阳平调，7版同，误。
⑤ 至，Crisis条"至極地"为上阴平调，疑误，7版为阳去调。
⑥ 起，Swindle条"起尾注"为阳上调，7版同，疑误。
⑦ 氣，Cynical条"鼓氣"为阳上调，误，7版为阴上调。

∅	①兒乞~:乞丐衣依醫~治;眼~:眼科医生移1~~郁:摇晃驚□~~□a¹□a¹:拟声词 ②意詐假~:假装衣綠~:特指香港警察醫~生姨亞~:妻子的姐妹移2~~郁:摇晃 ③宜而兒移疑擬儀彝夷姨 ④倚*二逐一逐~:逐个 ⑤耳議擬已以苡~米椅 ⑥意衣动词,穿 ⑦義異二① 易容~

h	①嘵完成体标记,了了[嘵] ④曉 ⑥窔[翹]~起
∅	①腰喓[吆]妖1要要求 ③摇饒窔 ④妖2*橈船桨*鷂紙~:风筝 ⑤舀擾 ⑥要必~

im [im]

t	④點點怎样 ⑥店站掂触碰 ⑦掂竖,直
t'	①添③甜②舔㊁ ⑤餂同"舔"
n	①拈 ②枯山~:野果名 ③黏/粘 ⑦念
l	③廉臁前:腿的胫部;~贴:脾鐮鐮[燫]火~包:火柴盒髯鬚~鬢:络腮胡盦 ④*簾䑛䑛 ⑤臉1歛殮 ⑦臉2
ts	①尖 ②尖耳~*漸漸 ⑥僭□蘸 ⑦渐
ts'	①劗刺,~樹:嫁接纖簽~字 ②簽牙~籤抽~ ③潛 ⑥僭遥~羅國
ch	①沾占~卦 ⑥佔
ch'	④諂
sh	③蟾白~花:栀子花 ④閃
k	①兼 ④檢 ⑤劍 ⑦儉
k'	③鉗 ④*鉗名词,~仔
h	①謙 ④險 ⑥欠
∅	①閹閹割閹~痘:种牛痘醃1俺~尖:挑剔饜~悶:愁悶淹[饜]~悶 ③炎嚴鹽嫌蚺蛇:蜥蜴,lizard髯閒簷2 ④拿[魘]疴:补丁掩腌[臁]小~:肋下 ⑤染 ⑥厭/猒厌恶壓 ⑦焰驗/譣

in [in]

p	①編扁[鯿]~魚邊1侧边邊1疑问代词,哪邊~豆:豆鞭1辮1 ②邊2侧边邊2疑问代词,哪鞭2辮2 ④扁便隨~,顺*便[便]~邊[邊]下風~:背风处 ⑥變 ⑦辨辯便方~;准备邊3便[邊]外~

---

① 二,Engineer条"二計"为阳平调,7版同,疑误。
② 忝,Stigma条"忝辱"声母为不送气t,误,7版声母为t'。

p'	①篇蝙~蝠偏偏偏斜 ②偏~~ ④*片名詞, 瓦~ ⑥片遍騙
m	③棉緜眠~下：躺下 ④*面被~，對~ ⑤免勉娩冕同"缅" ⑦面① 麵
t	①顛巔癲 ④典 ⑦甸電墊殿靛
t'	①天 ②天春~，夏~ ③田填
n	②□乳汁 ③年 ④撚拧掐簐片
l	③連蓮鏈1链子憐 ④*蓮青~色*鏈/鍊2*練老~ ⑦煉練鍊棟/揀2苦~：树名② 鍊修~
ts	①煎 ②箋 ④剪 ⑥箭薦舉~墊［薦］椅~：椅墊③ ⑦賤踐1
ts'	①千遷 ②韆鞦~ ③前錢1 ④淺*錢2 ⑤踐2
s	①鮮先仙~女 ②先~鋒仙神~，水~ ④癬蘚*線1 ⑥線2霰鏾~雞：閹割过的鸡 ⑦羡茜
ch	①氈1毯子鸇氊1撕剝 ②氈2毯子 ④展碾輾子氊2撕剝 ⑥戰 ⑦纏1
ch'	③纏2
sh	③蟬1涎 ④*蟬2 ⑤鱔 ⑥扇碹滑倒；压光机，~布具 ⑦善擅騸~牛：閹割过的牛
k	①堅肩 ②肩口水~：围嘴儿 ④*件物件，案~ ⑥見建 ⑦件健
k'	③虔 ④搇掀
h	④顯遣蜆 ⑥獻憲
∅	①咽胭烟/煙 ②烟食~：抽烟 ③言然弦賢延蜓筵涎2 ④演蝘*絃彈三~*硯1燕1燕踢~：踢毽子 ⑥燕2 ⑦現覓~菜硯

ing [ŋ]

p	①兵冰砯~磅 ④秉 ⑥柄2 ⑦並

p'	①搣［拼］縫合 ③平平正屏評 ④*瓶3 ⑥聘併比~：比较④
m	③明鳴螟名3 ⑤皿 ⑦命2
f	⑥伝1調調~：来回晃动 ⑦伝2調調：来回晃动
t	①丁 ②丁圂~玎瑬：拟声词 ④鼎頂2定当然 ⑥訂 ⑦定必~碇錠
t'	①聽2聽~日：明天廳2 ③停廷蜓 ④*亭 ⑥聽~風：等风，（因无风而）不能航行
n	①擰拿 ③寧檸 ⑦擰扭转；搖擺伝［擰］隨風~伝讒~濘嚀~~嚇：总计
l	②鈴 ③靈2凌陵菱綾零2苓伶羚蛉翎⑤鴒 ⑤領2嶺 ⑦另令
ts	①精2晴1 ②晶水~睛2 ④*靜靜~ ⑦淨2靜/靖
ts'	①清靑2 ②青洋~：一种颜料 ③情晴 ④請2
s	①星1 ②星猩 ④省自~醒2 ⑥姓性
ch	①正~月貞徵烝 ④整 ⑥正2政⑥症證/証
ch'	①稱~呼 ③程埕坛子，罐子 ④逞拯 ⑥稱~職秤
sh	①升上升2聲2勝~任 ②升轎~：轿杠 ③承繩1乘成2城2誠 ④*繩2成現~ ⑥勝獲~聖 ⑦盛剩
y	①英瑛嬰櫻鸚3~鵡攖~唇：噘嘴應~該鷹1 ②英蒲公~纓蠅1鷹2 ③仍刑形迎盈螢營蠅2凝 ④影 ⑥應答~ ⑦認
k	①京荆矜經~過驚2 ②京~報：报纸名 ④景警儆竟境 ⑥敬⑦徑脛
k'	①傾 ③鯨凝凝固；沉淀擎凝固；沉淀 ④頃
h	①輕2馨興~起兄 ②興時~：时髦 ⑥興高~熒2热

---

① 面，Bean条"面豆"为阴去调，疑误，7版为阳去调。
② 楝，Mahogany条"苦楝花"为阳平调，7版同，疑误，当为阳去调。
③ 墊，Cushion条"椅墊"为阳去调，7版同，疑误，当为阴去调。
④ 併，Experiment条"比併"为上阴平调，7版同，疑误，今校为阴去调。
⑤ 翎，Plume条"翎"为阳上调，疑误，7版为阳平调。
⑥ 政，Attorney genaral条"國家律政司"为上阴平调，疑误，7版为阴去调。
⑦ 敬，Respectful条"恭敬"为上阴平调，疑误，7版为阴去调。

kw	①□~□kwang¹：拟声词
w	①拯丢弃 ③榮 ⑤永

ip [ip]

t	⑩疊碟1 ⑪*蝶蝴~*碟2
tʻ	⑧貼1 ⑨貼2帖1 ⑪*帖2
n	⑧凹/冚凹陷 ⑩桌錨捏涅
l	⑩獵擸抚摸
ts	⑧接1 ⑨接2
tsʻ	⑨妾
s	⑨揹用薄片塞入
ch	⑨摺折叠
sh	⑨涉攝攝~石：磁铁 燁闪电
k	⑨劫唂~碼：子弹 ⑩挾压紧挾狭窄
h	⑨怯叶~韵 协1 ⑩协2脅①
ø	⑨醃2 ⑩葉業 ⑪*葉黑~：荔枝的一种

it [it]

p	⑧必 ⑨鼈 ⑩別
pʻ	⑨撇撇去（浮沫等）
m	⑧搣拧，掐 ⑩滅篾末梢 蠛篾
t	⑨跌
tʻ	⑨鐵
l	⑨結打~：打结 ⑩列烈裂
ts	⑨節織促~ ⑩捷截
tsʻ	⑨切
s	⑨屑竊褻
ch	⑧浙喷；水~：水枪 ⑨折曲~折胳肢
chʻ	⑧設短~~：很短 ⑨設轍
sh	⑩舌賖~本：亏本

k	⑨潔結 ⑩傑結（液体）稠
kʻ	⑧詰1 ⑨揭挈訐詰2
ng	⑧齧~~：拟声词 ⑩齧反~
h	⑨歇蠍
kw	⑧刮拟声词
ø	⑩熱

ik [ɪk]

p	⑧碧壁偪拥挤逼强~迫[逼]~攞：催债逼~迫：拟声词
pʻ	⑧霹癖僻
f	⑧哱花花~：轻浮□[哱]花~：轻浮
t	⑧揚提起滴的~確的好~：好点儿；~咁多：极少 ⑩迪敵覿~面：当面滌
tʻ	⑧剔~撻：拟声词
n	⑧匿 ⑩溺
l	⑧靂 ⑩力歷來~櫟同"櫟" 靂瀝~青
ts	⑧卽跡積績 ⑨瘠2 ⑩夕寂籍席2
tsʻ	⑧戚
s	⑧息熄媳惜蜥
ch	⑧職織□畫~嘅：建筑绘图师 ⑩直值
chʻ	⑧斥赤2 ⑨赤3
sh	⑧式色② 釋識飾 ⑩食蝕
y	⑧益抑憶臆油变质腐臭嗌打嘶~：打嗝 ⑩亦逆2液役疫易貿~翼譯驛
k	⑧擊棘激 ⑩極
kw	⑧隙

oo [u]

p	①鯆2~魚 ⑦步2~兵部2關~：广州海部官员的府邸，hoppo

---

① 脅，Flank条"軟脅"为阳入调，7版同；前三版均为上阴入调，存疑。

② 色，Advisable条"合勢色"为下阴入调，疑误，7版为上阴入调。

p'	①鋪2~蓋 ③菩2~薩葡2~萄菩［葡］~提子：葡萄干蒲2~公英 ④普2 ⑥舖3~頭：店
m	③模巫無3 ④*母老~，外~：岳母 ⑤武鵡舞侮母2姆㛮~ ⑦暮墓慕務2霧2
f	①夫敷膚箍1呼枯 ②夫挑~ ③扶芙 ④斧府腑撫苦虎琥*父舅~；外~：岳父*傅師~ ⑤婦 ⑥庫褲咐嘱①副富戽~水：用戽斗汲水 ⑦父負輔腐付附
t	①都京~都1副词 ②都2副词
l	④*蘆葫~
s	①穌蘇~木
k	①姑~母菇孤辜 ②姑尼~鴣鷦 ④古估牯羊~：公羊肐凸：鑲板股蠱②鼓蠱［鼓］~脹：肿胀*固老主：老手*顧主 ⑥固故顧
k'	①箍2
∅	①污/汙烏蔦~頭：附子草 ②烏~蠅：苍蝇 ③乎壺1狐烏~魚：泥鰍胡葫湖蝴鬍 ④*瑚*壺2*戶屠~ ⑥惡厭~嗯*~低：弯腰，俯身 ⑦戶互護芋

ooi [ui]

p	①杯1 ②杯/盃2 ④*背瓦~：屋顶 ⑥貝背~叛，~後輩悖 ⑦焙烘烤背耳~嗜［背］僻静焙［背］揞~手：暗中贿赂
p'	①胚1 ②胚2 ③陪賠徘~徊 ⑤倍 ⑥配旆
m	②妹~仔：婢女③ ③玫梅［枚］猜：猜拳媒梅莓痗~肉霉 ④*梅酸~*媒2*瑁玳*妹1*謎3啞~ ⑤每 ⑦昧妺2
f	①灰恢［灰］心~：灰心詼 ④賄繪 ⑥悔晦
t	⑥對2
l	③雷2

ts'	①催2
k	⑦瘣疲倦
∅	①煨烘烤 ③回茴蛔徊 ④*回同~教*會團体组织 ⑤會嚐能愿动词 ⑥薈 ⑦匯會

oon [un]

p	①般搬鎛 ④本1④ ⑥半 ⑦伴叛
p'	③盤盆 ④拚1冒险做*盤面~，托~ ⑥拚2冒险做，~窮：豁出去判拌~工：包工拚担保
m	①押 ③瞞門 ④*門澳~，衢~ ⑤滿 ⑦悶
f	①寬歡⑤貛 ④欵同"款" ⑥喚
k	①官棺觀观察冠帽子 ②冠2鶏~ ④管館 ⑥貫灌罐觀道~
∅	③垣 ④碗腕 ⑦緩換瘓玩~誦：吟诵

oot [ut]

p	⑨砵漏~：漏斗 ⑩鈸
p'	⑨潑撥搞
m	⑧沫 ⑨沫2抹3 ⑩末茉没 ⑪*末粉末
f	⑨闊
k'	⑨括鴰鶬~：鸟名
∅	⑩活

'm [m̩]

'm	③唔不［唔］

'ng [ŋ̍]

'ng	①哑~~：呻吟声 ③梧 ⑤五午迕/忤 ⑦誤晤

---

① 咐，Bid条"嘱咐"为上阴平调，7版同，疑误。
② 蠱，Delude条"蠱惑"声母为h，7版同，h当是k之误。
③ 妹，Girl条"妹仔"为上阴平，7版同，疑为下阴平之误。
④ 本，Prime cost条"本錢"为阳上调，误，7版为阴上调。
⑤ 歡，Exult条"歡喜"为阴上调，7版同，疑误。

参考文献

[1] 白宛如,1998.广州方言词典[M].南京:江苏教育出版社.
[2] 黄奇芳,2000.粤语词典出版概况[J].方言(4).
[3] 李荣,1983.关于方言研究的几点意见[J].方言(1).
[4] 李新魁,黄家教,施其生,等,1995.广州方言研究[M].广州:广东人民出版社.
[5] 罗言发,2013.澳门粤语音系的历史变迁及其成因[D].北京:北京大学.
[6] 麦耘,谭步云,1997/2016.实用广州话分类词典[M].广州:世界图书出版广东有限公司.
[7] 游汝杰,2002.西洋传教士方言学著作书目考述[M].哈尔滨:黑龙江教育出版社.
[8] 袁家骅,等,2001.汉语方言概要[M].2版.北京:语文出版社.
[9] 詹伯慧,2002.广东粤方言概要[M].广州:暨南大学出版社.

The Cantonese Phonology More than 100 Years ago in *An English and Cantonese Dictionary* By John Chalmers

WANG Yili

(School of Humanities, Guangzhou University, Guangzhou, Guangdong, 510006)

Abstract: *An English and Cantonese Pocket-Dictionary* by John Chalmers, first Published in 1859, is a dictionary recording Cantonese in the middle & later 19th centuries. Based on *An English and Cantonese Dictionary (6th ed)*, This paper reconstructs the phonological system in this dictionary, and lists the homophony syllabary.

Key Words: *An English and Cantonese Dictionary*, Guangzhou Dialect, Homophony Syllabary

《客家方言文化大词典》的编纂[①]

严修鸿[②]

(广东外语外贸大学外语语言学及应用语言学研究中心 广东广州 510420)

【提 要】《中国方言民俗图典》与《中国语言文化典藏》是将语言与文化结合起来研究的两套系列丛书,其宗旨、思路及编纂经验值得总结。在目前条件下,我们在编纂方言词典时,加上对词条的文化内涵的阐释,不仅可以增强可读性,还可以为文化保存提供一个途径。拟编纂的《客家方言文化大词典》,可以超越两套丛书在选条容量上的局限,选词可以兼收一般词汇。

【关键词】方言 中国方言民俗图典 中国语言文化典藏

一、缘起

2011—2022年,笔者参加了国家出版基金资助出版的《梅州方言民俗图典》及《中国语言文化典藏·连城卷》及《中国语言文化典藏·连州卷》的调查与编纂工作,这三个偏重于民俗文化内涵的图书实践经验十分宝贵,非常值得总结,在其研究范式的基础上可以考虑进行方言文化大词典的设计。

据侯精一、李守业、曹志耘(2016),"中国方言民俗图典系列"(第一辑,以下简称"《图典》")是2010年度国家出版基金资助项目,2011年列入"十二五"国家重点图书出版规划。第一辑共计10卷,涉及官话、晋语、吴语、徽语、粤语、平话、闽语、客家话等8个方言区。各卷内容主要包括房舍建筑、日常用具、服饰穿戴、饮食起居、农工百艺、婚育丧葬、岁时节令、游戏娱乐、宗教信仰等。该丛书于2014年12月出版,获得良好的社会反响与学术肯定。据《关于第四届中国出版政府奖表彰决定》,该丛书2018年初获得"第四届中国出版政府奖获提名奖"[③]。

"现代方言民俗文化是中华民族文化的延续、依托。它作为传统文化渗透、蔓延于当今社会生活的多个层面。现代方言民俗文化又是重要的非物质文化遗产资源。随着社会

[①] 基金资助:国家社科基金重大项目"城镇化进程中农村方言文化的困境与出路研究"(项目编号16ZDA205)。
[②] 严修鸿,广东外语外贸大学中文学院,教授,主要从事汉语方言的历史比较及文化研究。
[③] 国家新闻出版广电总局官网2018-01-17 网址:http://www.sapprft.gov.cn/sapprft/contents/6588/357604.shtml。

的快速发展，不少方言民俗已经消失或面临消失。因此，调查和挖掘这些非物质文化遗产资源，意义重大，时不我待。"在《图典》总序中，三位主编这样表述该套图书出版的意义。

2017年12月15日由商务印书馆推出的《中国语言文化典藏》共计20卷，涵盖官话、晋语、吴语、徽语、闽语、湘语、赣语、客家话、粤语等汉语方言和怀集标话等少数民族语言，具有创新与存史并重、学术性与普及性相结合的特点。该丛书一出版就得到各方高度关注，中国出版集团组织评选出"中版好书2017年度榜"，《中国语言文化典藏》名列"主题出版十大好书"[①]。到2022年底，第二辑已经出齐，与第一辑合在一起，一共有50卷的规模了[②]。

《中国语言文化典藏》（以下简称"《典藏》"）各册的内容包括房屋建筑、日常用具、服饰、饮食、农工百艺、日常活动、婚育丧葬、节日、说唱表演等9个大类，每卷包含了500多个方言文化词条。

这两套丛书，共同点是将语言与文化结合，图文并茂，语言学与民俗文化相结合，甚至在开本、体量上都有一定的相似。略有不同的是，《图典》以文带图，文字可以略长，允许部分条目不出图；而《典藏》出条的词语均附有图片，图片数量以及说明文字均有一定限制，一般是一词一图。《典藏》第九章设有"说唱表演"，是一个创举，包含了口彩禁忌、俗语谚语、歌谣、曲艺、故事等内容。此外，EP同步、音像图文四位一体是这套丛书的出版特色。各分卷图书里的有地方特色的条目后附有二维码，涉及视频、音频、文字、图片等内容，阅读时可用手机扫码，进入在线访问，不仅可收听方言条目的录音，还可收看相关视频，从而增强图书与读者的互动性，实现音像图文四位一体的阅读体验，立体地为读者呈现语言形态、实物、场景与事件。

如今城市化进展迅速，方言的萎缩不仅表现在使用人口的大量减少，而且还表现在方言所承载的文化内涵及方言表达的文学性（生动格式、近义词语、谚语俗语、独特的比喻）上的消损，因此对传统方言词语进行文化考察上的抢救记录以及数据的电子化分享这工作是迫在眉睫的了。

这种对词语文化含义的描写与记录，从方言词义的角度是很有价值的。词的概念意义之外的部分，尤其是与具体乡土历史环境相关的感情意义，在各地方言中都是非常丰富的。但如果不及时记录下来，很可能就随着传统生活中长大的一代人离世，而逐渐湮没。若透过方言词条来进行文化内涵的解释，则有可能为方言民俗文化的传承提供一个新的途径。

"小说没有实证精神。读者对它的信任感一旦丧失。小说的意义也就荡然无存了"（谢有顺，2018）。笔者认为，根据对传统方言世界进行访谈，所做的各种民俗细节、词汇土俗含义的描绘，一些谚语俗语所体现出来的文学表达及生活经验的总结，可以给从

---

① 中版好书2017年度榜单发布http://mp.weixin.qq.com/s/AIv46HVyh8QjFPrUJjS7ZQ#rd
② 《中国语言文化典藏》推出第二辑https://finance.sina.com.cn/jjxw/2022-09-30/doc-imqqsmrp1024225.shtml?finpagefr=p_115

事文学写作的作家提供参考。

二、已有方言词典的不足

1990年代，在李荣先生的倡导与组织下，在江苏教育出版社出版了《现代汉语方言大词典》分卷本共41部，每部词典的条目多在8000条左右，合计41个方言点相同或不同的词汇总量约为32万条，总字数约3000万，是中国迄今为止最大的语词词典之一。这部词典出齐以后，把汉语方言词汇调查和研究的水平推向了一个崭新的历史高度。

通过检查，我们发现既往编辑的方言词典，虽然词典的编写目的、体例、规模大小等不同，但都存有一个明显的缺点——并未有意识去搜集词语的文化内涵，不少词语仅提供简要的注释甚至是与普通话进行简单对应的说法，以客家话代表点的《梅州方言词典》（黄雪贞，1995）为例：

1. "铁芒萁"条

【薼萁】lu^{44}ki^{44} 一种蕨类植物，晒干后是当地农村的主要燃料之一（黄雪贞，1995）

而2014年语文出版社的《梅州方言民俗图典》相应的条目，我们在释义上更注重百科知识的阐释与生活经验的总结：

薼萁 lu^{44}ki^{44}

别名芒萁骨，铁狼萁，小里白。根状茎细长横走，叶轴多回分叉，叶片为羽状深裂的针形羽片。芒萁具有水土保持及改良土壤的功效，也是山林火灾后可以快速复原的植物。

粤东农村普遍使用大口灶，配上大锅头，煮饭、炒菜和烧水全靠它。在林木不是特多的丘陵地区，大口灶烧的多是薼萁草，用量很大。客家农村妇女视割薼草为己任，因而家家户户都有割薼女。旧时，客家妇女上山割薼草带三种工具：镰刀、钩索和竹杠，身穿粗布衣裳，脚蹬草鞋。割草之前，要先敲打一番，将蛇、蜂等惊吓赶跑。

薼萁除了作为燃料，提供热量外，还有其他用途：烧成灰可以作为钾肥，是"火土"[fo^{33}t'u^{31}（肥田的草木灰）的主要成分。以前，用水浸泡过的薼萁灰经过滤以后还用来洗衣服、洗头发。薼萁梗可以穿起捕获的小鱼、泥鳅等，从腮边穿过构成一串，便于拎着。薼萁抽掉内芯后，可吹泡泡，冬天可以把薄冰吹开洞眼，串起来玩。

割薼萁的青年女子很多，常引发伐木取薪男子与其即兴对唱山歌。其中"割薼妹子恋情哥"是著名的山歌段。

◎图4-53：割下晾干的薼萁（图略）

经过比较后，不难发现：早先方言词典的注释比较简单，其内涵在其他方言区也是几乎一样的。而该词条在当地生活中更加具体的细节，则在《梅州方言民俗图典》中得到了充分的描述。

为此，王洪君教授（2018）在一个书评中写道："该词条不仅有相关的百科知识，更仿佛展示了该物嵌入其中的当地风俗画卷，特别是一群儿童个个手拎着菡萁串泥鳅，无邪欢乐洋溢而出的画面，着实令人感动。"这说明，带上乡土情怀的一些细节展示，这种词语的解释与展现方式更吸引读者。

2."扫帚"条

《梅县方言词典》（黄雪贞，1995：58）的写法：

【秆扫】kon³¹sau⁵³ 笤帚。192页。【揳把】kʰia⁵⁵pa 大扫帚，用竹枝扎成。

《中国语言文化典藏·连城卷》涉及的同是客家话方言点，在闽西：

（图略）2-51◆下余

秆扫 kuo²¹sɒ⁵

以竹枝尾梢做成的扫把，扫硬地板用的。也常用在"粪寮"pæi³liŋ²² 厕所内，在厕所内则叫"屎秆扫"[ʃɿ²¹kuo²¹sɒ⁵]。打人或威胁人而用扫帚时，有一种攻击、轻贱、侮辱的意味。也可用于压邪，当地讨厌南北方向出现的彩虹，"南虹刀枪北虹虎"南北方位出现彩虹，是不吉的征兆，常以扫帚去指虹。不能放在大门口，因为扫帚有驱赶的含义（怕引起来客猜忌）。产妇门口可以摆放，用于驱除妖魔。沾染漆树过敏后，有人用竹扫把的七根枝条，口中念念有词，以此来作法驱魔。"攉 kʰio²² 屎秆扫"操持厕内竹扫帚，暗喻粗陋的基层活计。

比较后结论：《梅县方言词典》仅仅指出普通话的对应说法，附带"竹枝扎成"。而《典藏》则介绍了该词语的民俗内涵，介绍了扫帚的驱逐与辟邪的功能。

3."稻草"条

《梅县方言词典》（黄雪贞，1995：192）的写法：

【秆】kon³¹ 专指稻的茎。

《中国语言文化典藏·连城卷》的写法：

（图略）5-14◆故溪

秆 kuo²¹³

稻草。"秆"虽然平平凡凡，却有许多用途。糯谷稻草，除去短叶后，用"红结索"fɤŋ²²ki⁵⁵suu³⁵ 染红的绳索 扎编成"秆荐"[kuo²¹tse⁵]铺在床底的垫子。干稻草曾经被用来擦屁股。"秆"可以喂牛，也可以作为圈肥。糯谷稻草烧成灰，开水淋在草灰上，过滤后的碱水可供女子洗长发，有亮滑止痒的功效。稻草灰加上黄泥、盐巴，可糊在鸭蛋上做成"灰卵"foe³³luo²¹³ 咸蛋。稻草灰，装在袖筒，可以做成简易的月经带，可以吸收血渍、消毒。稻草可以做草鞋、编草绳。可以扎成稻草人，驱赶飞鸟。开水烫泡后，可以做系肉的绳子。再不济的早稻草用铡刀切成三段，可"回田"做绿肥，在田未耙之前撒下。

稻草垛子，叫"秆桠"[kuo²¹o⁴²]。"落雨担秆，紧担紧重"雪上加霜，每况愈下。

比较后结论：《梅县方言词典》释义比较简略。《典藏》则介绍了稻草在当地的12种用途，提供了丰富翔实第一手访问得来的资料。最后介绍了稻草垛子以及一个包含了"稻草"的生动俗语。

4. "竹竿" 条

《梅县方言词典》（黄雪贞，1995：302）的写法：

【竹篙】tsuk²kau⁴⁴ 撑船或晾衣服的竹竿。

《连城方言文化典藏》（严修鸿、邱庆生，2017）的写法：

（图略）2-52 ◆芷红

笐篙 hɔŋ⁵⁵kɒ⁴²

架在竹子"杈杈"tsʰo³³tsʰo⁴² 用于晾衣服的竹篙上。个子高的人，也常比喻为"笐篙"。"笐篙比天"，则比喻不自量力。

当地禁忌在树丛上晒衣服，必须挂在竹篙上。过去，男女衣物要分开晒，不能同时晒在一根竹竿上。女子的衣服不可挂在通道上方，否则遭人责怪。

比较后结论：《梅县方言词典》提到关键用途——"撑船或晾衣服的竹竿"；而《典藏》则涉及了两个有地方特色的文学性比喻。此外，还附带介绍了晒衣服时男女有别的习俗。

从以上几个词条的简单对应，不难发现不论是《图典》还是《典藏》的词条，都更加重视对词语文化内涵的发掘——这对语言保护是更有意义的做法，其文化细节显然得到记录保存，后人要做文化重建时也有个参考。

三、方言文化大词典的自觉追求

不论是《中国方言民俗图典》还是《中国语言文化典藏》，目前共性是重视民俗，图文并茂，但不同作者之间在词条文化内涵的揭发以及行文上还是有差异的。

下文以北方某个地点的典藏与《中国语言文化典藏·连城卷》来对比：

崩花儿 pəŋ³¹xuɑr⁵³

即"崩爆米花"。将大米、玉米粒等放在"转炉"tʂuæ̃³¹lu⁵³ 中，通过不断转动炉体，使炉内的米粒儿均匀受热，这样就可以做出爆米花来。（图略）。

爆米泡 pi⁵⁵mi²¹pʰɒ⁵³（《中国语言文化典藏·连城卷》）

爆米花。大米撒上糖精水，放入爆花锅内，并封好顶盖，再把爆米锅放在火炉上不断转动使之均匀受热后，解开铁扣，砰地一声大响之后，就可爆出可口的爆米花来。来连城做爆米花的多数是莆田人。做爆米花时，因其装置、响声的奇特，常有很多儿童围观。

在这个机器发明之前，当地人是用"炒米泡"的办法，以捞饭晒干，然后在铁锅里炒成。平时用来招待客人。（图略）。

同样的丛书，各人写法也有不同。以"爆米花"为例：北方这本典藏该条目比较平铺直叙，信息量较少。而连城这本有更多细节——"糖精"；更多形象性——"砰"的一声巨响之后"；更有场面感——"常有很多儿童围观"；更多道理——"做爆米花时，因其装置、响声的奇特……";更多历史关联——"在这种机器发明之前,当地人是用"炒米泡"的办法……"。

尽量将俗语穿插到词条的解释中去。在一次中国语言文化典藏的编委会议上,笔者提议过将反映当地生活观念的俗语,在词语的解释中列出,构成一个文化语境。也有些作者(四川成都的)依照建议这么做了,可是也有到了一些编委手里反而要求删除的情况。

吊壶 tiau^{212}fu^{31}

吊在灶门前,用来烧热水的陶壶。以前农村主要用柴草做燃料,一部分火苗从灶门涌出,刚好烧到吊壶,壶中的水多用来洗脸、洗脚。吊壶烧久了,外部布满烟灰,黑不溜秋的,洗不干净。(图略)。

早先作者是写上了"因此,成都话骂人无所事事为'莫得事做洗吊壶'"。这种把俗语写入的做法,是我们主张的,《客家方言民俗大词典》还会继续坚持这个做法。

如下是《梅州方言民俗图典》一个条目的解释,专门去搜集了10条与厕所相关的一些俗语,写在里头。

屎窖 sɿ^{31}kau^{53}

厕所,客家话叫做"屎窖"或"屎缸下"sɿ^{31}koŋ^{44}ha^{44},由一个陶制的大粪缸[pun^{53}koŋ^{44}]的上面架上木板做成。一般设置在村子的一些角落,有些是在老房子里面。

有些与农家肥堆放的房间在一起,也叫"粪寮"pun^{55}liau^{11}。

厕所里面,摆放了随手可取的清洁用具,早年是用竹篾做成的"竹篾子"tsuk^{2}pin^{35}ne^{31},讲究的则用以秆草做成的粗草纸。

客家谚语"屎缸更(aŋ^{53})臭都爱去,外家更(aŋ^{53})远都爱行",反映了厕所作为一种日用生活场所的必要存在。"屙屎𠊎都唔同佢共粪缸",则以如厕言志,表示要与某人"道不同不相为谋",不与某人共事、相处。"食屎都爱座头筒"讽刺那些爱出风头,啥事都要争先抢头的人。"屎出哩正来挖粪缸——临时抱佛脚"。"屙屎□lap^{2}牛不——碰巧"。"屙屎捉狗虱——一举两得","老猪嫌屙硬屎",比喻勉力而为。"屙屎唔闲揆(擦)",则比喻非常忙,无暇顾及某事。"番薯屎都还唔曾屙净",比喻泥腿子进城没几天。有些斯文的场合,为了委婉,还有用"去外头"ɕi^{55}ŋoi^{55}tʰeu^{11}指代"上厕所"的讲法。

当地也传说有"屎缸煞"sɿ^{31}koŋ^{35}sat^2,就是厕所神。有些人在厕所里晕倒,往往说被"屎缸煞"打倒了。在夜间如厕不便,路上可能遇到蛇,"屙夜屎"也是大家忌讳的,因此遇到夜间大便,则会拍拍屁股,念念有词,说"屎公屎婆,日里有,夜里无",希望下次能改过来。

进入21世纪,乡村厕所也有改观,不少人家里做了新式的厕所,建了化粪池。人粪尿也不再用作有机肥料了。

◎图1-111:屎窖的外观(图略)。

粤东地区山歌出名,很多山歌用到了一些器具、风物,这个方言文化大词典,拟尽量与知名的山歌词构成一个互文,对涉及的文句尽量引用。

有些富有文化气息的条目,可以专门出条解释。比如这条:

酒头茶尾饭心里 tsiu³³tʰeu¹¹tsʰa¹¹mi⁴⁴fan⁵³sim²⁴li³¹

客家人从北方迁到南方,然后积累了各种生活经验,至今都有些凝结了智慧与道德的谚语和俗语。"酒头,茶尾,饭心里"其含义是这几样食品的哪部分最好。

倒酒的时候,酒的开头的部分比较浓香的叫"酒头"tsiu³³tʰeu¹¹,所以"酒头好",包括我们酿的米酒,一开始那个叫"酒娘"tsiu³³nɔŋ¹¹。那个"酒头"品质上佳,要先倒给客人喝。

"茶尾"tsʰa¹¹mi⁴⁴。茶是哪里好呢?泡茶时第一道品质差一些,在广州都拿来洗碗碟,认为第一道的茶,比较苦涩,也没那么干净。所以,开头的茶水没那么好,而茶的后半段比较好。在闽西连城县他们还有这样规矩——给人倒茶的时候,先给自己倒,再给别人倒。用喝酒的规矩来看,这是看不起别人了,没有礼貌。其实正是当地人对这个问题的认识深刻、细腻,再加上儒家里面提倡的"忠",为别人好,所以酒的开头倒给客人,是为客人好;可是茶呢,是把后面的倒给客人,也是为客人好,这个先后的顺序反映了当地人对这个智慧的认知。

"饭心里"fan⁵³sim²⁴li。米饭,蒸的时候有一个圆圈,中间那一块,即米饭的中间是最好吃的,饭的边上靠这个木板墙围的地方的是质量差一点的。客家地区父母专门有交代,小孩舀饭的时候千万不能舀中间,因为舀在中间——这说明你不考虑别人,把好东西拿走。你要像孔融让梨那样,大的留给别人,而把小的拿走,我们舀饭的时候就要把饭的周围舀走,中间留给别人。

这些知识背后呢,都有很深刻的人文关怀,有很多的礼貌的追求。

四、方言文化的语料采集

语料的采集方式主要有两种,一是针对主要讲述人熟悉的领域,进行充分"询问及启发"后,随即进行录音。例如:对于本地某个事物,当地人是如何认识它的,有什么价值判断,该事物与日常生活如何关联,有什么相关的俗语与比喻修辞等,询问和引导尽量往纵深延展,深度启发。二是通过深度接触和访谈梅州本土能人、技艺人、非遗传承人以及一些富有经验的专业人员等,深入了解梅州客家地区的本土性知识,并邀请表达清晰健谈者,与主要讲述人进行"两人谈"或"多人谈"。两种语料采集方式相辅相成,其目的都是力图使某个传统知识"话题"的介绍和讲述承载更丰富的本土知识和文化信息。

基于充分准备打腹稿式口述方言语料收集法可避免过多沉冗无趣的片段,确保方言语篇的条理性、完整性和趣味性,因为清晰而有条理性的口述录音利于语料的转写。在转写和分析的过程中,课题组认识到此法是高效与可行的。不可否认,讲述人通常在叙述初始用字词都相对"文绉绉",但很快便可进入"方言境界",地道的方言表达不难实现。

五、《客家方言文化大词典》的编纂构想

汉语方言文化是如此丰富，涉及人类学、民俗学，若是以方言学者跨界来做似乎更加合适，不妨与人类学家、民俗研究学进行一定程度的合作编纂。为此，我们提出一个"方言文化大词典"的编纂设想，打算以身作则，以粤东客家方言着手，2年内完成如下工作：

1. 与以往的方言词典相比较，"方言文化大词典"会更侧重收齐（尽量不漏收）具有丰富文化内涵的词条。

2. 对词条的解释重视其文化内涵的阐释，记录方言区人的生活经验、观念、习俗。这个观念，其实也受到了外语学界倡导的"国俗语义学"理念的启发（王德春，1991），但本文认为词义的民族性的区别不仅限于民族之间，不同地域的族群之间同样适用，这是对《客家方言文化大词典》的一个基本认识。

3. 吸取《图典》与《典藏》图文并茂的做法，对可见的器物、动植物、建筑、食物、日常生活场景进行拍摄。目前不论是《图典》还是《典藏》仅仅收录500个左右的项目，相对于方言的丰富的历史积累，其体量明显不足，仅仅是样本展示，而非全面的记录。根据作者的编纂经验，《客家方言文化大词典》涉及图文展示的条目可以达到2000条以上。

4. 对具有文化内涵的条目进行逐一专访采录，对录音进行转写，形成口语语料库。以电子词典的方式放在互联网上分享。我们团队对西部粤语区藤县点，对这类的传统生活知识条目进行了专项访谈与记录的尝试，目前已经完成44个小时的转写记录（黄高超、严修鸿、吴文治，2022），藤县的这个工作模式可以继续，为《客家方言文化大词典》奠定一个可靠的基础。这个成果，也是国家社科重大项目"城镇化进程中农村方言文化的困境与出路"研究的一部分，可当作一个出路的探索。

六、余论

语言学从书斋和象牙塔里走出来，把语言文化本来的血肉联系展示出来，让广大使用语言的人关注他们自己的语言，体验语言所展现的社会生活、文化生活，这是语言学的创新，也是语言学的回归。为此，方言文化大词典的文案部分将努力自觉地把语言与文化的融汇结合，可以将隐含在方言中非物质文化遗产成分好好地保存起来，并得以传播。

方言的多元与书面语言的统一，构成了中国文化多元一体的特点，这也是中国文化的生命力所在。《中国方言民俗图典》及《中国语言文化典藏》的努力对方言的抢救、保护，不仅是语言学意义上的一次重大行动，也是对我们民族文化传统的重要贡献。方言文化大词典超出方言学本身，具有跨学科语境研究的开拓性，在记录方言过程中，有意识地纳入更多语境的成分，并吸收人类学、社会学、民俗学等的方法、经验、观点，做

到了更有意义地记录传统文化的行为。在释义上重视方言词条的文化释义，兼顾文学性。这样可以克服传统方言词典释义过于简单，同时比起《图典》《典藏》在篇幅上限制，《客家方言文化大词典》在收条与释义上的将有更多自由发挥的空间。

参考文献

［1］曹志耘，2017.中国语言文化典藏：序［M］.北京：商务印书馆.
［2］侯精一，李守业，曹志耘，2016.方言与民俗研究结合的有益尝试——"中国方言民俗图典系列"总序［J］.语文建设（2）.
［3］黄高超，严修鸿，吴文治，2022.基于汉语方言调查记录的传统知识研究［J］.文化遗产（1）.
［4］黄雪贞，1995.梅县方言词典［M］.南京：江苏教育出版社.
［5］王德春，1991.国俗语义学和《汉语国俗词典》［J］.辞书研究（2）.
［6］王洪君，2018-04-20.观风物，品乡情——《梅州方言民俗图典》读后［N］.语言文字报（4）.
［7］谢有顺，2018.成为小说家［M］.太原：北岳文艺出版社.
［8］严修鸿，侯小英，黄纯彬，2014.梅州方言民俗图典［M］.北京：语文出版社.
［9］严修鸿，邱庆生，2017.中国语言文化典藏·连城卷［M］.北京：商务印书馆.

Compilation of the *Cultural Dictionary of Hakka Dialect*

YAN Xiuhong

(Center for Linguistics and Applied Linguistics, Guangdong University of Foreign Studies, Guangdong, 510420)

Abstract: The "Chinese Dialect Folk Customs Atlas" and the "Chinese Language and Culture Collection" are two book series that integrate language and culture for research purposes. Their objectives, concepts, and compilation experiences are noteworthy and merit summarization. In the present circumstances, integrating cultural implications into the compilation of dialect dictionaries can improve their readability and offer a means for cultural conservation. The suggested "Cultural Dictionary of Hakka Dialect" with its expanded selection capacity and the potential inclusion of general vocabulary, can exceed the limitations of the aforementioned book sets.

Key words: Dialects, Chinese Dialect Folklore Atlas, Chinese Language and Culture Collection

谈谈两岸闽南方言辞书的用字问题

王建设[①]

（华侨大学文学院　福建泉州　362011）

【提　要】闽南方言保存了较多不同历史层次的古语词，故闽南方言辞书的用字是一个比较复杂且非常棘手的问题，但又是辞书编纂者不能绕开的问题。两岸在这个问题的处理上有同也有异。本文通过对当代学者所编纂的《国语闽南语对照常用辞典》[②]、《普通话闽南方言词典》、《国台对照活用辞典》[③]、《台湾闽南语词典》（台湾董忠司总编纂，2001年）、《闽南方言大词典》等几部重要词典的用字原则及用字情形的比较，提出个人的一些粗浅看法及处理意见。

【关键词】闽南方言　辞书　用字

闽南方言是一种保留了较多古汉语现象的南方方言。由于历史语音层次不断积淀，文白读音异常丰富，体现在文字上就是俗写字（包括训读字、同音或近音替代字、方言自造字）特别多。对于闽南方言辞书的编写来说，这是一个非常棘手的问题，但又是辞书编纂者不能绕开的问题。近半个世纪以来，海峡两岸的语言工作者陆续推出了一些有影响的闽南方言辞书，在方言用字问题上作出了有益的探索，值得我们好好总结和借鉴。

《国语闽南语对照常用辞典》（蔡培火，1969）可以算得上是较早出版的涉及闽南语的辞书，但书中并未对用字问题作出任何说明。

《普通话闽南方言词典》（厦门大学中国语言文学研究所汉语方言研究室，1982：凡例四）："方言单字条目中的某些字，今用训读字、俗写字或同音字代替，就在俗字后面注明本字。"

《国台对照活用辞典》（吴守礼，2000：凡例【词形】）："本书既非'典'而是'心得'性质的学习语言的记录，绝对不是示'范'，采取雅俗并列的方式。"

《台湾闽南语辞典》（董忠司，2001：凡例八）："本辞典所用汉字，不力求本字，而尽量采取传统共用者，其未有公认汉字写法者（含有音无字或一音多字），除尽量依照

[①]　王建设，华侨大学文学院教授。研究方向为近代汉语与闽南方言。
[②]　"国语"指的是台湾地区所使用的普通话。
[③]　"国"指的是台湾地区所使用的普通话，"台"指的是台湾闽南语。

……《闽南语字汇》以外,选用一般电脑常用文书系统能输出输入的汉字,暂时代用。"

《闽南方言大词典》(周长楫,2006:凡例12):"方言特有词原则上用方言本字书写。但有些僻字、难字或找不到本字的分别用训读字如'要''跟'等等;同音字'某'(妻子)、'查某'(女性)等等;或近音字如'抆'(狠劲揍,打)等等以及方言自造字如'𤆬'(引导,带领;娶)、'迌迌'(玩)等等书写。"

下面,我们来看闽南话几个常用词语的用字对照表:

表1 闽南语常用词语用字对照表

词典	词语						
	₌laŋ	₌kan	₌tʰ ₌kʰa	tʰit/tsʰit ₌tʰo	tsʰuaᵌ	bəʔ/beʔ	tãᵌ
《国语闽南语对照常用辞典》	人 418页	罐/矸 487页	土脚 357页	畅荡 385页	娶 900页	卜 216页	忒 245页
《普通话闽南方言词典》	人(俗) 654页	矸 242页	涂骹 162页	佚佗 798页	𤆬 713页	卜 56页	誕 177页
《国台对照活用辞典》	人 2076页	矸 181页	塗骹 429页	彳亍 1809页	娶 1431页	欲 105页	耽/誕 2232页
《台湾闽南语辞典》	人(字或作"侬") 799页	矸 569页	塗跤 1458页	佚陶 1446页	𤆬 302页	欲 54页	耽 1282页
《闽南方言大词典》	人 453页	矸 383页	涂骹 98页	迌迌 586页	娶 85页	要 693页	誕 509页

从表1可以看出,在用字问题上,5部工具书的处理方法各有特色,因此结果也不大一样。虽说有完全一样的(如第1与第2列例字),但毕竟是少数,更多的是有同有异(第3、5、6、7列例字),有的甚至完全不同(如第4列例字)。归纳起来,大致有如下几种情况:

(1)采用本字,如"塗(涂)骹";

(2)采用训读字,如"人""土脚""娶""欲""要";

(3)采用同音或近音替代字,如"矸""跤""畅荡""佚佗(陶)""彳亍""卜""忒""耽/誕""誕";

(4)采用方言字或自造字,如"迌迌""𤆬""𠁞"。

其中,用得最多的是采用同音或近音替代字。

那么,在方言词典的编写中,应该坚持哪些用字原则呢?多年来,由于参与编纂方言志和方言词典,笔者对该问题比较关注,也形成了个人的一些看法。

1. 本字优先

所谓"本字",就是方言词最初的书面形式。而要科学探求方言语源,就必须依据古今声韵转变规律,因声求义,以义正声,以古语证今语,以今语通古语(详见章炳麟

《新方言·序》）。简言之就是要"音准义合"。对方言词典的编纂来说，科学性应放在第一位，优先采用本字正是科学性的体现。如果在汉字使用上没有一定的要求，随心所欲滥用训读字或同音、近音替代字，将会给方言的书面化带来严重的混乱。方言词典对所收录的方言词就带有追本溯源的任务，所以，在尽量吸收前人与时贤研究成果的基础上，坚持"音准义合"的考证标准，通过科学方法考证本字并加以采用是理所应当的。例如上表所列的 $_-$kan（矸）与tã²（忕、耽、誕、诞）均为闽南方言常用词，深入分析一下音义就可发现，表中所列汉字都不是本字，而只是代用字。诸如此类的词语尚有不少，有待方言学者进一步下功夫考证。

当然，应该强调的是，有本字不见得就非用本字不可。例如，$_-$laŋ的本字为"侬"或"农"，但是人们已经习惯采用"人"，不妨在注明"侬""农"与"人"的关系的前提下，尊重约定俗成的用字习惯。对于一些失去生命力的冷僻字、异体字，也完全可以采用替代的方式。但是，对于 $_-$k'a的写法，笔者则认为，用本字"骸"就比用训读字"脚"或"骸"的异体字"跤"好：因为"脚"在闽南话中读作kioʔ$_-$，是"角色"的意思，若既读kioʔ$_-$又读 $_-$k'a，容易造成混淆；"跤"在古籍中虽为"骸"的异体字，但"跤"人们已经习惯读作 $_-$kau（摔跤），使用起来同样会产生混淆。

当本字不止一个时（如上面提到的 $_-$laŋ的本字就有两个），可以像《闽南方言大词典》（第453页）那样，采取并存的方式："人，……有人认为本字是'农'，……也有人认为本字是'侬'。"当个别方言词繁、简表义有别时，建议适当区别。如"塗"与"涂"今普通话已经合并为"涂"，但在方言中"塗"t'ɔ$_=$（泥土）与"涂"$_=$tɔ（涂抹）音义有别，最好并存。

2. 谨慎采用训读字

所谓"训读字"，就是同义换读：只取汉字的字义（同义或近义）而替换成方言的读音。如上面所举的"罐"（瓶子）、"土脚"、"欲"、"要"、"娶"等就都属于训读字。实际上，闽南方言常使用的训读字，有许多是有本字的，只是由于本字不明或冷僻，或者担心一词多音容易读错（明刊闽南方言戏文常使用训读字的主要原因），故民间常不用本字，而使用训读字，形成了一种特殊的张冠李戴的用字习惯。

从表1各词典使用汉字的情况看，5部词典中，蔡培火本所使用的训读字是最多的，这是因为该词典出版较早，许多闽南方言的本字还没被考证出来。随着闽南方言考本字工作的不断深入，20世纪80年代以后出版的另外四部闽南方言词典中，训读字的使用就明显减少了。

3. 适当采用同音、近音替代字

对于本字不明或没有本字（如某些象声词、联绵词等），采用同音、近音替代字是必要的，也可以说是没有办法的办法，但最好要尊重地方的用字传统和习惯。

例如t'it$_-$/ts'it$_-$ $_=$t'o（玩耍）一词，表1就列出了5种写法。第1种的"畅荡"和第3种的"彳亍"音义均离得较远，明显不合适；第2种的"佚佗"和第4种的"佚陶"就比较合适。在明刊闽南方言戏文中"玩耍"一词有"得桃""乞头""乞桃"等多种写法。由于这是个联绵词，所以写法并不太固定。如明本《荔镜记》第四十五出《收监送饭》："〔净〕乌龟十种，且将就你，带着你好汉，且入许栈内去坐，唱曲得桃。"明刊闽南戏曲《满天春》之六《寻三官娘》："〔外〕委得不知，那卜知亦来寻尔乞桃一二番。"今天，该词已经变读为 t'it₈ ₅t'o（泉州、台湾多用）或［ts'it₈ ₅t'o］（厦门、漳州、台湾多用），所以字形跟着有所变化也是可以的。

4. 采用方言自造字

由于方言词语的特殊性（有些方言特有词在古今汉字中找不到相应的写法），自造部分方言字并使用是不可避免的。但是，在采用方言字时，同样要尊重地方的用字传统和习惯，自造方言字则应注意不要滥造。例如 bəʔ₈/beʔ₈（"要"之义），有两种辞书用音近借字"卜"，另有两种辞书用训读字"欲"或"要"，但《国台对照活用辞典》却另造了一个"欶"。其实，明刊闽南方言戏文中表达该义常用的就是"卜"，完全没有必要再造新字。如明本《荔镜记》第二出《辞亲赴任》："【菊花新】〔末丑〕今旦仔儿卜起里，未知值日返乡里？夫妻二人老年巳，仔儿卜去，毣我心悲。"明刊闽南戏曲《满天春》之七《蒙正冒雪归窑》："〔生〕卜别离就来别离。〔旦〕我卜共尔相离久久了，那是不好说。亦罢，既卜离阮，就着写离书来度阮。"

表1的 t'it₈ /ts'it₈ ₅t'o（玩耍）一词的第5种写法"迌迌"，应该是流行于台湾地区的写法（即台湾民众独创的方言字，"迌"虽见于《玉篇》："他没切，狡诈貌"，但音、义无涉）。有人用"蹉跎岁月"来解释"迌迌"的造字理据，其实很难成立，因为把"玩耍"与"蹉跎岁月"等同是难以让人普遍认同的。

又如 ts'ua²（娶亲之义），有3种辞书用的是训读字"娶"，有2种辞书用的是方言字"毣"。"毣"的写法早在明刊闽南方言戏文中就出现了，已经成为本地民众喜闻乐见的书写形式，我们为何弃而不用呢？如明刊闽南戏曲《满天春》之六《寻三官娘》："〔旦〕今卜值时毣？〔外〕明昏就卜毣。"

闽南方言辞书的用字问题是个见仁见智的问题，要取得一致的意见并不容易。以上是个人对该问题的一些粗浅看法，不当之处，请方家批评指正。

参考文献

[1] 蔡培火, 1969. 国语闽南语对照常用辞典 [M]. 台北：正中书局.
[2] 董忠司, 2001. 台湾闽南语辞典 [M]. 台北：五南图书出版股份有限公司.
[3] 广东省潮剧发展与改革基金会. 明本潮州戏文五种 [M]. 广州：广东人民出版社, 1985.
[4] 泉州地方戏曲研究社编, 龙彼得辑, 1995. 明刊闽南戏曲弦管选本三种 [M]. 北京：中国戏曲出版社.
[5] 吴守礼, 2000. 国台对照活用辞典 [M]. 台北：远流出版事业股份有限公司.
[6] 厦门大学中国语言文学研究所汉语方言研究室, 1982. 普通话闽南方言词典 [M]. 福

州：福建人民出版社．

[7] 詹伯慧，2004.关于方言词的用字问题［A］.庆祝《中国语文》创刊50周年论文集［C］.北京：商务印书馆．

[8] 周长楫，2006.闽南方言大词典［M］.福州：福建人民出版社．

[9] 周长楫，2015.编写闽南话词典的用字问题［M］//甘于恩.南方语言学：第八辑.广州：暨南大学出版社：149–153.

A Study of the Wordings in the Minnan Dialect Dictionaries across the Straits

WANG Jianshe

(College of Humanities of Huaqiao University, Quanzhou, Fujian, 362011)

Abstract: The Minnan dialect has preserved many ancient words of different historica levels, so the wordings in the Minnan dialect dictionaries are quite a complex and Gordian knot, and are also the problem that dictionary compilers cannot bypass. There are similarities and differences in the handlings of this issue across the Straits. By comparing and contrasting the wordings in some important dictionaries such as Comparative Dictionary of Mandarin-Hokkien Frequently-Used Words, Putonghua-Hokkien Dialect Dictionary, Mandarin-Hokkien Contrastive Dictionary, TaiwanMinnan Dialect Dictionary, and Minnan Dialect Dictionary by contemporary scholars, the author advances some views and methods to handle the hard nuts.

Key words: Minnan Dialect, Dictionary, Wording

《新潮汕字典》编撰中若干问题探索

张晓山[①]

(暨南大学汉语方言研究中心　广东广州　510632)

【提　要】这是笔者写的有关《新潮汕字典》编撰中若干问题的第三篇,与前两篇不同的是,第一篇把《新潮汕字典》编撰中思考过的几个问题作了一番探讨,第二篇侧重于说明思考探讨过的某些问题在字典中是如何处理的,这一篇着重摆一摆《新潮汕字典》中不同于以往字典的一些考虑和尝试。全文共分四个部分:一、明确字头级差与部首确定,方便学习和使用;二、沟通方言字典与方言词典,突出潮汕方言文化特色;三、对接潮州话与普通话,促进潮州话和普通话顺畅转换;四、联结潮汕与汕尾,延展字典服务境域。

【关键词】字典　潮州话　普通话　文化　汕尾

编撰《新潮汕字典》[②]的工作,是从修订中山大学已故李新魁教授编写的《普通话潮州方言常用字典》[③](以下简称《常用字典》)起头的。由于《常用字典》编写于20世纪70年代,其内容和编纂思想有着明显的时代局限性,要修订就必须突破其制约,如何突破也就成为笔者那段时间心心念念的重大问题。后来修订《常用字典》转为新编《新潮汕字典》,但"突破"仍是重中之重,只不过"突破"的不再仅是《常用字典》,而是更大范围的、有别于一般字典常规的内容、方法、编排等。根据多年使用字典的心得,对比已出版的多部字典,结合当时语文应用的现状,笔者对大到整部字典的内容收纳、架构编排,小到体现编辑意图的各种符号的选用,具体到版面设计、字头的字体等,想法很多,也作了各种有别于以往字典的尝试探索,力求编出富有特色而又方便实用的《新潮汕字典》来。具体细节讲起来繁琐,这里摆一摆几个大的方面,说一说其中的考虑。

[①] 张晓山,博士,退休人员,暨南大学汉语方言研究中心研究员。
[②] 张晓山编:《新潮汕字典》,广东人民出版社,2009年。
[③] 李新魁:《普通话潮汕方言常用字典》,广东人民出版社,1979年。笔者曾在其他文章中凭记忆将出版年份写为1975年,在此予以纠正,并向读者致以歉意。

一、明确字头级差与部首确定，方便学习和使用

接手编《新潮汕字典》的时候，社会上少年儿童对电脑、手机的使用增多，汉字书写能力下降；电脑输入法繁多混乱，胡乱拆解汉字结构的情况比比皆是，有意无意破坏了人们对汉字形体的整体认知；学校里汉字基础知识教育缺失，学生缺乏正确的汉字观念等等，问题不少。我想，字典必须回应现实的需要，既然受命编字典，对上述现象就不能熟视无睹，而是必须在字典中作出反应，为有针对性地纠偏提供支持；同时感到，纠偏应该从小抓起，注意培养少年儿童语文能力。故而在编撰《新潮汕字典》过程中，就有意识地向低龄儿童的学习需要延伸，在汉字的形体结构方面突破一般字典编纂的常规，尝试安排了一些以往字典所不曾有的内容，企盼通过这些内容和方法的传习，引导孩子们从小正确认识汉字、掌握常用汉字的正确书写习惯和检索习惯。

首先是根据国家语言文字工作委员会、中华人民共和国新闻出版署1988年3月25日发布的《现代汉语通用字表》和国家语言文字工作委员会、国家教育委员会1988年1月26日发布的《现代汉语常用字表》，对7000个通用字和3500个常用字、次常用字分别用星号"*""**""***"做出标示；第2版又根据国务院2013年6月5日颁布的《通用规范汉字表》中所收的一级字和二级字分别用星号"*"和"**"做出标示。

其次是按照国家语言文字工作委员会、中华人民共和国新闻出版署1997年4月7日发布的《现代汉语通用字笔顺规范》，所有字头按起笔横"一"竖"丨"撇"丿"点"丶"折"⁊"排序，对《现代汉语常用字表》中所收的每个常用字、次常用字列出跟随式笔顺，第2版对《通用规范汉字表》中所收的一级字列出跟随式笔顺，对笔画比较特别的一些字的笔顺也根据需要酌情列出。

再次是参考1964年6月由文化部、教育部、中国文字改革委员会、中国社会科学院语言研究所汉字查字法整理工作组提出的《部首查字法（草案）》和1997年12月国家语言文字工作委员会发布的《信息处理用GB13000.1字符集汉字部件规范》，为本字典确立的195个部首专门撰写了《本字典部首的确定方法和部首总目》，对部首的确定提出了具体的操作方法，对每个部首给出了专有的名称。

上述3项内容，就当时目力所及，坊间的字典基本没有涉及或甚少涉及。虽然中华人民共和国文化部和中国文字改革委员会早于1965年1月30日就联合发布了《印刷通用汉字字形表》，明确了汉字的规范笔顺，但此时大部分字典的字头还是按照起笔点"丶"横"一"竖"丨"撇"丿"折"⁊"排序。

《新潮汕字典》标注通用字、常用字（一级字）、次常用字（二级字）的目的，主要考虑学习应用的需要。对学习来说，可以根据学习者所处的不同层次，按每个字的不同使用频度，框定学习重点，切实将力量用在刀刃上；从应用上看，通用字基本满足现代社会语言文字生活的绝大部分需要，常用字（一级字）主要满足基础教育和文化普及的

基本用字需要，次常用字（二级字）主要满足出版印刷、辞书编纂和信息处理等方面的一般用字需要。有了这样的分类，就能避免在浩如烟海的汉字面前漫无头绪，为读者的不同选择提供指引，特别有利于低年级学生家长和教师的教学需要和扫盲的需要。正确书写笔顺是正确认识、掌握汉字间架结构的基础，是提高汉字书写速度的基础，是写出端正、美观汉字的基础。按照专家的观点，汉字笔顺的实用价值有语文教学、传承文化、查询辞书、出版印刷和信息处理五大功用；而养成良好汉字书写方式和习惯，还对少年儿童培养良好心理素质和人格特征具有重要意义。所以，在《新潮汕字典》中安排笔顺的内容既有理论支撑，也有现实需要。但上述两项内容如何呈现在字典中却让人煞费苦心，版面设计换了好几次，最后仍然无法将14笔以上的汉字逐一列出跟随式笔画。而且就这十几年的使用情况看，这两项内容发挥的作用与现实需要和初心企盼还是有相当距离的，甚至有人曾当面指出，这两项内容就是"鸡肋"，如果去掉了，《新潮汕字典》会更好！我寻思，这可能跟定位不准确有关系，如果想让这两项内容更好发挥作用，应该有一些拓展深化的配套，如常用字的释义、组词、用例应该加强等。但这样一来，整部字典可能就给人内容凌乱的感觉。所以，编纂字典时如何回应现实需要，确实要好好斟酌，不仅要考虑需要，还应该考虑实用；不仅要考虑特点突出，还应该考虑普遍适用。

自从许慎的《说文解字》首创部首编排法以来，按部首编排字头就成为我国字典编纂的主要方法。但历来各家对部首的划分采取的原则并不一致，有的用造字法原则，有的用检字法原则；各家根据不同原则划分出来的部首及其个数也不尽相同，如《说文解字》540部、《康熙字典》214部、《汉语大字典》200部、早期的《新华字典》189部、《北京语音潮州方音注音新字典》[①]（以下简称《新字典》）203部、《常用字典》183部等，这些部首是如何确定的并不明确，而且除成字部首外，其他的部首在字典中都没有具体的叫法，不仅给汉字教学检索带来不便，也不能适应现代语言文字规范化、标准化的要求。虽然中国文字改革委员会和国家出版局于1983年联合印发了《汉字统一部首表（草案）》（2009年，中华人民共和国教育部和国家语言文字工作委员会将其改为《汉字部首表》），但这个部首表不仅部首数量过多，而且分类过细，简繁混杂，归类交叉，查检不便，实际效果不尽人意。如按照这个操作，某些字头就可以有不同的部首分拆，归入多个部首之中，像《新华字典》，"鸡"可以分布在"又"和"鸟"两个部首；而"载"和"戴"结构相同，却分别分布在"戈"、"车"和"十"、"戈"两个部首，使人对部首如何确定不甚了了，无所适从，教学使用难以操作。针对上述问题，笔者专门为《新潮汕字典》撰写了《本字典部首的确定方法和部首总目》，提出了确定部首的具体操作方法，涉及3个方面。一是确定拆分汉字构成部件的原则：相离、相接的部件可拆，交重的不拆，极少数不影响结构和笔数的笔画搭挂按相接处理；二是确定拆分汉字构成部件的顺序：先

[①] 北京语音潮州方音新字典编辑委员会编：《北京语音潮州方音新字典》，广东人民出版社，1957年。

左后右、先上后下、先外后内、先多后单；三是对汉字的各种形体结构类型如独体结构、左右结构、上下结构、半包围结构、全包围结构、镶嵌式结构、左中右结构、多层上下结构等提出了拆分部件、确定部首的具体方法并举例说明，从而使部首的确定和查找有了可遵循的依据和可操作的步骤。按照这样的方法，每个字头都只分布在1个部首位置，如上述的"鸡"归"又"部，"载"和"戴"统一归"十"部，没有第二个位置，定位明确，杜绝两可，方便查找，很受欢迎。而对经修订变通确立的本字典的195个部首，每一个都给出了明确的名称，对其中某些多音字的部首，还在注释里提示了选定的读音。这样给每个部首规定了名称，至少有几个好处：一是便于部首的规范称说，二是方便完整系统认识部首，三是有助于记忆字形、了解字义，四是利于识别纠正错别字。目前来看，这方面的内容实用性比较明显，使用比较多，评价也比较好。

二、沟通方言字典与方言词典，突出潮汕方言文化特色

字典是汉语所特有的一种工具书，它以记录汉语的汉字为收录对象，按一定顺序编排，对每一个汉字的形体、读音、意义和用法进行解释说明。它可以有不同的分类，不同类型的字典有不同的定位和编纂方法，服务于不同的对象或不同的区域。《新潮汕字典》定位为服务于潮汕地区的标注潮汕方言音读的普通语文字典。作为普通语文字典，它以《新华字典》为蓝本，受普通语文字典的规范所制约，具有普通语文字典的一切要素和特点，对通用字的形、音、义进行全面解释是它的内在要求；但它又是服务于潮汕地区的字典，除了方言音读之外，人们有充分的理由要求它提供更多的有关方言和地方文化方面的内容，而这恰恰是以往服务于潮汕地区的字典所欠缺的。詹伯慧教授（2006）曾经指出："以往广东省也曾出版过以《新华字典》为蓝本，在每个字目下加注方言读音的字典。其实这类字典只能说是加注方言音读的共同语（普通话）字典，称之为方言字典是不贴切的。这类字典既然以共同语为收录的对象，尽管加注了方言读音，从字典的体例上出发，在共同语中没有出现的方言词语也就无缘挤进字典中来了。"这里提到"方言字典"，强调的是这类字典该有的方言属性，即服务于方言区的字典，不能不考虑方言词语等因素。

但是，按照一般的认识，字典和词典毕竟还是有所不同的。字典收录的是单字，从字的形体入手，重点解释字的形、音、义，"解形"，也就是分析汉字的形体结构、考究汉字的源流演变是它的主要任务之一；词典收录的则是口语中的词，主要说明词的概念、意义和用法，对记录固定词型的汉字形体是基本不予关注的。"解字"和"释词"可以说是两者的根本区别。汉字记录的是一个音节，绝大多数情况下记录一个语素，大多数情况下记录一个单音节词，特别的情况下，单独一个汉字可能是没有意义的；而口语中的词，不论是单音节、双音节甚至多音节，其音义都是完整的，双音节以上的词，需要用两个以上的汉字才能够记录定型，而它的意义，很少是两个以上汉字的简单组合，很难

就单独的几个字的意义来解释这个词。字典的编纂以单字起头，不管其意义或来源如何，只要形体一致，就立为一个字头。当一个字头是一个单音词时，字与词合而为一，从这个意义上说，字典也可以看作是单音词词典。有的字典也附带解释一些复音词语，这可以看作对用例的强调和解释，目的还是为了说明字头的意义和用法。词典也以单字起头，先解释字头，由单字带出一系列词语，然后逐条解释所列词语。但词典的字头，形同而音、义不同，形、义同而音不同，形、音同而义没有联系等情况要视为不同的词，要分立多个字头，这一点与字典有着明显的不同。而实际上，除了没有汉字形体方面的分析之外，词典字头部分的解释基本就是一部字典的主架，它具有的功能与字典的功能实无二致。这样看来，字典与词典虽侧重点各有不同，但在以单字起头并解释字义、都收录复音词等方面却是相通的。所以，笔者在《新潮汕字典》的编纂中，就有意识地利用这一点，尝试沟通字典和词典，把《新潮汕字典》当单音词词典来编，力求在更充分体现潮汕地区方言文化特色方面有所突破。

首先是收录方言字词。以往的服务于潮汕地区的字典，如前述《新字典》和《常用字典》，也都有收录方言字，但数量不多，也就"冇〔pan³〕①""呾〔dan³〕""囝〔gian²〕""𫧃〔bhoi⁶〕"等十几二十个，连学界意见比较一致的"凊〔cing³〕""囥〔keng³〕""瘖〔sang²〕""飲〔am²〕"等都没有收录。《新潮汕字典》收录了各类方言字300来个，包括自造字、转用字、借用字等②，其中也包括一些"本字"。"本字"古已有之，其本质实际上是记录方言口语词的字，只因历史演化造成现实形音义脱节，加上普通话基本不用，使人以为潮州话中有音无字，但只要把形音义的联系给明晰出来，这个让人没想到的字与音义一挂钩，那就成了这个方言词的"本字"，如："何〔uaʔ⁵〕（奈何）""及〔giab⁸〕（追赶、驱赶、清除）""成〔cian⁵〕（造成、使成）""业〔ghiab⁸〕（勤快、经常）"等都是这样。收录这么些方言字进来有两点考虑：一是需一定的数量，数量少不足以反映方言特点，数量过多则可能影响使用效果；二是除极个别属于联绵词音节外，其他的都是潮汕地区人们日常口语中能说、常说的单音节词。当方言字占有一定分量，方言单音节词以及由其产生的复音词也就自然而然地增多起来，"方言词语"也就能够挤进"方言字典"中来了。潮州话的方言字其实还有很多，并不限于收录进来的区区300个，像以往十五音一类字书所收的方言字就很多，但需要仔细甄别吸纳。民间在用的方言字也不少，但未曾全面调查收集，即使方言字数量多，也不敢多收。从实际使用效果来看，还可以酌情再扩大一点收录比重。

其次是补充方言词义。大部分通用汉字基本上都是单音节词，普通话在用，潮州话也在用，很多情况下意义是相同的，读音也呈规律性对应；但有时潮州话却比普通话多了些不同的意义和用法，有时候甚至连读音也不符合对应规律。以往的潮州音字典，一

---

① 本文中的潮州话读音采用《潮州话拼音方案》中的拼音字母标示，字后的注音用"〔 〕"括起来。
② 关于潮州话方言字的类型，可参看张晓山的《〈新潮汕字典〉编撰中若干问题的处理》，载甘于恩主编《南方语言学》（第三辑），暨南大学出版社，2011。

般只管通用的部分，对潮州话多出来的意义和用法基本是不管的，《新潮汕字典》则对不同的情况，采取不同的办法体现方言意义。一是对读音不对应的字头单立潮州话音项，将其表达的意义列在本音项下。如前述的"及"，与普通话音义相对应的列为第一音项jí〔gib⁸〕，第二音项只标潮州话读音〔giab⁸〕，表示"追赶、驱赶、清除"等意义。二是对普通话、潮州话通用的意义，则在通用义项中补充潮州话用例，说明此义项潮州话与普通话通用，如"直"字头，其义项"❸爽快，坦率"举了通用例"～言│心～口快"，后面紧接着补充潮州话用例"白～│土～│人～"。三是对潮州话多出来的意义和用法，就在通用义项之后增加潮州话义项，如"古"字头，通用义项有3个，后面增加了潮州话义项"❹故事：学～（讲故事）。❺连环画册：借本～来看。"四是对普通话、潮州话通用的意义或新增加的潮州话义项，还可以通过组合新词，专列词条解释新义，如"泵"，普通话指一种机械装置，是一个名词，潮州话除了也指机械装置外，还用为使用机械装置的动词，单靠义项释义和举例显得不够完整，于是就单列了"风泵"的词条，解释为"打气筒"，说明潮州话和普通话一样用为名词；单列"泵风"的词条，解释为"打气。喻说没有根据、无法实现的话"，说明潮州话与普通话的不同。这样把方言的意义和用法标明之后，《新潮汕字典》就不仅是普通话单音词字典，也可以是潮州话单音词字典了。

第三是扩充方言词语。增收方言字是扩充单音节方言词的一种办法，但单靠这种方法则能产性比较弱，而且缺少复音词的增量，而潮州话中，某些字头有相当的组合能力和搭配功能，可以成批量地形成有代表性的、比较有方言特点、与普通话有一定区别的口语复音词或短语，这恰恰是潮州话方言特点的重要体现。但以往的潮州音字典，基本上不收方言复音词或短语，让人只看到某个字头所代表的词与普通话相同的一面，而看不到其中相异的一面，更看不到这些字头所代表的词在潮州话中的活跃程度，这对于学习潮州话或了解潮州话来说，不能不说是一种缺陷。《新潮汕字典》在编纂上作了一些探索，酌情收录了这一类复音词或短语，以更全面地表现潮州话的特点。如"冬"普通话的意义主要是"冬季"，潮州话则有"冬情（一年的收成情况）""收冬（收割）""大冬（丰年）"等十来种不同于普通话的组合和意义；"肚"在普通话有dǔ和dù两个读音，潮州话相对应也有〔dou⁶〕和〔dou²〕两个读音，其中第2个读音在普通话和潮州话中都主要指"腹部"，但潮州话组合的词则有了更多的意义，如"肚内（肠胃、内心、懂事）""肚囝（顾客）""肚腹（肠胃、内心）"等。这类词语的收录，增强了字头的方言特点，扩大了方言复音词的分量，字典与词典的界限由此变得没那么明显，沟通彼此也就成了自然而然的事情。

第四是新撰文化词条。新撰、收录地方文化词条可以说是《新潮汕字典》的一大突破。由于语言和文化的密切关系，地方文化的特点必然会在方言词语中体现出来，而如果对地方文化的内容无所了解，那么对方言词语的理解也就会半懂不懂，不甚了了。如"韩"字，在《新华字典》中只解释为"战国国名"，在《中华字典》中又增加了"大韩民国的简称"的义项，但根据"韩"字的这两个意义，根本无法理解潮州话中"韩江""韩山""韩祠""景韩楼"等词语，因为这几个词语中的"韩"，实际上包含着"与韩愈有关的"这样的意思，具体的意义还得根据相关的词语来确定。由于"韩愈"是解释理解这些词语的关键，我们专门为此撰写了"韩愈"的词条，作为对字头意义的补充并帮助对相关词语的解释。地方文化词条除了帮助解释、理解方言词语外，以词条的形式进入字典又使得地方文化借助方言词语的载体得到展现和保护，这是两全其美的好事。按照笔者原来的想法，潮汕地区比较有地方特色的文化现象很多，可以分成名称、遗存、事件、人物、名胜、建筑、文献、饮食、艺文、民俗等类型，分别撰写出相关的词条，编进字典里面，从而达到通过语词反映地方文化、体现潮州话和潮汕文化特点的目的。但当时因为时间比较紧，撰写这类词条又非常耗神耗时，故只撰写了"工夫茶""出花园""五谷主""韩愈""返沙"等十几二十条，现在看来，字典中还可以增加部分文化词条。

三、对接潮州话与普通话，促进潮州话和普通话顺畅转换

不少人认为，在方言区推广普通话，最好是减少甚至杜绝方言的影响，不要讲方言，只讲普通话，这样能够收到立竿见影的推普效果。最典型的行为就是，在方言区学校里禁绝说方言，土生土长的本地人让小孩从小只说普通话，不说方言。前些年，这样的情况在很多地方都发生过，潮汕地区也不例外。这真的能够有好的推普效果吗？我甚不以为然。众所周知，推广普通话不是要消灭方言，方言仍要与普通话共同发挥不同的交际作用；方言作为一种宝贵的资源，不仅不能限制，反而必须与普通话一样重视和传承，学好用好。在方言是母语、是日常生活环境的主要交际工具的情况下，盲目地只说普通话而不说方言，这样的普通话只会是"方言普通话"——因为整个语言环境对你施加的影响是你所摆脱不了的，你操的仍是方言的口音，你会把方言的词语用法带进你的普通话中，你可能改变不了方言的说话习惯，诸如此类，当你区别不了哪些是方言，哪些是普通话，就会混淆两者之间的区别，很大程度上就会把方言当成普通话来用。所以，学习普通话必须了解方言，以免错把方言当普通话使用；同时，推广普通话也必须针对方言的特点，有的放矢，才能取得事半功倍的效果。无视方言的存在，普通话的学习推广都难以落到实处；把普通话和方言联系起来，相互对接，形成交集，凸显差异，对应转换，才是普通话学习推广的关键点和着力点。

方言与普通话的差异，并不仅限于过去所认识的语音，词汇之间的不同恐怕比语音更有过之而无不及，何况语音的不同也主要体现在词的读音上，所以词是方言与普通话联系的主要方面。作为主要记录单音节词的汉字，具有形、音、义等要素，一般的语文字典，都会围绕这几个方面安排内容，进行说明解释；如果是"方言字典"，则这几个方面就都会涉及到方言与普通话对接的问题。以往的方言音读字典标注字的方言读音和

普通话读音并形成对应,这显然是不够的,但却是首要和必须的,这一点没有任何可怀疑的空间。至于字形与字义的关系,就笼而统之的说法,方言与普通话之间存在着形同义同、形同义异、义同形异等关系:所谓"形同义同",是指同一个字或词,在方言和普通话中意义一致,用法相同,没有区别,如"雨"在潮州话和普通话都指空中滴落的水滴,"写"都指用笔在纸或其他东西上做字。所谓"形同义异",是指同一个字或词在方言和普通话中的意义各不相同,情况比较复杂,可以是同一个字或词,方言和普通话的意义完全不同,如"走",潮州话指跑、逃跑,普通话指走路、步行,"床"潮州话指桌子、台,普通话指供睡卧的家具或设置;可以是同一个字或词,方言和普通话有部分意义相同,也有部分意义不同,如"税",潮州话和普通话都有"国家依法征收的货币或实物"的意义,但潮州话中还有"租用、出租"的意义;加在身体某处的动作,普通话用"戴",潮州话用"戴"和"挂",普通话"戴"的适用范围更广;还可以是同一个字或词,方言和普通话核心意义相同,但附加意义如适用范围、语体色彩等方面有细微差别,如"沃",潮州话和普通话都有"浇"的意义,但普通话主要用于书面语,潮州话用于口语;这层关系若细分还可以分出很多类型来。所谓"义同形异",就是同样的意义,潮州话和普通话用来记录的字或词明显不同,可以是一对一,也可以一对多,甚至是多对多,如"口里咀嚼食物的器官",单用时潮州话用"齿",普通话用"牙";"用剪子剪",潮州话用"铰",普通话可以用"剪",也可以用"铰",还可以用"裁";吸烟的动作,潮州话用"食""吸〔guh⁴〕",普通话用"抽""吸xī〔kib⁴〕"。而实际应用中,方言与普通话之间的关系并非如上述那般清晰,异中有同、同中有异、相互交叉、难以缕析是一种常态;如果再把语音的因素同时考虑进去,那情况就更为复杂了。

　　以往服务于潮汕地区的字典,虽然标注了潮州话读音,也收录了一些方言字,但大多只有普通话的释义和用例,基本不涉及上述的复杂关系,对潮州话的特殊意义、潮州话与普通话的异同反映甚少,读者无法从字典中了解潮州话与普通话的差异所在和它们之间的对应关系,以为只要把汉字按普通话读音读出来就可以学好普通话。而字典中没有这些复杂关系的体现和分析,就难以有针对性地发挥推广普通话的作用,也难以满足传承潮州话的需要。《新潮汕字典》作为服务于潮汕地区的潮州话音读字典,既负有帮助潮汕地区群众提高学习使用普通话能力的责任,也负有为潮汕地区群众学习传承潮州话提供工具上的支持的责任,因此潮州话和普通话在字典中就不应该是彼此分开、没有联系的两张皮,而应该重点把潮州话和普通话密切联系起来,对每个字的读音、意义、用法,只要普通话和潮州话有所不同,或者各有什么特别之处,就以普通话为叙述对照基础,尝试用各种方法分别予以明示,从而使各种复杂的关系明晰起来,使两者的对接显现出来,使两者的转换顺畅起来。具体编撰中尝试运用了以下几种方法。

　　一是补充。以往的字典,对同形同义的字或词,一直都默认普通话的用法同为潮州话的用法,以举普通话的例子了事,其实彼此的差异是存在的。潮州话与普通话之间的"同"或"异",在《新潮汕字典》中通过补充潮州话的例子来显示,这种方法主要用于

"形同义同"和"形同义异"附加意义不同的类型。如"死",有"表示达到极点"的意义,举了普通话"乐死了""笑死了"的例子,后面接着举潮州话"野样死""肚困死"的例子;又如"俭"有"节省,不浪费"的意义,普通话举了"勤俭""俭朴"等联合式合成词的例子,不能单用,后边潮州话则举了"俭俭用""掠俭下"的例子,不但可以单用,而且可以重叠,前后的例子一对照,彼此的差异就出来了。

二是提示。提示可以说是《新潮汕字典》编撰的一大特色,用得最多,也最灵活,不管形、音、义哪一方面,只要需要,都可以在释义正文随处提出提示,使提示成为整个词义解释的一部分或有机补充。范围上可以单项提示、多项提示、全条提示,方法上可以单一提示、概括提示、交叉提示、对比提示等(张晓山,2011)。需要指出的是,《新潮汕字典》中的"提示"实际上是个大总括,可以分出很多不同来,几乎包含了这里提到的各种方法,总的目的,就是要点明重点,指出不同,分清差异,指引规范,引起注意,方便对应。这里就指出不同、引起注意方面的提示举两个例子:"期",普通话读阴平调,潮州话读阳平调,很多潮汕人通过类推将普通话也读为阳平调,故提示"普通话不读阳平(第2声)";"公"有"雄性的"意义,在潮州话口语中读〔gang¹〕,但这种读法有一定的条件,所以提示注意"潮州话中读〔gang¹〕不能组词,只能单用,多用于指鱼、虫等"。

三是说明。一个字或词的意义或义项,解释时往往用同义或近义的词语来作释文,但有时候一两个词很难准确把意义表达清楚,特别是在方言特点突出,或潮州话和普通话差别很大的情况下,要把其中的意思体现出来,就必须要加上一些补充说明的词句,或者规定它的范围,或者说明它的用法。《新潮汕字典》中,"说明"有的作为释文的一部分,直接跟在主要词语之后,如"奉"潮州话有"吃"义,其释文"吃。用于骂人或气恼时的祈使句",说明了它的用法;有的放在释文的后面,用括号括起来,如"厚",潮州话有"多"的意义,其释文"多(多指不好的事物)",说明了它的使用范围;有的则独立出来,对整个字进行说明,如"个",在分列了各种读法和十几个义项之后说明:"潮州话中,'个'的读音和用法非常复杂,非常灵活,应该是有不同的来源。但在口语中,人们习惯于当作一个词看。本字典也暂作这样的处理。"

四是比较。区分不同,最好的方法是比较。潮州话内部也好,普通话内部也好,潮州话和普通话之间也好,总有一些需要辨析分清的问题,这时候,比较就派上了用场。如潮州话中,"笭"和"筐"都是用竹子做的、装东西的器具,但两者有所不同,字典中进行了比较:"1. 笭底斜圆,筐底平;2. 笭壁密实,筐壁粗疏;3. 笭可以装细小的东西,甚至淘米,但筐一般只装大的东西,如青菜、地瓜等;4. 笭一般比较大,筐可大可小,大的叫'筐',小的可以有'筐头''筐筛〔kêng¹tai¹〕'等。"又如普通话中,"订"和"定"在某些场合可以通用,但还是有区别的,字典中比较:"订"只表示双方事先有所约定,并不管约定本身能否保证确定不变,强调的是过程;"定"则表示事情业已确定,不会轻易更改,侧重的是结果。再如,普通话的"吃"和潮州话的"食"在"咀嚼食物并吞下"的意义上是相通的,但用法上却并不相同;普通话的"吃"有10个义项,字典中提示"以上义项除❻❼外,其余的潮州话口语中都说'食〔ziah⁸〕'";潮州话的"食"还有喝、吸等意义,所以字典中先把与"吃"不同的意义列出来,然后比较两者的差异:"潮州话中,用作动词的'食'意义和用法相当复杂,大致相当于普通话的'吃',但比吃的应用范围更广。"这样两相比较,差异就明显了。

五是对应。相同的意思,潮州话和普通话用了不同的字或词,构成了"义同形异"的关系,《新潮汕字典》把这种关系对应起来,纯方言词用普通话对应的词释义,普通话词的意义或义项在潮州话中有不同说法的,在释义后标明潮州话相对应的词。有的是一对一,如"俊"普通话有"容貌美丽"的意义,字典中指出"此义潮州话说'雅〔ngia²〕'";又如"侧",普通话有"旁"的意义,字典中指出"此义潮州话多说'坪〔pian⁵〕'",增加了程度方面的限制;再如对指称"弟兄的儿子,同辈亲友的儿子"的"侄",字典中指出"潮州话口语说'孙〔sung¹〕'",明确了适用的语体。有的是一对多,如跟"高"相对的"低",普通话有5个子义项,字典中指出:"1.2.4.5义项潮州话多说'下〔gê⁶〕',3.义项潮州话说'细〔soi³〕'";又如"袋",潮州话和普通话都指"盛东西的器物",同说"布袋""麻袋"等,但潮州话的"网袋"普通话说"网兜"、"皮袋"说"皮包",可见"潮州话'袋'的外延比普通话大,包括普通话的'袋''包''兜'等意义",相当于潮州话一个词对应普通话三个词。这样明晰对应之后,潮州话转换为普通话或普通话转换为潮州话就方便多了。

以上几种方法使用时也不全是截然分开,有时候会混合使用,如"拉"在普通话有"排泄粪便"的意义,举例"拉屎",随后指出潮州话对应的说法"潮州话说'放'",接着提示"普通话不说'拉尿'"——很多潮汕人会因为潮州话说"放尿"就类推普通话说"拉尿"。但不管什么方法,都是为了潮州话和普通话的紧密对接和顺畅转换。

四、联结潮汕与汕尾,延展字典服务境域

《新潮汕字典》的书名是碰瓷《潮汕字典》得来的,是在字典内文编好之后才起的书名,当时想了几个名字,也征求了一些朋友的意见,最后决定采用现名面世。《潮汕字典》是由陈凌千编写、于1935年9月由汕头育新书社出版的、国内第一本由部首笔画检字的标注潮州音的字典,出版之后广受各界欢迎,成为潮汕地区尤其是港澳及东南亚各国潮人社区使用频率最高的潮州音字典,后来又不断修订再版,总印数近70万册。这样大的发行量,说明它在读者中具有很高的美誉度,如果新编字典起跟它相似的名字,在它的前面加一个"新"字,一方面读起来会比较亲切、顺口、好记,也易于联想,方便借力乘势,取得同样好的成绩,这是起名时的一个考虑。另一方面,由于服务潮汕地区的方言音读字典已出版了二十来部,可供选择的名字其实已经不多,最后在"潮州音新字典"和"新潮汕字典"两者中抉择,结果放弃了"潮州音新字典"。因为新编字典的

内容并不限于读音，它不是像詹教授所评价的那样，"是加注方言音读的共同语（普通话）字典"，而是涉及潮州话和普通话在字或词的形、音、义、用等方面的全面对接，如果起名为"潮州音新字典"，则无法准确反映本字典的内容，也抹煞了本字典的特色，所以最终选用了意义上侧重于境域范围的"新潮汕字典"。但这样一来，就牵涉到"潮汕"覆盖不覆盖汕尾的问题。

"潮汕"是"潮汕地区"的简称，一般指称广东省最东端与福建省相接、濒临南海的一片区域，按民间普遍的认知，现今潮州、汕头、揭阳3市的辖域就是"潮汕"的核心地带。这片土地，从公元591年（隋开皇十一年）至民国初年的1000多年间，其名称从叫"潮"开始而后长期被叫做"潮州"——这里的"潮州"，既指治所，即潮州城，也指辖域，即潮州地区，而且更多指的是潮州地区——其由此产生的相应历史文化现象也都冠以潮州之名，如潮剧、潮绣、潮州人、潮州话、潮州菜、潮州歌册、潮州木雕、潮州大锣鼓、潮州七日红、潮州八邑会馆等，历代境域虽迭有大小，但"潮"字当头一直没有改变，"潮汕"的"潮"即由此而来。而"汕"则源于近代汕头市区的形成及崛起，它与汕尾的"汕"是没有关系的。在明代中期即16世纪之前，现汕头市区的所在地还是南海潮涨潮落之处，直到16世纪末此处才逐渐形成海边冲积地，慢慢吸引商贾舟帆来此聚集贸易，并陆续建有炮台、烟墩、税站等，其地名叫"沙汕头〔sua¹ suan³ tao⁵〕""汕头〔suan³ tao⁵〕""沙头〔sua¹ tao⁵〕"的都有，以"沙汕头"居多。1860年（清咸丰九年），"潮州之汕头"被迫对美、英、法、俄等国家开放为通商口岸，称"汕头埠"，"汕头〔suan¹ tao⁵〕"之名至此定型，成为地域实体专名——"沙汕"因潮州话读音声韵相通而合二为一去"沙"留"汕"，"汕"被"沙"的声调所异化，由阴去调变成了阴平调。早期的汕头只是潮州府辖下的一个通商口岸城市，随着其地位的上升，到19世纪末期，在海关和其他文件中开始出现"潮汕"的指称，主要指称潮州府城与汕头埠的关系，有"潮州之汕头""潮州至汕头""潮州与汕头"等含义，并逐渐概指潮州汕头两地乃至潮州地区。到1904年潮汕铁路开建并于1906年建成通行"潮汕号"机车，以及1907年因丁未黄冈起义媒体斥责"潮汕会党"闹事所造成的影响，"潮汕"这个组合得以广泛传播并流行开来，其含义也基本稳定在对"潮州地区"的概指上。1912年，国民政府曾废潮州府设置潮汕安抚使。1949年12月至1952年11月，人民政府曾先后设立过潮汕临时公署、广东省人民政府潮汕区行政督察专员公署、广东省人民政府潮汕专员公署，但时间都很短暂，此后再未有以"潮汕"命名的行政区划。由于缺乏稳定的行政区划和地域实体支撑，"潮汕"一直无法定型为地域实体专名；同时由于"潮汕"的称谓脱胎于"潮州"与"汕头"，使用时很难摆脱对两地个体的联想而影响了专名的排他性，所以在很长一段时间里，"潮汕"的使用一般局限于概指现实地域范围，指称相关的历史文化现象仍多用"潮州"。1991年后，这片区域分立潮州、汕头、揭阳3个地级市，沿用"潮州"之名已无法覆盖全域，因此有心人鼓动用"潮汕"代替"潮州"来指称这片区域，历经多年发展，目前已成大势。也就是说，现在人们口中的"潮汕"，实际上就是过去千年的"潮州"。

这片区域的民众，以闽南方言的地方变体潮州话作为主要通行语言，《新潮汕字典》记录的就是潮州话，服务的也主要是这片区域。

汕尾指称广东省东南沿海珠江三角洲与粤东地区结合部的一片区域，境域东临揭阳，西连惠州，北接河源，南濒南海。这片区域自公元331年（晋咸和六年）即属海丰县管辖，1731年（清雍正九年）从其中析出陆丰县，1988年又从陆丰县析出陆河县，统称"海陆丰"，历史上长期隶属惠州（古循州），1958年至1983年曾一度归汕头地区管辖，1988年独立设汕尾市。汕尾的居民与潮汕的一样，其大部都是从福建迁徙过来的，只不过时间先后有别；两边的生活习俗、饮食习惯、建筑风格等，也大部分相同；更重要的是，汕尾的大部分民众，操的也是闽南方言的地方变体，这种地方变体虽然在辨析度和沟通上未能与潮州话达到畅通无阻的程度，但彼此大约可以互相听懂60%以上，从语音系统的对应来看，汕尾音系统与潮州音系统基本一致，海丰音除个别韵母，如山合三读〔uin〕、通合三江开二读〔iong/ iog〕外，与潮州音也没有大的差别。从这些方面看，把汕尾看作潮汕的一员是合理的。但从行政区划看，历史上汕尾从来就没有纳入潮州的管辖范围，传统上的"潮汕"并不包含汕尾，现时的官方似乎也未考虑将汕尾视为潮汕的一部分，如"潮汕一体化"只包含潮州、汕头、揭阳3市，要将汕尾一起称呼则要称"粤东四市"。从民间的态度看，对汕尾是否属于"潮汕"，潮汕和汕尾有人认同也有人不认同，一般来说，年纪大的认同程度低一些，年轻人则认同程度稍高；海外的潮州会馆不包含汕尾，而深圳的潮商会会长就是汕尾人；国内的大学有潮汕同乡聚会，汕尾的同学一般也都参加。目前的状况是模糊两可，处于发展变化之中。然而形势比人强，国家构建双循环经济发展新格局，区域合作融合尤为重要，依语言人文和地理区域把汕尾市归为潮汕一员，"潮汕地区"包含潮州、汕头、揭阳、汕尾4个市正逐渐成为现实的选择。

但是，在20年前编《新潮汕字典》时，汕尾是否属潮汕似乎并没有现在这样高的关注度，大家各安其分，互不关涉，处于一种不即不离的状态，"潮汕"不"潮汕"的都没有什么关系，所以《新潮汕字典》覆盖不覆盖到汕尾就成了一个问题。覆盖的话，字典名冠以"潮汕"而汕尾并非人们心目中的潮汕，这就有点名不副实了；不覆盖的话，汕尾话与潮州话关联性极强，相似度极高，字典不服务汕尾理不应当。查以往服务潮汕地区的字典，有的覆盖了汕尾、有的却不覆盖，如前述《新字典》是不涉及汕尾的；《常用字典》在凡例中明确把海丰音、陆丰音纳入潮汕方言的范围，在字头下逐一标注不同于汕头市音的海丰音和陆丰音；《（普通话对照）新编潮州音字典》[1]则在书后附录的"潮汕方言韵母内部差异表"把海丰韵母纳入表中，表明海丰话是潮汕方言的一部分。可见，服务潮汕地区的字典是否覆盖汕尾并没有明确的是非依据和规范指引，主要由编纂者根据自己的认知决定，怎么覆盖也各有不同的方式。其实，覆盖不覆盖各有各的道理，必

---

[1] 林伦伦主编《新编潮州音字典（普通话对照）》，汕头大学出版社，1995年。

须要解决的是逻辑自洽问题。《常用字典》出版时汕尾（当时的海陆丰）还属汕头地区管辖，把海陆丰话纳入潮汕方言的范围比较顺理成章。但现在的汕尾是独立的地级市，一般人称"潮汕"也不包含汕尾在内，把汕尾话拉进潮汕方言里来，总让人觉得有点名不正言不顺。所以笔者就想，汕尾与潮汕地域相连，语言相通，民系相亲，为什么就不能是潮汕的一员呢？与其名实不副，不如把话挑明了说：汕尾就是潮汕一伙的，这样方能做到名实相副。于是笔者学习《（普通话对照）新编潮州音字典》的处理方式，在字典后面的附录里安排了"潮汕地区各代表点韵母差异简表"，把海丰作为对比韵母差异的代表点，在语言上肯定了汕尾的潮汕地位；然后又在后面附录的"潮汕地区各市简况及面积、人口、政府驻地一览表"中安排了汕尾市及其所属县、市、区有关土地面积、户籍人口和政府驻地等内容，在区划上肯定了汕尾的潮汕地位；紧接着又在字典的后环衬安排了"潮汕地区地图"，把汕尾市纳进其中，同时还用图中图的形式套入"潮汕地区在广东省的位置图"，在地域上肯定了汕尾的潮汕地位。经过这样处理后，本字典所呈现出来的认知就是：汕尾属于潮汕的一员！逻辑上自洽了，《新潮汕字典》覆盖到汕尾也就理所当然了。本来笔者想还应该增加一些汕尾的文化词条，如"红宫""彭湃""玄武山"等，这样可以更加充实，但正如前面所说，当时时间不太允许，因此也留下了些许遗憾。

《新潮汕字典》从开始编撰到现在已经过了整20年，正式出版也有十几年了，从市场和读者的反映来看，对这部字典肯定的还是居多，但作为编撰者，冷暖得失自知，有些内容、观点、方式、取舍等，还是大有可以改进的空间。本文交代了编撰时的一些考虑和尝试，也探讨了其中的一些问题，无非是总结经验教训，就正于大方之家，为后来者提供一些实操素材和编纂参考，要是还能对字典编纂理论的提炼有所助益，那就是物超所值了。

参考文献

[1] 詹伯慧, 2006. 汉语方言词典编纂中的几个问题 [M]// 詹伯慧. 漫步语坛的第三个脚印——汉语方言与语言应用论集. 增订本. 广州：暨南大学出版社.
[2] 张晓山, 2009. 新潮汕字典：前言. 广州：广东人民出版社.
[3] 张晓山, 2010.《新潮汕字典》编撰中若干问题的思考 [M]// 甘于恩. 南方语言学：第二辑. 广州：暨南大学出版社.
[4] 张晓山, 2011.《新潮汕字典》编撰中若干问题的处理 [M]// 甘于恩. 南方语言学：第三辑. 广州：暨南大学出版社.

Explorations of Some Problems in the Compilation of *New Dictionary of Chaozhou-Shantou Dialect*

ZHANG Xiaoshan

(Chinese Dialect Research Center of Jinan University, Guangzhou, Guangdong, 510632)

Abstract: This is my third article on some problems in the compilation of *New Dictionary of Chaozhou-Shantou Dialect*. Different from the first two articles, this article emphasizes on some considerations and attempts in *New Dictionary of Chaozhou-Shantou Dialect* that are different from the previous dictionaries. The paper is divided into four parts: 1. Make clear prefix differential and radical determination for easy study and use; 2. Communicate character dictionary and word dictionary to highlight the cultural characteristics of Chaozhou-Shantou dialect; 3. Connect Chaozhou dialect and Mandarin to facilitate the smooth conversion; 4. Link up Chaozhou-Shantou and Shanwei to extend the dictionary service coverage.

Keywords: Dictionary, Chaozhou Dialect, Mandarin, Culture, Shanwei

《海丰音字典》的编写及《海丰话拼音方案》的修订

谢立群[①]

(中共海丰县委党史研究室　广东汕尾　516400)

【提　要】《海丰音字典》是海陆丰地区史上第一部方言字典。该字典以第10版《新华字典》为蓝本，参考《新编潮州音字典》制订编写凡例；收字范围包括《新华字典》原有字头，并收录部分方言俗字；方言注音采用海丰话拼音、同音字、反切等方式，注意区别文读音、白读音、又读音、训读音、俗读音；释义增设方言义项，列举反映海丰话最具地方特色的社会历史和人文现象。方言注音符号采用《海丰话拼音方案》，该方案参考《潮州话拼音方案》修改而成，并介绍该方案的一些修订情况。

【关键词】海丰话　潮汕字典《海丰音字典》《海丰话拼音方案》《潮州话拼音方案》

一

海丰县是广东省东南沿海一个历史悠久的县份。东晋咸和六年（331年）设县，北宋熙宁元年（1068年）下设八都。明嘉靖三年（1524年）海丰划出龙溪都，与潮属之惠来都等合置惠来县。清雍正九年（1731年）海丰划出石帆、吉康、坊廓三都置陆丰县。1988年1月，经国务院批准，在原海丰、陆丰两县行政区域上设置地级汕尾市，并析海丰县南部沿海的汕尾、红草、马宫、东涌、田墘、捷胜、遮浪七镇建置城区。2011年5月，海丰县析出西部鲘门、鹅埠、小漠、赤石四镇设立深圳汕尾特别合作区（拥有地级市管理权限），2017年改称深圳市深汕特别合作区，归深圳管理。

海丰话一般指海丰福佬话，通行范围大体上包括海丰县、汕尾市城区全境，深汕特别合作区和陆丰市一些镇村。讲海丰话的人口约110万。

在语言归属上，李新魁教授将其归入潮汕方言，属陆海小片（李新魁，1994：265-266）；《中国语言地图集》归为闽语区闽南片潮汕小片（中国社会科学院语言研究所等，2012：111）。但当地群众对把海丰话列为潮汕话缺乏认同感。潘家懿教授结合多年的方言田野调查情况，认为可把粤东闽语分为粤东东片和粤东西片2个方言大片，粤东东片再可分为汕头小片（包括汕头、潮州、揭阳、澄海、饶平、揭西等地）、潮普小片（包括

[①] 谢立群，1970年生，文学学士，汕尾职业技术学院海陆丰方言文化研究中心特约研究员。研究方向：海陆丰方言与文化。

潮阳、普宁、惠来等地）2个方言小片，粤东西片闽语可分为陆海小片（包括汕尾市城区、海丰县和陆丰市，甲子3镇除外）、惠博小片（包括惠东、惠阳、博罗的部分镇村）2个方言小片。海丰话属粤东闽语西片陆海小片（潘家懿、郑守治，2009）。

海丰话历史上没有方言字书，其读音依据主要是官方韵书，有清一代读书人奉《康熙字典》和《音韵阐微》为圭臬，以其反切拼读出文读音。海丰话文读音本地称"孔子正"，依靠私塾先生等口头传授；流行当地的正字戏、西秦戏在戏棚上的"口白"，也是海丰人接受文读音的一个途径。而本地的白字戏、民间歌谣等则是民众习得白读音的有效途径。

而邻近的潮汕，在1847年曼谷教会就出版了《汉英潮州方言词汇》。在潮汕本土，则于1913年由汕头图书石印社出版了第一本韵表式字典《潮声十五音》，作者是饶平隆都隆城（今属澄海）商人张世珍。其后，揭阳江夏懋亭氏的《汇集雅俗通十五音》（1915年）、陈复衡的《潮汕注音字集》（1928年）、姚弗如的《潮声十七音》（1934年）、刘绎如的《潮声十八音》（1936年）、蒋儒林的《潮语十五音》（1937年）等陆续出版。这类韵书以音检字，可以查到知音而不能写的字，但这类书多不注释字义，也不能以字形查字音。因而以字形检音义的字典便应运而生，特别是1935年出版的陈凌千编著《潮汕字典》，该书用直音法（同音字）和反切注音，并有较为详细的释义，在潮汕地区影响最大。中华人民共和国成立后，广东人民出版社出版了两本影响较大的潮州音字典。一本是吴华重主编的《北京语音潮州方音新字典》（1957年），1983年再版，易名为《潮州音字典》；一本是李新魁编的《普通话潮汕方言常用字典》（1979年），该书收字以《新华字典》为蓝本，简体排印。两本字典发行量较大，在潮汕地区乃至粤东地区都很有影响力（林伦伦，2012：110-156）。之后出版的林伦伦主编的《新编潮州音字典》（1995年）、达甫等编的《潮州音字典》（1996年）、张晓山编的《新潮汕字典》（2009年）也有较大影响力。

民国以来潮汕地区韵书、字典编写出版的繁荣，对海丰影响非常大，民众遇到不懂的字，除了请教老师之外，大多人首先想到的是去查潮汕字典。但由于潮汕话跟海丰话在语音、词汇上存在一些差异①，一些读者对使用潮汕字典不大有信心，特别是碰上生僻字，怕问错"老师"。像"昱、绘、浣"三字，海丰话念iog^8、kue^3、huang^3，而潮汕字典则是注hiog^4、guai^3、uang^2。查阅《康熙字典》，大部分人又不懂反切拼读办法，对生僻字束手无策。广大读者盼望着能够有一本全面反映海丰话语音实际情况的方言字典。

二

《海丰音字典》是海陆丰地区第一部方言字典。当时我们的初步设想是参照李新魁《普通话潮汕方言常用字典》和林伦伦《新编潮州音字典》的做法，以《新华字典》为蓝本，以部首为序来编写。后来考虑到中小学语文教学的需要，改为按普通话拼音字母音

---

① 相关论著见：潘家懿：《海丰话与粤东闽语的比较研究》，《潮学研究》（第1辑），社会科学文献出版社，1994年，第178-190页。潘家懿、谢立群：《海陆丰历史文化丛书·语言》2013年，第17-25页。林伦伦、谢立群：《海丰话与汕头话词汇差异说略》，《韩山师院学报》1995年第1期。

序排列，以当时最新版的第10版《新华字典》为蓝本，参考林伦伦《新编潮州音字典》制订编写凡例，于2004年开始动笔，历时一年半，于2005年8月完成初稿。后经几次修改，终于在2008年8月正式出版。2013年8月印行第二版，2016年5月又印发一次，每次印刷都对前稿作了一些修订。

《海丰音字典》收字的范围，除把第10版《新华字典》所载的数千个常见字基本上收录外，还收录部分海丰方言俗字、已考释出来的本字，除去繁体字、异体字不计，共计收字7300个左右。在海陆丰地区广泛流行着一批方言俗字，这是海陆丰人民群众利用汉字会意、形声或其他办法所创造的在一般字书或文献里找不到的自造新字，如"姐姼 za¹bhou²"（妻子）、"糄 mue⁵"（稀饭）、"塭 ung³"（挖掘滩涂、田地而成的养殖水产品的场地）、"坔 boh⁴"（田埂；河堤）、"遖 mua⁵"（靠近）、"孥 cua⁷"（娶；照看；带领）、"姈 ne¹"（海丰部分地方称母亲）、"蛦 dai⁵"（螨虫）、"刏 tai⁵"（杀）、"鯀 guai¹"（河豚）、"拿 nui³"（钻；蠕动）、"坰 hui⁵"（陶瓷）、"扡 rim⁵"（掏）、"丼 dom⁶"（石头丢进水里的声音）、"烐 nong¹"（焦）、"砉 deh⁴"（压）等，以及海陆丰乃至粤东、岭南的地名难僻字，如"鮕 ao⁶"（鮕门）、"塏 gin⁵"（田塏）、"零 ne⁷"（横零）"塱 lang²"（塱冲）、"輋 sia⁵"（罗輋）、"箂 na⁵"（圆箂）、"鮀 to⁵"（鮀岛）等；一些考证出来的本字，如"骹 ka¹"（脚）"跍 ku⁵"（蹲）、"嗌 bung⁵"（吹）、"灱 da¹"（干）、"囥 keng³"（藏）、"洘 ko²"（水干）、"燂 dan⁵"（烤）等；源自粤方言的字词，如"褛 lao¹"（大衣）、"甴曱 ga¹zuah⁸"（蟑螂）等，都一并收入字典。

注音上，每字都注上普通话读音和海丰话读音。普通话的读音以第10版《新华字典》为依据，海丰话的读音以海城话为标准。普通话的注音，使用《汉语拼音方案》；海丰话的注音，使用《海丰话拼音方案》。每个字头之后，先注普通话读音，再以方括号注海丰音。海丰音之后，加一同音字，如"厘 lí [li⁵ 离]"；找不到同音字者，以两字反切该音，如"迹 jì [ziah⁴ 之益]"；有些字只是声韵相同，声调不同，则在该字右上角加注声调说明，如"低 dī [dei¹ 题¹]"。同音字的选用上，不以生僻字注常用字，如"低"在海丰话的同音字有"氐、羝、鞮、磾"等，都属生僻字，就不采用为同音字来注音。尽量不采用海丰话多音字来注音，如"蓬 pong⁵"，本可用"鹏"来注音，但"鹏"在海丰话中有 pong⁵、pang⁵ 两音，为避免读者误读为 pang⁵，因而就用"碰⁵"来标注。此外，在海丰话的注音上，力求充分反映学术界的研究成果。海丰话有丰富的文白异读，一些字存在又读音、训读音、俗读音（即习非成是），字典须辨析清楚，一一标出。《海丰音字典》以㊊表示文读音，㊀表示白读音，㊌表示又读音，㊙表示训读音，㊗表示俗读音。群众在日常生活中未意识到的一些白读音，也标注出来，如"总 zang²"（草总，稻草捆）、"丛 zang⁵"（一丛树，一棵树）、"实 zag⁸"（实头膏粿，稠粥）、"凝 ngang⁵"（凝天时，冬天）、"呼 kou¹"（呼鸡，唤鸡）、"林 na⁵"（树林，小树丛）、"靠 ko³"（靠势，仗势）。一些地方还辨析同一词语文白异读的语义区别，如第46页"大"字头中指出，海丰方言"大 [dua⁷] 家"指丈夫的母亲，"大 [dai⁶] 家"指一定范围内所有的人。

释义上，基本上照录《新华字典》的各个义项，删去《新华字典》一部分双音节以上词语，增设方言义项，或在《新华字典》原义项上增补对应的海丰话词语、增举海丰话词例，均以"〈方〉"表示，体现方言字典的地方特色。如"减"，除了跟普通话相同的义项之外，还有一个方言义项是"少，跟'多'相对，如说"减人"（人少），"减减"（很少；至少）。如"鯻"的释义："鯻鱼，鱼名。体小而侧扁，青褐色，鳞细，口小。生活在近海中。海丰方言叫'金钱花''狗更''更仔''长腰'等。"又如"蓟"的释义："多年生草本植物，茎叶多刺，春天出芽，花紫色，可入药。藿香蓟，海丰方言叫'臭风仔'。"又如"豭"的释义："公猪：〈方〉猪~（配种公猪）。猪~伯（喻好色之徒）。牵猪~（管公猪母猪交配）。牵猪~索（喻说媒）。俗写作'哥'。"在释义的过程中，有意举出与该字相关的海丰地名、人名、俗语和习俗，如"陇"（梅陇）、"塽"（田塽）、"羌"（黄羌）、"彭"（彭湃）、"马"（马思聪）、"钟"（钟敬文）、"丘"（丘东平）、"杨"（杨成志）、"倒"（倒旋水鸡：返回原地）、"等"（等狗撞门：守株待兔）、"掠"（掠蛤唔着捅蛤死：喻恼羞成怒）、"瓜"（目花花乌瓠睇做吊瓜：眼花缭乱）、"功"（有功拍无劳：徒劳无功）、"练"（做贼兼做练总：既做贼，又抓贼，比喻警匪一家）、"显"（捷胜妈——显外地：喻只照顾外人）、"羹"（送羹：海丰生育习俗，婴儿出生第十二天起，亲友邻居送来鸡蛋等贺喜）、"白"（白字戏：海陆丰三大稀有剧种之一，唱念用海陆丰方言）。字典收进这些反映海丰话里最具地方特色的社会历史和人文现象，大大加强了字典的乡土性，对语文教育和乡土教育意义重大。

方便读者使用，是对工具书的基本要求。《海丰音字典》在正文前有汉语拼音音节索引、部首检字表，正文后有海丰话音序检字索引，方便本地读者、外地读者使用本字典。同时，附录收有《汕尾话跟海城话读音不同的部分常用字》，方便读者了解海丰话内部差异。为使部分对海丰话学习、研究有兴趣的读者了解海丰话研究情况，还收录了《海丰方言研究文献目录》。

三

《海丰音字典》的注音符号采用《海丰话拼音方案》。《海丰话拼音方案》参考1960年9月广东省教育行政部门公布的《潮州话拼音方案》，依据海丰话语音系统实际情况修改而成。

1. 初版的《海丰话拼音方案》

（1）声母表

表1　海丰话声母表

b波	p抱。	m毛	bh无	
d刀	t桃	n奴	l罗	
g哥	k科	h何	gh鹅	ng我
z之	c慈	s思	r裕	

（2）韵母表

表2　海丰话韵母表

	i 衣	u 污
a 阿	ia 爷	ua 娃
o 窝	io 腰	
e 哑		ue 画
ai 哀		uai 歪
ei 鞋		ui 威
ao 欧	iao 妖	
ou 乌	iu 优	
	in 圆	
an（三）	ian 营	uan 鞍
en 楹		uen（横）
on（耗）	ion 羊	
ain 爱		uain（县）
	im 音	
am 庵	iam 阉	uam（凡）
om（森）		
	ing 因	ung 温
ang 安	iang 冤	uang 弯
ong 翁	iong 雍	
êng 英		
eng 秧		
m 姆		
	ih 页	uh（毅）
ah 鸭	iah 益	uah 活
oh 学°	ioh 约°	
eh 隘°	ueh 划	
	ib 邑	
ab 压	iab 腌	uab（法）
ob 扑°		
	ig 乙	ug 郁
ag 恶	iag 越	uag 挖
og 屋	iog 育	
eg 亿		ueg 域

说明：

①一些僻用的韵母没有列入。

②海丰话"因""温"韵母实际读音是［in］、［un］，为了与本方案中表示鼻化韵母的—n相区别，故作为ing、ung。与此相应，"乙"［it］、"郁"［ut］也作为ig、ug。

③例字中右上角加小圆圈的，表示要白读。

④例字加（ ）的，读时要除去声母。

（3）声调表

表3 海丰话的声调表

名称	阴平	阴上	阴去	阴入	阳平	阳上	阳去	阳入
符号	1	2	3	4	5	6	7	8
例字	分 hung^1	粉 hung^2	训 hung^3	忽 hug^4	云 hung^5	浑 hung^6	份 hung^7	佛 hug^8
	靓 liang^1	俩 liang^2	链 liang^3	烈 liag^4	连 liang^5	亮 liang^6	练 liang^7	列 liag^8

跟《潮州话拼音方案》相比较，《海丰话拼音方案》直接去掉字母表。声母表调整个别声母代表字，"妥"改为"桃"，"挪"改为"奴"，"戈"改为"科"，"俄"改为"我"，"此"改为"慈"，"而"改为"裕"。韵母表根据海丰话语音情况作了增删、调整，删去海丰话没有的"e、oi、oin、oih、iou"，增加"ei、iao、om、ob、m、uh、ueg"，"ê、uê、uêh、ên、êh、êg"改为"e、ue、ueh、en、eh、eg"；韵母代表字也作了一些调整，"亚"改为"阿"，"呀"为"爷"，"丸"改为"圆"，"嗳"改为"三"，"淹"改为"阉"，"按"改为"安"，"央"改为"冤"，"汪"改为"弯"，"恩"改为"秧"，"裂"改为"页"，"厄"改为"隘"，"盒"改为"压"，"压"改为"腌"，"熨"改为"郁"，"跃"改为"越"，"获"改为"挖"，"亿"改为"液"。

《海丰话拼音方案》最早用于1994年出版的由魏伟新主编，谢立群、魏伟生编写的《海丰俗语谚语歇后语词典》，附录于该词典中。大面积应用是在谢立群主编的《海丰音字典》（2008年）。《海丰音字典》版的《海丰话拼音方案》较之《海丰俗语谚语歇后语词典》版的拼音方案，作了一些调整。去掉声母表、韵母表中几个表示白读音例字右上角的小圆圈。声母表中，阳平的"桃"改为阴平的"拖"，阳平的"何"改为阴平的"呵"，阴上的"我"改为阳平的"俄"，阳上的"裕"改为阳平的"而"。韵母表中，"三"改为"伢"，"殴"改为"乱"，"隘"改为"呃"，"域"改为"疫"，并增加"uin 黄""uêng 宏"两个韵母。声调表中，增加各声调的调值，方便读者拼读，并增加一组例字"诗、始、世、熠、时、是、示、蚀"。

2.修订后的《海丰话拼音方案》

（1）声母表

表4 《海丰话拼音方案》声母表

b 波	p 抱	m 毛	bh 无	
d 刀	t 拖	n 奴	l 罗	
g 哥	k 科	h 呵	gh 鹅	ng 俄
z 之	c 慈	s 思	r 而	

（2）声母表

表5 《海丰话拼音方案》韵母表

	i 衣	u 污
a 阿	ia 爷	ua 娃
o 窝	io 腰	
e 哑		ue 画
ai 哀		uai 歪
ei 鞋		ui 威
ao 欧	iao 妖	
ou 乌	iu 优	
	in 圆	uin 黄
an 伢	ian 营	uan 鞍
en 㮗		uen（横）
on（耗）	ion 羊	
ain 爱		uain（县）
	im 音	
am 庵	iam 阉	uam（凡）
om（森）		
	ing 因	ung 温
ang 安	iang 冤	uang 弯
ong 翁	iong 雍	
êng 英		uêng（宏）
eng 秧		
m 姆		
	ih 页	uh（丑）
ah 鸭	iah 益	uah 活
oh 学	ioh 约	
eh 呃		ueh 划
	ib 邑	
ab 压	iab 腌	uab（法）
ob 扑		
	ig 乙	ug 郁
ag 恶	iag 越	uag 挖
og 屋	iog 育	
êg 亿		uêg 疫

说明：
①部分僻用韵母没有列入。
②例字加括号"（ ）"的，拼读时要去掉声母。
（3）声调表

表6 《海丰话拼音方案》声调表

声调	阴平	阴上	阴去	阴入	阳平	阳上	阳去	阳入
调值	33	53	213	2	55	35	11	5
符号	1	2	3	4	5	6	7	8
例字	分 hung[1]	粉 hung[2]	训 hung[3]	忽 hug[4]	云 hung[5]	浑 hung[6]	份 hung[7]	佛 hug[8]
	靓 liang[1]	俩 liang[2]	链 liang[3]	烈 liag[4]	连 liang[5]	亮 liang[6]	练 liang[7]	列 liag[8]
	诗 si[1]	始 si[2]	世 si[3]	熠 sih[4]	时 si[5]	是 si[6]	示 si[7]	蚀 sih[8]

其后出版的魏伟新《海丰话方言词词典》（2010年）、第二版的《海丰俗语谚语歇后语词典》（2016年）基本上沿用《海丰音字典》版的拼音方案。罗志海《海丰方言辞典》（2009年）也用了该方案，但作了一些修改，主要是把鼻化韵的 an 改为 ã，on 改为 õ 等；把鼻尾韵的 ing 改为 in，ung 改为 un 等。

为更好地拼写海丰话，杨必胜教授就《海丰话拼音方案》提出几点修订建议：（1）修改鼻化韵的表示法，将 an 改为 ã，on 改为 õ 等；（2）修改鼻尾韵 ing、ung 为 in、un；（3）修改入声韵表示法，将 -b、-g 改为 -p、-k（如改 ab 为 ap，改 ag 为 ak），增补 -t，即增加 it、ut；（4）改鼻韵母 eng 为 ng（秧）；（5）由于 eng 改为 ng，那么 êng、uêng、êk、uêk 就可以去掉 e 上面的附加符号，改为 eng、ueng、ek、uek；（6）调值数字作个别微调；（7）增加特殊后变调，调值为"1"，在音标后用"0"表示（杨必胜，2022）。杨必胜老师的修订建议切中《海丰话拼音方案》存在问题，他日若《海丰音字典》《海丰话方言词词典》《海丰俗语谚语歇后语词典》"海丰三典"有修订出版机会，我们将采纳合理建议融入到新"三典"中来。

参考文献

[1] 李新魁，1979.普通话潮汕方言常用字典［M］.广州：广东人民出版社.
[2] 李新魁，1994.广东的方言［M］.广州：广东人民出版社.
[3] 林伦伦，1991.潮汕方言与文化研究［M］.广州：广东高等教育出版社.
[4] 林伦伦，1995.新编潮州音字典［M］.汕头：汕头大学出版社.
[5] 林伦伦，2012.潮汕方言：潮人的精神家园［M］.广州：暨南大学出版社.
[6] 潘家懿，2021.粤东方言调查研究报告［M］.香港：读书文化出版社.
[7] 潘家懿，谢立群，2013.海陆丰历史文化丛书·语言［M］.广州：广东人民出版社.
[8] 潘家懿，谢立群，2022.海陆丰方言与文化探论［M］.广州：广东旅游出版社.

[9] 潘家懿，郑守治，2009.粤东闽语的内部差异与方言片划分的再认识[J].语文研究，2009(3).

[10] 谢立群，2008.海丰音字典[M].香港：汉学出版社.

[11] 杨必胜，潘家懿，陈建民，1996.广东海丰方言研究[M].北京：语文出版社。

[12] 杨必胜，2002.海丰话读本（未刊稿）。

[13] 詹伯慧，肖自辉，2016.汉语方言辞书编纂的理论与实践[M].广州：暨南大学出版社。

[14] 赵振铎，2001.字典论[M].上海：上海辞书出版社.

Compiling of *Hai Feng Phonetic Dictionary* & Revision of *Haifeng Dialectal Romanization System*

XIE Liqun

(Party History Research Office of the CPC Haifeng County Committee, Shanwei, Guangdong, 516400)

Abstract: Hai Feng Phonetic Dictionary is the first dialectal dictionary in the history of Haifeng & Lufeng region. This dictionary is based on the 10th edition of "Xinhua Dictionary" and is compiled with reference to "New Chaozhou Phonetic Dictionary"; The scope of character collection includes the original prefixes of "Xinhua Dictionary" and some dialectal colloquial characters; Dialectal phonetic notation adopts Haifeng romanization, homophonic characters, sinigraphic spelling and other methods, and pay attention to distinguish between literary pronunciation, colloquial pronunciation, another pronunciation, interpretative reading pronunciation, and vulgar pronunciation; The interpretations add dialectal romanization system and list the social, historical and humanistic phenomena that reflect the most local characteristics of Haifeng. The dialectal notations adopt Haifeng dialectal romanization system, which is modified by referring to romanization system of Chaozhou dialect and introduces some revisions of the system as well.

Key words: Haifeng Dialect, Chaoshan Phonetic Dictionary, "Haifeng Phonetic Dictionary", "Haifeng Dialectal Romanization System", "Romanization System of Chaozhou Dialect"

▶ 语法及语言应用 ◀

从"无奈"的词性发展谈词典对同核兼类词的处理

喻 江[①]

(暨南大学华文学院 广东广州 510610)

【提 要】大量语料证明，现代汉语的"无奈"已经分化出形容词和名词的功能，且在使用频率和搭配丰富度上远超动词用法。但由于《现代汉语词典》采用"意义不变，词性不变"的原则，"无奈"只标注动词和连词两种词性。事实上，词性的发展不一定意味着产生了全新的语义，在同一语义核心基础上分化出新功能是孤立语词语词性发展的重要途径，我们称此为"同核兼类"。在词典中承认并如实反映同核兼类的情况，才是尊重并体现汉语的语言特性。许多已经发生词性分化的词语在《现代汉语词典》中仍被标为单性。我们认为，对于业已稳定的同核兼类现象应当予以承认。

【关键词】词性分化 同核兼类 词典义项 词性标注

一、问题的提出

关于"无奈"的释义，最新的第7版《现代汉语词典》(下文简称《现汉》)是这样写的：

无奈：⑩无可奈何：出于～|万般～。⑯用在转折句的开头，表示由于某种原因，不能实现上文所说的意图，有"可惜"的意思：星期天我们本想去郊游，～天不作美下起雨来，只好作罢了。

这一词条的内容，从1973年的试用本开始，就一直原封不动，延续到现在。这说明专家在历次修订中并不认为它有不妥之处。然而这一语义描写似乎与我们的语感不甚相符。比如，一提到"无奈"，笔者脑中跳出来的常用搭配是：我很无奈、感到很无奈、无奈的选择、无奈的事情、无奈地答应了、无奈地说、无奈之举、出于无奈、无奈之

[①] 喻江，暨南大学华文学院讲师，主要从事现代汉语语法、汉语国际教育研究。

下……，而其中无一为动词用法。

当然，个人的语感或许并不可靠。因此我们将从"无奈"在现代汉语实际语句中的具体分布情况，来考察它的语法功能构成。词性就是词的语法功能，朱德熙先生（1985：14）曾说"一个词的语法功能指它所能占据的语法位置的总和"，也就是"词的分布"。他主张划分词类只能根据词的分布。通过一个词的具体分布来看它的词性，应该是一种比较科学客观的途径，尤其是对汉语这种缺乏形态的孤立语来说，更是如此。

我们想要考察，现代汉语中"无奈"除了《现代汉语词典》标注的动词及连词用法，是否还有其他语法功能？各个功能的出现频率如何？以此为基础，我们更希望从"无奈"的词性面貌出发，进一步探究汉语词语的词性发展特征对词典编纂带来的挑战和思考。

二、从语料看"无奈"在现代汉语中的分布

我们在北京大学现代汉语语料库中对"无奈"进行搜索，得到了大量的语例，但其中也有不少高度雷同，比如反复出现的"他非常无奈"和"他感到很无奈"。为了便于统计，同时也更为全面地反映"无奈"的用法，我们在语料提取时采用代表性原则，比方说，已经提取了"感到很无奈"一例，再出现时就不取了，但"觉得很无奈""感觉很无奈"则计为新的语例。再如，"……对……很无奈"和"对于……，……很无奈"也计为不同的样式。最终提取了"无奈"的100种不同的代表性语例。"无奈"的连词义项不存在异议，为排除干扰，暂不计入。此外，对于固定搭配如"万般无奈、出于无奈、被逼无奈、无奈之举、无奈之下、无奈之中"等，由于它们不能直接反映"无奈"作为独立的个体在句中的语法功能，亦不列入考察范围。

本文不是一个穷尽性研究，而只是以这100个使用格式作为样本，从中窥看现代汉语"无奈"的语法功能的面貌。经过统计，在100个语例中，52例是形容词性用法，33例是名词性用法，15例是动词性用法。具体展示分析如下：

（一）形容词性用法

形容词表示性质、状态等，其主要语法特征包括：经常在句子中充当谓语和定语；表性质的形容词能受程度副词修饰；部分形容词能够重叠。我们所找到的52例形容词用法中，作定语18例，作谓语15例，作状语10例，作宾语5例，作补语4例。

1. 作谓语

形容词作谓语，前面一般都要加上程度副词或其他副词性成分。这是形容词性谓语和动词性谓语的一个重要区别。从语料中我们看到"无奈"作谓语的用法也是如此，且与它搭配的副词非常丰富。作谓语时，"无奈"的主语并不限于人，也可以是事物、状况。假若是人，则指此人感到无奈；若非人，则指此物或此事让人无奈。

（1）听到这个消息，我们都很悲痛，也很无奈。

（2）你有什么感觉？你真的很无奈！

（3）我本人其实非常无奈，但我也将和我的合作方做更大的努力。

（4）面对"沙滩船厂"建造出来的渔船，广西北海市渔船检验人员十分无奈。

（5）对众多员工的跳槽，企业也很无奈。

（6）可眼下又只能维持这种现实，这很无奈。

（7）牛嚎叫着，牛的叫声，似乎更悲哀，更无奈，更凄惨。

（8）道路对于一个有着远大企业梦想的年轻人来说，无疑是痛苦的，也是无奈的。

（9）这就好比军人遭遇敌人却没有带枪，既危险又无奈。

之所以只取得15个作谓语的语例，是缘于汉语形容词谓语句本身搭配式样就比较有限，但这类语料出现的重复率相当高，应该是其在实际中最为频繁的用法。

2. 作定语

"无奈"作定语的例子也很多，一般要加助词"的"，如无奈的事情、无奈的感受、无奈的心情、无奈的选择、无奈的情况、无奈的决定、无奈的安排、无奈的现实、无奈的处境、无奈的人生，等等。

也有少数直接作定语的情况，大多是由于该句定语的结构较为复杂，出于韵律节奏上的需要而省去了一处"的"。比如：

（10）看看街上满脸菜色、充满无奈表情的人，就知道，……

（11）……，记录了一群生活在古城里的人的无奈人生。

（12）尽量避免因为时间不够而食用垃圾食品的无奈情况发生。

（13）会计准则的这一无奈设计恰好成了企业管理当局蓄意操纵利润的最好借口和工具。

（14）应该是吃不起鱼或者嫌吃鱼太麻烦的一种无奈选择。

3. 作状语

"无奈"作状语，基本上都需要加"地"。如无奈地说、无奈地笑着说、无奈地答应下来、无奈地苦笑、无奈地表示、无奈地一摊手、无奈地摇头叹息。

同样的，若有韵律节奏上的需求，譬如书面语中追求结构的紧致或对称，"地"字也可省略。例如：

（15）我们看着你无奈下岗，我们看着你咬紧牙关，……

（16）大多在跨国公司坚持终老，或光荣退休，或无奈出局。

（17）描述曹植渡洛水时与洛水女神相遇而恋爱，终因人神路隔而无奈分离的动人故事。

4. 作宾语

"无奈"的形容词作宾语，是指"感到很无奈、觉得好无奈、显得很无奈"之类。汉语的情绪形容词比如高兴、兴奋、紧张、惊讶等，都有类似的用法。虽然搭配的动词有限（通常为感觉类动词），但出现频率也相当高。在英语中这类动词称为"系动词"，跟"be"动词同类，其特点是后接形容词构成系表结构。汉语语法系统对这种句式的分析似乎有点无所适从，语法界一般认为是一种动宾关系，只不过宾语为谓词性。不过，无论作何分析，都不妨碍将此处的"无奈"归为形容词用法。

5. 作补语

形容词可以充当状态补语。"无奈"也如此：

（18）日子过得很无奈。
（19）婚离得很无奈。
（20）他笑得很无奈。
（21）他走得太匆忙，走得太无奈。

（二）名词性用法

名词表示人、事物、时间、处所等的名称。其典型语法特征是：在句子中充当主语和宾语；一般可以受数量短语修饰。我们提取到的"无奈"作名词的语例中，分为作宾语和作主语两种情况。

1. 作宾语

作宾语的占多数，有26例。能与"无奈"搭配的动词很多，如是一种无奈、有过无奈、充满了无奈、带有一丝无奈、包含着许多无奈、感觉到深深的无奈、感叹起生活的无奈、表示出自己的无奈、读出了××的无奈、理解××的无奈、抒发了××的无奈、表达了××的无奈，等等。有别于上文的形容词作宾语，此类"无奈"的前面不能出现程度副词，而且在语义上明显对应于某种情绪的概念。

"无奈"可以单独作句子宾语：

（22）他的眼圈红了，声音充满了无奈。
（23）他的改变是妥协？还是无奈？
（24）曾经有过无奈，曾经有过曲折，也曾经有过迷惘。
（25）小户人家结婚嫁女办喜事，姑娘嫁过去作填房，满怀无奈与悲凄。

"无奈"可以受各种数量性定语的修饰：

（26）我觉得我的名字跟这样的新闻粘在一起是做明星的一个无奈。
（27）声音里有委屈，有不甘，还有一种听天由命的无奈。
（28）……然后有一点惆怅，有一点无奈，有一点忧郁。
（29）伤感的话语中带着一丝无奈。
（30）对于视价格战为法宝的企业家更多了一分无奈。
（31）这次机票涨价，无疑又给消费者添了几分无奈。
（32）一个学校的教学水平，主要还是看学生的学习成绩，学校和老师确有许多无奈。
（33）一时传为革命名言，实际上包含着多少无奈，多少尴尬。
（34）他留下了诸多回味和无奈。

（35）一辆自行车牵扯出了太多的无奈。
（36）等待我的竟是那么多的辛酸、屈辱和无奈。

的确，能与其搭配的数量词比较受限，但汉语对应于抽象概念的名词在接受数量性定语修饰时都是如此，如笑容、幸福、骄傲、印象、希望、兴趣、精神、质量，等等。

此外，我们也提取到了"无奈"作介词宾语的例子：

（37）人生本就是由大大小小的无奈组成的。
（38）一副笑起来嘴角微微下撇的招牌表情，把无奈和淡然展露无遗。

2. 作主语

"无奈"作主语主要出现在使令句中，不过一般不能单独作主语，需要有定语。如：

（39）现实的无奈使许叔微心灰意冷。
（40）口气里的无奈让他姐冠华一听就明白了。
（41）眼中的那份黯然和无奈让人看着伤感。
（42）经济上的贫困和政治上的无奈使发展中国家处境艰难。
（43）可我的辛酸与无奈谁又知道呢？

（三）动词性用法

动词表示动作、行为、心理活动或存在、变化等。其典型语法特征是：经常在句中充当谓语；基本上都能受副词"不"修饰；通常不能受程度副词修饰；大多数可以带"了、着、过"；多数可以带宾语；部分动词可以重叠。

我们共提取到15个"无奈"作动词性谓语的例子，如下：

（44）载沣无奈，被迫派人到河南袁世凯老家去请袁世凯回朝。
（45）宋子文无奈，只好先随大姐和姐夫回了孔家。
（46）褚英无奈，只得服从。
（47）生气归生气，但明天的作业还得交啊，无奈只得重写。
（48）三人无奈，回来后商议一下，便去找新任游击王文鼎。
（49）蔡、戚等人无奈，便给夏注射了75毫克复方冬眠灵。
（50）制片主任无奈，但又不愿意阎青没戏闲呆着，就把她派到服装组去帮忙。
（51）大妃无奈，显出无精打采的样子。
（52）王治郅则犯规达到5次，王非无奈把他换下场。
（53）这位病人手术后仍然高烧不退，医生无奈给他停用此药。
（54）沈太太无奈："你二伯伯有外遇，事情拆穿了，在纠缠中。"
（55）人们困惑、震惊、焦急、痛惜，却又无奈。
（56）在罪证面前不能不低头、不想认账又不能不认账，所以后悔所以无奈所以懊丧啊！
（57）尤其让蒋介石无奈的是，史迪威还担任租借官员的工作。

（58）高温令人无奈，却让经营冷饮、凉茶和防暑用品的商家生意兴隆。

由上可见，作为动词的"无奈"，除了符合动词的第一条特征即"充当谓语"之外，其他几条皆不符合。

而且，其动词用法颇受限制。语例中出现最多的是"n.无奈，只得/只好/便/就v."，这无疑是其作为动词最典型的句子格式。例（52）和（53）可视为典型句式的缩减，构成某种连动句。但这种连动格式自由度不高，出现频率很低。例（54）属于书面语的个别表达方式。例（55）和（56）如果去除并列格式而成为"人们无奈""……，所以无奈"，自足性都较差。最后两例是"无奈"充当兼语句中主谓部分的谓语。实际上这种谓语既可以是动词性的，也可以是形容词性的，这两处"无奈"若加上"很"也都成立①。

总之，通过语料研究，可以得出结论：（1）在现代汉语中，"无奈"作动词的用法非常有限，且不具备动词的一些基本语法特征。（2）"无奈"在现代汉语中常见形容词和名词用法，且符合形容词和名词的典型语法特征。

三、"无奈"的词义词性发展模式

《现代汉语词典》以"无可奈何"来解释"无奈"。但事实上，"无奈"本身的意思并非难以表述，无须使用近义词。综合前面的分析，我们认为可将现代汉语的"无奈"释义如下：

㋲没有办法（只能如此）：父母～，只好同意了。
㋫（对事情状况等）无力改变的：感到很～｜～的选择。
㋯一种无力改变的状况或感受：她的眼神中充满了～。
㋏用在转折句的开头，表示某种原因不能实现上文所说的意图，有"可惜"的意思：星期天我们本想去郊游，～天不作美下起雨来，只好作罢了。

显然，与古代汉语相比，"无奈"一词在现代汉语中的用法丰富化了。在早期文献中，"无奈"单独使用的例子很少，通常与"何"共现。如：

楚惧而不进，韩必孤，无奈②秦何矣！（《战国策·秦策二》）

方今吴外困於楚，而内空无骨鲠之臣，是无奈我何。（《史记》吴太伯世家）

然而生生死死，非物非我，皆命也，智之所无奈何。（《列子》力命第六）

后来"无奈"才单独使用，作动词和连词③。如：

只愁雪虐梅无奈，不道梅花领雪来。（杨万里《戊戌正月二日雪作》）

弟子无奈，只得投奔南海，见观音诉苦。（《西游记》第五十八回）

林花谢了春红，太匆匆，无奈朝来寒雨晚来风。（李煜《相见欢》）

---

① 事实上，其他动词句还有不少都能加"很"变为形容词用法（有的需稍作变动），可见其动词性用法的不稳定。
② 古汉语中"奈"通"奈"。
③ 这应该也就是《现代汉语词典》将"无奈"定为动词和连词的来源。

那女学生原不忍离亲而去，无奈他外祖母必欲其往，……(《红楼梦》第三回)

在古代汉语中皆不见"无奈"作为名词和形容词的用法。可见，这两个性项的确是后来发展分化出来的。尽管发展出了新的语法功能，但严格来说，并未生发出新的词义——其语义始终围绕着"没有办法可想"这一核心，而此语义核心也正是"无奈"的两个语素所承载的基本语义。我们称之为"同核兼类"现象。

对于汉语来说，同核兼类具有一定的必然性。作为形态不发达的孤立语，汉语的词义是显性的，而词性通常是隐形的[①]。这会带来几个后果。第一，因为隐形，所以汉语词语的词性相对缺乏稳定性，发生变化的可能性比屈折语大。第二，由于缺少性、数、格以及词缀等能表明和限制某一词语功能的形式标记，在条件允许的情况下，一个词语具有承载任何词性的可能。这种自由为词语新性项的产生提供了土壤。第三，也正因为隐形，哪怕一个词分化出了新的语法功能，在词面上看不见。在这种情况下，判断词性的唯一依据就是这个词语的用法，即它在实际语句当中的分布。我们也正是通过分布规律，探测到"无奈"所发生的功能变动。

事实上，"无奈"的词性词义的发展路径——同核兼类，就是孤立语词义分化发展的一种典型模式。这样的例子不胜枚举[②]：名词与动词的同核兼类如"感觉""区别""希望""经历""报道""变化"；形容词与副词的同核兼类如"快""真正""基本""临时""专门"；形容词与动词的同核兼类如"忙""方便""明白""丰富""温暖"；形容词与名词的同核兼类如"幸福""困难""标准""礼貌""光明""关键"；副词与连词的同核兼类如"不仅""果然""或者"；还有一些同核兼多类的情况，如"麻烦""可能""根据""矛盾""一切""反复"等。它们证明了汉语的语素或语素组合以共同的语义核心来实现不同语法功能的可行性和现实性，同时也证明汉语词语分化出新性项，并不以语义的引申、扩展或转移为必要条件，很多时候，其基本语义核心仍保持不变。

四、汉语词典对同核兼类词的应对与处理

语义核心一致并不意味着语义相同。当一个词的语法功能发生改变，对其语义的描述也要相应改变，这才是严谨科学的释义原则。比如，当"无奈"从表示"没有办法（去改变、对付某种状况）"这一动作变成指称某种感受或状态的时候，则应表述为"一种无力改变的状况或感受"。

有的工具书将"无奈"标为形容词，可释义仍是动词性语句，且所举例子也不是典型的形容词性用法。例如：

《应用汉语词典》

无奈[形] 无可奈何；没有办法：

---

① 除少量类词缀标志之外。
② 这里所举例子都是目前已得到《现汉》认可的同核兼类词。

出于无奈，他只好卖掉房子。|这件事他也无奈，就不要烦他了。

《现代汉语疑难词词典》

无奈［形容词］没有办法；无法可想。

【作谓语】大家都不同意这样做，我也无奈。|弟弟淘气极了，整天在外边玩，家里人都无奈。

这些情况反映出目前各词典对现代汉语中"无奈"的词性词义的认定还较为混乱。《现汉》未将"无奈"作形容词和名词处理，未必见得就是编写者们没有意识到"无奈"存在那些用法。只不过按照《现汉》词性标注的原则，此处还不具备分立义项的条件。徐枢、谭景春（2006：74-86）在谈到《现汉》第5版处理词性标注的疑难问题时，说到"如果意义没有发生明显变化，则不另立义项"。《现汉》采用的是"意义不变，词性不变"这种便于操作的原则（侯瑞芬，2017：43-54）。由于"无奈"的词性分化始终围绕着同一语义核心，则会被认定为语义未发生明显变化而不予分立义项。

但这样的处理原则有商榷的余地。首先，判断意义是否发生明显变化，缺乏科学的、可量化的标准，而依靠人工主观判断，则可能会导致处理的标准不统一，例如：《现汉》将"舞蹈"分立动、名两项，而"绘画"又只作动；"决定"分立动、名两项，而"选择"又只作动；"评价"分立动、名两项，而"判断"又只作动；"报告"分立动、名两项，而"申请"又只作动；将"危险"分立形、名两项，而"危害"又只列动而不列名。

其次，假如词语客观上存在某种稳定的语法功能，就该肯定这一性项，而不应看语义有无明显变化。因为事实证明，汉语的词，既可以多义多性，也可以单义多性。周荐（2006：37-46）曾经质疑过《现汉》几乎不存在"单义多性"的情况，认为这是不符合汉语实际的。

当然，假若以实际分布去归纳总结一个词的词性，势必会导致汉语词语的词性项目增加，而且未来可能还将继续增加。这或许也是《现汉》在处理词性分化上采取保守态度的原因。相对于义项的增加，语法学界对性项的增加是不大宽容的，词语的兼类问题历来都充满争议。但我们始终认为，性项是否增加应取决于语言使用事实，而不是学界的认定。

郭锐（2002：90）认为词语的词性分词汇和和句法两个层面，"词汇层面的词性是词语固有的词性，可以在词典中标明；句法层面的词性是词语在使用中产生的，由句法规则控制"。但缺少形态标记的语言要认定词语的某种固有词性，似乎有些困难。事实上，固定在汉语词语身上的，与其说是某种词性，不如说是其构成语素所承载的基本意义，也就我们提到的语义核心。而词语在使用中所产生的句法层面上的词性，便是以此语义为基础内核所实践的各种语法功能。正如"无奈"，无论是作形容词、名词还是连词，始终围绕着"没有办法"这个语义内核。

汉语的语言特性决定了其词语的词性分化发展必然存在如下这种模式：在同一语义核心下，某个词的语法功能发生了变化，可是词形上又没有变化，即并未产生新的词语，于是就出现了同核兼类的现象。

从这个意义上来说，在词典中承认并如实反映同核兼类的情况，才是尊重并体现汉语的语言特性。用"意义不变，词性不变"的原则来处理同核兼类词是不妥的，既无法展示词语的实际用法，也会给使用者带来误导和困惑。事实上，《现汉》中认定的单性词不少都已发生词性分化。

分化出名词用法的动词：保护、安排、判断、服务、帮助、考试、面试、辩论、解释、分析、讨论、鼓励、支持、采访、旅行、表现、调查、研究、申请、祝福、期望、信任、发展、发现、打击、改变、胜利、管理、尝试、享受。

分化出形容词用法的动词：后悔、害怕、生气、满意、满足、流行。

分化出名词用法的形容词：健康、烦恼、痛苦、安全、欢乐、困惑。

这些后起的功能已经得到了广泛且稳定的使用，并非临时的词类活用现象，故应当予以承认。

五、总结与思考

过去我们谈词汇的变化，主要关注新词新义的出现和旧词旧义的消亡，却忽略了词性的发展变化。回看整个汉语史，词类的分化和扩展从来不是新鲜事。汉语虚词基本上都是从实词发展出来的。只是较早时代业已形成的词性分化，会自然得以承认和接受。语言一直处于渐进变化中，无论是词义还是词性。对汉语来说，词语的词性发展一方面是其性项数目的变化，另一方面是各性项使用频率的变化。比如，古汉语中"无奈"主要作动词，而现在更常用作形容词。而且，词性的分化不一定非得建立在产生出全新语义的基础之上，在同一义项核心上的功能变化也是词性分化的一个重要途径。

"无奈"只是一个例子（但肯定不是唯一的例子），它反映出现代汉语同核兼类词产生的机制，以及汉语必然存在同核兼类词的现实。屈折语与孤立语的词典，注定是两种模式：前者是词条多兼类少，后者是词条少兼类多。而我们的词典却还在设法将汉语的兼类特性掩盖起来，比如采用"意义不变，词性不变"的原则，又如，郭锐（1999：150-158）在谈到词典给同型兼类词[①]的词性标注时提出过一种"优先同质策略"。然而何以决定哪种功能具有优先地位？或许在语言发展史上有先存和后起的差别，但这是研究者的历时视角，对于语言使用者来说，一个词的所有功能在他们大脑中是共时存在的，需要哪个就用哪个，不存在优先。故不能因为某一词性先于另一词性出现或某一词性频率高于另一词性，就可在词典中将前者覆盖掉后者。

词典不是供研究使用的，相反，它是对语言现状进行研究的结果，是对语用状况的客观反映。固然词典并非实时描写或记录，但过于滞后便会失去其指导意义和存在价值，我们认为，对于业已稳定的同核兼类现象应当予以承认。汉语的词典编写应该尊重汉语的现实，采用能适应汉语发展规律的释义原则，研制出反映汉语特性的词语释义模式。

[①] 即词义相同的兼类词，作者举例为："共同"（区别词、副词）"小时"（名词、量词）"区别"（动词、副词）。作者认为这种情况"不一定处理为兼类词"。

参考文献

［1］郭锐，1999.语文词典的词性标注问题［J］.中国语文（2）.

［2］郭锐，2002.现代汉语词类研究［M］.北京：商务印书馆.

［3］侯瑞芬，2017.现代汉语词典词类标注的修订及反思［J］.辞书研究（4）.

［4］李临定，2002.现代汉语疑难词词典［M］.北京：商务印书馆.

［5］商务印书馆辞书中心，2000.应用汉语词典［M］.北京：商务印书馆.

［6］徐枢，谭景春，2006.关于《现代汉语词典》第5版词类标注的说明［J］.中国语文（1）.

［7］周荐，2007.兼类词词性与多义词义项关系试说——《现代汉语词典》第5版"V+N"式双字词词性标注等问题解读［J］.辞书研究（3）.

［8］朱德熙，1985.语法答问［M］.北京：商务印书馆.

On the Part-of-speech Tagging of Multi-category Words in Chinese Dictionary
— Enlightenment from the Syntactical Function Development of Wunai(无奈)

YU Jiang

(College of Chinese Language and Culture, Jinan University, Guangzhou, Guangdong, 510610)

Abstract: Plenty of examples from corpus prove that wunai(无奈) can function as an adjective and a noun in modern Chinese, and these usages even exceed the function as a verb in both the frequency and the variety of collocation. The reason why these two functions are not displayed in the Modern Chinese Dictionary, is that compilers hold there is no necessity to establish a new item of meaning when no obvious semantic difference occurs. In fact, a new part of speech is not necessarily produced with a brand-new meaning. As an isolated language, Chinese words often develop new syntactical functions, basing on an unchanged semantic core. Dictionaries should admit and show this characteristic of Chinese. Many words which have already developed other new functions are still tagged as single-functioned in the dictionary. We suggest the stably-used multi-category words should be recognized.

Key words: Part-of-speech Development, Multi-category Word with A Semantic Core, Item of Meaning in Dictionary, Part-of-speech Tagging

化州粤语"紧"的多功能用法及语法化路径[①]

王美儿　何枫清　王茂林[②]

（暨南大学华文学院　广东广州　501610）

【提　要】"紧"是化州粤语一个常用的多义多功能词，可以用作稳紧义形容词、结果义形容词（结果状语/状态补语）、持续体助词、进行体助词和始续体助词。与其他粤语方言"紧"的用法相比，化州粤语中的"紧"在稳紧义形容词的基础上发展出结果义形容词的用法，表示物体处于可控范围内，少数情况下可作为状态补语，表示说话人的主观意愿有所增强。"紧"承担了多种体标记功能，因此对语境的依赖性较强，为了避免交际中的误解，化州粤语"紧"没有发展出惯常体的用法，而是在句子中增加时间成分来表示惯常义。在句式使用上，"紧"具有语法强化的特点。化州粤语"紧"的语法化前提是句法位置以及语义内涵，语法化动因和机制是重新分析、主观化和语用推理。

【关键词】化州粤语　紧　语法化　语法强化

一、引言

化州市位于广东省西南部，鉴江中游，东接高州市、茂名市郊，东南邻吴川市，西南邻廉江市，西北和北与广西壮族自治区陆川县、北流市交界，境内主要通行粤语[③]。根据《中国语言地图集》（第二版）(2012)，化州粤语属于粤语高阳片。化州话是作者的第一母语。本文语料来源于作者自省以及日常生活用语，均多次经当地人验证。

已有研究表明，粤语中多用"紧"作为体标记，但在不同次方言中用法略有不同。广州、香港粤语中"紧"可作稳紧义形容词及进行体助词（张洪年，2007：156-159；詹伯慧，2002：72；彭小川，2010：14-21），广东阳江粤语的"紧"可作形容词、动相补语以及持续体助词（黄伯荣，1990），广东怀集、信宜粤语的"紧"可以用作动相补语、

[①] 本文是国家社科基金项目"广东粤、闽、客方言韵律特征研究"（项目编号18BYY187）以及国家社科基金重点项目"广东粤闽客三大方言语音特征的系统分层实验研究"（项目编号22AYY010）的阶段性研究成果，曾在"第二十五届国际粤方言研讨会"（2021年12月）上宣读，感谢邓思颖等老师的启发和指正，在此一并鸣谢。

[②] 王美儿，暨南大学华文学院硕士研究生。何枫清，暨南大学华文学院硕士研究生。王茂林，暨南大学华文学院教授、博士、博士生导师，主要从事语音学研究。

[③] 陈小康主编：《化州年鉴》，天津古籍出版社，2020年，第21-24页。

持续体助词和进行体助词（詹伯慧，2002：187；詹伯慧，张日昇，1998：478；罗康宁，1987：218；杨永龙，2005）。林华勇等（2021）考察了广州等十一地粤语的体貌范畴，总结了多地"紧"的用法。杨永龙（2005）从历时和共时的角度出发，结合了客家话、吴方言以及粤方言的研究，总结出"紧"的语法化路径：稳紧义形容词（结果补语）>动相补语>持续体助词>进行体助词。广东开平粤语中的"紧"在此路径的基础上，继续发展出了始续体和类惯常体的用法（胡伟等，2021）。

化州粤语中"紧"具有多种语义及功能，其在句式使用上具有自身的特色。本文描写化州话"紧"的用法，探讨其含义、句法结构以及语法化发展历程。

二、化州粤语"紧"的含义

《现代汉语词典》（第七版）[①]中，"紧"主要用作形容词和动词，具体释义为：①物体受到几方面的拉力或者压力所呈现的状态（跟"松"相对，下②③④⑥同）；②物体因受外力作用变得固定或牢固；③使紧；④非常接近，空隙极小；⑤动作先后密切接连；⑥经济不宽裕；拮据。化州话中的"紧"没有动词的用法，作为形容词时与上述"（受到外力）变得牢固，空间极小"的意义相近。除了形容词，化州话中的"紧"还可以作为持续体助词、进行体助词以及始续体助词，下文将对其语义内涵进行详细描写。

1. 稳紧义形容词"紧₁"

指两个物体密切合拢，靠得极近，具有稳紧义。"紧"可单独充当谓语，也可放在动词后充当结果补语，表示通过动作使得物体或对象的位置相靠，紧紧贴合。

（1）双鞋好紧，矛舒服。（鞋子很紧，不舒服。）

（2）你关紧窗嗲吗？（你关紧窗了吗？）

（3）嗰幅画要挂紧啲。（这幅画要挂牢固点。）

（4）记得攞支笔压紧台面嘅纸。（记得拿一支笔压着桌面上的纸。）

（5）*紧一紧螺丝钉。（紧一紧螺丝钉。）

例（1）中"紧"作为形容词可直接充当句子谓语，表示鞋子尺码太小，挤脚。"关紧窗、挂紧"则强调通过动作，使得物体之间不留空隙，"紧"表示动作期望达到的空间结果，即稳固义。例（4）中的"压"是拿起笔放在纸上，让笔的重量使得纸紧紧贴在桌面上。因此，这里的动词可以是动作性强、身体部位如手部参与的动作，比如"关、开、攞、俾、抱、挂"等，也可以表示通过其他外力使得两个物体紧紧相靠，不分离，如"压、顶、黏"等动词。

"紧₁"作为稳紧义形容词，跟在动词后面作结果补语，表示通过空间位置的变化，达到物体相靠的结果。"紧₁"具有稳紧义形容词的语义特征，因此和《现代汉语词典》

[①] 中国社会科学院语言研究所词典编辑室：《现代汉语词典（第7版）》，商务印书馆，2016年，第678页。

中"紧"的形容词语义相同。与词典义不同的是，化州话没有"紧"单独作动词的用法，如例（5）。

2. 结果义形容词"紧₂"

表示动作的结果或者状态。"紧₂"只能放在动词之后，常用于陈述、叮嘱以及命令的语气中。

（6）a. 抓紧啲只鸡。（抓紧/抓住这只鸡。）（稳紧义形容词/结果义形容词）

　　b. 抓紧佢，冇俾佢吃咁多嘢嗲。（看着他，别让他吃那么多东西了。）（结果义形容词）

（7）姐姐记得睇紧细佬喔。（姐姐记得照顾好弟弟喔。）

（8）你要收紧你嘅身份证。（你要收好你的身份证。）

（9）阿燕控冇紧把口，钟意乱讲嘢。（阿燕管不住嘴，喜欢乱讲话。）

（10）你管好紧你只仔。（你管儿子很严格。）

例（6）a中的"抓紧"的"紧"既可以表示"用手牢牢抓住鸡，不要松开"，也可表示命令和指示的语气，强调让听话者完成"抓住鸡"的这项任务。因此"抓紧这只鸡"既可分析为带有［+稳紧］语义特征的形容词"紧₁"，也可以分析为表示行为结果的结果义形容词"紧₂"。例（6）b句的"抓紧"则只表示"看着、盯着"，词义有所虚化，不表示具体空间位置的变化，仅仅说明了"抓"的结果。例（7）、例（8）、例（9）中"睇紧、收紧、控紧"也不包含实际的空间位移，而是强调动作的结果，相当于普通话中的"照顾好、收好、管住/管好"。此外，"紧₂"还可以表示动作的状态，如例（10）中"管好紧"则表示"管得严"。

可以看出，"紧₂"前的动词范围有所扩大，可以是动作性较强的手部动作，如"捉"，也可以是不强调位移、更抽象的"表示使对象处于可控的范围内"的动词，如"收、望、睇、控、管"。从例（6）a的"抓紧"，到例（6）b的"抓紧"再到例（9）等句子的"紧"，其语义演变类似于汉语中"着"从附着义到结果义的演变（陈前瑞，2009），而再到例（10）中的"紧"，则类似于汉语中"好"从"结果补语→结果补语/状态补语→状态补语"的语义发展（高韬，2011）。但化州粤语中的"紧₂"只发展到"结果补语/状态补语"的阶段，其作为状态补语的用例较少。

和"紧₁"不同，"紧₂"不具备谓词性，只能依附在动词后充当补语，语义指向动词，表达更抽象的结果义，少数情况下表示状态义。同时，表示结果义或状态义时，"紧"多用于表示建议、嘱咐或者要求、命令的语气中，表达了说话人主观上对动作达成结果的意愿。"紧₂"在"紧₁"的基础上，实义有所减弱，只能跟在动词后作补语，处于虚化但尚未完全虚化的过程中，是"紧"向助词语法化的过渡阶段。

3. 持续体助词"紧₃"

表示某个动作形成状态的延续，或者动作完成后存留在某一位置的结果仍在继续保持。"紧"跟在动词后用作持续体标记。

（11）你去一楼企紧。（你去一楼站着。）

(12) 花瓶插紧好多花。(花瓶里插着很多花。)

(13) 门口停紧一部车。(门口停着一辆车。)

(14) 佢几时都睡紧睇手机。(他总是躺着看手机。)

"企、坐"这类动作包含"站起来、坐下"的动态过程以及"站着、坐着"的静态过程,即"站着、坐着"可以继续在时间轴上无限延长。此时"紧"强调的是动作形成的静态义的延续,所以例(11)"企紧"表示"站着"这个状态的持续进行,"站"的动作仍未结束。因此"紧"突出的是动作形成状态的延续。而例(12)(13)中"插、停"所表示的"插花、停车"动作已经结束,其在空间位置上停留的结果和影响仍在继续,因此"紧₃"也可以表示动作结果在某一位置上的静态延续。表示动作均值持续进行的动词,如"睡、抱、踩、望、睇"等表示持续性的动作,可用于形容句中其他动作发生时的方式,或伴随的状态。如例(14)中的"睡紧睇手机"。

和"紧₁、紧₂"不同,上述例子中的"紧"已不强调[+稳紧]和[+结果]的语义,而是表示前面动作形成的状态的持续。由此可见,"紧₃"已经丧失了实在意义,完全虚化为作为状态持续的标记,"紧₃"前适用的动词范围也进一步扩大。在广州粤语中,持续体助词用"住"表示(彭小川,2010:23-32),开平粤语中持续体助词则用"紧"或者"住"表示(胡伟等,2021),而化州粤语中只用"紧"充当持续体助词。

4. 进行体助词"紧₄"

表示某种动作、活动在说话时刻正在进行,当句子中出现其他时间成分,则表示该动作在所述时间点或时间段正在进行。

(15) 我开紧会。(我正在开会。)

(16) 八点钟佢睡紧觉。(八点他正在睡觉。)

(17) 细妹睇电视嘅阵,婆婆炒紧菜。(妹妹看电视的时候,奶奶正在炒菜。)

(18) a. 门口挂紧两只灯笼。(门口挂着两只灯笼。)(持续义)

　　　b. 叔叔在门口挂紧灯笼。(叔叔正在在门口挂灯笼。)(进行义)

例(15)的"开紧会"意思是说话的时刻正在开会,如果删掉"紧","开会"就只是一个单纯的陈述,没有正在进行的时态意义,可以指向过去现在或未来,因此"紧"在动词后增加了"正在进行"的语法范畴。当句子中出现时间状语,如例(16)和例(17),就表示在此时间点或时间段内动作正在进行。"挂、写"这类动词可以同时表示动态义和静态义(郭锐,1993)。当强调动词的静态义时,"紧"作为持续体的标记,表示的是"挂着不动"的相对静止状态,如例(18)a;当强调动词的动态性时,"紧"则作为进行体的标记,表达的是"拿起、扣上"的整个动态过程,如例(18)b。

因此,"紧"在动词后作持续体标记和进行体标记时,强调的动词动作过程不同(如图1所示):表示持续体的时候,一般强调的是动作开始后持续或完成后所形成结果的延续;表示进行体的时候,"动词+紧"强调的动作是在事件开始后,继续进行,但未达到终点的某个时间点的行为。

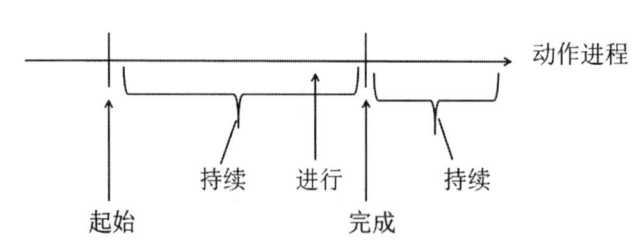

图1　化州粤语持续体助词"紧₃"及进行体助词"紧₄"的事件所属时间对比

当句子中没有具体的时间成分,如例(15),句子动作的进行是在说话人说话当下发生的,这是"紧"作为进行体助词"联系当时"的主观性表现(沈家煊,2001)。当句子中出现表示时间的成分,则表示动作在特定的时间点或时间段正在进行。因此,"紧"从持续体范畴发展为进行体范畴,是进一步主观化的过程,"紧"由持续体助词语法化为进行体助词。

在广州粤语中,持续体助词用"住"表示,且多次重复进行的瞬间性质动作后不能接"住"充当句子唯一谓语,例如"唱、买、卖、喂、讲、扫地、跑步"(彭小川,2010:27-28)。在开平粤语中,此类动词后亦不能接"紧"充当句中唯一谓语。化州粤语中,此类动词既可表示动作伴随的状态或方式,也可以和进行体助词"紧₄"结合,充当句中唯一谓语,表示该动作正在不断重复多次进行。

广州粤语:
*小李唱住歌。
小李唱住歌行入嚟。(小李唱着歌走进来。)(彭小川,2010:28)
开平粤语:
*佢搬紧书。
佢搬紧书行入嚟。(他搬着书走进来。)(胡伟等,2021)
化州粤语:
佢搬紧书。(他正在搬书。)
佢搬紧书行入嚟。(他搬着书走进来。)
阿军在操场跑紧步。(阿军正在操场跑步。)

除了表示瞬间变化并产生结果的动词,如"死、跌、断"等,以及"系、姓"等表示关系、与动作行为无关的动词以外,化州粤语中的"紧"可以跟在绝大部分的动词后。由此便可以解释上述语法现象的成因。正是由于"紧"在化州粤语中兼具了持续体助词和进行体助词的用法,所以在多次重复进行的瞬间性质动作后充当句子唯一谓语,可以表示动作正在多次进行,即分析为进行体助词。

5. 始继体助词"紧₅"

表示动作在说话时或某一参照时间点之前就已经开始,说话当下该动作可能刚停下来,也可能还在持续。根据前后语境补充的背景信息,动作发出者有期望动作继续进行下去的主观意愿，也可能表示因客观条件该动作还需持续一段时间。

(19) a. 只笔我正正用紧，就冇见嗲。（这只笔我正用着，就不见了。）

b. *支笔我正正用，就冇见嗲。

c. *支笔我正正用紧。

d. ——你支笔呢？（你的笔呢？）

——冇知道。支笔我正正用紧。（不知道。那支笔我刚刚还用着。）

(20) 细妹睇紧一部韩剧，等佢睇完正睇其他嘅。（妹妹正在看一部韩剧，等她看完再看其他的。）

(21) a. 婆婆吃紧中药。[婆婆（最近）正在喝中药。]（进行义/始续义）

b. 婆婆吃紧中药，冇得闲讲口。（婆婆正在喝中药，没空讲话。）（进行义）

c. 婆婆吃紧中药，你冇使辣野俾佢吃。（婆婆最近正在喝中药，你不要做辣的东西给她吃。）（始续义）

例(19)中a例句的"写紧"意思是从说话前这个动作就开始了，一直持续到说话的这个时刻，"笔不见了"是说话人意料之外的事情，其原有意愿是希望能够继续写下去。如果删掉动词前的"紧"或者后面的分句，如例(19)b和c，句子都不能单独成句。若前面语境已经交代了意料之外的事情，如例(19)d中提问"你支笔呢"，此时表明原有的"用笔写字"这个动作已被中断，因此"支笔我正正用紧"可以在对话中出现。例(20)中"妹妹睇紧一部韩剧"指的是"睇"这个动作在说话时刻已经进行了一段时间。在妹妹结束这个动作之前，也就是"看这部韩剧"的这段时间内，妹妹不打算看其他内容。例(21)c中"吃紧中药"和前面的例句不同，这里不包含动作发出者希望继续下去的主观意愿，而是由于条件限制或客观情况不得不继续进行一段时间。

"紧"的进行义和始续义之间的异同，可以从例(21)三个句子的对比中得出。例(21)a句中"婆婆吃紧中药"单独成句时，听话者可能将"紧"推导为"现在正在喝中药"的进行义，也可能推导为"最近正在喝中药"的始续义。当动词的动作性较强，并可重复进行时，在某一时间内其多次的重复便形成句中对象的一种状态。因此，"紧"是表示"当下时间点正在进行"，还是"一段时间内的状态"，需要依赖具体语境来推断。如例(21)b中"不能说话"是说话时刻发生的，为前面分句提供了时间点，因此"紧"分析为进行体助词；例(21)c中的"不能吃辣"是与对象近期身体状况矛盾的事件，因此前面的"紧"应分析为始续体助词。

表示始续义的"紧"的现时相关性稍有弱化，在动词后不表示说话当下或句中参照点时"动作正在进行"，而是根据句子后的小句语境进一步扩展到该行为开始到结束的整个时间段内。"动词+紧$_5$"在句子实则承担了时间参照的作用，上下语境中的其他动词则是与之冲突的事件。因此，句中分句或其他谓语动词应是句中突出的焦点信息，不可缺少。

6. 化州话中"紧"在惯常句子中含义的讨论

广州粤语中的"开"同时具有始续体和惯常体的用法（彭小川，2010：74）。胡伟等（2021）提出开平粤语中的"紧"从始续体助词发展出类惯常体的用法。化州粤语中的"紧"既然包含了始续体的用法，那是否也发展出惯常体的用法呢？

香港粤语：

（22）佢着紧件红色嘅衫。（他正在穿一件红色的衣服。）

（23）佢着开件红色嘅衫。（他一直在穿那件红色的衣服。）（张洪年，2007：158）

开平粤语：

（24）佢日日都跑紧步，一日唔跑都唔舒服。（他每天都跑步，一天不跑都不舒服。）

（25）我一向搭紧公车。（我平日一向乘公车。）（胡伟等，2021）

化州粤语：

（26）a. 商场日日都挂紧打折嘅牌。（商场每天都挂着打折的牌）。（惯常义）

　　　b. 商场日日都挂打折嘅牌。（商场每天都挂着打折的牌。）（惯常义）

　　　c. 商场挂紧打折嘅牌。［商场（正）挂着打折的牌。］（持续体义/进行义/惯常义）

（27）——婆婆日间吃中药吗？（婆婆平时喝中药吗？）

　　　——婆婆吃中药。（婆婆喝中药。）（惯常义）

广州、香港粤语中，"紧"和"开"不能互换，"开"不依赖句中的时间成分，即可表示"动作向来都是这样进行"的含义。在开平粤语中，句子中动词需依赖小句描述的特殊情况，或者加上"一向、日日"等时间成分才能表达惯常义。在上述化州例句中，"紧"具有可省略性，省略后句子动作的惯常义不受影响，句子中的惯常义应来源于"日日都、日间（平时）"等表示高频率的时间成分。

范晓蕾（2017）认为汉语方言中有两种惯常体标记，一是词汇惯常标记，二是语法性惯常标记。语法惯常标记在惯常表达中应该是强制性成分，去掉后会大大地改变句子的语义、合法性或使用语境。而化州粤语中，如果去掉"紧"字，例（26）和例（27）中动词的惯常义并没有受到影响，如果去掉"日日"等词汇，那"挂紧"可以表示持续义、进行义或者惯常义。进一步对比例（21）和例（27），可以看出，化州粤语中表示惯常义时不用"V+紧"，而是"V"或者"高频时间状语+V+（紧）"。

在其他粤语次方言区中，体貌标记"紧"一般承担进行义，较少从进行义发展出始续义或惯常义（林华勇等，2021）。从上述的例句和分析来看，"紧"在化州粤语中不能表达独立的惯常义，原因如下：一是"紧"在化州粤语中同时具有多种语义，因此会优先分析为进行义、持续义或始续义等；二是表示句子中惯常义来源于高频时间成分，去除时间成分，"紧"如上述所言，不能分析为唯一的惯常义，而是可能分析为多种意义。因此，化州粤语中的"紧"虽然涵盖了广州、香港粤语中"开"的始续体用法，但是其实没有发展出独立的惯常体用法，而是通过增加表示反复进行的高频时间成分，使得句中动作表现出惯常义。

综上所述,"紧"同时包含了稳紧义形容词、结果义形容词(结果补语/状态补语)、持续体助词、进行体助词、始续体助词五种语义内涵及语法功能,且句中动词类型重叠程度高,因此对语境的依赖较大,在具体交际中往往根据其他语言成分进行推理,凸显"紧"在句子中的具体含义。笔者认为,正是因为"紧"本身具有多重含义,为了避免语言交际可能产生的误解,化州粤语中"紧"没有进一步发展出惯常义。化州粤语"紧"的多种语义内涵及相关因素如表1所示。

表1　化州粤语"紧"的多种语义内涵及相关因素

	词性	句法功能	语义内涵	语法化过程	例句
紧₁	稳紧义形容词	谓语、结果补语	指两个物体密切合拢,靠得极近,具有稳紧义	形容词充当结果补语,表示该动作使得物体相靠	1. 双鞋好紧,矛舒服。2. 你关紧窗嗲吗?
紧₂	结果义形容词	结果补语、状态补语	表示动作的结果或者状态	空间位置实义减弱,表示对象处于可控范围内,说话者主观意愿增强,处于虚化但未完全虚化的过程	1. 抓紧佢,冇俾佢吃咁多嘢嗲。2. 你管好紧你只仔。
紧₃	持续体助词	体助词	表示某个动作形成状态的延续,或者动作完成后存留在某一位置的结果仍在继续保持	丧失实义,仅用作体标记。强调动词的静态义或者动作完成后结果的持续	1. 你去一楼企紧。2. 花瓶插紧好多花。
紧₄	进行体助词	体助词	表示某种动作、活动在说话时刻、句中时间点或句中时间段内正在进行	现时性加强,强调动词的动态义,表示动作正在进行	1. 我开紧会。2. 八点钟佢睡紧觉。
紧₅	始续体助词	体助词	表示动作在说话时或某一参照时间点之前就已经开始,说话当下该动作可能刚停下来,也可能还在持续	句中分句或上文说明与现在动作矛盾的事件,对语境的依赖更强	1. 只笔我正正用紧,就冇见嗲。2. 婆婆吃紧中药,你冇使做辣嘢俾佢吃。

三、化州粤语"紧"的句式

1. V+紧+(O)

适用于所有"紧"。"V+紧"后可接宾语,也可以省略。其否定形式直接在结构前加上否定副词"冇",组成"冇+V+紧+(O)"结构,该否定结构适用于"紧₁"和"紧₂"。其中,稳紧义形容词"紧₁"在此结构中表示动作已经结束,否定的是动作的"稳紧"结果。结果义形容词"紧₂"在"冇+V+紧+(O)"结构中表示动作的结果没有达到。

(28) 攞紧（只花瓶）。[拿着（这只花瓶）。]

(29) 你冇关紧（窗）咩？[你没关紧（窗）吗？]

(30) 我冇望紧厨房嘅火。(我没看好厨房的火。)

(31) a.阿冰在操场打紧太极哇！(阿冰正在操场打太极哇！)
　　 b.*阿冰在操场冇打紧太极。(阿冰没在操场打太极。)

"V+紧"可用于祈使句（28）、疑问句（29）、陈述句（30）或感叹句（31）a中。例（29）中否定的是"关窗"这个动作预期的稳紧结果，即说话人知道对方已完成"关窗"的动作，但是认为其没有达到"关紧"的目的。例（30）中则强调"望（看好）"这个结果没有实现。当"紧"用作持续体助词、进行体助词以及始继体助词时，一般不用于该否定形式，如例（31）b。

2. V+好/太+紧+(O)

适用于"紧₁""紧₂"。该句式中"好"和"太"都是指向"紧"所造成的结果。"V+好+紧₁+(O)"表示动作所涉及的物体之间紧密程度很大，"好"在这里进一步增强了空间上的[+稳紧]结果。"V+好+紧₂+(O)"则表示该动作所达成结果的程度之大，或者状态之深。"V+太+紧₁/₂+(O)"则表示结果程度过大，出人意料，往往带有说话人的主观评价。

(32) 细妹抱好紧嗰只书包。(妹妹紧紧抱着这个书包。)

(33) 阿姨共好紧佢只伢儿。(阿姨看很紧她的小孩。)

(34) 老师管太紧班学生嘜。(老师管班里学生管太严格了。)

例（32）中"抱好紧"的"好"强调的是妹妹和书包之间的紧密程度，强化"紧"这个结果的[+稳紧]语义。在结果义形容词"紧₂"前，则根据具体的动词内涵进行分析，如例（33）中"共"表示"照顾、照料"，因此"共好紧"表示"看得很紧、照顾得很到位"。例（34）中"管太紧"意思是"管得过于严格"，包含了说话人对这件事的评价和看法，带有惊讶、指责的意味，其句式的主观性更强。

3. V+得+(好/太)+紧+(O)

适用于"紧₁""紧₂"。"V+得+紧₁+(O)"表示物体空间关系形成紧密结果的可能性，而"V+得+紧₂+(O)"表示事件的达成结果的可能性。在结构前直接加上否定副词"冇"可组成"冇+V+得+紧+(O)"的否定结构，也可以用"V+冇+紧+(O)"。否定副词位置的移动不造成语义的差异。

(35) 我夹得紧条鱼。(我能夹紧这条鱼。)

(36) 你望得紧咁多人吗？(你能顾着这么多人吗？)

(37) a.婆婆嘅嘢收得好紧嘅。(婆婆的东西藏得很好的。)
　　 b.婆婆嘅嘢收好紧嘅。(婆婆的东西藏得很好的。)

(38) a. 佢都冇睇得紧一只细侬儿。（她都看不住一个小孩子。）

　　b. 佢都睇冇紧一只细侬儿。（她都看不住一个小孩子。）

在说话者的表达意图中，例（35）中"夹"这个动作应是对话双方共同认可会发生的前提背景，而"能否夹紧"才是该结构强调的内容。例（36）中提问的是"能同时顾着这么多人"这件事的可能性，即"望"能否达成结果。例（37）中a、b两句的意思相近，而否定句式例（38）a"冇睇得紧"和b"睇冇紧"的语义内涵完全相同，否定的是"动作达成的结果"，而不是动作本身没有完成。

4. V+紧紧+(O)

适用于"紧₁"和"紧₂"。"V+紧₁+紧₁"中形容词的重叠强化了物体在空间的紧密程度，"V+紧₂+紧₂"加强了说话人对成功达成动作结果的期望。该句式多用于劝告、建议的肯定句中。

(35) 摞紧紧（支笔）。〔紧紧拿着（这支笔）。〕
(36) 台风要来了，要关紧紧门。（台风要来了，要把门关得死死的。）
(37) 圩呢好多人，拉紧紧细佬细妹哇！（街上好多人，要好好看着弟弟妹妹啊！）
(38) 搭车嘅时候记得收紧紧你嘅身份证。（乘车的时候记得好好收着你的身份证。）

该结构中动词分为两类，一类是动作性强，能拉近物体的物理空间距离，并且达到稳紧义结果的动词，即紧₁前适用的所有动词，如"摞、关、遮、拉、抱"。第二类动词动作性强，但不强调空间范围的缩小，关注的是使对象处于可控范围之内，如"望、睇、收、共（照顾）"。在第一类动词后，"V+紧₁+紧₁"结构中稳紧义形容词的叠用使动作达到状态的"靠拢、牢固"程度加深。"V+紧₂+紧₂"结构的焦点则在于动作的结果，表达了说话人对达成动作结果的强烈主观愿望。"V+紧紧"结构整体性强，中间不能加入"得""好"等其他成分。这表明了"紧"字作为结果补语与前面的动词粘合度极强，"紧"的语义指向和句法结构受到动词的影响和限制，与动词紧紧依附，表达"V+紧+紧"整体的含义。

"V+紧₁+紧₁"的语义和句法位置是"V+紧₁+紧₁"结构推演迁移到"V+紧₂+紧₂"结构的基础。作为结果义形容词的"紧₂"保留了部分"稳紧"的实在意义，意在说明使得对象处于可控范围之内，因此在语义上可以从"紧₁"的空间距离相靠，推演到"紧₂"使得对象在主观上处于可控范围。在句法位置上，"紧₂"只能放在动词后作补语，与"紧₁"位于句子后作结果补语的位置相同，因此发展出"V+结果补语重叠/状态补语重叠"的用法。

从上述说明可以看出，在化州粤语中，由于语义和表达功能的需求，"V+紧+紧"结构的"紧"均保留了一定的实在意义，这也是该结构只适用于稳紧义形容词"紧₁"和结果义形容词"紧₂"的语义基础。虽然表示持续体等范畴的"紧"的句法结构与之相似，但受到语义限制，化州粤语中"V+紧+紧"不会继续发展出表示持续、进行等其他用法。

综上，化州粤语"紧"的多种语义内涵及句式特点总结如下：

表2 化州粤语"紧"的句式汇总

	语义	肯定句式	否定句式	区分方式
紧₁	稳紧义	V+~+（O） V+好/太+紧+（O） V+得+（好/太）+紧+（O） V+紧紧+（O）	冇+V+得+紧+（O） V+冇+紧+（O）	1. 动词类型：紧₁前动词主要为动作性强，能拉近物体的物理空间距离，并且达到稳紧义结果的动词；紧₂前动词则不强调空间范围的缩小，关注的是使对象处于可控范围之内。 2. 交际目的/语义：紧₁强调物体在空间上的紧密程度；紧₂强调动词的结果，少数情况表示状态。
紧₂	结果义	V+~+（O） V+好/太+紧+（O） V+得+（好/太）+紧+（O） V+紧紧+（O）	冇+V+得+紧+（O） V+冇+紧+（O） 冇+V+紧+（O）	
紧₃	持续义	V+~+（O）	—	1. 动词的语义侧重：强调动词的静态义时为持续义，强调动词的动态义时为进行义。 2. 句子成分：句中有与"紧"前动词冲突的分句，则为始续义。
紧₄	进行义	V+~+（O）	—	
紧₅	始续义	V+~+（O）	—	

四、化州粤语"紧"的语法化发展

化州粤语"紧"字具有较为完整的语法化链条，其语法化的前提是句法位置以及语义内涵，语法化动因和机制是重新分析、主观化和语用推理。

稳紧义形容词"紧₁"处于在动结式的结果补语位置是语法化的句法前提。在结果补语的句法位置上，"紧₁"的空间趋向义部分丧失，发展出表示动作结果的意义，即结果义形容词"紧₂"，少数情况下可用作状态补语。和"紧₁"相比，"紧₂"语义指向成分明显有所改变——"紧₁"的结果可以指向主语或者动词，例如"门关紧了"或"关紧门了"的"紧"可以指"门"和墙的空间关系，也指动词"关"的程度。而"紧₂"作为结果义形容词，其语义只能单独指向动词，如"你要收紧手机"，只强调动词"收"这个动词的结果。而且"紧₂"表示的具体空间义有所丧失，演化为表示动作发出者通过动作使得对象处于可控范围内，语义进一步抽象化。因此，"紧₂"的实义被削弱，是化州粤语"紧"从实词发展成体助词的虚化过程之一。

"紧"的语义内涵是持续体助词出现的前提。结果意义一方面联系着动作完成的意义，另一方面联系着状态持续的意义（陈前瑞，2008：99）。"挂、穿"等放置类动词进一步延申了结果体中的静态持续义，因此"紧"从空间范畴映射到时间范畴，从结果意义发展出状态持续的时间范畴。

杨永龙（2005）认为汉语中持续体和进行体的共同点在于把事件进行分解从内部进

行观察，但持续体不和说话的时间相联系，进行体则和说话的时间或当时联系起来。联系当时是说话者融入自身的主观化表现，其语法化程度更高（沈家煊，2001），因此"紧"从持续体继续发展出进行体的用法。在进行体的当下时间点上，如果出现其他情况，那么小句或句子其他谓语动词则成为句中新信息，"紧"字作为背景信息强调了动作从开始到说话时刻的持续性，带有说话者的主观意愿。此时借助由果溯因的推理，在理解整句话的含义时，具体语境中的"紧"通过语用推理为始续体。因此在语境的影响下，化州粤语中的"紧"继续发展出始续体的用法。同样，在表示反复出现或者高频的语境中，"紧"依靠其他成分使得所在句的动作具有惯常意义。综上，本文对化州粤语中"紧"的语法化发展路径做出以下概括，即：

稳紧义形容词＞结果义形容词（结果补语/状态补语）＞持续体助词＞进行体助词＞始续体助词

（惯常体用法）

图2　化州粤语"紧"的语法化路径

在语法化过程中，化州话"紧"还存在结果补语强化的现象。语法化中的强化指在已有的虚词虚语素上再加同类或相关的虚化要素，使原有虚化单位的句法语义作用得到加强（刘丹青，2001）。化州话"紧$_2$"充当结果补语和状态补语的时候可以用于"V紧紧"的句法结构中，通过补语要素的重叠，强化表示结果和状态的意义。这也体现了化州话"紧"字语法化过程中的特殊用法。

五、结语

本文考察了化州粤语"紧"的语义内涵、语法功能以及其句式特点，同时总结了"紧"的语法化发展路径及其发展机制。化州粤语的"紧"的语法化链条具体表现为：稳紧义形容词＞结果义形容词（结果补语/状态补语）＞持续体助词＞进行体助词＞始续体助词。与其他粤语方言区的"紧"相比，化州粤语中"紧"可作为实义虚化的结果义形容词，表示物体处于可控范围内，且少数情况下可作为状态补语，在句中增强了说话人的主观意愿。由于"紧"本身具有较为复杂的句法语义功能，前面的动词类型重叠程度大，因此化州粤语中"紧"对具体语境的依赖性较高。若无上下文的参考，听话者对"紧"的理解往往会产生歧义，这也是化州粤语中"紧"没有发展出独立的惯常体用法的原因。"紧"语法化的前提是句法位置以及语义内涵，同时也借助了重新分析、主观化和语用推理。在句式使用上，"紧"具有语法强化的特殊用法，这是化州粤语"紧"的特点之一。

参考文献

[1] 陈前瑞, 2008. 汉语体貌研究的类型学视野 [M]. 北京：商务印书馆.
[2] 陈前瑞, 2009. "着" 兼表持续与完成用法的发展 [A]// 吴福祥, 崔希亮主编. 语法化与语法研究（四）[C]. 北京：商务印书馆.
[3] 范晓蕾, 2017. 基于汉语方言的惯常范畴研究 [J]. 当代语言学（4）：561-590.
[4] 高韬, 2011. "V好" 的语义类型与 "好" 的语法化 [J]. 成都纺织高等专科学校学报（2）：25-27+31.
[5] 郭锐, 1993. 汉语动词的过程结构 [J]. 中国语文（6）：410-419.
[6] 胡伟, 甘于恩, 周颖菁, 2021. 广东开平粤语 "紧" 的语法化 [J]. 汉语史学报（1）：75-81.
[7] 黄伯荣, 1990. 阳江话动词的动态 [A]. 第二届国际粤方言研讨会论文集 [C]. 广州：暨南大学出版社.
[8] 林华勇, 刘玲, 陈秀明, 2021. 粤语的持续体貌系统 [J]. 方言（4）：427-436.
[9] 刘丹青, 2001. 语法化中的更新、强化与叠加 [J]. 语言研究（2）：71-81.
[10] 罗康宁, 1987. 信宜方言志 [M]. 广州：中山大学出版社.
[11] 彭小川, 2010. 广州话助词研究 [M]. 广州：暨南大学出版社.
[12] 沈家煊, 2001. 语言的 "主观性" 和 "主观化" [J]. 外语教学与研究（4）：268-275+320.
[13] 杨永龙, 2005. 从稳紧义形容词到持续体助词——试说 "定" "稳定" "实" "牢" "稳" "紧" 的语法化 [J]. 中国语文（5）：408-417+479.
[14] 詹伯慧, 2002. 广东粤方言概要 [M]. 广州：暨南大学出版社.
[15] 詹伯慧, 张日昇, 1998. 粤西十县市粤方言调查报告 [M]. 广州：暨南大学出版社.
[16] 张洪年, 2007. 香港粤语语法的研究 [M]. 增订版. 香港：香港中文大学出版社.
[17] 中国社会科学院语言研究所, 中国社会科学院民族学与人类学研究所, 香港城市大学资讯科学研究中心, 2012. 中国语言地图集 [M]. 2版. 北京：商务印书馆.

The Poly-functionality and Grammaticalization of "Jin (kɐn^{35} 紧)" in Huazhou Cantonese

WANG Meier, HE Fengqing, WANG Maolin

Abstract: kɐn^{35}（紧）in Huazhou Cantonese has multiple functions and usages. It can be used as stable & resultative adjectives (resultative/state complement), continuous, progressive & initial continuation auxiliaries. What makes it distinguishable from other Cantonese dialects is that it has developed resultative adjective based on stable adjective, which means that things or objects are within a controllable range. In some cases, stable adjective can be also used as state complement to show that the speaker's subjective intention has been enhanced. To mitigate potential misinterpretations during communication, kɐn^{35}(紧) in Huazhou Cantonese has not evolved a habitual meaning. Instead, it is conveyed by the temporal components in the sentence. Syntactically, kɐn^{35}(紧) in Huazhou Cantonese has the characteristic of grammatical reinforcement. The grammaticalization of j kɐn^{35}(紧) in Huazhou Cantonese is premised on syntactic positions and semantics, and is driven by mechanisms such as reanalysis, subjectification and pragmatic inference.

Key words: Huazhou Cantonese, Jin[kɐn^{35}], Grammaticalization, Grammatical Reinforcement

论《金瓶梅》方言的功能与作用

史小军　王献峰[①]

（暨南大学文学院　广东广州　510632）

【提　要】 方言在世情小说《金瓶梅》中多次出现，是调节小说气氛、活泼小说语言、展现市民生活的重要工具。本文集中考察《金瓶梅》中方言的使用情况，探究小说中方言的出现场合和具体样态，从文学与语言学的双重角度考察方言在《金瓶梅》中的功用：方言作为手法，丰富人物形象，凸显市民性格，增强读者阅读体验；方言作为语料，保存了明代社会风物与民俗文化；方言作为材料，为考证小说作者提供了一种思考方向。

【关键词】《金瓶梅》　方言　功用　作者

如果说正史是宏观、严肃、客观地记载历史，那么小说尤其是世情小说则更为微观、戏谑地描绘世态人情。文学是语言的艺术，作为世情小说的代表，《金瓶梅》通过方言俗语充分展现了丰富的市井生活和社会风俗。当前学界对于《金瓶梅》中的方言使用多是从方言区考证、词汇释义、语音辨析等角度进行，缺少对方言与小说关系特别是对其功用的分析，本文尝试论之。相较于其他明清小说，《金瓶梅》中的方言出现频次高、数量多、语种多，具备塑造人物、丰富语言、增强读者阅读体验等文学功能，也起着一定的现实作用，即可以借助其考察民俗风情，并为破解作者之谜提供思考方向。

需要说明的是，本文中所涉及的方言以《金瓶梅方言俗语汇释》所收词条为基本资料，该书作为国内第一部专门、系统考释《金瓶梅》中方言俗语的著作，全书"共六十余万字，收词三千多条。举凡作品中的方言、俗语、隐语、谚语、市井语、歇后语，等等，兼收并蓄，搜罗极广"（王学奇，1991：76-77），为我们深入探究《金瓶梅》方言的出现场合和具体样态，考察方言对刻画人物形象、建构话语体系、展示民俗文化、考证小说作者都起到了重要的支撑作用。

[①] 史小军,1966年生，男，文学博士，暨南大学文学院教授。王献峰,1989年生，男，暨南大学文学院博士研究生。

一、《金瓶梅》方言使用的场合及特点

方言作为语言中的一类，其特殊性不仅在于对语义与语用的分析，而且有着实用价值的考量。鉴于方言的实用性与日常性，其使用场合也多为日常生活，因此相较于散文、诗歌中对方言词的尽量回避，小说则以更为欢迎与包容的姿态接纳方言词进入小说文本。特别是世情小说《金瓶梅》，大篇幅描写以西门庆家族为中心的临清百姓的日常生活，"骂尽诸色"（鲁迅，2005：187），看尽世态，方言恰成为构建小说文本的重要工具。

（一）《金瓶梅》方言使用的场合

在《金瓶梅》中，方言多出现在以下三类场合。第一，在日常生活的文本建构中。在小说铺陈的日常生活中，方言用语俯拾皆是，主要分为两类。一类是日常物件的方言表达。如第五回叙及潘金莲药鸩武大郎这起谋杀亲夫案的过程时，小说写道"那妇人先把砒霜倾在盏内，却舀一碗白汤来，把到楼上"（兰陵笑笑生，2020：70）。"白汤"，即开水，河北方言即如此称呼。第三十五回有意回避却无奈被撞个正着的西门庆睐了一眼前来蹭食的白来抢，但见他"脚下靸着一双乍板唱曲儿前后弯绝户绽的古铜木耳儿皂靴，里边插着一双一碌子绳子打不到黄丝传香马镫袜子"（兰陵笑笑生，2020：511），《汇释》解析："碌子，农村妇女纺织用具，形状如同四条腿的脸盆架，线绕在四根架上。一碌子绳子，即绕满一碌子的绳子。这是形容物长的夸张说法"（李申，1992：17），在鲁西方言中使用较多。另一类是日常行为的方言表述。第二十回吴月娘因对李瓶儿不满，故借西门庆派下人看屋之事借题发挥，"一个人也拉剌将来了，那房子卖掉了就是了。平白扯淡，摇铃打鼓的，看守甚么！（兰陵笑笑生，2020：280）又，她在得知西门庆要将来旺送官后试图从中周旋，力求大事化小，"奴才无礼，家中处分他便了，你要拉剌剌出去惊官动府做甚么！"（兰陵笑笑生，2020：368）这里面的"拉剌""拉剌剌"都属于山东、徐州等地的方言体系，指一种拉扯性动作。第三十三回潘金莲以归还钥匙为由强陈经济陪坐喝酒作耍，但见"春梅做定科范，取了个茶瓯子，流沿边斟上递与他"（兰陵笑笑生，2020：476）。第六十七回西门庆和应伯爵等人在书房赏雪喝酒作耍，应伯爵趁西门庆酒令出错之际，"于是流沿儿斟了一银匏花钟，放在西门庆面前"（兰陵笑笑生，2020：1081）。这里"流沿边"与"流沿儿"都是指满溢，明沈榜《宛署杂记·民风二·方言》"满曰流沿儿"（沈榜，1961：170）。"东北方言及徐州方言今用'溜边儿溜沿儿'形容满。"（李申，1992：541）第四十三回，妓女李桂姐在逗弄官哥时"与他两个嘴搵嘴儿耍子"（兰陵笑笑生，2020：645），四川方言多用"耍""耍子"表达戏谑玩耍。第七十七回叙及西门府中平安、来安等小厮常到贲四娘子家聚闹时写道"西门庆家中这些大官儿，常在他屋里坐的，打平和儿喝酒"（兰陵笑笑生，2020：1322），"打平和儿"

是枣庄、徐州等地对平摊餐饮费用的指代。

第二，在日常对话用语中。方言是一种实用性地方语言，它的出现多是促进同区域人的沟通交流，且能够拉近说话人之间的距离，让双方因地域毗邻的乡音而生发出亲近及归属感，因此经常出现在当地人日常交流的对话中。如小说第二十一回孟玉楼得知吴月娘暗地里又和西门庆和好后，前来与潘金莲计议"如今你我这等较论，休教他卖了乖儿去了"（兰陵笑笑生，2020：297）。"卖乖儿"在山东枣庄方言中表示得了便宜还卖乖，占了好处还做出吃亏的样子。第六十一回李瓶儿因血崩的妇科病导致上厕所时失血过多而晕倒，晚上她向前来看视的西门庆哭诉道"我到屋里坐枴子。不知怎的，下边只顾似尿也一般流起来"（兰陵笑笑生，2020：969），这里的"坐枴子"即为徐州方言，意为"坐马桶"。第六十七回玳安在归还装银子的搭链时，意外从中抖落出三两一块蘑菇头银子来，玳安不胜欢喜，"且喜得我拾个白财"（兰陵笑笑生，2020：1078），徐州方言将白得的钱财说为"白财"。第七十八回潘姥姥在对比李瓶儿和潘金莲两人的好处时，认为李瓶儿有仁义，热心肠，反倒自己的亲闺女对待自己还不如一个外人，并赌咒发誓说："我老身不打诳语，阿弥陀佛，水米不打牙。他若肯与我一个钱儿，我滴了眼睛在地。"（兰陵笑笑生，2020：1352）"不打牙"即没经过牙齿，在徐州方言中意思是都没吃到。第九十四回庞春梅怕孙雪娥妨碍她和陈经济的好事，为了赶她出府而有意挑剔孙雪娥，"教你做口子汤，不是精淡，就是苦丁子醎"（兰陵笑笑生，2020：1595），其中"苦丁子醎"即鲁南、苏北当地对味道太咸的强烈表达。

另外，在人物骂语中，方言也成为一种特殊表达。《金瓶梅》中的骂语数量众多，近乎"书中无一人无骂语，无一回无骂语。百回大书，径以骂詈标目者即有七八回，几乎十之有一"（傅憎享，1990：129）。而运用方言詈骂更是书中骂语的特色。如第一回武大因周围人风言风雨，于是与潘金莲商量要另租他处，"妇人道：'贼混沌，不晓事的！你赁人家房住，浅房浅屋，可知有小人啰唣！'"（兰陵笑笑生，2020：13）这里"贼混沌"即为骂人话。"今苏北骂人仍多带'贼'，如'贼羔子''贼龟孙'。"（李申，1992：519）第三十八回，王六儿对丈夫韩道国甘当王八的行为进行笑骂："贼强人，倒路死的！你倒会吃自在饭儿，你还不知老娘怎么受苦哩！"（兰陵笑笑生，2020：565）又，第三十八回老冯面对玳安要向瓶儿透漏自己两头当家讨事时嘲骂："怪倒路死猴儿！休要是言不是语，到家里说出来，就教他恼我一生，我也不敢见他去。"（兰陵笑笑生，2020：751）所谓"倒路死"即一头栽倒在路上死去，是一种咒人的骂语，其意思与"路倒尸"相同，徐柯《清稗类钞·方言类·苏州方言》（1984：2238）："'路倒尸'，骂人之辞，谓其死于道路，不及寿终正寝也。"

方言之所以常出现在骂语中，成为人物骂人的特殊语言，究其原因大致有以下方面：一是当人物与人争吵甚至辱骂对方时，情绪通常容易过激，在口不择言的情况下习惯使用自己最熟悉、最为了解的言辞，而方言正是人物在生活环境中最为熟悉的语言。二是方言诞生于当地语言土壤中，是流行于市井街巷中的通俗话语，在流通过程中也不断吸收生活中的市井元素，丰富其话语体系，产出更多便于使用的方言词。三是相较于书面语等文雅措辞多运用于正式社交场合，使用人群多为儒士闺秀，方言更贴近市民百姓，更适用于日常生活乃至情绪发泄中。

第三，在民谚俗语中。民谚俗语是我国语言文化的重要组成部分，是劳动人民在长期的生产实践中对日常生活经验的总结和升华，"或因押韵而朗朗上口，或因对仗而便于传诵，从而成为民间观念在空间上传播最广、时间上传承最长的一种形式"（应星，2010：114-115）。而方言作为植根于民间一定区域文化土壤中的语言形式，形成了不少独具地方民俗特色的民谚俗语，是它们流传和发展的重要载体。"《金瓶梅》的语言，虽属白话，但底子却是方言。书中使用了大量的方言俗语。包括相当数量的俚谚、歇后以及市井隐语等特殊语汇。"（王学奇，1991：76）第七十八回潘金莲面对等着她付轿子钱的潘姥姥时大有六亲不认之嫌，"指望问我要钱，我那里讨个钱儿与你？你看着，睁着眼在这里，七个窟窿到有八个眼儿！"（兰陵笑笑生，2020：1349）徐州俗语"七个窟窿八个眼"，意为洞多难以补上，这里潘金莲用它来表示手里的钱不够开销的。这些由方言凝练而成的民谚俗语鲜活生动，多姿多彩，能够很好地体现当地的地方文化及日常生活的烟火气息。

（二）《金瓶梅》方言的特点

白话小说因文本自身语言的因素，从出现之初就与方言有着密不可分的关系，"从文本语言的角度看，白话小说是指近代汉语口语创作的小说，更为确切地说，就是以宋元'通语'或明清'官话'等民族共同语编创的小说。……因此，古代白话小说与方言之间，实际上存在着天然的学术联系。"（潘建国，2008：112）而相较于其他白话小说方言的使用，《金瓶梅》中的方言则有以下几个特点：

第一，方言出现频次高、数量多。《金瓶梅》从文本语言上看虽属通俗白话小说，但细究其根底，其底子主要还是方言，书中使用了大量的地方方言俗语。据《金瓶梅方言俗语汇释》一书收录统计，"《金瓶梅词话》中的方言俗语、包括隐僻难解的隐语行话、谚语、歇后语等共计三千余条"（李申，1992：7），而其他学者对《醒世姻缘传》等方言词数量的考察，最多也就900多条。据晁瑞（2006：8，12）统计，在《醒世姻缘传》方言词的诸多考证中，数量较多的有董遵章《元明清白话著作中山东方言例释》、张清吉《醒世姻缘传新考》。董书涉及《醒世姻缘传》方言词900余条，张清吉具体考释了796个方言词，晁瑞则在此基础上，综合考察《醒世姻缘传》方言词929个。以此可见，《金瓶梅》中方言词的使用数量远超《醒世姻缘传》等书。

第二，使用方言种类多。《金瓶梅》中的方言使用不仅频次高、数量多，而且方言种类多样。相较于《醒世姻缘传》《海上花列传》等方言种类单一、方言地域较为集中来说，《金瓶梅》使用的方言相当驳杂，涉及方言地域极其广阔，"其方言俚语并不限于山东一方，几乎遍及中原冀鲁豫以及苏皖之北，甚而晋陕等地，都有相似的语言与音声，中间又时夹吴越之语"（黄霖，1984：71）。笔者以中国知网（CNKI）为基本数据库，并参照胡文彬、吴敢等人的成果整理，以"金瓶梅"AND"方言"为主题词，共筛选出文献128篇，形成"《金瓶梅》方言研究数据库"。就文献内容来看，《金瓶梅》所涉地方方言统计如表1：

表1 《金瓶梅》所涉地方方言

排序	方言	频次	排序	方言	频次
1	山东方言	17	14	冀鲁方言	1
2	吴语	9	15	秦晋方言	1
3	五家沟方言	5	16	贵州方言	1
4	陕西方言	4	17	内蒙古方言	1
5	冀南方言	4	18	贵州方言	1
6	江淮方言	3	19	陇东方言	1
7	北方官话	2	20	雁北方言	1
8	东北方言	2	21	皖北方言	1
9	云南方言	2	22	兰州方言	1
10	山西方言	2	23	泰州方言	1
11	五莲方言	2	24	阳谷方言	1
12	杭州方言	2	25	正定方言	1
13	扬州方言	2	19	临川方言	1

由表1可见，关于《金瓶梅》中山东方言（17）[①]、吴语（9）、伍家沟方言（5）、陕西方言（4）、冀南方言（4）、江淮方言（3）的讨论最多。显然，现代学者对《金瓶梅》方言地域性考察的芜杂正是《金瓶梅》使用方言种类多样的一个鲜活例证。

第三，方言涉及场合多、样式多。正如前文所述，《金瓶梅》中方言出现的场合多样，样式多元，涉及日常生活的描写、人物行为的描述、日常用语的架构等，可见，无论是对小说文本语言的设计，还是对叙事节奏的把握，方言都在其中发挥重要作用，这在其他明清白话小说中较为罕见。方言已成为《金瓶梅》中不可或缺的，甚至是独特的文化存在。此外，不同于其他小说对于方言的直接插入，《金瓶梅》使用方言的形式则更为灵活，即如前文所言，在歇后语、谚语尤其是骂语中，都随处可见方言的身影。如第二十四回，惠莲回怼抱怨她嗑了一地瓜子皮的画童："贼囚根子！六月债儿，还得快。扫就是，甚么打紧，教你雕佛眼儿。"（兰陵笑笑生，2020：338）这里"六月债儿，还得快"即为俚谚，意为一还一报，报复太快，在苏州方言中则有着"形容刚说别人的话就

[①] 该段括号的数字为该方言出现的频次。

被用来还敬自己"（苏州市地方志编纂委员会办公室，1987：47）的意思。可以说，方言不仅是《金瓶梅》中一种特殊的语言形式，还进一步成为建构文本语境、丰富人物形象的重要文本工具。

二、《金瓶梅》中方言的功能

通过对《金瓶梅》中方言俗语出现场合的考察，可以看出方言在《金瓶梅》一书中扮演的重要角色，"方言俗语的运用既极大地增强和丰富了人物言语的表现力，同时对形成活泼酣畅的语言风格起了重要的作用"（孙逊、詹丹，1994：90），也起到了构建小说文本、丰富人物形象、增强读者阅读的情感体验等文学功能与考察明代地方风俗的文化功用。

第一，丰富人物形象，使其更为生动立体。如果说小说行文中的方言用词是作者出于对文本的设计而刻意使用的，那在对话中的方言词则强化了人物的"市民"特质。"由于小说所写主要是一些市井俗人和下等社会女子，作者在写到他们的谈吐时，很注意运用口语俗谚，其中既有山东土语，也有吴地方言和一般小说用语，其数量之多，运用之妙，在我国古典小说中实属罕见"（孙逊、詹丹，1994：90-91）如小说第三十二回，写郑爱香在递酒时听到应伯爵正借认亲的事打趣、嘲戏李桂姐，"插口道：'应二花子，李桂姐便做了干女儿，你到明日与大爹做个干儿子罢。掉过来，就是个儿干子'"（兰陵笑笑生，2020：468）。"儿干子"在河南商丘话中指缺心眼、没眼力的人。这是郑爱香借此就势调侃一向善于插科打诨的应伯爵。"干儿子""儿干子"，一字之倒而意思全变，虽语带戏谑，却又不过于冒犯。这里，郑爱香的语言之所以能够取得如此效果就在于她对方言的灵活运用，而这种对俚俗言语的熟练掌握是和她的身份地位分不开的。作为一名妓女，她要根据不同场合随时应对各种人物，因此临场应变、对话语尺度的掌握成为其逢场作戏的基本能力。此外，调侃中又含酸带醋，表现出郑爱香对李桂姐心有不满，同落风尘，本为底层，李桂姐却借干女儿的身份而攀上西门府，因此"儿干子"既是说应伯爵，也是刺李桂姐，吴银儿更直接嘲讽："你就拜认与爹娘做干女儿，对我说了便怎的，莫不搂了你什么分儿？瞒着人干事！嗔道他头里坐在大娘炕上，就卖弄显出他是娘的干女儿：剥果仁儿，定果盒，拿东拿西，把俺们往下踩。"（兰陵笑笑生，2020：465）正是在吴银儿直白浅陋地嘲讽和郑爱香方言妙语地戏谑的两相映衬下，小说将底层风月女子可怜、可悲又可恨的嘴脸多角度、立体化地呈现在了读者面前，从而起到了"或刻露尽相，或又幽伏而含讥"（鲁迅，2005：187）的讽刺效果。

第二，建构起多元话语体系，增强读者阅读的情感体验。古代通俗白话小说在《金瓶梅》之前一般都是以通行的书面官话语言进行叙述和表情达意，力争达到语言的和谐统一。但在这种单一话语体系的便捷下随之而来的就是语言的单调乏味，《金瓶梅》方言的引入和使用则打破了这种单一的语言模式，建构起多元话语体系。《金瓶梅》在地域方言的使用中既有大量山东方言，同时也不乏吴语的插入，此外更是将方言的触角深入到中原冀鲁豫以及苏皖之北等地，从而形成了庞杂而又多样的文学话语体系，且一些行话、隐语等社会方言如"牙婆""私窠子"的运用更是丰富了小说语汇，增强了小说语言的多样性。

这种多元话语的使用符合我国地域辽阔的现实，能够增强读者的情感体验。有学者曾言："以吾国省界纷歧，土音各异，其曾受正音之教育者几何哉？苟如是，吾料读者囫囵莫解，转不如各随其省界，各用其土音，犹足使普通社会之了于心而了于口也。"（黄伯耀，1908）尽管他此论之目的在于更好地发挥通俗小说惩戒教化之功，但从客观上肯定了小说"用其土音"有助于提升读者的阅读体验和促使其心领神会，尤其是对于本方言区的读者来说，阅读带有自己方言乡音的小说时更容易产生亲切感和引发情感共鸣。值得注意的是，《金瓶梅》中方言虽多样，但以山东话为主，"山东话作为北方方言与官话差异不大，不会构成阅读障碍"（宋莉华，1999：46），这也使得《金瓶梅》中的方言使用在加强区域文化的认同感、增强读者阅读情感体验的同时，也在最大程度上削减了方言造成作品难解、流通限于一隅的弊病。

第三，有助于考察明代地方风俗与民俗文化。方言是根植于特定文化土壤的语言模式，其生成与演变受到当地人文环境、自然地理、社会风俗的多重影响，刘勰《文心雕龙·物色》（1959：295）即道："若乃山林皋壤，实文思之奥府；略语则阙，详说则繁。然屈平所以能洞监《风骚》之情者，抑亦江山之助乎。"是故，"古人认为从文学的地域风格，可以考察出各地的政治、文化、民俗等风貌"（吴承学，1990：53），而得益于"江山之助"的方言也同样记录了不同时空的政治、文化、民俗民风等，为我们探究当时的社会文化与地域风物提供了另一种佐证，正如学者所言："方言的使用除了有渲染气氛或刻画人物之功外，其更深层的意义是可以深入到文化层面。"（宋莉华，1999：44）

《金瓶梅》的世情书写，包含了大量的民俗活动与民俗文化，堪称"中国十六世纪后期社会风俗史"（李时人，1987：106），其中形容民俗风物的方言用语更可作为一种文化遗产进行保存。首先，是日常称谓中的方言，涉及人称、身份、物件等，潘承玉（1998：104）就将《金瓶梅词话》与《越谚》对照，发现"作品的日常事物称谓系统完全等同于绍兴方言"，并举例如下：

主人正妻都称奶奶，主人众妻妾按序都称大娘、二娘、三娘、四娘、五娘、六娘，丫环都称丫头，奶妈都称奶子，舅母都称妗子，姨母都称姨娘，接生婆都称老娘，邻居都称街坊，再嫁的寡妇都称回头人，外地商人都称客人；结婚的彩礼都称花红，闺房藏衣物的箱子都称箱笼，女人首饰都称头面，盛水果的瓷盘都称冰盘，佐餐的菜肴都称下饭，送人的盘缠都称下程，戏曲不论杂剧还是南戏都称戏文，月光下都称月亮地里，等等。特别值得一提的，还有绍兴方言的第三人称"伊"，作品中亦有多处下意识的流露。

这类民俗方言在小说中多有体现，如第八回潘金莲在盼等西门庆前来幽会时"又做了一笼夸馅肉角儿,等西门庆来吃"(兰陵笑笑生,2020:101)。笼夸即指蒸笼屉子。现在山东部分地区仍有这种说法,"枣庄市峄城区有人把蒸馒头的笼叫笼夸"(李申,1992:581)。第七十七回小说对应伯爵荐举到西门府谋差的小厮的穿着打扮的描述是这样的,"只见那来友儿穿着青布四块瓦,布袜靸鞋,扒在地上磕了个头,起来帘外站立"(兰陵笑笑生,2020:1321),所谓"四块瓦",即"老式青布棉鞋,每一只鞋各由二块瓦状的鞋帮儿拼合后绱在鞋底上做成,一双共有四块,俗称'四块瓦儿'"(李申,1992:167),多出现在徐州方言中。小说第四十四回更是提到了流行于北京、山东等地的元宵民俗"走百病","明日请姑娘众位,好歹往我那里大节坐坐,晚夕走百病儿来家"(兰陵笑笑生,2020:653)。谢肇淛(2021:36)记载言:"齐鲁人多以正月十六日游寺观,谓之'走百病。'"小说对这些具有浓厚地方色彩的方言语汇的使用既为文本增添了地方民俗气息,又营造出符合人物生活的真实环境,从而为我们认识和还原历史民俗风物提供了一个可资借鉴的人文窗口。

三、从方言看《金瓶梅》的作者问题

对《金瓶梅》作者的考察是学界关注的重点,关于世代累积还是文人独创、集体创作还是个人独作以及具体的作者身份,历来众说纷纭,也成为金学研究的一桩公案。但无论是细究《金瓶梅》具体文本语言,还是详考学界已有成果,都可以看出明显的方言因子。一方面,《金瓶梅》中所用方言庞杂,除山东方言外,亦有官话、吴语乃至陕北地区的俚语,这有助于我们猜测作者的籍贯与游历经历。另一方面,不少学者关于小说作者的讨论正是基于对方言的探究,其论文专著及相关表述体现了金学研究者对于《金瓶梅》方言与作者关系的精深考察,主要观点可分为三类:

第一类主张集体创作说,这是出于对《金瓶梅》中方言繁杂的考量,代表学者有陈诏、刘香环、王猛、杨国学等,并进一步判断作者的文学修养,如孙逊和陈诏(1985:43)即指出《金瓶梅》中"方言入诗"的现象,认为"方言形诸于文字,写入诗中,这在正统文人的吟咏中是绝对不可能有的"。第二类主张某一地区说,即并不确定具体作者,但通过考证出某地方言,而推断其作者当在这一带生活过。如魏子云就通过对"儿"音的考察判断作者可能为南方人,张鸿魁(2003:58)则指出"作者的方音更像今天的冀鲁官话,即河北和山东接界地区的方音",主张作者不可能是操吴语的南人。另有张崇琛、王汝涛、高坤让、靳青万、彭见明等人据诸城方言、兰陵方言、河东方言、江淮方言、平江方言发表看法。第三类则明确提出作者人选,其根据之一即为《金瓶梅》中的方言情况,这类说法内部论争较多,主要为王世贞、屠隆、汪道昆等:

表 2 方言视角下《金瓶梅》作者考证情况

序号	使用方言情况	考证作者	论者
1	北方方言	质疑"王世贞"	鲁迅、郑振铎、吴晗
		质疑"屠隆"	徐朔方
2	吴语	王世贞	周钧韬、朱星
		屠隆	黄霖
3	徽州方言	汪道昆	潘志义
4	晋语	王稚登	鲁歌、马征
5	鲁西方言	谢榛	王连洲
6	东峰县方言	贾三近	张远芬
7	绍兴方言	徐渭	潘成玉

早在明代，就传有王世贞为报严嵩杀父之仇而创作金瓶梅，后来鲁迅等根据方言予以否认："《金瓶梅词话》被发见于北平，为通行至今的同书的祖本，文章虽比现行本粗率，对话却全用山东的方言所写，确切的证明了这决非江苏人王世贞所作的书。"（鲁迅，2005：359）郑振铎、吴晗继而跟进，但正是因为《金瓶梅》中方言繁芜，绝不限于山东一带，其中吴方言的使用也不在少数，是以，即便从方言角度判断，王世贞的作者身份也未为不可，因此近年来赞同王世贞作者身份的研究者不在少数，如霍现俊、许建平等。另外，屠隆同样是《金瓶梅》作者的热门人选，黄霖先生以前就持这种说法，他从方言学角度考察时发现"《金瓶梅词话》的语言相当驳杂，其方言俚语并不限于山东一方，几乎遍及中原冀鲁豫以及苏皖之北，甚而晋陕等地，都有相似的语言与音声，中间又时夹吴越之语"（黄霖，1984：71），意识到其作者可能是江南吴越人士，故而主张思路必须从"山东人"的固有框架中跳出来。

笔者认为，《金瓶梅》中方言使用繁杂、涉及地域广泛，其中部分方言的所属地仍有进一步考证的需要，因此只就方言而确定具体作者欠缺周密考量。但从方言角度来看，《金瓶梅》的作者绝非坐井观天、闭目塞听之人，而有跋涉多地之经历，精通语言之才情。其中，山东方言、吴语的使用较其他方言更多，据此猜测，小说作者应在山东、江苏一带生活较久。当然，我们并不是在此讨论金瓶梅作者之谜这一千古公案，但从方言角度判断他们的创作倒是一个不错的角度，值得继续关注与研究。

综上所述，从文学功能来看，小说作者对语言的运用炉火纯青，因此在他写作《金瓶梅》时，方言就成为其丰富人物形象、调节小说气氛、活泼小说语言、展现市民生活的重要工具。从文化功能来看，方言作为市民对话中最常使用的语言，作者在描绘市井对话时，自然不可避免地将方言词汇带入小说，就此而言，《金瓶梅》中的方言为我们提供了考察明代社会文化、考证小说作者的语言史料。

参考文献

[1] 晁瑞,2006.《醒世姻缘传》方言词研究[D].南京:南京师范大学.
[2] 傅憎享,1990.论《金瓶梅》的骂语与骂俗[J].学术交流(2):129-135.
[3] 黄伯耀,1908.曲本小说与白话小说之宜于普通社会[J].中外小说林(6).
[4] 黄霖,1984.《金瓶梅》作者屠隆考续[J].复旦学报(社会科学版)(4):70-76.
[5] 兰陵笑笑生,2020.金瓶梅词话[M].梅节,校订.陈昭,黄霖,注释.台北:里仁书局.
[6] 李申,1985.徐州方言志[M].北京:语文出版社.
[7] 李申,1992.金瓶梅方言俗语汇释[M].北京:北京师范学院出版社.
[8] 李时人,1987.《金瓶梅》:中国十六世纪后期社会风俗史[J].文学遗产(5):103-112.
[9] 刘勰,1959.文心雕龙校注[M].杨明照,校注拾遗.北京:中华书局.
[10] 鲁迅,2005.《中国小说史略》日本译本序[M]//鲁迅全集:第6卷.北京:人民文学出版社.
[11] 鲁迅,2005.中国小说史略[M]//鲁迅全集:第9卷.北京:人民文学出版社.
[12] 潘承玉,1998.《金瓶梅词话》与绍兴[J].文史知识(2):103-109.
[13] 潘建国,2008.方言与古代白话小说[J].北京大学学报(哲学社会科学版)(2):112-115.
[14] 沈榜,1961.宛署杂记[M].北京:北京出版社.
[15] 宋莉华,1999.方言与明清小说及其传播[J].明清小说研究(4):36-49.
[16] 苏州市地方志编纂委员会办公室,1987.苏州市方言志[M].苏州:苏州市地方志编纂委员会办公室.
[17] 孙逊,詹丹,1994.金瓶梅概说[M].上海:上海古籍出版社.
[18] 王学奇,1991.《金梅方言俗语汇释》序[J].天津师大学报(社会科学版)(6):76-78.
[19] 吴承学,1990.江山之助——中国古代文学地域风格论初探[J].文学评论(2):50-58.
[20] 谢肇淛,2021.五杂组[M].北京:中华书局.
[21] 徐柯,1984.清稗类钞[M].北京:中华书局.
[22] 应星,2010."气"与中国乡土本色的社会行动——一项基于民间谚语与传统戏曲的社会学探索[J].社会学研究(5):111-129.
[23] 张洪魁,2003.谈《金瓶梅》的语言特色[J].古典文学知识(5):54-58.

A Study on the Functions of Dialects in *The Golden Lotus*

SHI Xiaojun, WANG Xianfeng

(College of Liberal Arts of Jinan University, Guangzhou, Guangdong, 510632)

Abstract: Dialect has appeared many times in *The Golden Lotus*, which is an important tool to regulate the atmosphere of the novel, liven up the language and show the life of the citizens. This paper focuses on the use of dialects in *The Golden Lotus*, explores the occasions and specific forms of dialects in the novel, and examines the functions of dialects from the perspective of literature and linguistics. As a means, dialect enriches the image of characters, highlights the character of citizens, and enhances the reading experience of readers. As a corpus, dialect preserves the social features and folk culture of the Ming Dynasty. As a material, dialect provides a thinking direction for textual research on the author of the novel.

Key words: *The Golden Lotus*, Dialect, Function, Author

批评话语分析：政府"双减"话语特征

冷雨航[①]

（暨南大学华文学院　广东广州　510610）

【提　要】"双减"政策出台后，官方发布了系列文件。本文采用费尔克劳提出的批评话语分析框架，从结构分析和互动分析两方面对三个不同层级政府部门"双减"文件进行考察，发现文件至上而下的发布顺序与政府部门等级关系平行，不同等级映射到"双减"话语层面表现为不同话语特征。下级"双减"话语在上级话语基础上产生，是话语互动的结果。话语间的互动反映了上级对下级的要求以及下级对上级的服从。具体表现为：高行政级别赋予了上级"双减"话语的权威性，可直接向下级发布工作指示；下级受上级语力管辖，在其文件中通过复制和引用上级话语内容来督促相关部门完成任务，同时还对上级要求加以细化和具体化，体现了认真务实的工作态度和对上级的积极配合。

【关键词】"双减"　批评话语分析　话语互动　话语特征

2021年7月24日，中共中央办公厅、国务院办公厅印发了《关于进一步减轻义务教育阶段学生作业负担和校外培训负担的意见》[②]（以下简称《意见》），要求各地区各部门推动"双减"工作平稳有序进行。《意见》出台后，浙江省政府积极响应，制定了《浙江省进一步减轻义务教育阶段学生作业负担和校外培训负担实施方案》[③]（以下简称《浙江方案》）。与此同时，杭州市结合实际情况，发布了《杭州市进一步减轻义务教育阶段学生作业负担和校外培训负担实施方案》[④]（以下简称《杭州方案》）。从批评话语分析角度看，这三个政府文件就"双减"话题形成了意义关联，可作政府"双减"话语个案研究。

[①] 冷雨航，暨南大学华文学院博士研究生，主要研究方向为语体学、话语分析和国际中文教育。
[②] 中共中央办公厅 国务院办公厅：《关于进一步减轻义务教育阶段学生作业负担和校外培训负担的意见》，中华人民共和国教育部官网：http://www.moe.gov.cn/jyb_xxgk/moe_1777/moe_1778/202107/t20210724_546576.html，访问于2021年9月20日。
[③] 浙江省人民政府办公厅：《浙江省进一步减轻义务教育阶段学生作业负担和校外培训负担实施方案》，金华教育咨询：http://jh.bendibao.com/edu/202191/11349.shtm，访问于2021年9月20日。
[④] 杭州市人民政府办公厅：《杭州市进一步减轻义务教育阶段学生作业负担和校外培训负担实施方案》，凤凰网浙江教育：https://zj.ifeng.com/c/89ABl2ioZZb，访问于2021年9月20日。

一、话语和权力

批评话语分析聚焦语言、权力和意识形态三者间的关系，揭示话语如何源于社会结构和权力关系，又如何为之服务（辛斌、高小丽，2013：1）。

话语和权力密切相关，"权力"附着于话语，反映了日常生活中的社会关系。话语参与者对话语的控制权因社会身份或层级差异而不同，话语等级系统中的上层参与者掌握主导权，控制话语发展；下层参与者或认同响应上级，或对其持抨击、反驳态度（田海龙、张迈曾，2006：7）。费尔克劳（Fairclough，1989：73-74）认为"话语中的权力"表现为话语主导方控制谈话内容；"话语后的权力"是社会或机构等级关系在话语层面的映射，即机构语境借助话语来实施社会功能。若将上级政府部门视为一个机构语境，该机构则会赋予工作人员使用政府话语来管理下级部门的权力。上级话语不仅包括意见、指示、要求等内容，同时还渗透了话语权威。

通过梳理各级政府间权力关系，可以窥见隐含其中的不同话语特征。费尔克劳的批评话语分析框架对本研究具方法意义。

二、语料及分析框架

本文以三个"双减"话语文本为研究对象，探讨不同层级政府间权力关系在话语层面的映射及其话语特征和话语互动形式。

批评话语分析框架由"结构分析"和"互动分析"两部分组成。前者考察"话语秩序"和"语体链"，揭示话语等级和社会主体间不平等权力关系。话语秩序是社会秩序的话语表现（Fairclough，1995：10）。语体链是不同语体按先后顺序排成的链条（Fairclough，2003：32）。"互动分析"立足文本内容探究话语等级关系，包括"互语分析"和"语言符号分析"。"互语"指话语间的相互作用及关系；"语言符号分析"聚焦文本整体结构和小句情态系统。

结构分析方面，本文考察话语秩序和语体链，以揭示《意见》《浙江方案》和《杭州方案》三个"双减"话语等级关系；互动分析方面，拟从互语分析和语言符号分析两方面描述三个"双减"话语的互动特征。

三、结构分析

（一）话语秩序

政府层级关系制约话语秩序。从中央到地方，三个"双减"话语构成等级连续统，下级受上级管辖。连续统过渡层部门承上启下，接受配合上级指示的同时也要凸显自身话语权威。中央"双减"话语位于顶层，其话语权威伴随指示要求一并传递给下级部门。省"双减"话语，既要接受中央指示，又要指导市"双减"方案制定实施。市"双减"话语是下级接受配合上级的结果。三个"双减"文本的话语结构标记如表1所示：

表1 "双减"话语标记

"双减"文件	话语方向	话语结构标记
《意见》	↓	【各省（自治区、直辖市）】要…… 【地方各级党委和政府】要…… 【省级政府】要……
《浙江方案》	↑	为贯彻落实……
	↓	鼓励【各地】…… 【各地】要…… 【各地】根据实际情况…… 【各市、县（市、区）党委和政府】……
《杭州方案》	↑	根据国家和省"双减"工作部署和要求…… 落实教育部和省市关于…… 结合省要求，继续深入开展…… 根据省统一要求和部署…… 按照国家、省相关政策具体要求……
	↓	【各地各校】要…… 【各地党委和政府】……

上级话语多以"下级执行主体（+要）……"形式来向下传递指示要求，下级则以"贯彻落实……""根据/结合/按照（……部署、要求）"等形式来指向上级。比如：

（1）现有学科类培训机构统一登记为非营利性机构。（中13）①

（2）各地根据实际情况，制定转登工作办法、时间表和路线图，在规定时间内完成转登工作。（浙13）

（3）根据省统一要求和部署，同时结合杭州实际，加快推进现有学科类培训机构统一转登为非营利性机构。按照国家、省相关政策具体要求，制定转登工作时间表，在规定时间内完成转登工作。（杭16）

中央要求各地将现有学科类培训机构统一转登为非营利性机构。省"双减"话语复现了中央意见相关内容，并对省内各地提出了"制定工作办法"等具体要求，说明省政府认可并接受了上级安排。杭州市方案中也明确指出要按国家、省相关政策要求并根据

---

① "中13"指《意见》中第13条内容；"浙13"指《浙江方案》中第13条内容；"杭16"指《杭州方案》中第16条内容。为方便统计和描述，本文将《浙江方案》中"组织保障"版块和《杭州方案》中"重点任务"版块内容要点按阿拉伯数字连续编号形式呈现。本文所有语料出处均用简写形式标注。

省统一部署来加快推进"转登工作"。通过援引上级要求作依据，让"转登工作"有章可循，体现了市政府开展"双减"工作的科学性和积极性。再如：

（4）各省（自治区、直辖市）党委和政府要把"双减"工作作为重大民生工程……（中27）

（5）各市、县（市、区）党委和政府要把"双减"工作作为为民办实事重大民生工程……（浙26）

（6）各地党委和政府要将"双减"工作作为重大民生工程……（杭22）

当谈及要将"双减"工作作为重大民生工程时，《意见》中的执行主体是各省（自治区、直辖市）党委政府；省政府接收上级指令，将方案中执行主体范围进一步缩小至各市、县（市、区）党委政府；在上级指示下，市政府又将执行主体聚焦到市各地党委政府。可见，发布指示的上级和执行要求的下级间存在严格等级界限，这种至上而下的行政权力赋予了上级"双减"话语权威性，下级服从于上级话语管辖。

（二）语体链

"双减"话语实践中的政府意见、方案和新闻报道排列成一条语体链，如图1所示：

- ● 2021年7月24日
  中共中央办公厅国务院办公厅发布《意见》（意见语体）
- ● 2021年8月31日
  浙江省发布《浙江方案》（方案语体）
- ● 2021年9月1日
  杭州市发布《杭州方案》（方案语体）
- ● 2021年9月15日
  《杭州日报》发布新闻报道《开学两周多，杭州"双减"工作进行得如何？》（新闻语体）
- ● 2021年9月26日
  杭州日报发布新闻报道《杭州靠前监督推动"双减"落地见效》（新闻语体）
- ● 2021年10月12日
  杭州市教育局发布新闻《杭州动员全市中小学责任督学助力"双减"工作》（新闻语体）
- ● 2021年10月15日
  浙江新闻频道播报新闻《"双减"之下：设立专窗杭州市首张教学机构转型营业执照发出》（新闻语体）
- ● 2021年10月16日
  "杭州教育发布"微信公众号平台发布新闻咨询"市教育局举行全市中小学课后服务工作交流培训"（新闻语体）
  ……

图1　"双减"话语语体链

语体上，三级政府"双减"话语均为正式公文语体，《意见》正式度和权威度最高。新闻语体围绕政府话语宣传解读"双减"政策，起诠释和舆论导向作用，便于民众理解接受，语体正式度较低。

时间上，不同主体围绕"双减"展开的社会活动在语体上有联系，呈现出连续性特征，序列为《意见》→《浙江方案》→《杭州方案》→相关新闻报道。

空间上，不同主体在语体链中排列具有等级性。意见语体顶层管辖更具地方特性的方案和新闻语体。

主题上，政府"双减"话语和新闻报道都聚焦"双减"政策。《意见》出台后，省、市政府将其转化为详细实际的"双减"方案。杭州市还通过《杭州日报》、"杭州教育发布"微信公众号等媒体平台对外宣传"双减"工作情况，体现了下级对上级指示的重视。

综上，"双减"话语语体链时空排序是平行的，政府等级高低与"双减"话语发布先后顺序一致。等级越高，其发布的话语内容越靠近语体链起始端。语体种类与时空顺序有关，随语体链不断延伸，语体类增多且正式度下降；相较于高级别的中央和省政府，围绕市"双减"方案报道的新闻数量居多。新闻语体起辅助作用，地方政府更需借助各类媒体来实时跟进"双减"工作，同时通过对外宣传来证明和塑造其认真落实上级任务要求的积极形象。

四、互动分析

（一）互语分析

1. 结构互动

语体结构由"语体阶"和"语体相"组成，"阶"用来辨别不同语类，"相"是低于"阶"的结构单位（赵芃，2021：52）。"双减"话语目的则是通过阐释实施目的的语体阶和展示实施方法的语体相组成的"纲要式结构"来实现的。

"双减"话语语体阶由"依据"和"目的"构成。例如：

（7）为深入贯彻党的十九大和十九届五中全会精神……（《意见》）

（8）为贯彻落实中央办公厅、国务院办公厅印发的《意见》……（《浙江方案》）

（9）根据国家和省"双减"工作部署和要求，结合杭州实际……（《杭州方案》）

《浙江方案》直接引用《意见》作依据，《杭州方案》则以国家和省的工作部署要求为依据。话语互动体现为上级部门名称或"双减"文件作为援引项目出现在下级话语中；下级通过直指上级来建构自身话语的权威性和科学性。"目的"见表2。

表2 "双减"工作目的

《意见》	《浙江方案》	《杭州方案》
a.切实提升学校育人水平	a.充分发挥学校教书育人主体功能	a.充分发挥学校教书育人主体功能
b.持续规范线上线下校外培训	b.强化线上线下校外培训机构规范治理	b.切实加强校外培训机构治理
c.有效减轻义务教育阶段学生过重的作业负担和校外培训负担	c.解决人民群众"急难愁盼"问题	c.进一步减轻义务教育阶段学生作业负担和校外培训负担

三个"双减"话语目的都由三方面内容构成，通过话语结构标记的重复和转换实现话语互动。比如省、市政府都使用"充分发挥……功能"形式来表述目的；转换方面，首先，下级将《意见》中"切实提升……水平"转换为"充分发挥……功能"，从"提升水平"的要求变为"发挥功能"的积极主动性；其次，下级将上级"持续规范……"变成"强化/切实加强……治理"，转换后动词程度义加深，体现了下级执行力度大；再次，上级"有效减轻……负担"转换为下级"进一步减轻……负担"，"有效"强调工作结果，"进一步"体现工作过程。下级通过重复和演绎上级话语，显示其对工作任务的执行力度和主观能动性。

"双减"话语语体相展示了"双减"工作举措涉及的具体方面，见表3。

表3 "双减"话语语体相

语体相序号	《意见》	《浙江方案》	《杭州方案》
1	作业	教育教学质量	教育教学质量
2	课后服务水平	校外培训	作业
3	校外培训	家校社协同	课后服务水平
4	教育教学质量	组织保障	校外培训
5	配套治理		组织保障
6	试点探索		
7	组织实施		

语体相互动复现内容涉及"作业""教育教学质量""课后服务水平""校外培训"等方面。互动话语表现为上下级都使用了"提升/提高……质量""提升/提高……水平""(全面)规范……行为"等形式来表述具体工作措施。比如"教育教学质量"方面，《浙江方案》表述为"大力提升校内教育教学质量"，《杭州方案》则为"提升学校教育教学质量"；再如"作业"方面，《意见》表述为"提高作业设计质量"，《杭州方案》为"提高作业布置质量"。下级融上级话语语体相于自身话语中也体现了上级话语的权威性和指导性。

2. 内容互动

上对下的话语渗透以及下对上的话语承接可视为一种"再情景化"的社会实践过程。"再情景化"是把一个语境或语篇中的某些东西转化或移植到另一语境中的过程（Linell，1998：144-145），在文本层面表现为"新""旧"要素的混合杂糅。互动模式如图2所示。

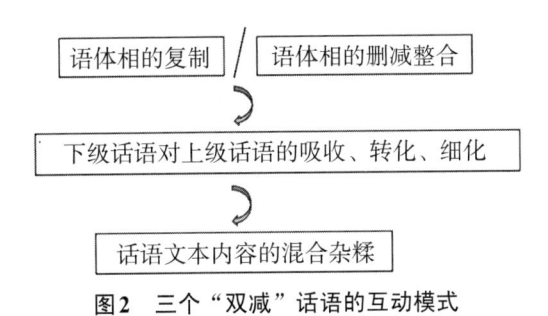

```
语体相的复制  /  语体相的删减整合
         ↓
下级话语对上级话语的吸收、转化、细化
         ↓
   话语文本内容的混合杂糅
```

图2　三个"双减"话语的互动模式

下级在复制或删合上级"双减"话语语体相基础上制定了"双减"方案，方案内容是对上级话语的吸收、转化和细化，呈现出混合杂糅形态。结合图2，分别从语体相复制和删合来说明下级"双减"话语与上级的互动关系。

语体相复制方面，《杭州方案》复制了《意见》和《浙江方案》的语体相"教育教学质量"，如表4。

表4　语体相具体内容

	《意见》	《浙江方案》	《杭州方案》
语体相	语体相4：教育教学质量	语体相1：教育教学质量	语体相1：教育教学质量
具体内容	4.1促进义务教育优质均衡发展[①] 4.2提升课堂教学质量 4.3深化高中招生改革 4.4纳入质量评价体系	1.5推进区域义务教育优质均衡发展 1.6推进城乡义务教育共同体建设 1.7实施初中提升培优工程 1.8深化高中招生改革	1.1严格按课程标准组织教学 1.2努力提高课堂教学质量 1.3加强城乡义务教育共同体建设 1.4实施公办初中提质强校行动 1.5深化高中招生改革

同一语体相下，三个"双减"文本内容上的混合杂糅主要体现在"促进义务教育优质均衡发展""提升课堂教学质量""推进城乡义务教育共同体建设"和"深化高中招生改革"等方面。以"深化高中招生改革"具体内容为例：

（10）逐步提高优质普通高中<u>招生指标分配到区域内初中</u>的比例。（中4.3）

（11）全省优质示范普通高中学校<u>不低于60%的招生名额合理分配到区域内初中</u>学校。（浙1.8）

（12）落实优质示范普通高中学校<u>不低于60%的招生名额合理分配到区域内初中</u>学

[①] 编号"4.1"指语体相4下的第1内容。下文的"中4.3"指中央"双减"话语语体相4下的第3条内容，"浙1.5""杭1.1"同理。

校。(杭1.5)

"落实"一词表明接受上级指示,并将内容具体化,比如把中央"双减"意见中的"招生指标"明确细化为"不低于60%的招生名额",这体现了上级话语权威的正向促进作用。作为下级部门,省、市政府在复制语体相时,新增了"提升初中教学质量"具体内容。比如:

(13) 实施初中提升培优工程。实施每三年为一轮的初中学校提升行动,显著提高相对薄弱学校的办学水平……(浙1.7)

(14) 实施公办初中提质强校行动。【通过办学条件提升、新名校集团化、专业化教师队伍建设、高水平校长队伍建设、课程改革深化、教科研工作促进、教育信息化建设、特色项目培育等八大行动措施】,实现全市公办初中办学质量明显提升。(杭1.4)

杭州市对省"双减"话语做了转化和细化,将省方案中"初中提升培优工程"转化表述为"初中提质强校行动";将"实施初中学校提升行动"细化为"提升办学条件""新名校集团化"等八大行动措施。这种处理方式体现了下级对待"双减"工作的认真态度以及对上级服从。

语体相删合方面,相较于《意见》,浙江省和杭州市"双减"话语中的语体相都做了删合处理。比如市"双减"话语中语体相3"课后服务水平"是对中央"双减"话语语体相2、5、6以及省"双减"话语语体相1、3的删合结果,互动过程如图3所示:

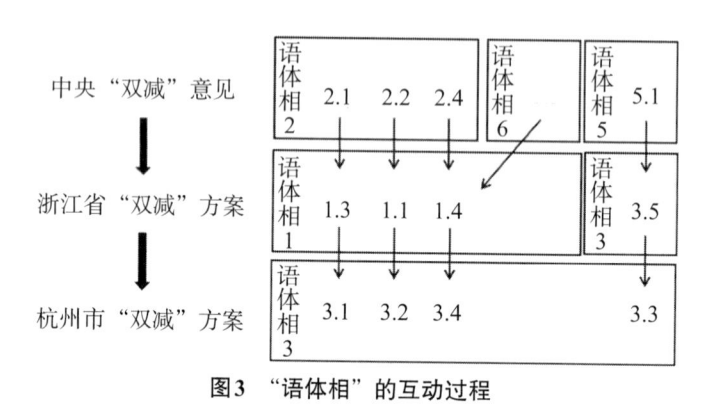

图3 "语体相"的互动过程

图3显示,语体相数量由上至下依次递减。语体相删合后,市"双减"话语中存在诸多上级话语痕迹。比如:

(15) 加强做优免费线上学习服务。教育部门要征集、开发丰富优质的线上教育教学资源……(中2.4)

(16) 合理利用校内外资源。(中6.3)

(17) 做强做优免费线上学习服务……加快"之江汇"教育广场的升级迭代,建设未来社区幸福学堂……探索成立公益属性的实体化互联网学校,推出以课程服务为主的"四点半课堂"和答疑解惑为主的"问学名师"等服务。(浙1.4)

（18）做强做优免费线上学习服务……组织学校积极参与省教育厅推出的以课程服务为主的"四点半课堂"和以答疑解惑为主的"问学名师"服务。（杭3.4）

中央"双减"话语语体相2"课后服务水平"下的第4条内容"加强做优免费线上学习服务（中2.4）"和语体相6"试点探索"下的第3条内容"合理利用校内外资源（中6.3）"在省、市"双减"话语中分别整合为内容浙1.4和杭3.4。

中央指出教育部门要征集、开发丰富优质的线上教育教学资源，这一要求在下级"双减"话语中得以落实。比如省政府提出了加快"之江汇"教育广场升级换代、建设未来社区幸福学堂、成立实体化互联网学校等具体举措。市政府也积极响应，在话语中直接复述上级已发布内容，以表做好线上学习服务工作决心。

（二）语言符号分析

系统功能语言学认为句中"情态动词"和"情态状语"能表达话语意义中的情态和说话人态度，同时反映说话人和听话人间的社会距离和等级关系。

1. 情态动词

情态动词量值分为低、中、高三级，情态量值越高表明说话人态度越强硬，商量余地小；情态量值越低表明说话人陈述内容越模糊，态度趋于缓和（Halliday，1994：358-359）。三个"双减"话语的情态动词及其量值分布情况见表5。

表5 "双减"话语情态动词及量值分布情况

"双减"文本	高量值 肯定	高量值 否定	低量值 肯定	低量值 否定	合计/次
《意见》	要（47）[1]、应（5）、必须/须（1）	不得（16）、严禁（9）、禁止（1）	可（7）	/	86
《浙江方案》	要（7）、应当（1）、必须/须（1）	不得（14）、严禁（7）	可（1）	/	31
《杭州方案》	要（16）、应（2）、必须/须（5）	不得（19）、严禁（8）	/	/	50
合计/次	85	74	8	/	167

"双减"话语倾向使用肯定式道义类情态动词，包括表必要的"要""应/应当""必须/须"和表许可的"可"；否定式如"不得""严禁""禁止"等。从量值等级看，高量值情态动词占多数，其中肯定式"要"和否定式"不得"使用频次最高。

《意见》情态动词数量远高于省市方案。一方面，中央政府作为上层管辖部门要对下级提出诸多工作指示且内容涉及面较广，因此需借助大量情态动词来表明要求；另一方

---
[1] 括号内数字为情态动词出现频次。下同。

面,《意见》从国家层面对"双减"工作作出部署规划,多为方向性宏观指引,而省市"双减"方案则更具地方特色,并在中央概括性意见基础上做了细化处理,话语层面表现为较少使用情态动词,倾向用及物性系统中的物质过程来陈述具体措施。《浙江方案》和《杭州方案》中体现"物质过程"的动词占很大比例,其高频动词词云图分别见图4和图5。

图4 《浙江方案》物质过程高频动词词云图　　图5 《杭州方案》物质过程高频动词词云图

这些动词反映了下级政府在接收中央意见指示基础上采取的各项具体针对性措施。比如:

(19)各地要积极创造条件,组织优秀教师开展免费在线互动交流答疑。(中12)

^^组织^^[1]学校积极参与省教育厅推出的以课程服务为主的"四点半课堂"和以答疑解惑为主的"问学名师"服务。(杭12)

(20)各地要设立监管平台和专门举报电话。(中30)

各地^^设立^^专门举报电话,^^畅通^^群众监督举报途径。(浙28)

(21)各省(自治区、直辖市)要对已备案的线上学科类培训机构全面排查……(中13)

全面^^排查^^学科类校外培训机构总数、从业人员数、招收学生数、预收费等方面情况……(浙10)

在原有工作基础上,结合省要求,继续深入^^开展^^全面排查,^^完善^^包括学科类校外培训机构总数、从业人员数、招收学生数、预收费等方面情况和信息……(杭13)

以上3例反映了省、市政府分别针对中央以情态动词"要"提出的各项要求所采取的具体行动,表述中均未出现情态动词而是以多个物质过程小句来代替,表明下级通过系列可操作举措将上级要求落到实处,并积极配合相关安排,用有效办法来解决突出问题,体现其认真态度。

三个"双减"话语都倾向使用高量值情态动词来表明态度和话语权,增加施政可信度和执行力。中央使用了更多的高量值情态动词,以增强话语语力;省、市政府作为地

---

[1] 符号"^^ ^^"为及物性系统中的物质过程标记。下同。

方部门兼具接收意见和下达要求双重功能，高量值情态动词能体现其话语果断性和要求权威性。

中央"双减"话语情态动词使用具有弹性，即通过选用不同量值情态动词来灵活调整话语力度。除高量值外，以"可"为代表的低量值情态动词使用则为下级留出充分余地和操作空间，以便更好结合实际，采取针对性措施。比如：

（22）初中学校工作日晚上可开设自习班。（中9）

（23）推行以放学后托管服务、初中生晚自习服务……为重点的学校课后服务。（浙3）

（24）基于学校自主、学生自愿前提，因地制宜开设初中校晚自习服务。（杭9）

例中省、市方案接受了上级"开展初中生晚自习服务"的选择性参考意见，并将其融入到方案内容中。

随行政级别下移，低量值情态动词使用量减少，中央政府作为权力强势主体重在从宏观层面对下作出指导，考虑视域较宽，话语开放度较高，适当使用低量值情态动词利于工作灵活处理，也让话语更显温和。省、市政府作为权力弱势方则收紧话语，为其下属部门提供的参考性选择较少，方案内容更侧重行政指令性和操作标准化。

此外，地方政府否定式情态动词使用量略高于肯定式，说明地方"双减"方案除传递指令要求外，更突出对受众部门的约束限制，同时也表明权力弱势方话语更偏强势风格。

2. 情态状语

三级政府"双减"话语情态状语词云图见图6。"严格、严肃、认真、扎实、及时、切实"体现了认真严肃态度，"全面、充分、努力、着力、大力、整体、务求"表明了全力以赴决心，"逐步、适当"强调了谨慎把稳心态，"坚决"反映了果断坚定意志，"积极"则是对相关部门的鼓励动员。

图6 "双减"话语情态状语词云图

上对下垂直传递的信息内容具有行政效力。"双减"话语情态状语使用情况体现了政府对不同领域及事物的褒贬倾向，便于相关部门按上级态度指引行事。三级政府分别用"坚决、严肃、严格"等情态状语向其对应下属部门直接传达工作指示，比如：

（25）依法依规坚决查处超范围培训、培训质量良莠不齐……等突出问题。（中14）

（26）依法依规严肃查处不具备相应资质条件、未经审批多址开展培训的校外培训机

构。(浙12)

（27）严格监管学科类校外培训时间。(杭15)

例中三级政府对下提出具体要求，明确其在"规范培训"方面的责任义务。情态状语凸显了上级"双减"话语强效语力，体现了规范性和严谨性，起到一定督促作用。相较于上级，下级还用"切实、努力、积极"等情态状语来表明对待"双减"不遗余力的工作态度和对上级的积极配合。比如：

（28）坚持以学定考，进一步提升中考命题质量，防止偏题、怪题、超过课程标准的难题。(中18)

加强中考命题管理，合理控制考试难度，积极推进中考试卷全省统一命题。(浙8)

（29）学校要制定课后服务实施方案，增强课后服务的吸引力。(中10)

提升课后服务质量，切实增强课后服务的吸引力和有效性，努力满足学生的多样需求。(杭10)

（30）推出以课程服务为主的"四点半课堂"和答疑解惑为主的"问学名师"等服务。(浙4)

组织学校积极参与省教育厅推出的以课程服务为主的"四点半课堂"和以答疑解惑为主的"问学名师"服务。(杭12)

例中省政府积极推出全省中考统一命题措施来响应上级指示要求；市政府也用"切实""努力"来表明对增强课后服务吸引力的工作态度；当省政府推出相关服务项目时，市政府也主动配合，并组织学校积极参与。

五、结语

本文运用费尔克劳提出的批评话语分析框架，结合文本语料分析了各级政府部门"双减"话语特征及其互动关系。

"双减"文件发布顺序与政府部门等级关系平行，都是从中央到地方、由上级到下级，这种至上而下的顺序不可逆。下级"双减"话语在上级话语基础上产生，是话语互动的结果。

从等级关系看，上级享有更高行政级别，可向下级提出"双减"工作指示要求。高级别赋予了上级"双减"话语高权威性，因此下级话语直接受上级语力管辖。

从内容看，下级话语复现了上级话语内容，通过直接指向和引用上级已发布"旧"内容来督促相关部门完成任务。同时下级话语中还有部分新增内容，表现为对上级要求的细化和具体化，体现其务实的工作态度和对上级的响应配合。

下级话语对上级话语的消费反映了各级政府间的话语互动及其表征，体现了政府对"双减"工作的重视，塑造了下级积极响应上级指示、高效执行任务的正面形象。

参考文献

［1］胡壮麟，朱永生，张德禄，1989.系统功能语法概论［M］.长沙：湖南教育出版社.

［2］田海龙，张迈曾，2006.话语权力的不平等关系：语用学与社会学研究［J］.外语学刊（2）：7-13+112.

［3］辛斌，高小丽，2013.批评话语分析：目标、方法与动态［J］.外语与外语教学（4）：1-5+16。

［4］赵芃，2021.语体结构的跨时空变异研究［J］.当代修辞学（3）：51-60.

［5］Halliday MAK, 1994. An Introduction to Functional Grammar (2nd ed.)［M］. London：Edward Arnold.

［6］Fairclough N, 1989. Language and Power［M］.New York：Longman.

［7］Fairclough N, 1995. Critical Discourse Analysis：The Critical Study of Language［M］. London and New York：Longman.

［8］Fairclough N, 2003. Analyzing Discourse：Textual Analysis for Social Research［M］. London and New York：Routledge.

［9］Linell P, 1998. Discourse Across Boundaries：On Recontextualizations and the Blending of Voices in Professional Discourse［J］. Text, vol.18, no. 2, pp.143-157.

Critical Discourse Analysis: Discourse Characteristics of Government's Double Reduction

LENG Yuhang

（College of Chinese Language and Culture, Jinan University, Guangzhou, Guangdong, 510610）

Abstract: After the "double reduction" policy was carried out, the official series of documents were issued. This paper analyses the "double reduction" documents of governments in three different levels from structural and interactional analysis with Fairclough's framework of critical discourse analysis. It is found that the orders of document issuance are parallel with the levels of governments, and there are different discourse characteristics according to different levels. The "double reduction" discourse of subordinate government which is the result of interactions of discourses is produced on the basis of the discourse of superior. The interactions between the discourses reflect the requirements of superior to subordinate and the obedience of subordinate to superior. To be more specific, the authority of "double reduction" discourse stems from the high administrative level of superior, which can directly issue the instructions of work to subordinate. On the other hand, the subordinate government urges the relevant departments to complete the mission by copying and quoting the contents of discourse of superior under the jurisdiction, also specifies the requirements of superior, which can reflect the earnest attitude and positive cooperation of subordinate government.

Key words: "Double Reduction", Critical Discourse Analysis, the Interactions of Discourses, Characteristics of the Discourses

中级水平留学生汉语会话含意理解与表达的实验研究[①]

张金桥[1,2]　张巧宏[1]　李　严[1②]

（1.暨南大学华文学院　广东广州　510610；2.暨南大学应用语言学研究院　广东广州　510610）

【提　要】采用移动窗口技术和选择再认任务，从理解和表达两个方面考察了中级水平留学生对不同类型汉语会话含意的习得特点与规律。结果表明：（1）中级水平留学生对信息含意的理解最好，方式含意次之，量含意较弱；（2）对信息含意的表达最好，量含意次之，方式含意最弱；（3）对信息含意的理解与表达无差异；量含意和方式含意的理解均优于表达。最后，分析了中级水平留学生汉语会话含意理解与表达的认知机理。

【关键词】列文森三原则　会话含意　理解　表达　中级水平留学生

一、引言

人们通过一定的语言形式来反映客观世界，即字面意义，由于认知的经济性原则，在言语交际过程中体现字面意义的单一语言形式往往能表达适用于多种语境下的语用义（或含意）。格莱斯以康德的哲学四范畴为分类标准，创造性地提出了言语交际中的合作原则，包括质准则、量准则、关系准则和方式准则（Grice，1975）；尽管这些准则能够反映人类语言交际的一般规律，然而，各准则间存在一些复叠现象，并且该理论没有构建会话含意的推导机制（徐盛桓，1993a；钱冠连，1994），因此存在一定的局限性。后来，一些学者对格氏理论进行了修补与深化（Levinson，1983；Horn，1984；Sperber & Wilson，1986），最有代表性的是列文森会话含意的三原则，即"新格莱斯语用机制"，具体是指信息原则、量原则和方式原则（Levinson，1983），该理论不仅能较好地解决原则间的复叠现象，而且还阐述了含意的具体推导过程（熊学亮，1999），更为重要的是，还将语言形式与语用三原则对应了起来，如信息原则和量原则主要与语句中的词义有关，方式原则主要与语句的表达方式有关（熊学亮，1999；范香娟，2017）。

[①] 本文是国家社科基金一般项目"留学生汉语话语意义理解语境效应的认知神经机制"（项目编号18BYY120）阶段性成果。
[②] 张金桥，男，湖北荆州人，暨南大学华文学院教授，博士生导师，主要研究方向为心理语言学及实验语用学。张巧宏，女，山西临汾人，暨南大学华文学院博士研究生，主要研究方向为心理语言学。李严，女，湖北武汉人，暨南大学华文学院硕士研究生，主要研究方向为汉语国际教育。

掌握汉语会话含意是外国留学生用汉语得体表达的前提与基础，会话含意的理解与表达是二语学习者语用能力的重要组成部分，也是国际中文教学的重点和难点（范香娟、刘建达，2017）。学术界对此进行了一些研究，结果表明，语言凝固、礼貌策略及文化等因素影响了留学生对会话含意的理解（吕俞辉，1999）；留学生对基于词语意义的一般会话含意的理解比较容易，而对特殊会话含意的理解则比较困难（李枫，2014）；在国际中文教学中，应重视词语、成语和惯用语隐含意义的学习（宗世海，2002）。

值得一提的是，为数不多的研究通过定量方法，调查了留学生汉语会话含意的习得情况。赵瑾（2014）采用选择再认任务，探讨了留学生语音、词汇、语法等语言要素的语用习得情况。考虑到留学生的书写能力有限，她采用效度较高的选择题形式，分别考察了理解和表达两方面内容的习得情况。这种测试形式和考察内容对本研究有重要的启示。另外，范香娟（2017）首次基于列文森三原则，采用填空书写的方式考察了留学生汉语会话含意的理解情况，结果表明，留学生最容易理解根据信息原则推导的会话含意，其次是量原则，最难的是方式原则（为了行文方便，利用上述三原则进行推导的会话含意分别称为信息含意、量含意和方式含意）。

综观上述两个研究，主要存在以下几个问题：首先，在被试上，没有控制语言水平。汉语水平是影响留学生语用及会话含意习得的重要因素，初级水平留学生由于汉语知识欠缺、语言接触少，基本上不能理解汉语会话含意；高级水平留学生汉语知识丰富、语言接触量大，具有较好的语用能力，容易把握汉语会话含意，对列文森三原则的推导可能没有区别；中级水平留学生只有一定的汉语语音、词汇和句法知识，也会接触一些言语交际情境下含有语用义及会话含意的句子，因此，对不同类型会话含意的习得可能会表现出不一样的特点。其次，在考察内容上，范香娟（2017）只调查了留学生会话含意理解这一个方面的习得情况；虽然赵瑾（2014）考察了留学生理解与表达两方面的习得特点，但由于设置的情境不同，无法对两者成绩加以比照。再次，在分析指标上，两位学者均只采用了正确率这一指标，没有同时采用正确率和反应时两个指标，考察的信息不全面。最后，她们的研究中只采用了描述统计，没有从数理方面进行推论统计，结果的解释力不强。因此，本研究基于列文森会话含意三原则，设置同一情境条件下的理解题与表达题，采用移动窗口技术和选择再认任务，以正确率和反应时为分析指标，系统考察中级水平留学生汉语会话含意的习得情况。

本研究主要探讨以下问题：

（1）中级水平留学生汉语会话含意的理解有何特点？信息含意、量含意和方式含意的理解有何差异？

（2）中级水平留学生汉语会话含意的表达有何特点？信息含意、量含意和方式含意的表达有何差异？

（3）中级水平留学生对不同类型会话含意的理解与表达是否存在差异？表现出怎样的特点？

二、研究方法

（一）被试

来自广州地区某高校的41名中级班留学生作为初选被试，参考鹿士义（2002）和张金桥、曾毅平（2010）的做法，这些被试的汉语学习时间为1—1.5年、并通过了HSK三四级；同时，根据他们近期的学习平均成绩，删除最高成绩2名，最低成绩3名，最后共计36名中级水平留学生参加了正式实验。

（二）实验材料编制与评定

首先，选取徐盛桓（1993b，1994）研究中有关会话含意推导所采用的经典例子，以及赵瑾（2014）和范香娟（2017）有关留学生汉语语用及会话含意习得调查的样例，并结合汉语交际特点，设置了30个情境，根据信息原则、量原则和方式原则来推导会话含意的情境各10个，针对每种情境分别设计了理解和表达两套题，每道题后有3个选项。对同一情境下理解题和表达题的选项字数及每道题3个选项的字数进行了平衡和控制。

接着，按照Bouton（1988）和范香娟（2017）的做法，选择28名中国大学生对本实验中30个情景的常用性进行了里克特5度量表评定（1表示不常出现，5表示经常出现），同时调查了他们对各类会话含意的理解题与表达题的作答情况。删除常用性低且母语者理解题和表达题的正确率低于80%的6个情景（每条原则各2个）。剩余的24个情景的常用性评定的平均值为4.19，理解题和表达题的正确率分别为87%、83%，这说明本研究中所采用的情境具有典型性和代表性，理解题和表达题的设置比较合理。

最后，请来自同一群体但不参加正式实验的中级水平留学生对实验材料中的词汇熟悉度进行了评定（1表示最不熟悉，5表示最熟悉），评定结果为4.23。表1列出了不同情境条件下理解题与表达题的具体例子。

表1 本实验中不同条件下的情境、问题及选项样例

		信息原则	量原则	方式原则
理解题	情境	张丽：能不能借我一些钱？ 李明：我刚刚买了手机。	张丽：李明经常迟到吗？ 我：李明偶尔迟到。	奶奶：我们给孩子买点零食。 妈妈：除了C-H-O-C-O-L-A-T-E。
	问题	李明愿意借钱给张丽吗？	李明的迟到情况是？	孩子可以吃巧克力吗？
	选项	1.李明不愿借钱给张丽。 2.李明愿意借钱给张丽。 3.不知道李丽是否会借钱。	1.李明从不迟到。 2.李明有时迟到。 3.李明总是迟到。	1.孩子可以吃巧克力。 2.孩子不可以吃巧克力。 3.不知道能不能吃巧克力。

续表

		信息原则	量原则	方式原则
表达题	情境	张丽：能不能借我一些钱？ 实际是李明不想借。	张丽：李明经常迟到吗？ 实际是李明很少迟到。	奶奶：我们给孩子买点零食。 实际是妈妈不想买巧克力。
	问题	李明该如何回应张丽？	你该如何回应张丽？	妈妈该如何回应奶奶？
	选项	1.我刚刚买了手机。 2.我绝不会借给你的。 3.你找其他同学借吧。	1.李明从不迟到。 2.李明有时迟到。 3.李明总是迟到。	1.绝对不可以买巧克力。 2.除了C-H-O-C-O-L-A-T-E。 3.你想买什么就买什么。

（三）实验设计

本研究采用3×2被试内实验设计。含意类型包括信息含意、量含意、方式含意3个水平，成绩类型包括理解和表达2个水平。因变量是每种条件下的平均正确率及平均反应时。

由于同一情境设有理解和表达2类题目，为了防止练习效应和记忆效应，实验材料采用拉丁方平衡处理，分为2个版本，在每一版本中，同一情境的理解题与表达题不同时呈现，具体地讲，就是某一情境在版本1中为理解题（或表达题），在版本2中则为表达题（或理解题）。3类含意的理解题和表达题各12个，共24题，随机排列。被试随机分成2组，每组18人，分别接受2个版本的实验处理。

（四）实验过程

本实验包括练习和正式实验两个阶段。练习与正式阶段程序完全一样，练习句共有5个；可以重复训练，直到被试熟悉程序为止。

正式实验中，刺激的呈现和数据的收集都用E-prime 2.0软件完成。实验刺激的呈现序列如下：屏幕中央先出现注视点"+"500ms，注视点消失后呈现情境句（张丽：李明经常迟到吗？我：李明偶尔迟到。），被试阅读后按空格键，情境句消失而问题句呈现（李明的迟到情况是？），理解后继续按空格键，屏幕中央以随机方式呈现3个选项（1.李明从不迟到。2.李明有时迟到。3.李明总是迟到。），要求被试迅速选择认为是正确的选项，其中选项1、2、3分别对应键盘上的数字键1、2、3，记录正确选项的选择率及反应时。完成后自动呈现下一个句子。若被试4000ms没有反应，则自动跳到下一题。整个实验持续10—15分钟，实验结束后被试得到少许报酬。

三、实验结果

删除2名未完成实验任务被试的数据，同时删除正确率和反应时在±3个标准差以外的数据，占总数据的1.24%。表2记录了34名中级水平留学生不同类型含意的理解和表达的平均正确率和平均反应时。

表2 中级水平留学生不同类型含意的理解和表达情况（M±SD）

		含意类型			
		信息含意	量含意	方式含意	平均
理解	正确率/%	73.72 ± 18.05	53.60 ± 17.50	61.75 ± 17.24	63.02 ± 16.40
	反应时/ms	1882 ± 597	2244 ± 512	2065 ± 494	2064 ± 376
表达	正确率/%	70.59 ± 15.36	53.89 ± 17.01	42.78 ± 16.08	55.75 ± 14.51
	反应时/ms	1916 ± 624	2508 ± 591	2626 ± 572	2350 ± 475
平均	正确率/%	72.15 ± 15.46	53.75 ± 15.94	52.27 ± 15.07	
	反应时/ms	1899 ± 529	2376 ± 456	2346 ± 487	

对表2中的正确率数据进行方差分析。结果表现，含意类型的主效应显著，$F(2, 32)=32.56$，$p<0.001$，事后检验表明，信息含意的正确率（72.15%）远远高于量含意（53.75%）和方式含意（52.27%）（$ps<0.001$），而后两者差异不显著（$p>0.05$）；成绩类型的主效应显著，$F(1, 33)=5.67$，$p<0.05$，理解的成绩（63.02%）要好于表达（55.75%）；含意类型和成绩类型的交互作用显著，$F(2, 32)=9.47$，$p<0.01$。

简单效应检验表明，在理解成绩方面，信息含意（73.72%）好于量含意（53.60%）和方式含意（61.75%）（$p<0.001$，$p<0.01$），方式含意（61.75%）好于量含意（53.60%）（$p<0.05$）；在表达成绩方面，信息含意（70.59%）远远好于量含意（53.89%）和方式含意（42.78%）和（$ps<0.001$），量含意（53.89%）好于方式含意（42.78%）（$p<0.01$）。

简单效应检验还表明，在信息含意方面，理解成绩（73.72%）与表达成绩（70.59%）无差异（$p>0.05$）；在量含意方面，理解成绩（53.60%）与表达成绩（53.89%）也无差异（$p>0.05$）；在方式含意方面，理解成绩（61.75%）远远好于表达成绩（42.78%）（$p<0.001$）。

对表2中的反应时数据进行方差分析。结果表现，含意类型的主效应显著，$F(2, 32)=9.87$，$p<0.001$，事后检验表明，信息含意的反应时（1899ms）要快于量含意（2376ms）和方式含意（2346ms）（$ps<0.001$），而后两者差异不显著（$p>0.05$）；成绩类型的主效应十分显著，$F(1, 33)=24.11$，$p<0.001$，理解的反应时（2064ms）快于表达（2350ms）；含意类型和成绩类型的交互作用显著，$F(2, 32)=6.15$，$p<0.01$。

简单效应检验表明，在理解方面，信息含意（1882ms）快于量含意（2244ms）和方式含意（2065ms）（$p<0.01$，$p<0.05$），方式含意（2065ms）快于量含意（2244ms）（$p<0.05$）；在表达方面，信息含意（1916ms）远远快于量含意（2508ms）和方式含意（2626ms）（$ps<0.001$），量含意（2508ms）略快于方式含意（2626ms）（$p=0.058$）。

简单效应检验还表明，在信息含意方面，理解（1882ms）与表达的反应时（1916ms）差异不显著（$p>0.05$）；在量含意方面，理解的反应时（2244ms）快于表达（2508ms）（$p<0.05$）；在方式含意方面，理解的反应时（2065ms）远远快于表达（2626ms）（$p<0.001$）。

四、讨论

（一）中级水平留学生汉语会话含意的理解特点分析

会话含意的理解，就是听者对情境句和问题句进行解码，识别言者的表达行为，结合大脑中的心理语境进行多重推导运算，从而推测和把握言者交际意图的认知过程（布鲁诺，2013）。

本研究表明，中级水平留学生对信息含意的理解最好，其次是方式含意，量含意较弱。

信息原则是指"听者将言者最小量的表达，主要通过常规关系扩充到最大量的话语信息"（徐盛桓，1993a）。常规关系是利用信息原则进行会话含意推导的关键因素，主要以词义、形式逻辑（如预设、蕴含等）、联想等方式进行推演（钟百超，1995；徐盛桓，2002），体现了人类的共同经验。这些共同经验是不言而喻的，在话语中自然是不点自明的（徐盛桓，1993b）。中级水平留学生有一定的语言知识和认知推理能力，大脑中也存在包含共同经验的百科知识，他们在语言形式的刺激下，通过常规关系能自动迅速激活信息含意，因此对信息含意的理解最为容易。

量原则是指"相信说话人提供的已经是他所知道的最强的信息"（徐盛桓，1993a）。量含意的推导主要体现在荷恩等级关系上（肖俊洪，1997），包括强项蕴含弱项、弱项否定强项两类语用推理（项成东，2006）。它是一种基于事理的概率性的回溯推理（沈家煊，2004），包含了否定形式的推理，这些都会增加量含意的推理难度（陈广耀等，2014；李莹等，2017；陈广耀等，2018；Arroyo，1982）。同时，荷恩等级关系涉及同一语义场或相同语义关系的词义强度差异，这要求学习者必须精准把握近义词的语义差异（李绍林，2010），而中级水平留学生对此有一定的困难。上述两个因素决定了他们对量含意的理解成绩较差。

方式原则是指"不要无故用冗长、隐晦或有标记的表达形式"（徐盛桓，1993a）。"怪异必有故"是采用方式原则进行推理的典型特征（钱冠连，1994），中级水平留学生经过一段时间的汉语学习，不仅能感知正常的句子形式及其意义（洪炜、张晓敏、冯聪，2021），而且能辨别特殊的句子表达形式，如有标记、冗长或隐晦等，更为重要的是，他们能体会到特殊表达形式的句子蕴含的会话含意。因此，中级留学生在"怪异"的句子形式刺激下，能较为迅速地通达方式含意，其理解难度介于信息含意与量含意之间。

本研究与范香娟（2017）调查结果不完全相同，她的研究结果表明，信息含意理解最佳，其次是量含意，方式含意最难。这可能与她研究中的调查对象没有控制汉语水平、采用的测试形式是填空书写、以及方式原则的题目数量偏少有关。

（二）中级水平留学生汉语会话含意的表达特点分析

会话含意的表达，就是听者对包含交际意图的情境句和问题句进行解码，重构言者想要传达的含意，结合大脑中的心理语境，选择能够实现言者交际意图的语言形式的过程（布鲁诺，2013）。

本研究表明，中级水平留学生对信息含意的表达最好，其次是量含意，方式含意最差。

信息含意的推理主要是基于常规关系，而常规关系是人类的共同经验，中级水平留学生具有一定的汉语基础和语言接触，各种交际情境下的信息含意与具体语言形式共现频率高，心理联结强度大，它们往往作为一个整体贮存在大脑中，在交际情境和交际意图的刺激下，会自动激活实现该意图的具体语言形式，因此信息含意的表达最容易。

量含意的推理主要是基于荷恩等级关系，如前所述，它是一种概率性的回溯推理（沈家煊，2004），并蕴含了否定推理（陈光耀等，2018；Arroyo，1982），推理难度较大；中级水平留学生对语义强度存在差异的近义词掌握有限。量含意与语言形式可能只存在一定强度的心理联结，因此，正确选择蕴含量含意的语言形式仍然有些困难。

值得一提的是，方式含意的表达最为困难。信息含意和量含量主要是基于词触发的，与词汇相比，句子是一个更大的上位的语言单位，中级水平留学生要学会用句子表达语义是比较困难的。而方式含意主要通过句子有标记、冗长或晦涩等形式体现，在一定的交际情境和交际意图的刺激下，中级水平留学生选择复杂"怪异"的句子形式来表达方式含意，显得尤其困难。

（三）中级水平留学生汉语会话含意的理解与表达差异分析

本研究表明，中级水平留学生信息含意的理解与表达无差异。如前所述，信息含意的推理主要基于体现人类共同经验的常规关系，中级水平留学生在汉语学习与语言接触中，语言形式、交际意图和信息含意高频共现，语言形式与信息含意凝固，心理联结强度大，在大脑中以心理组块的整体形式加以贮存，始终处于兴奋活跃的状态，既可以快速地从语言形式通达信息含意，又可以通过信息含意自动化地选择合适的表达形式，从而表现为理解与表达的成绩无差异。

本研究也表明，中级水平留学生对量含意的理解与表达在正确率上没有差异，在反应时上理解快于表达。如前所述，中级水平留学生词义知识有限，量含意的推理也有一定的难度，量含意的理解与表达可能进行的是有意识的控制加工。理解与表达的正确率无差异，可能与量含意是基于词触发有关；理解是语言表达的前提，语言表达可能需要消耗更多的认知资源（Skehan，1998），才能完成根据量含意选择恰当语言形式的任务，从而表现为表达的反应慢于理解。

本研究还表明，无论在正确率还是在反应时上，中级水平留学生对方式含意的理解均优于表达。我们认为，方式含意的理解与表达的认知难度是不一样的。中级水平留学生经过一段时间的汉语学习后，凭借一定的语感（汤玲，2017），能体会到复杂怪异的句子形式一定具有特殊的含意（钱冠连，1994），这是一种浅层次的知觉加工；而根据交际意图选择特殊的句子形式则非常困难，在这一过程中，需要理解每个选项句子的交际意义，并在此基础上根据语境进行推理和选择"怪异"恰当的语言形式，这是一种深层次的语义加工，加工环节多，认知负荷较大（Skehan，1998），从而表现为正确率低且反应时慢的特点。

五、结论

本研究得到如下结论：
（1）中级水平留学生对信息含意的理解最好，方式含意次之，量含意较弱。
（2）中级水平留学生对信息含意的表达最好，量含意次之，方式含意最弱。
（3）中级水平留学生对信息含意的理解与表达无差异，对量含意和方式含意的理解均优于表达。

参考文献

[1] 布鲁诺·G.巴拉，2013.认知语用学：交际的心智过程[M].范振强，邱辉，译.杭州：浙江大学出版社.

[2] 陈广耀，何先友，刘涛，2018.强弱语义语境下的否定句加工机制[J].心理学报（2）：186-196.

[3] 陈广耀，吴洛仪，魏小平，等，2014.状态不确定独立否定句的加工机制[J].心理学报（2）：204-215.

[4] 范香娟，2017.汉语学习者对会话含意的理解能力研究[J].汉语学习（3）：85-94.

[5] 范香娟，刘建达，2017.外国留学生汉语中介语语用能力测量方法初探[J]语言教学与研究（6）：9-19.

［6］洪炜，张晓敏，冯聪，2021.不同水平汉语二语者句子阅读加工中的语义整合研究［J］.世界汉语教学（1）：115-125.

［7］李枫，2014.会话含义理论与对外汉语教学［J］.语文教学与研究（23）：98.

［8］李绍林，2010.对外汉语教学词义辨析的对象和原则［J］.世界汉语教学（3）：406-414.

［9］李莹，吴军，梁园园，等，2017.不同性质汉语否定句心理加工过程的实验研究［J］.心理与行为研究（3）：309-316.

［10］鹿士义，2002.母语为拼音文字的学习者汉字正字法意识发展的研究［J］.语言教学与研究（3）：53-57.

［11］吕俞辉，1999."合作准则"的违反与"会话含意"的产生——对外汉语教学中的"会话含意"分析［J］.北京师范大学学报（社会科学版）（6）：102-106.

［12］钱冠连，1994.论构建语用推理模式的出发点——新格赖斯理论评论［J］.现代外语（3）：1-6+72.

［13］沈家煊，2004.语用原则、语用推理和语义演变［J］.外语教学与研究（4）：243-251+321.

［14］汤玲，2004.中高级水平留学生汉语修辞语感实证研究［J］.语言教学与研究（2）：37-46.

［15］项成东，2006.等级含义的语用研究综述［J］.当代语言学（4）：334-344+380.

［16］肖俊洪，1997.新格赖斯语用机制中含意的特征［J］.外语与外语教学（2）：14-16.

［17］熊学亮，1999.认知语用学概论［M］.上海：上海外语教育出版社.

［18］徐盛桓，1993a.会话含意理论的新发展［J］.现代外语（2）：7-15+72.

［19］徐盛桓，1993b.新格赖斯会话含意理论和语用推理［J］.外国语（1）：9-16+82.

［20］徐盛桓，1994.新格赖斯会话含意理论和含意否定［J］.外语教学与研究（4）：30-35+80.

［21］徐盛桓，2002.常规关系与认知化——再论常规关系［J］.外国语（上海外国语大学学报）（1）：6-16.

［22］张金桥，曾毅平，2010.影响中级水平留学生汉语新造词语理解的三个因素［J］.语言文字应用（2）：118-126.

［23］赵瑾，2014.汉语作为第二语言的语用习得研究［M］.天津：天津社会科学出版社.

［24］钟百超，1995.论常规关系系统的构成及其作用［J］.外语学刊（黑龙江大学学报）（2）：26-31.

［25］宗世海，2002.含意理论在对外汉语教学中的运用［J］.语言教学与研究（3）：43-52.

［26］Arroyo F V, 1982. Negatives in contex[J]. Journal of Verbal Learning and Verbal Behavior(1): 118-126.

［27］Bouton L F, 1988. A cross-cultural study of ability to interpret implicatures in English[J].

[28] Grice H P, 1975. Logic and conversation [M]. Cole and Morgan. Syntax and Semantics. Vol. 3, Speech acts, New York: Academic Press.

[29] Horn L R, 1984. Towards a new taxonomy for pragmatic reference: Q-based and R-based implicature [M]. Schiffrin D. Meaning, form, and use in context: linguistic applications. Washington, D. C.: Georgetown University Press.

[30] Levinson S C, 1983. Pragmatics [M]. Cambridge: Cambridge University Press.

[31] Skehan P, 1998. A cognitive approach to language learning [M]. Oxford: Oxford University Press.

[32] Sperber D, Wilson D, 1986, Relevance: communication and cognition [M]. Oxford: Basil Blackwell.

An Experimental Study on the Comprehension and Expression of Conversational Implicatures for Intermediate-level CSL Learners

ZHANG Jinqiao[1,2], ZHANG Qiaohong[1], LI Yan[1]

(1. School of Chinese Language and Culture, Jinan University, Guangzhou, Guangdong, 510610

2. Institute of Applied Linguistics, Jinan University, Guangzhou, Guangdong, 510610)

Abstract: This paper aims to explore the acquisition characteristics of different types of conversational implicatures for intermediate-level CSL learners from comprehension and expression perspectives using gaze-contingent moving-window technique and selection task. The findings revealed that using the maxim of information to infer the implicature is the easiest, followed by the maxim of manner, and the maxim of quantity is the most difficult from the perspective of understanding. As for expression, using the maxim of information to infer the implicature is also the easiest, followed by the maxim of quantity, and the maxim of manner is the most difficult. Additionally, using the maxim of information to infer the implicature has no bias in terms of understanding and expression, and the performance of understanding is better than expression concerning the maxims of quantity and manner. At last, we discuss the cognitive mechanism of conversational implicature for intermediate-level CSL learners.

Key words: Neo-Gricean Theory, Conversational Implicature, Understanding, Expression, Intermediate-level CSL Learners

印尼华文报刊中华语词汇与普通话差异探微[①]

王衍军 张馨月[②]

(暨南大学华文学院 广东广州 510610)

【提　要】 印尼华语与普通话之间存在诸多差异。本文以印尼华文报刊为语料来源，从词汇的角度考察印尼华语与普通话之间的差异，分析其差异类型并探究差异产生的原因。差异类型主要包括源流、时代、意义、构词和音变差异，造成词汇差异的社会条件包括印尼国情、风土人情、华人的迁入和融合、中文被迫断层与多语多方言语言生态的影响、时代的转型与经济文化交流的扩大等。最后，本文探讨了差异性词语存在的社会价值及其规范问题。印尼华语和普通话之间的词汇差异性研究对于华语研究、华文教育等均有着重要价值。

【关键词】 印尼华文报刊　华语词汇　词语研究

一、写作缘起

2006年8月，响应当时国家汉办（中华人民共和国汉语国际推广领导小组办公室）的政策，笔者与同事带领着40多位汉语教师志愿者，一起远赴印尼支教，为印尼各地高中培训华语教师，支持当地的华语教学。在一年左右的时间中，不仅走访调查了印尼各地华语文教学的现状，同时深入了解到当地华语跟普通话的一些差异之处，特别是在阅读当地华语报刊时，对一些词语经常不甚理解。

例如：2007年2月5日《千岛日报》副刊第7版《百态人生》中有这样一句话："再来一位常客：'姐，10紥原子袋，快点！'"其中，"紥"不常见，应为量词"扎"的繁体，但是句中"原子袋"为何物？

又如，2007年5月27日《国际日报》A5版有这样一句话："翁秘书，前晚吃餐，一共花去多少钱？这条钱，怎样还法？""钱"怎么能用"条"来计数？"一条钱"又是多少钱？

---

① 本文是暨南大学中华文化港澳台及海外传承传播协同创新资助项目"广东语言文化海外传承传播研究"（项目编号JNXT20210014）、暨南大学广东语言文化海外传承研究基地项目"岭南文化的海外发展与影响力研究——以胡志明市和雅加达市华人社区为调查点"（项目编号12621979）阶段性成果。

② 王衍军，1972年生，男，山东泗水人，暨南大学华文学院教授，博士生导师。张馨月，女，暨南大学华文学院2018级海外华语及华文教学专业博士研究生。

带着这些问题，笔者一方面求教于身边的印尼华人朋友[①]，一方面则努力收集这些报刊语料，分析印尼华文报刊中华语词汇与普通话之间的差异。截至目前，语言学界对海外华语与普通话间词汇差异的研究主要集中在新加坡华语和印尼华语。比如，汤志祥（2005）举例分析了中国香港和台湾的词汇、新加坡华语与普通话在词汇上的差异。刘文辉和宗世海（2006）以印尼代表性报纸、杂志、著作及华人口头语言为依据，举述351例印尼华语区域词语，并对其进行定性、分类和特征的概括。朱湘燕和黄舒萍（2013）调查了印尼苏北棉兰华人日常口语交际中所使用的华语词汇，发现差异主要体现在词形、词义和用法上。陈海峰和姜兴山（2017）另辟蹊径，以零度偏离论为指导，探讨了印尼华语的重构现象。但目前，较少有学者以印尼华文报刊作为专门的研究语料，探究华语词汇和普通话的差异类型以及两者的协调与规范问题。印尼华文报刊不仅是研究中印尼关系的宝贵语料，体现出国际关系和文化传播研究的史料价值，而且真实记录了华语的发展与变化，是华语词汇研究的重要语料。

本文的语料主要来源于笔者在印尼支教期间所收集到的印尼中文报纸，如《国际日报》《千岛日报》《印度尼西亚商报》等华文报刊，从中择录出一些"印尼华语区域特有词语"（以下简称"印华词语"），从词汇的角度分析印华词语和普通话的差异类型，探讨差异形成的原因，并进一步探讨印尼华语和普通话的协调与规范问题。

二、印华词语和普通话词语的差异

本文所谈的"印华词语"，是指流行于印尼这片区域带有明显印尼地区特征的华语词语，包括词和短语，如量词"条"，也写作"吊"，是印尼华人广泛使用的一种货币度量单位，"一条"为一百万印尼盾。从笔者所收集的语料来看，印华词语作为域外华语变体，在传承和发展过程中受到当地语言和汉语南方方言的影响，词语来源多样化，跟普通话相比体现出较为明显的保守特征和形式、意义差异，因此，本文从源流差异、时代差异、意义差异、构词差异和语音差异五个方面来探究印华词语和普通话词语的差异。

（一）源流差异

从渊源上来看，印尼华语与普通话一脉相承，普通话是现代汉语的标准语，印尼华语是现代汉语的域外变体，属于海外华语的一种。随着两地的隔离，印尼华语的发展逐渐与普通话产生分化。由于印尼是一个拥有多种民族语言的国家，约有二百多种语言，华语在与当地语言文化不断接触的过程中，逐渐浸染了印尼语、英语及其他民族的语言成分。另外，印尼华人大部分来自于广东、福建、海南等省份，大量的粤语、客家话、

[①] 本文在收集语料和写作过程中得到了印尼雅加达著名填词作家戴俊德先生的大力帮助，特此致谢。

闽南语等南方方言的成分也逐渐进入印尼华语，使其不可避免地出现不同于普通话的差异表现。例如：

（1）由于水患使市民驾车闯进雅专线大巴通道（Busway）而被交警帝琅，153辆车遭处罚，周五一天中有112辆摩托车和41辆汽车遭帝琅。（《国际日报》2007年1月31日社会新闻）

（2）我国人口大约有两亿五千万之众，倘若其中有一亿人有能力每日捐献拾盾，那么一天就能征到Sikit sikit jadi bukit（积少成多）十亿盾。（《国际日报》2007年5月18日印华论坛）

（3）更何况在各方面建设急需庞大资金，国库空虚，捉襟见肘。民间流传一句幽默话："建设国家没有'Dana'，但有亿万国家公款被'Korupsi'。"（《国际日报》2007年5月18日社会新闻）

（4）一个故意问东问西，另两个装着若无其事地看东看西，走走右走；扰乱我们的视线，分散我们的注意力，就在"西腊马大"之际，一匹的布不翼而飞了。（《国际日报》2007年4月8日文学副刊）

（5）杂志曾在2月15日，即情人节之后一天，拍到她跟男友一起离开男方住所，前往一间扒房吃饭的照片。（《印度尼西亚商报》2007年4月28日文学副刊）

（6）有趣的小故事是：直华的负责人之一李煊隆原先是巴淡国际大学副校长，三个学位拥有者。他说："我们办了餐厅，为什么问我们是否还要办'五脚基'小食店呢？当然不干了！"（《国际日报》2007年5月14日文学副刊）

例（1）中，"Busway"来源于英语，与"大巴通道"并用；"帝琅"是印尼语"dilarang"的音译形式，义为"禁止"。例（2）中，"Sikit sikit jadi bukit"源于印尼语，义为"积少成多"，与华语成语并用。例（3）中，"Dana、Korupsi"均源于印尼语，义为"经费、贪污"，而"Korupsi"是印尼语从英语中的借词。例（4）中，"西腊马大"为印尼语"Sekejap mata"的音译形式，义为"一眨眼"，"西腊马大之际"即"一眨眼的时间"。例（5）中"扒房"源于英语"SteakHouse"，"Steak"即"牛排/牛扒"，"House"即"房"，印尼华语意译为"扒房"。

例（6）中的"五脚基"为印尼语"limakaki"音译兼意译形式，闽南语中写作"五骸记"。"go^6 kha^{1-6} ki(khi)^6 街道两边不露天的人行道。来自马来语limakaki，[lima]是'五'的意思，[kaki]是'五英尺'的意思，按当地习惯，不露天的人行道须有五英尺宽才合乎要求。因只取[kaki]'骸记'，故加闽南语'五'[go^6]来标明。"（周长楫，2006：21）印华词语中除源于英语、印尼语的词语外，还有不少源于客家话、粤语、闽南话和西南官话的词语。例如：

（7）忙得连"谢谢"两字也忘了，其实区区万盾的"空头"，似乎也无须言谢，何足挂齿？（《国际日报》2007年5月27日文学副刊）

（8）世界上潮州人口有3000多万，整个中国目前1600余万名潮人，也就是说半数的

潮人"赤手空拳打天下"到海外去过番,落足谋生,现多已改入所住国国籍。(《国际日报》2007年5月20日文学副刊)

(9)庆典委员会安排其他巡游队伍逐一向广泽尊王参拜祝寿,并由炉主与头家颁赠锦旗和领取礼品后,相继出发游行。(《国际日报》2007年4月15日文学副刊)

(10)你最近是在做大木还是做家私?(《国际日报》2007年4月16日文学副刊)

(11)我吸了口气,拖着沉重的脚步走进了冲凉房。当冰凉的水由花洒从头上淋下来时,我整个清醒了。(《国际日报》2007年4月7日文学副刊)

(12)于是妈妈就怪死爸爸,常常埋怨爸爸不会找钱。(《国际日报》2007年3月25日文学副刊)

例(7)(8)中"空头""过番"均源于闽南话,"空头"义为"生意","过番"义为"到南洋去",以前中国人称南洋各地为"番地","过"即"漂洋过海"。

例(9)中"头家"则广泛用于闽南语、客家方言和粤语等南方方言,义为"老板、店主、东家"。如落华生《商人妇》:"头家今天没有出来,我领你到住家去罢。"(许宝华,宫田一郎,1999:1477)

例(10)中,"做大木"义为"建筑房屋时做房屋门窗",源自于客家方言。《汉语方言大词典·第四卷》:"【做大木】〈动〉做房屋门窗。客话。江西赣州蟠龙[tso⁵³ t'æ⁵³ moʔ⁵]。"(许宝华,宫田一郎,1999:5539)

例(11)中"冲凉房""花洒"源于粤语;例(12)中"找钱"义为"赚钱、挣钱",则是源于西南官话。《汉语方言大词典·第二卷》:"【找钱】〈动〉赚钱;挣钱。西南官话。云南曲靖[tʂao⁵³ tɕ'iẽn³¹]、昭通[tsɔo⁵³ tɕ'iẽ³¹]、大理[tʂao⁵³ tɕ'iẽ³¹]、思茅[tʂao⁵³ tɕ'iẽ³¹]。贵州清镇。四川成都。文枢等《旧城都的'人市'》:'郑兴才在成都找了钱。引得三台乡亲来朝贺、告帮。'也做'找钱儿'。"(许宝华,宫田一郎,1999:2526)

由此可见,由于印尼华语长期以来受到印尼社会多语、多方言的影响和渗透,印尼语、英语以及闽南话、粤语、客家话和官话等华裔祖籍地方言均不同程度地融入印尼华语,既体现出印尼华语与现代汉语的渊源关系,属于现代汉语域外变体的一种,又体现出印尼华语作为海外华族的共同语所具备的兼容并蓄、语源多样化的特征。

(二)时代差异

印尼华语与现代汉语有着紧密的历史溯源性,但是由于空间的阻隔和印尼政府语言政策的影响,印尼华语的发展跟普通话并不同步,呈现出一定的保守性特征。这很大程度上是受到印尼政府1965年"九·三〇"事件后所施行语言政策的影响,封禁华校,禁锢华文,造成华语传承和对外接触的被迫中断,因此在印尼华语中仍存有不少的古语词。例如:

（13）我决心小立高中毕业把他送往祖籍国深造，俾儒教思想陶冶他的灵魂！（《国际日报》2007年3月25日文学副刊）

（14）停车场只有几根电灯柱，亮着黯淡的光，她极目眺望，影影绰绰间的人在泊着的车中间走动。（《国际日报》2007年4月22日文学副刊）

（15）他表示还不清楚需要投资多少，因为正在进行可行性研究，研究费用由伊藤忠负责，预计今年杪可开始动工。（《国际日报》2007年4月17日社会新闻）

（16）与此同时，对于投资者来说，投资所获盈利不被课税，因马来西亚政府自今年4月起已取消对房地产盈利之课税。（《国际日报》2007年5月14日社会新闻）

（17）甫踏进×老板店里，他就气呼呼地责备起我来："波士（老板），我向来相信你的价钱，办货任由你算多少都行，没想到你原来用利刀杀我，未免太过分了！"（《千岛日报》2007年2月12日文学副刊）

（18）那是已是中午11点，竟发现Gotong Royong殡仪馆就在附近，于是打消原计划，先行拜奠，后入驿馆（酒店）。（《千岛日报》2007年3月30日文学副刊）

例（13）中的"俾"义为"使、让"；例（14）中的"泊"原义为"停船靠岸"，引申指"停车"；例（15）中的"杪"的原义为"树梢"，引申指"末尾；末端"，此处"今年杪"义为"今年末"；例（16）中"课税"即"征税"；例（17）中"甫"义为"才、刚刚"；例（18）中的"驿馆"义为"酒店"。

"俾、甫、驿馆"之类的古语词在现代汉语中均已被"使、才、酒店"所取代，但印尼华语中仍在使用，既表明印尼华语跟现代汉语一脉相承，也体现出由于地域阻隔、华语禁锢等因素的影响，印尼华语在语言演化和代际传承上所具有的保守性特征。

（三）意义差异

印尼华语中的一些词语与普通话语素相同，但语义不同，属于同形异义词；有些词语在普通话中没有相对应的词语，所指是印尼社会特有的社会现象，属于印尼华语特有词语，与构词语素所表达的语义明显不同。例如：

（19）棉兰市内跳跃松鼠猖獗。（《棉兰早报》2004年8月20日本岛要闻）

（20）我国燃油津贴04年达到70万亿盾。（《国际日报》2004年12月21日社会新闻）

（21）贸易部表明津贴化肥货缺和售价上涨是因为货量配给少于农民需求，其实化肥库存足以应付5月和6月的需求高潮。（《国际日报》2007年5月19日社会新闻）

（22）难民日间受太阳煎熬，冷天受雨淋。（《棉兰早报》2005年5月19日本岛要闻）

（23）他们兄弟俩依靠父亲留下来的燕屋生存。（《棉兰早报》2005年3月12日文友）

（24）梅加总统送花牌，卢大使致唁言，哀悼游继志令尊千古。（《国际日报》2004年8月23日华社新闻）

（25）接着是汉语诗歌朗诵，只见一个皮肤"沙窝色"（译音）的兄弟族人子弟，雄

赳赳气昂昂地登上舞台。(《千岛日报》2007年3月2日副刊)

（26）而且还要在每个星期四晚上焚烧"甘文烟"（Kemenyan——安息香），作为敬奉仪式；同时还用"花水"给短剑"沐浴"。(《国际日报》2007年4月1日印华文学)

例（19）中的"跳跃松鼠"虽然和普通话构词语素完全相同，但所指的意思完全不同，此处指"歹徒"；例（20）中的"燃油津贴"是印尼政府作为石油输出国向广大民众提供的津贴，因此油价相对其他国家和地区要低；例（21）中"津贴化肥"是政府补助厂方生产费，压低价格卖给农民，这种廉价化肥就叫"津贴化肥"。"燃油津贴"和"津贴化肥"体现的是印尼特有国情，在普通话中并没有对应词语。

例（22）中的"日间"非指"白天"，而是义为"晴天"；"冷天"也非指"寒冷的天气"，而是指"下雨的日子"，因为印尼属热带雨林气候，终年气温都在25℃左右，只有旱季和雨季。"日间""冷天"与普通话语素相同，但词义迥异。

例（23）中的"燕屋"是当地华人把楼房上面几层空置出来，专门在墙壁上开凿很多出入小孔，吸引燕子居住，是一种专门收取燕窝的建筑物。在印尼苏北各地都有"燕屋"，成为当地的建筑的一大特点。例（24）中的"花牌"是印尼当地居民在婚丧喜庆等活动中经常使用的礼物，多在一块木板上装饰纸花，内容多为贺词、名字等，与普通话中的"花圈"造型和用途均不同。

例（25）中的"沙窝色"义为"棕褐色"，印尼语"Sawo"是一种果子，表皮呈棕褐色，此处形容的是友族子弟的皮肤颜色。例（26）中"甘文烟"是印尼语Kemenyan音译，"花水"是印尼语"air kembang"的直译，印尼人斋戒敬神，会用上7种不同颜色的花放在水中，念经焚香拜祭之后，此水可用来洗神物或洗脸、洗澡。因此，这类词虽然同普通话的构词语素基本相同，但反映的是印尼特有的事物，不能用字面义去理解，需结合印尼特有的自然地理和社会环境才能更好地理解它们的意思。

（四）构词差异

在构词类型上，印尼华语词语与普通话也有不少差异，从构词语素来看，两者之间的构词差异主要有以下三种类型。

1. 构词语素相同，词义相同，但顺序颠倒

（27）今天是礼拜天，傍晚时分，亲朋戚友来我家坐谈，将近七时，人客走散了，肚子也闹起了革命。(《国际日报》2007年5月20日周刊印华文学)

（28）贸易部长冯慧兰周二在雅加达查贡区为廉价市集主持开幕式。(《国际日报》2005年5月18日印尼要闻)

（29）18岁以下孩子的出生字只需缴付2000盾的文件夹费用，其他用费全免。(《国际日报》2007年4月13日华社新闻)

（30）星期天早上，风和日丽，打完球，去"现代唐人街羔丕店"吃碗福建面，另加

道地的棉兰咖啡，既经济又实惠。(《国际日报》2007年4月7日《印华论坛》/副刊）

例（27）—（30）中，"人客"即"客人"，"市集"即"集市"，"用费"即"费用"，"道地"即"地道"，这类词与普通话的构词语素相同，但与普通话语素结合的次序恰好颠倒，这种特点正是华裔祖籍地闽南语和客家方言的特点。

2.部分构词语素相同，词义相同或相近

这类印尼华语词语中，部分构词语素与普通话相同，词义也和普通话相同或相近。例如：

（31）疑犯H抢劫电单车刑事案发生在本月一日凌晨三时许。(《棉兰早报》2005年5月19日本岛要闻）

（32）井里汶文学爱好者俱乐部最近排练了话戏，这种剧运工作别地还没展开，这是很好的文化运动，希望能贯彻下去。(《国际日报》2007年5月18日副刊）

（33）最令人感动的就是几位至今没有稳定职业，收入微薄，但仍然骑着脚车赶来参加联欢会的同学。(《千岛日报》2006年12月11日副刊）

（34）眼看主席台上的大方桌，摆满了奖杯。左右两边，挂满鲜红"按包"的大桃花树，把平日讲道的庄重严肃，装饰得生动活泼和喜气。(《千岛日报》2007年3月2日副刊）

例（31）—（34）中，"电单车""话戏""脚车""按包"即"摩托车""话剧""自行车""红包"。其中"按包"源于闽南语"AngBao"，"ang"义为"红"，音译为"按包"，与普通话部分构词语素相同，词义相同或相近。

此类词语在印尼华语报刊中数量较多，比如：过活/生活、车资/车钱、课卷/试卷、志工/志愿者、肇因/原因、建屋/建房、快熟面/方便面、建竣/竣工、祝卡/贺卡、睡房/卧室、居民证/身份证、讲说/演讲、喝药/吃药、园丘/种植园、自由餐/自助餐、母舅/舅舅、游水/游泳、青瓜/黄瓜、私人消费/个人消费、光碟/光盘、白米/大米、正装/原装、单思病/相思病、扯饭/下饭、幼稚园/幼儿园、推介/介绍、海鱼/咸水鱼、水鱼/淡水鱼、店务员/售货员、地毡式/地毯式、寄宿生/住宿生、烟客/烟民等[①]。

3.构词语素完全不同，字面语素义与普通话差异显著

（35）这当儿，水边突然出现一只白面水鸡，行动快捷无比，一闪，即刻躲到野草丛中进去。(《国际日报》2007年4月1日副刊）

（36）慈济人不但每月增60吨大米，现还加增500多公斤黄豆，以制作豆奶。今也赠给每位学生原子瓶子。(《国际日报》2007年2月15日社会新闻）

（37）此外，也赠送2万份文具给雅加达以外的灾民。每套价值10万盾的文具包括书包、笔记本、铅笔、胶擦等。(《印尼星洲日报》2007年2月14日华社新闻）

例（35）—（37）中，"水鸡"即"青蛙"，"原子瓶子"即"塑料瓶子"，"胶擦"即"橡皮"。此类词与普通话构词语素不同，字面语素义与普通话语义相去甚远，显示出印

---

① /号前为印尼华语词语，后为普通话词语，下同。

尼华语与普通话较为明显的差异特征。在印尼华语报刊中此类词语数量也比较多，例如：冷气/空调、凤梨/菠萝、漏勺/笊篱、水城/厨房、饭厅/食堂、冲凉/洗澡、升降机/电梯、便当/饭盒、侍者/服务员、荷包/钱包/、迎迓/迎接、泊车间/停车场、脚掣/刹车等。这些词大多未被现代汉语吸收，在现代汉语中较少使用。

（五）音变差异

从语音形式来看，印尼华语词汇和普通话词语存在着一定的造词差异，主要体现在音译形式和音变造词两个方面。

1.词语音译形式不同

（38）美国在印尼的代表机构又在椰城的大使馆，在棉兰、登巴刹和泗水的总领馆。(《棉兰早报》2005年5月30日本岛要闻)

（39）母亲坚决反对，认为在星洲动手术，安全97巴仙。(《棉兰早报》2005年5月18日文友天地)

（40）签约的六国为亚细安最早的成员，他们将协商废除数以千计物品的关税，包括汽车零件、衣物、布料、电子产品、木材和树胶产品等。(《印广日报》2004年8月25日国际新闻)

例（38）—（40）中，"椰城"也作"椰京"，即"雅加达"；"星洲"即"新加坡"；"亚细安"是东南亚国家的区域性组织，普通话翻译成"东盟"。这类词语是印尼华语特有词汇，主要是国家、城市等专有名词，虽然普通话和印尼华语均多用音译法，但是所选用的音译词明显不同。此外，在印尼华语和普通话中很多人名的音译形式也不同，例如：印尼前总统普通话中翻译为"尤托约诺"，而华文报纸中经常使用的是"苏西洛"，还有之前的总统"美加华蒂"，普通话中则音译为"梅加瓦蒂"。

2.语音造词方法不同

（41）他会静静地坐在藤椅上，抽着烟斗，偶尔他会把烟斗放在桌上，然后用"蒂秀"去擦擦他口中的那两颗金牙齿。(《国际日报》2006年11月12日印华文学)

（42）据悉，阿荣爱他死工厂日产1000粒毒丸，总值约1亿盾。(《国际日报》2005年5月19日社会新闻)

（43）全印尼巴刹商家协会旧巴刹巴基（早市）主席詹德拉布迪曼周一（14日）表明，商家们须缴付巴刹查雅企业所硬性规定之3500万盾至7000万盾而感到吃不消。(《国际日报》2007年5月15日华社新闻)

例（41）—（43）中，"蒂秀"即"卫生纸"，"爱他死"即"摇头丸"，"巴刹"即"市场、集市"，"巴基"即"早市"，分别从印尼语单词"tissue、ektasi、pasar、pagi"音译造词而来，而普通话中相对应的词语则采用意译法。另外，印尼华文报刊中有些词语采用语音融合法造词，反映了不同语言间的接触和渗透。例如：

（44）在古岛庙门前，我见到哇洋皮影戏的一班艺人，在吃中饭休息，不由得使我想起旧时的布袋戏。布袋戏17世纪起源于中国福建泉州、漳州，但却盛行于台湾。百多年前，随福建人南来传入印尼，成为具浓郁色彩的民族间艺术，友族称之为Wayang Po Te Hi。(《千岛日报》2007年3月21日副刊)

（45）总统说，现在原住民也参与舞龙舞狮的演出，及华人在正月十五的元宵节中也吃印度尼西亚的食物"龙冬"（Lontong Capgome），这证明在我国印度尼西亚文化与中华文化已融为一体。(《国际日报》2007年4月3日华社动态)

例（44）中，"Wayang"是印尼木偶戏，音译为"哇洋"，"Po Te Hi"即"布袋戏"，因布袋戏表演形式类似"哇洋"，为使原住民明白，故音译为"Wayang Po Te Hi"，也称为"哇洋皮影戏"。例（45）中"Lontong"是印尼语中"拌菜饭团"，"Capgome"是"十五夜"（闽南语），指元宵节，早年印尼华侨欢庆元宵节，把印尼的拌菜饭团加上鸡肉等佐料，称之为"Lontong Capgome"，作为元宵节的必备食品，深受原住民喜爱，并变成著名菜名。"龙冬"（Lontong Capgome）、"哇洋"（Wayang Po Te Hi）从语音造词的角度，体现了闽南话和印尼话的接触和融合，也表明了印尼本地文化与中华文化的交流与渗透。

三、差异性词语产生的社会条件

"社会的需要就是语言的生命线，语言随着社会而产生，随着社会需要的扩大、复杂化而改善、滋生、完备功能；也随着社会需要的减少而逐渐死亡。语言只存在于社会对它的使用中。"（陈松岑，1999：25）印尼华文报刊词汇和普通话间的差异性有其产生和赖以存在的社会条件。

（一）印度尼西亚社会的独特国情

印尼由太平洋和印度洋之间1.7508万个大小岛屿组成，有"千岛之国"的美称。印尼的领海面积约是陆地面积的4倍，海岸线长3.5万公里，因此，印尼华语报刊中经常出现"外埠""寥岛""苏岛""邦加岛""巴淡岛"等词语。行政上印尼实行总统内阁制，"人民协商会议"是国家最高权力机构，"国会"（全称人民代表会议）是国家立法机构。随着印尼民选政府的实行，也产生了一系列的新词语，如"直选""普选""普选委员会""草根阶层""肃贪委员会"等。

在自然环境上，印尼属热带雨林气候，只有"旱季"和"雨季"的区分，年平均气温都在25℃—27℃，而下雨的时候温度会略低一些，因此"冷天"即指"下雨的日子"。此外印尼的"树胶"和椰子产量居世界第二位，棕榈油产量占世界需求量的2/5，"绿区"为1.45亿公顷，占国土面积的74%。"树胶"即"橡胶"，"绿区"即"森林覆盖的地区",这些词语在印尼华语报刊中高频使用。

印尼也是世界著名的液化天然气、化肥出口国,因为印尼贫困人口较多,所以印尼政府实行了"燃油津贴"和"津贴化肥"的政策,通过补助生产方降低产品价格,让利于民。还有一些特殊的政策,如为缓解雅加达交通堵塞而采取的"三合一(three in one)"制度,在一些热闹道路定下某特定时间内,不足三人的私家车不得通过,以减少车辆行驶。

此外,印尼是世界第四人口大国,人口有2.71亿(2020年12月)①,也是世界上穆斯林人口最多的国家,全国人口中约有87%信奉伊斯兰教,其余的人口多信奉基督教、天主教、印度教、佛教等,因宗教信仰而产生的一系列词语也便成为印尼华文报刊词汇的一大特色。例如:宗教节日"斋戒日""孟兰节""宰牲节""卫塞节";和宗教活动有关的"花水""甘文烟""法师""法事""礼拜""大爱""爱餐""浴佛法会"等。

(二)华人的迁入和融合

华人迁居印尼有着悠久的历史,据古籍文献记载以及出土文物的考察,华人移居印尼的时间至少可以追溯到唐朝末年。他们分布在一千多个大大小小的岛屿上,在漫长的岁月里,华人从移民走向定居,并逐渐融入当地社会。如今,印尼已成为海外华侨华人聚居最多的国家,成为印尼民族大家庭中的一员——"华族"。

印尼华人在逐渐融入印尼的过程中,印尼语影响着印尼华语的形成。例如,印尼华人在数字中会使用"吊"和"千",这两个度量单位在当地华人口语中广泛使用(如一吊、100千)。印尼语属于马来语系,"但一些马来语并没有直接进入华语,而是先进入福建话(这里主要是闽南话),而后再影响到华语。"(郭熙,2002:33-39)方言在印尼华人的语言生活中占有十分重要的位置,印尼华人中以普通话为母语的人并不多,华人社会更多使用的是闽南话、粤语与客家话。这种现象,有人称之为"汉语的社会性变异",即由社会因素而导致的汉语的变异(陈恒汉,2016:21)。

印尼华人多是福建和广东两省的移民后裔,带去的是粤语、闽南语、福州话等方言,而且居住相对集中,由此闽南话和粤语这两种"强势方言"在很多地区成了通用方言,因此印尼华语词汇很多都来源于闽南话和粤语,使印尼华语带着明显的方言印记。如"脚车""脚踏车"在印尼华语中广泛通用,此外还有如"电单车""冷气""面线"等。这些词虽然是方言词,但其构词法上有自己独特的创意,摩托车是靠电动行走的,因此印尼华人就把"摩托车"叫成"电单车";空调有供冷暖气体的功能,但印尼属热带气候,不需要暖气,故称空调为"冷气";"面条"像"线"一样细,故谓之"面线"。

---

① 参见360百科印度尼西亚https://baike.so.com/doc/2594075-2739183.html。

(三)中文被迫断层与印尼社会多语多方言语言生态的影响

虽然华侨华人对印尼的发展做出了不可磨灭的贡献,但20世纪60年代印尼的排华运动和强迫同化使印尼华语中断,对华人施行同化政策,全面禁止华文,取缔华文报刊,解散华人社团,禁止使用华语,禁止华文书刊的进口和发行,禁止进口和流通华语录影(音)带,禁止传承中国文化习俗,甚至华人连中文姓名都不能保留,要求华人改用印尼文姓名,致使印尼华文断层了三十余年。1998年苏哈托下台后,印尼新的领导人取消了一些针对华人的歧视性做法。华文政策也有所松动,印尼华文开始复兴,中文报纸刊物不断出版,过去只有一份官办的印华两种文字的《印度尼西亚日报》,现在出现了《国际日报》《千岛日报》《棉兰早报》《印广日报》等多份华文报刊。与此同时,印尼华文教育开始复苏并不断发展,各地开始开设中文课程,筹办三语(印尼语、英语、汉语)学校,华文补习班也如雨后春笋般出现,印尼政府也开始实施中文必修课计划。

但目前印尼国内能够使用华文的大多都是年龄较长的老一辈人,新生代年轻人一般不懂华语,而且由于长达32年的华语禁锢,加之印尼社会多语多方言语言生态的接触影响,老一辈华人的华文读写能力也产生了一定程度的"磨蚀",因此,印尼华文报刊中经常出现大量字母词、印尼语和英语单词,以及印尼语或英语的音译、直译形式,呈现出语码混杂现象。例如:"KPK"(肃贪委员会)、"WHA"(世界卫生大会)、"ruko"(店屋)、"Roro船"(滚装货轮)、"Batako"(空心砖)、"杯葛"(抵制)、"旅游包裹"(旅游套餐)等。

(四)时代的转型与经济文化交流的不断扩大

词语是社会的一面镜子,语言本身要随社会的发展而发展,时代转型、经济文化交流等一系列的社会因素常常影响语言的使用。有些词语由于游离于人们的口语而被淘汰,很多新词语也随着新的社会现象的出现而产生。印尼华文报纸中和普通话有差异的词汇有一部分是曾经在国内通用过的词语,但随着解放、"文化大革命"到改革开放的时代转型,有些原本在大众口语中通用的词语被淘汰了,但有些却仍然在其他华语地区被使用。例如"俾、钞、甫、课税、驿馆、车夫、农夫"等词语,目前在普通话中已经基本不用,但印尼华语中仍在使用,体现出印尼华语跟普通话的时代差异。

另外,由于全球经济的发展,各地区的联系加强,经济和文化的交流也影响着全球华语的融合与使用。例如"集装箱码头""货柜码头""箱运码头"分别是在普通话、港澳台语言、新加坡华语里通用的词语,在印尼华文报刊中三者都有使用,正是因为印尼目前和三个经济体的交流与合作不断深入和加强。

随着社会的发展,印尼华人在经济和政治地位上不断地提高,也开始同其他地区的华人一样开始不断地寻求自身的独立和发展，特别是语言上的地区特征。这个方面反映最强烈和讨论最多的要数"中文""汉语""华语"的使用，这三个词实际上是一组异名同实词。用"华"字作为语素构成的词还有"华裔""华族""华人""华文""华校""华教""华社""华商"等，这些词语多回避"汉"而用"华"字。这类词在东南亚地区长久又普遍的存在，并不是偶然的，"这些词只表达实际的存在，而不涉及认同或倾向，因而避免或减少了没有必要的联想或猜忌"（陈重瑜，1993：5）。这一观点道出了"华语"等一系列词语的创造，其实是东南亚华人对华夏祖先的认同，但又想寻求自身的地区华语特征。

四、差异性词语存在的社会价值及其规范问题

印尼中文报纸词汇和普通话间差异性词语的存在，是印尼社会特色的表征，同时也是印尼华语现状的真实显现，这些差异性词语为华文教育的发展特别是本土化教材的编写提供了社会参考价值。

首先，从差异性词语来看印尼目前的华文教育，正如诸多词语缺少规范性一样，华文教育缺少一体化的方向，目前印尼各地都在兴办华文教育，但参考的标准是不同的。从印尼华人自身未来发展的角度来看，印尼华文教育应该求同存异，各地区加强联系，共同努力办好华文教育。其次，印尼华语、闽粤客方言词等差异性词语的存在是影响印尼华文教育的重要因素，印尼华语"所吸收的是方言中表意新颖或表达力强的词，方言词语可能在普通话里没有对等的词，但是这些词在华语里却有很强的表达能力"（周长楫，周清海，2000：59）。华文教育可以和方言结合起来，因为印尼华人的新生一代大多只能讲汉语方言了，应该充分重视方言词语对学习华文的作用。由于学生在学习华语之前早就习得了某种华语方言，只要在教学中给予合理的引导，就可以发挥方言词语对学华语词的正迁移作用，帮助学生提高学习效率。以闽南语为例，"闹热""利便"相当于普通话的"热闹""便利"，如果在词典中对比其相反的词序，就能帮助学生较快地掌握这类词语。这种情况的存在适应印尼华族本身的特点，同时也照顾到了方言习惯的需要。

上述差异性词语的存在对华文教育的影响已经显而易见，因此印尼华语词汇的规范性问题就勿庸置疑地摆在面前。全球有着不同的华语社区，随着国际交往的增多，华语国际化的同时又有地区化的趋势，印尼华语的规范要考虑到印尼特殊国情和华语圈自身的特点，在坚持全球华语规范化原则的同时，也需要保留印尼华语社区的这些自身特点，因此印尼华语的规范标准不能只限定要跟普通话同步发展，或者是跟新加坡、马来西亚等华语地区同步发展，这是不符合印尼华文发展的历史和现实的。因为印尼华语中的特有词不仅反映了印尼的风土人情，有些词语的出现也有其自身的合理性和创意性。例如前文例句（8）中的"过番"，相较于普通话中的"下南洋"，"过"可理解为"漂洋过海"，而"番"更强调"异族、域外"，因此，"过番"在语义上更为明确具体。再如例

句（44）和（45）中的"龙冬"（Lontong Capgome）、"哇洋"（Wayang Po Te Hi）既体现了印尼独特的风土人情，也深刻反映了印尼本地文化与中华文化的交流与渗透。

因此，在讨论印尼华语规范化问题的时候，我们不能有单一的倾向性，对于印尼华语来说，在目前华文报刊词语使用比较混乱的情况下，要坚持的首先应该是一个在印尼华语社区使用频率较高和被大多数华人接受的词语标准，即"主体化和多元化的统一，以普通话为主体，同时兼顾各地华语社区自己的地方特色"（郭熙，2002：79）。这方面新加坡《联合早报》采用了随文括注的方式，是值得借鉴的。例如：

（46）对于这个永久性的博览会，安民形容它是"配合中国——东盟（亚细安）自由贸易区建设的一个具体行动，进一步促进中国同亚细安企业界的合作"，并将"充分展示中国同东盟（亚细安）经济发展的成功，为贸易、投资、经济合作提供机会与场所，为政府、企业、学术界对话提供交流平台。"（《与亚细安建自贸区后，中国将考虑双边谈判》联合早报网2003年12月18日财经新闻）

但是有些在本社区内还不成熟的新词语，印尼华语也大可从善如流，向成熟的华语社区靠拢。新词语本身具有多元化倾向，这种多元化有两方面的含意，"一是指不同的地区使用不同的词汇，二是指同一地区也可能用不同的词汇表达同一个新概念"（游汝杰，2009：247）。例如："Internet"的译名，"互联网络""国际网"在香港最常用，"网际网络"在新加坡最常用，"因特网""互联网""信息网""交互网"在北京最常用，"国际网络"在澳门最为常用。当这些词语发展成熟的时候，如何规范，新加坡就是一个很好的例子，新加坡通用了多年的"网际网络"已经受普通话影响改为"互联网"了。但语言规范化其实有很多因素需要考虑，例如政治、文化、经济、人口、文字竞争等因素，因此印尼华语规范的问题将是一个长期的过程。

五、结束语

从宏观的角度来说，印尼华文报刊语料所表现出来的和普通话不同的差异性词语，对于印尼华语社区间的沟通不会造成障碍，但这种差异性词语的存在又是我们不能忽略的，这些词语在一定程度上会给全球华语圈的沟通交流带来一定的障碍，因此需要我们积极的面对。

再从微观的角度来说，这些差异词语有其自身的社会价值，很多词语其实是印尼社会现象和华人生活、华语发展的真实显现，而且在一定程度上丰富了普通话的词汇，也在一定程度上丰富了全球华语。因此，对这些差异性词语的分析能够帮助我们了解印尼华语的历史、现状和未来的发展，为印尼已经起步的华文教育提供具有社会价值的参考资料，从而促进印尼华文教育向更完善的方向不断发展。

参考文献

[1] 陈重瑜,1993.华语研究论文集[C].新加坡:新加坡国立大学华语研究中心出版社:5.

[2] 陈海峰,姜兴山,2017.零度偏离视阈下的印尼华语重构[J].海外华文教育(12):1675-1682.

[3] 陈恒汉,2016.语言的流播和变异:以东南亚为观察点[M].北京:社会科学文献出版社:21.

[4] 陈松岑,1999.语言变异研究[M].广州:广东教育出版社:25.

[5] 郭熙,2002a.域内外汉语协调问题刍议[J].语言文字应用:33-39.

[6] 郭熙,2002b.普通话词汇和新马华语词汇的协调与规范问题——兼论域内外汉语词汇协调的原则与方法[J].南京社会科学:79.

[7] 刘文辉,宗世海,2006.印度尼西亚华语区域词语初探[J].暨南大学华文学院学报:22-33.

[8] 汤志祥,2005.论华语区域特有词语[J].语言文字应用:40-48.

[9] 许宝华,宫田一郎,1999.汉语方言大词典[M].北京:中华书局:1477+2526+5539.

[10] 游汝杰,2009.汉语同义词的地域竞争和整合[A].经典与理论[C].上海:复旦大学出版社:247.

[11] 周长楫,2006.闽南方言大词典[M].福州:福建人民出版社:21.

[12] 周长楫,周清海,2000.新加坡闽南话概说[M].厦门:厦门大学出版社:59.

[13] 朱湘燕,黄舒萍,2013.印尼苏北华语口语词汇与现代汉语词汇差异调查[J].华文教学与研究:54-62.

Study on the Lexical Differences between Indonesian Chinese and Putonghua in Indonesian Chinese Newspapers

WANG Yanjun, ZHANG Xinyue

(College of Chinese Language and Culture Jinan University, Guangzhou, Guangdong, 510610)

Abstract: There are many differences between Indonesian Chinese and Putonghua. Based on the Indonesian Chinese newspapers, this paper examines the differences between Indonesian Chinese and Putonghua from the perspective of vocabulary, and further analyzes the types of differences and explores the reasons for the differences. It is found that the types of differences mainly include the differences in origins, times, meanings, word formation and sound changes. The social conditions that cause the differences in vocabulary include Indonesia's national conditions, customs and customs, the immigration and integration of Chinese, the forced fault of Chinese and the impact of multilingual and multi dialect language ecology, the transformation of the times and the expansion of economic and cultural exchanges. Finally, the paper discusses the social value and norms of different words. The study of lexical differences between Indonesian Chinese and Putonghua is of great value to Chinese studies and Chinese education.

Key words: Indonesian Chinese Newspapers, Overseas Chinese Vocabularies, Words Research

▶ 海外汉语方言-少数民族语言◀

印尼廖内省巴淡市闽南话的语音特点[①]

赵 敏[②]

（暨南大学华文学院/海外华语研究中心 广东广州 510610）

【提 要】印度尼西亚（下文简称印尼）廖内省巴淡市是华人比例较高的城市，华人社区中通行福建闽南话。文章描写了巴淡闽南话的语音，从声母、韵母、声调三个方面将其与中国大陆三地厦门、泉州、漳州及印尼两地亚齐、峇眼的闽南话进行比较，揭示其特点。

【关键词】印度尼西亚 巴淡 闽南话 语音

一、前言

印尼是世界第四人口大国，在其134个族群中，华人是其第三大族群，人数在1000万以上，居海外各国之首。印尼华人是海外最大的华人族群。在众多印尼华人中，以祖籍为福建闽南地区、所讲方言为"福建话"（即"闽南话"）的居首。孔远志（1986）提到荷兰学者莱格尔在他的《爪哇土地和民族》一书中指出，约在9世纪至10世纪时，就有福建人来到印尼。元朝以后，去印尼和马来西亚的福建人与日俱增。据考察，"闽侨之南来东印度（东印度即荷兰殖民统治下的印尼）也，较粤侨为早。元世祖遣史弼南征爪哇时，子弟兵多属闽南籍。后落居爪哇者颇多，繁殖也盛"。闽南有一首歌谣唱道："泉州人稠山谷瘠，虽欲就耕无地辟，州南有海浩无穷，每岁造舟通异域。"1947年出版的《东印度与华侨经济发展史》记载，"今日东印度由祖国南来之华侨，其百分比中，若以籍而论，以闽籍为最，占百分之四十六，客籍占百分之十七。广肇籍占百分之十，潮州籍占百分之八，其他占百分之十九"。这个比例数与时至今日印尼的比例数仍是大致相当。

关于印尼闽南话的研究成果有如下。一类是关于印尼闽南话本体研究的。学界在20

[①] 本文是暨南大学广东语言文化海外传承研究基地项目"东南亚汉语方言语法传承与变异研究"（21GHCY06）阶段性成果。
[②] 赵敏，暨南大学华文学院副教授，博士，主要从事海外华语、对外汉语教学、汉语方言研究。

世纪80年代初就有学者注意到印尼闽南话，如许友年《闽南方言对印尼语和马来语的影响》（1981），记录马来语中的汉语借词279个。孔远志《从闽南方言借词看中国与印尼、马来西亚的文化交流》（1986）根据8本印尼语、马来西亚语词典，统计出汉语借词511个，其中闽南语借词至少456个，占全部汉语借词的89.2%，并发现部分闽南语借词词意基本未变，部分词语则出现了词义的缩小、扩大或语用色彩的变化。李如龙《闽南方言和印尼语的相互借词》1978年9月初稿，1988年3月定稿，根据3本印尼语词典，整理出印尼语中的闽南话借词193条，闽南话的印尼语借词90条，按照人地称谓、食品名称、用品器具、职业称呼等十个大类分门别类进行记录，每个闽南话词语用国际音标记音，对应相应的印尼语词语，总结了闽南方言与印尼语互相借词的特点。高然《印尼苏门答腊北部的闽南方言》（2000）调查广东省英德市华侨茶场印尼亚齐归侨，采用方言调查传统方法，描写了苏北（亚齐）闽南方言的语音特点，声韵调与二字组连读变调，并与厦门、漳州、泉州做对比，描写苏北（亚齐）闽南方言的词汇特点，将所调查的800多条词语按照不同来源（纯漳州的、纯泉州的、漳州泉州共有的、印尼马来语借入的、其他闽南方言的、其他汉语方言的）进行描写叙述，记录各类词语法例句80几条。王建设《传承与变异——印尼第二代晋江人的语音特点》（2012）描写阐述了印尼第二代晋江人的语音特点。陈晓锦的《东南亚华人社区汉语方言概要》（2014）对印尼棉兰市闽南话从语音、词汇、语法几方面进行了详尽全面的调查描写。侯兴泉、曾娣佳《印度尼西亚廖内省峇眼话的方言系属》（2018）通过分析印尼廖内省峇眼话的语音及词汇特征，并结合当地的民俗以及有关峇眼华人来源地的传说，确定了峇眼话的方言系属，认为峇眼话是源自福建泉州、厦门和漳州一带的闽南话。

另有一类是介绍印尼境内华人语言使用状况时涉及到介绍印尼闽南话的论文，如迪得·吴托摩、杨启光的《印尼华人的多元语言和种族特性》（1995）、黄玉琬和许振伟的《印尼华人的语言状况》（2009）、甘于恩和李明的《印尼汉语方言的分布、使用、特点及影响》（2012）等。这些成果对于我们了解印尼华人、华语及某些点的闽南话的基本面貌与语言使用情况都非常有帮助。但总体而言，和印尼闽南华人数量之众、生活面积之广相比较，这样的研究规模还不够。学界对印尼闽南话的研究还需进一步增强。

本文描写介绍印尼廖内省巴淡市的闽南话。

巴淡市（印尼语Batam）是一个位于印尼廖内群岛北部的岛屿，位于印度洋与大西洋之间具有战略意义的国际水道上，辖属印尼廖内群岛省。在廖内群岛（印尼语Kepulauan Riau）的三千多个大小岛群中，巴淡最靠近新加坡，与新加坡隔海相望，相距20公里，搭乘渡船只需40分钟即可到达。巴淡市有着印尼国际之窗的地位，是一个自由贸易区，拥有来自新加坡、马来西亚、中国、日本等国的几百家外国企业投资，同时是印尼接受外国游客访问人数最多的旅游区之一，仅次于巴厘岛。

2020年巴淡市总人口为120万，华人人口占14%，是印尼全国华人人口比例最高的地区之一。巴淡市华人祖籍地主要有福建、潮州、广州、海南等，目前以第三代和第四代华人占多数。据统计祖籍为福建闽南的华人数量最多，约占巴淡华人的50%，其次为潮州，再次为客家，另有少部分来自海南与中国其他地区。巴淡东南区和中心区是华人人口最密集的区域。

二、巴淡闽南话的声母及其特点

1. 巴淡闽南话的声母

巴淡闽南话声母（包括零声母）有18个：

p 边补朋　　　pʰ 普皮批　　　m 门棉名　　　b 文味面

t 地肚刀　　　tʰ 土桶亭　　　n 猫怒年　　　l 柳女人

ts 争钱蛇　　　tsʰ 出手千　　　d 热惹入　　　s 时先是

k 求基古　　　kʰ 气开苦　　　ŋ 吴五吾　　　g 语玉义　　　h 喜灰福

Ø 英乌衣

2. 巴淡闽南话声母特点

我们将印尼三地的闽南话（巴淡、峇眼、亚齐）和中国大陆三地的闽南话（厦门、泉州、漳州）的声母进行比较，列表如下：

表1　印尼巴淡、峇眼、亚齐与中国厦门、泉州、漳州声母比较

巴淡	p	pʰ	b	m	t	tʰ	d	n	l	ts	tsʰ	s	k	kʰ	g	ŋ	h	Ø
峇眼	p	pʰ	ᵐb	m	t	tʰ	ⁿd	n	l	ts	tsʰ	s	k	kʰ	ⁿg	ŋ	h	Ø
亚齐	p	pʰ	b	m	t	tʰ	dz	n	l	ts	tsʰ	s	k	kʰ	g	ŋ	h	Ø
厦门	p	pʰ	b	m	t	tʰ		n	l	ts	tsʰ	s	k	kʰ	g	ŋ	h	Ø
泉州	p	pʰ	b	m	t	tʰ		n	l	ts	tsʰ	s	k	kʰ	g	ŋ	h	Ø
漳州	p	pʰ	b	m	t	tʰ	dz	n	l	ts	tsʰ	s	k	kʰ	g	ŋ	h	Ø

巴淡闽南话中古非、敷、奉母字基本上还是读h、p、pʰ，与厦门、泉州、漳州闽南话一样，如"芳"，文读 huang⁵⁵，白读 pʰang⁵⁵。也和厦门、泉州、漳州闽南话一样，保留了"古无舌上音"的特点，古知、彻、澄母"舌上读舌头"，很多读t、tʰ声母，如知 ti⁵⁵、茶 te³⁵。

巴淡闽南话的声母与现今厦门、泉州、漳州相比，最大特点是多出了浊塞音d，这些字多为古次浊日母字，在漳州常读成dz，厦门读成l。周长楫、欧阳忆耘在《厦门方言研究》（1998）指出，古来母、日母字市区都读l声母，远郊老派和同安多数人，古来母读l声母，古日母读dz声母。谈到厦门l声母时，指出罗常培先生在《厦门音系》说，厦门方言的l声母听起来并不像北平的l音那样清晰，几乎有接近d音的倾向。所以厦门人用"老"字音注英文的d母，并且模仿外国语里用d字起头儿的字往往用l音来替代它。如果我们了解厦门方言的b、g声母是由古次浊声母明（微）和疑母变来的，那么就不难理解古次浊声母泥来日母向d声母演变的趋势。而在巴淡闽南话中，古次浊日母字声母明显发为浊塞音d。海外闽南话的情况，根据侯兴泉、曾娣佳（2018）调查，印尼峇眼闽南话也有类似d的声母ⁿd，其和漳州的dz声母部分对应。亚齐闽南话古次浊日母字如"入热绕"声母为dz（高然，2000）。马来西亚纳闽福建话这部分字声母则为n（陈晓锦，2014）。

三、巴淡闽南话的韵母及其特点

1. 巴淡闽南话的韵母
巴淡闽南话韵母有73个：

（1）开口呼

a 饱咬柴	ɔ 粗虎乌	o 哥婆窝	e 马父茶	ə 皮飞妹糜	ɯ 住箸去鱼
ai 台知婿	au 刀包豆				
am 南站杉	an 安万兰	aŋ 东梦网	ɔŋ 王旁丈		
ã 胆三敢	ɔ̃ 冒恶左	ãi 耐迈乃	ãu 闹藕脑	m 姆	ŋ 饭
aʔ 甲北读	oʔ 学落桌	eʔ 客伯特	əʔ 月雪虱		
ap 压答杂	at 节踢虱	ak 沃六力	ɔk 督恶福		
ãʔ 喝	ɔ̃ʔ 膜	ẽʔ 夹脉			
mʔ 默	ŋʔ 哼				

（2）齐齿呼

i 时基衣	ia 遮车爷	io 庙小腰	iu 周油手	iau 条鸟娇	
im 林妗金	iam 点盐针	in 民因新	ian 烟莲电	iŋ 英朋龙	iaŋ 漳良凉
iɔŋ 中					
ĩ 圆天边	iã 命行城	iũ 羊乡丈	iãu 猫苗妙		
iʔ 铁滴薛	iaʔ 页食只	ioʔ 药约石			
ip 入急湿	iap 贴接夹	it 笔一日	iat 杰结灭	iak 逼雀	iɔk 欲菊俗

（3）合口呼

u 有母厨	ua 破蛙蛇	ue 买话	ui 肥威水	uai 乖歪怀	un 运文孙
uan 弯翻元					
uã 碗官盘	uĩ 每梅	uãi 县关			
uʔ 托	uaʔ 末活热	ueʔ 八	uiʔ 血		
ut 骨	uat 法				
uẽʔ 挟					

2. 巴淡闽南话韵母特点

我们将印尼三地的闽南话（巴淡、峇眼、亚齐）和中国大陆三地的闽南话（厦门、泉州、漳州）的单元音韵母进行比较，列表如下：

表2　印尼巴淡、峇眼、亚齐与中国厦门、泉州、漳州单元音韵母比较

巴淡	a	e	o	ɔ		ə	ɯ	i	u
峇眼	a	e	o	ɔ	ɛ	ə	ɯ	i	u
亚齐	a	e	o	ɔ				i	u
厦门	a	e	o	ɔ				i	u
泉州	a	e	o	ɔ		ə	ɯ	i	u
漳州	a	e	o		ɛ			i	u

从单元音韵母的情况来看，巴淡闽南话与现今厦门、泉州、漳州相比，几地闽南话都有a、e、o、ɔ、i、u六个单元音韵母，另有ə、ɯ两个单元音韵母几地有无情况不同。读ə韵母的一些字如"皮、飞、妹、糜"，厦门市区读为e，泉州与厦门郊区（同安）读为ə，漳州读为ue，巴淡闽南话与泉州、厦门郊区同安一致。读ɯ韵母的一些字主要为中古遇摄鱼韵（遇合三）的一些字，如"住箸去鱼"，这些字的韵母厦门市区读为i，漳州读为u，泉州与厦门郊区同安读为ɯ，巴淡闽南话与泉州、厦门郊区同安一致。另外，巴淡闽南话单元音韵母没有漳州特有的ɛ，漳州读ɛ的，巴淡多读为e，如"马"等。这些韵母的情况显示巴淡闽南话更接近泉州腔或厦门郊区腔而有别于漳州腔与厦门市区腔。

从印尼三地的闽南话（巴淡、峇眼、亚齐）来看，ə、ɯ两个单元音韵母在峇眼也有，在亚齐则无。侯兴泉、曾娣佳（2018）认为峇眼话的韵母系统更接近泉州闽南话，我们看到峇眼其实也有漳州特有的ɛ韵母，因此我们认为峇眼闽南话也杂糅了漳州音的成分。亚齐的单元音韵母并没有漳州的ɛ韵母，但据高然（2000）从其他韵母如鼻韵母、鼻化韵、塞尾韵、鼻音韵等来看，亚齐的韵母与漳州腔一致性的更多。

四、巴淡闽南话的声调及其特点

1. 巴淡闽南话声调

巴淡闽南话有8个声调，分别为：

调类	调值	例字
阴平	55	东真诗
阳平	35	同秦时
阴上	22	懂振死
阳上	21	动尽是

阴去	32	栋进四
阳去	33	共大树
阴入	21	督质薛
阳入	53	毒疾蚀

2. 巴淡闽南话声调特点

我们将印尼三地的闽南话（巴淡、峇眼、亚齐）和中国大陆三地的闽南话（厦门、泉州、漳州）的声调进行比较，列表如下：

表3 印尼巴淡、峇眼、亚齐与中国厦门、泉州、漳州声调比较

	阴平	阳平	阴上	阳上	阴去	阳去	阴入	阳入
巴淡	55	35	22	21	32	33	21	53
峇眼	55	24	53	44	21	33	21	54
亚齐	33	24	53		21	22	5	23
厦门	44	24	53		21	22	32	44
泉州	33	24	55	22	41		55	24
漳州	44	13	53		21	22	32	121

与中国大陆三地（厦门、泉州、漳州）来看，首先在声调数量上，厦漳泉三地都是7个声调，其中上声厦门与漳州阴阳合二为一，泉州二者有区分，去声则泉州阴阳合二为一，厦漳有区分；而巴淡为8个声调，平上去入的阴阳皆有区分。具体来看，巴淡闽南话的阴平字与厦漳泉一样，都是平调，区别在于厦漳稍高，泉州是中平，巴淡是高平。阳平字与厦漳泉一样，都是升调，区别在于厦泉中升，漳州是低升，巴淡是高升。上声字四地出现了较大差别，厦漳两地阴上与阳上合二为一且都是高降调，巴淡与泉州都是二分，泉州阴上为高平，阳上为低平，巴淡阴上为低平，阳上为低降。阴去四地的调型较为一致，都是降调，泉州高一点，厦漳一致，为低降，巴淡为中降。阳去则泉州阴阳合一，巴淡与厦漳二地基本一致，为中平或略低的平调。阴入差别较大，大陆三地本身差别很大，厦漳二地为中降，泉州则为高平，巴淡与厦漳二地接近为低降。阳入四地差别最大，厦门为较高的平调，泉州为中升，漳州是较低的曲折调，巴淡是高降短促调，巴淡的阳入与厦漳泉三地都有较大差距，而与厦门郊区如同安等一致。

从印尼本土来看，在声调数量上，巴淡与峇眼都是8个声调，亚齐是7个声调，差别在上声，亚齐如厦门、漳州一样，阴阳合二为一，巴淡、峇眼则如泉州一样分开。三地平声的调型都一致，阴平为平调，阳平为升调，区别在亚齐较低，巴淡、峇眼较高。上声体现出三地最大的差异，亚齐为高降调，峇眼阴上高降，阳上高平，巴淡阴上低平，阳上低降。去声方面，三地调型与调值基本差异不大。入声方面，巴淡与峇眼相当一致，阴入低降，阳入高降，与亚齐的阴入高短，阳入中升完全不同。

五、结论

以上我们通过对巴淡闽南话与祖籍国三地厦门、泉州、漳州及印尼本土的苏北亚齐、峇眼的比较后，发现巴淡闽南话的语音在声母、韵母、声调方面都并不与某地完全一致，可以说是融合了三地特点且具有自己特点的一种混合闽南话。从印尼本土来看，巴淡闽南话与峇眼闽南话似更接近，而与苏北亚齐较远。巴淡华人自述与苏北福建话只能相似百分之七八十，是与调查结果相吻合的。巴淡华人祖籍地已知的有中国厦门、同安、金门、泉州南安等地，峇眼华人祖籍以同安为多，杂以厦门、泉州和漳州等地区，亚齐华人祖籍则以漳泉特别是漳州居多，这也解释了三地语音面貌差异的原因。

参考文献

[1] 陈晓锦，2014.东南亚华人社区汉语方言概要［M］.广州：世界图书出版公司.

[2] 陈章太，李如龙，1991.闽语研究［M］.北京：语文出版社.

[3] 迪得·吴托摩，杨启光，1995.印尼华人的多元语言和种族特性［J］.八桂侨刊（1）.

[4] 甘于恩，李明，2012.印尼汉语方言的分布、使用、特点及影响［M］//甘于恩.南方语言学：第四辑.广州：暨南大学出版社

[5] 高然，1990.漳州方言音系略说［J］.台语文摘（19）.

[6] 高然，2000.印尼苏门答腊北部的闽南方言［M］//李如龙.东南亚华人语言研究.北京：北京语言文化大学出版社.

[7] 孔远志，1986.从闽南方言借词看中国与印尼、马来西亚的文化交流［J］.华侨华人历史研究（1）.

[8] 黄玉琬，许振伟，2009.印尼华人的语言状况［A］.首届海外汉语方言国际研讨会论文集［C］.广州：暨南大学出版社.

[9] 侯兴泉，曾娣佳，2018.印度尼西亚廖内省峇眼话的方言系属［A］.第六届海外汉语方言国际研讨会［C］.广州：暨南大学出版社.

[10] 李如龙，1992.闽南方言和印尼语的相互借词［J］.中国语文研究（10）.

[11] 许友年，1981.闽南方言对印尼语和马来语的影响［J］.福建师大学报（哲学社会学科版）（2）.

[12] 王建设，2012.传承与变异——印度尼西亚第二代晋江人的语音特点［A］.第二界海外汉语方言论文集［C］.昆明：云南大学出版社。

[13] 王建设，张甘荔，1994.泉州方言与文化［M］.厦门：鹭江出版社.

[14] 温北炎，2008.印尼华人融入当地主流社会的现状、挑战和发展趋势［J］.东南亚研究（4）.

[15] 周长楫，2010.闽南话概说［M］.福州：福建人民出版社.

[16]周长楫,欧阳忆耘,1998.厦门方言研究[M].福州:福建人民出版社.

[17]周长楫,2015.闽南方言大词典[M].修订版.福州:福建人民出版社.

Phonetic Features of South Min Dialect in Batam, Riau Province, Indonesia

ZHAO Min

(College of Chinese Language and Culture, Jinan University, Guangzhou, Guangdong, 510610)

Abstract: Batam is a city with a high proportion of Chinese in Riau Province, Indonesia, where south Min dialect is widely used in the Chinese community. The article describes the pronunciation of Batam south Min. Through comparing with the south Min in Xiamen, Quanzhou & Zhangzhou of China Mainland, and in Aceh & Bayan of Indonesia from the three aspects of initial, final and tone, the characteristics of Batam south Min are revealed.

Key words: Indonesia, Batam, South Min Dialect, Pronunciation

侨批数据库建设：进展与优化[①]

曾毅平　李高翔[②]

（暨南大学华文学院　广东广州　510610）

【提　要】 侨批数据库的建设对侨批文献的长久储存、广泛传播与公平利用具有重要意义。现已建成的汕头大学的侨批数据库及中山大学的潮汕侨批数据库，具有一定的存储规模且能提供基本的检索服务，对侨批文献传承、研究和开发利用，具有开创之功。由于现有数据库系文本图像储存，深度研究和利用受到较大限制，尚难充分满足学术界和社会应有需要。侨批数据库的建设和完善除扩大容量外，当务之急是进行语言信息化处理，为数据挖掘、开发利用创造条件。

【关键词】 侨批　数据库　数字化

一、引言

　　侨批，是海外华侨华人通过"水客"向国内带送的书信和汇款的合称，含国外"来批"和国内眷属"回批"，是"银信合一"的"两地书"。侨批主要集中在19世纪上半叶至20世纪70年代的广东、福建、海南等地，其中以潮汕地区和闽南地区最多。寄批地多是东南亚各国，还有少数来自美洲和大洋洲。侨批文献多是以家庭或家族为单位长期不断地连续书写，内容包罗万象，除了家庭、家族事务外，还广泛涉及迁出地和侨居地的政治、经济、法律、文化、交通、社会生活乃至军事战争、国际局势等，信息丰富，记载真实可靠，是对19世纪至20世纪中后期150年间社会历史变革的民间记录，是典籍文献的有力佐证，对于研究社会史、华侨史、经济史、金融史、邮政史、国际移民史、国际贸易史等具有不可替代的史料价值。2013年6月，由粤闽两省联袂申请，"侨批档案——海外华侨银信"被联合国教科文组织世界记忆工程国际咨询委员会确认，纳入《世界记忆名录》。

[①] 本文系国家社科基金重点项目"侨批词汇研究"（项目编号20AZD127）阶段性成果。
[②] 曾毅平，1963年生，男，博士，暨南大学华文学院教授，博士生导师。李高翔，1994年生，女，暨南大学华文学院语言学及应用语言学专业博士生。

二、数据库建设意义

习近平总书记2022年10月13日在考察汕头侨批文物馆时指出:"'侨批'记载了老一辈海外侨胞艰难的创业史和浓厚的家国情怀,是中华民族讲信誉、守承诺的重要体现。"习总书记嘱托,要保护好这些"侨批"文物,加强研究[①]。侨批是珍贵的"世界记忆遗产",价值非凡。实现侨批文献的长久储存、广泛传播与方便利用是一项基础性工作。目前,侨批实物分藏于不同的档案馆、文物馆、博物馆、图书馆、民间收藏者或者侨属手中,近年来虽有集成影印出版,但数量有限,利用不便。由于文献实体历史久远,纸本侨批在受潮或搬迁等外力影响下,即便完整留存,也变得脆弱而再难多次翻阅;更多的侨批则已然破损,原始信息严重缺失或批信与批封难以匹配,这对侨批文献的储存、传播及利用均构成极大挑战。因此,侨批文献档案的数字化处理、大型侨批数据库的建设势在必行。

(一)实现分散侨批资源的整合与纸质侨批的保护

数据库建设可以将各收藏单位的侨批文物通过网络汇集,进而依据关联性进行系统分类与整合,打破侨批文献混乱、割裂的呈现方式,使所有侨批成为一个大数据库,实现资源的共建共享。同时,侨批资源的数字化呈现可以消除纸质文献反复查阅所带来的磨损,减少使用损毁造成的文献信息消失,真正实现侨批的大规模、长期、再生性保护。

(二)实现侨批文献的初步整理及规范

任何纸质文献的数字化建设都有一套根据其自身特点制定的元数据标准规范及著录规则,根据标准规范对文献进行数字化处理就意味着需要专业人员对原始文献进行初次加工。与普通书信相比,侨批文献的独特性质使其具有鲜明的个性信息特征,比如批款、批局、批路等,又因其书写形式的多样化、不规范,导致侨批上的日期、地名的称名标准与方式存在极大差异,还有因为历史情况,以致侨批上款项内容多样,出现了封款、信款、暗款、实付款等,货币种类也多种多样,另外还有封、信不匹配,伪造侨批的情况……侨批文献数字化过程就是对侨批文献进行初步筛选、考证、匹配、信息提取、信息标引的过程,数据库中呈现的信息较之于原始信息更为可信、规范。

[①] 新华社第一工作室出品"近镜头":《一纸"侨批"赤子情》,2022-07-21,网址:https://baijiahao.baidu.com/s?id=1738933829738038913&wfr=spider&for=pc。

（三）助力侨批文献的广泛传播与深入研究

具备规模化、标准化的侨批数据库才能实现更大范围的信息共享，助力侨批文献所承载的社会及文化内涵突破时空限制得以传播。数据库便捷的检索方式更有助于提高侨批利用效率，其数据化及文本挖掘条件有助于侨批的深化研究。

三、现有数据库建设成果与存在的问题

（一）现有数据库介绍

国内现已建成的有较大影响的侨批数据库有汕头大学图书馆"侨批数据库"和汕头市潮汕历史文化研究中心与中山大学历史人类学研究中心共建的"潮汕侨批数据库"。

1. 侨批数据库

汕头大学是侨批数据库建设的先行者。早在2010年，该校申请到CADAL（大学数字图书馆国际合作计划）立项资助及科研立项，随后数年，该校图书馆开展了"侨批元数据规范及著录规则研究"、侨批数字化扫描、元数据著录模板设计、元数据著录等一系列工作。

目前"侨批数据库"共收录侨批元数据及相应的600dpi高清图像档7.9万条，主要来自汕头大学图书馆、潮汕历史文化研究中心、澄海侨批收藏家邹金盛先生的藏品，收集侨批资讯1108条、侨批故事571条、视频资源121条、学术资源705条、侨批赏析17期[①]，这些均是数据库的内容增值模块，包括报纸上有关侨批的最新报道，侨批业、侨批从业人员的故事和批信上的故事，有关侨批的网络视频，侨批相关研究专著、硕博论文、期刊论文、会议论文及侨批币种、印章等相关知识的介绍。数据库内容丰富多彩，为侨批欣赏及研究提供了便利条件。

"侨批数据库"网址http：//app.lib.stu.edu.cn/qiaopi[②]，网页支持对元数据进行题名、寄批人、寄批地、收批人、收批地、写批年、批局、批（封）款等信息的粗略检索。精确检索有一种方法是运用"缩小范围"功能，对初次检索结果进行二次筛选；另一种方法是利用多个关键词进行"高级检索"，这都有助于快速锁定检索目标。

检索得到的侨批详细信息包括典藏主标识[③]、正题名、寄批地、寄批人、收批地、收

[①] 数据收录信息均由汕头大学图书馆工作人员提供。
[②] 最近汕头大学图书馆的侨批数据库只在内部使用，共享时间待定。
[③] 典藏主标识是汕头大学图书馆在整理侨批的过程中，给每个侨批建立的"身份证"，具体构成为收藏机构代码（自定义1位，数字0-9）+寄批地（采用国际通用2位国别英文简称）+收批地（县及县以上行政区划代码，阿拉伯数字，4位）+流水号（5位）。

批人、写批日期、封款、实付款、批局、列字编号、附注、访问权限、资源类型、资源识别符、收藏单位、数字化日期、格式等元数据信息及侨批封面、封底、内信的扫描图像。侨批属私人书信，部分作为历史文献，已成为社会公共资源，但也有相当部分仍涉及个人及家族隐私，其共享、利用及研究的相关问题尚未有效解决。目前，侨批的原件信息仅在汕头大学图书馆内部开放，校外的用户只能看到简单的元数据信息和若干内容增值板块，不能打开侨批高清原图。

2. 潮汕侨批数据库

"潮汕侨批数据库"是由汕头市潮汕历史文化研究中心与中山大学历史人类学研究中心共同研制开发的侨批文献查询统计系统，2018年正式启用。它包含侨批存储、查询、统计三大功能，拥有PC和手机两大端口，同时开辟了用户文献自传服务，使数据库信息来源更加多元。据统计，截至2021年12月13日，该数据库收录侨批数据信息3.8万条[①]，是"潮汕文献数据库"的第一个子库。

潮汕侨批数据库的网址https：//qiaopisjk.sysu.edu.cn/，主体架构及各部分功能如图1，记录的侨批元数据包括标题、收藏序号、寄批地、寄批国家、寄批地区、寄批人、收批地、收批县（区）、收批镇（乡）、收批村、收批人、批面日期、国历日期、回批日期、币种、封款、实付款、批局、列字编号、有无内信、附注、收藏地、录入人、录入时间、录入人手机、录入人邮箱、相关图片等27项，这同时也是"上传文献"时要键入的信息。用户自传侨批文献有利于收集零散侨批，是一项群策群力共建共享的好举措，可惜检索发现，该板块尚未完全实现其功能。

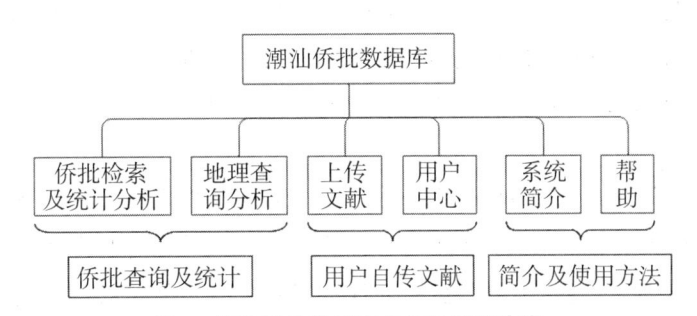

图1 潮汕侨批数据库主体架构及功能

该数据库具有普通和高级两种检索方式，具体如图2所示。两种检索方式均可在首次检索后进一步限定检索范围完成更为精确的二次检索，但两种检索首次检索字段的设置存在出入，共有字段是寄批国家、收批地、收批人和批局，普通检索另有关键字、寄批人、收藏地和收藏编号，高级检索另有寄批地、收批县（区）、收批镇（乡）和收批村，说明二者检索的侧重点有所区别。

---

① 数据收录信息由中山大学历史人类学研究中心工作人员提供。

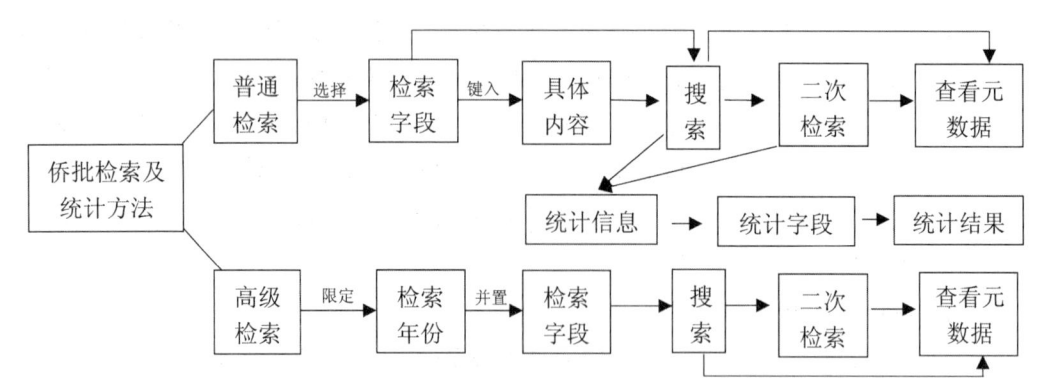

图2　潮汕侨批数据库检索及统计方法

　　普通检索虽不具有多字段并置检索的功能，但却能对侨批信息进行复杂统计，这是该系统未在高级检索中设置的项目。在检索结果页面点击"统计信息"按钮设置统计字段，它包含了除"相关图片"之外的26项元数据，选定后系统会展示两张统计图表，一张扇形图，一张条形图。比如检索寄批国家"泰国"后，将统计字段设置为"寄批地"，则显示了该数据库中从泰国寄出的侨批分别寄自曼谷、清迈等15个不同的地区，两幅图分别用不同的颜色标示了不同地区的寄批数量及所占比例；若是只想考量具体几个地区的数据，可点击图表上方不需要统计的地区名称，将其统计数据从总体数据中去除，两张图表中显示的便只有所需数据了。根据不同的统计字段，这些图表基本可以直观明确地展示该字段下侨批的分布数据，但也仅是寄批地、寄批国家、寄批地区、收批地、收批县（区）、收批镇（乡）、收批村、国历日期、币种、封款、实付款、批局、有无内信、附注、录入人等15项的图表信息具有统计意义，其他11项因每个分类标准下的样本数量极少，不具有统计观察、对比的意义，甚至并未展示可靠的图表，因此可考虑删去此部分以优化系统。

　　地理查询分析主要以批局名称为搜索字段，结果按侨批的寄批国和收批县分别统计展示，各有一张扇形图，一张条形图，跟"侨批检索及统计分析"中图表信息的筛选方式一样，可以删除不需要的统计信息，只保留目标信息，使统计数据直观干净。搜索字段不输入任何批局信息直接搜索得到整个数据库中侨批寄批国及收批县的分布情况，从图中可以看出该数据库中侨批的收批县共有22个；因寄批国统计中还有183封寄自中国，可以推测所录侨批中既有来批又有回批，但有些寄自同一国家的侨批因批封上所写音译汉字不同而统计为不同国家，比如泰国和暹罗、印度尼西亚和印尼等。寄批国统计中还混入了一个寄批人信息"郑焕秋"和一封侨批名称"马来西亚王乌戈寄广东潮安蔡清月侨批"，可见数据库文献整理还有待规范和完善。

3. 其他侨批数字资源

　　2012年，泉州市档案馆完成馆藏侨批实体2961封5530件档案的数字化转换工作，基本建立"侨批档案"专题数据库。此外，还有一些有关侨批宣传、侨批研究的网页数字资源，包括潮汕历史文化研究中心和汕头大学长江新闻与传播学院共建的"在线侨批文物馆"[1]、福建档案馆建设的"百年跨国两地书——福建侨批网上展厅"[2]和"世界记忆项目福建学术中心——侨批相关"[3]，但这些数字资源均为侨批图片及文字介绍，且数据更新及维护较为迟缓，有待进一步开发及利用。近年来，侨批数据库建设相关研究逐渐深入，如国家社科基金重大项目"中国侨汇档案整理与研究（1915—1992）"（项目编号19ZDA209）、广东省人文社会科学重点研究基地2016年招标课题"基于WEB3.0的客家侨批数字文化资源分享平台构建研究"（课题编号16KYKT13）等，均涉及侨批数据库建设相关内容，李建伟（2018）以梅州客家侨批为例构建了侨批保护的"文化云"构架，具体阐释了数据库各部分的建设构想，期待相关研究成果能够落地成型并投入使用。

（二）存在的问题

1. 侨批原件收录及展示不足

侨批属于家书性质，涉及许多隐私问题，法律层面上应被严格保护，所以潮汕侨批数据库中只展示了极少数的批封原件；侨批数据库中虽有批封、批信的高清扫描件，但也只限于汕头大学图书馆内部研究使用，并不对外公开，产生了侨批研究与隐私保护两者难以兼顾的问题。

2. 数据库功能较为单一

现阶段的侨批数据库主要是对侨批原件扫描件及封信上析取的元数据的收录，重点是对侨批文献的数字化储存及检索。"潮汕侨批数据库"中有一些简单的元数据信息统计，实现了部分信息的可视化；但更深层次的文本信息挖掘处理还无法进行，数据库功能类型较为单一，目前还难以满足深入研究的需要。

3. 系统维护、更新、优化不足

"潮汕侨批数据库"存在一些"操作指南"介绍与数据库实际功能应用不相匹配的情况，比如指南介绍可以在"地理查询分析中"根据批局信息在地图空间上查看该批局经手的侨批路径图，将寄批地与收批地串联起来，还能查看路径图中侨批数量的统计信息[4]，但据有关人员介绍，实际上当时当地因侨居国政策以及双边关系影响，寄送路线难免复杂多变。侨批往往辗转多地，甚至要通过秘密渠道才能送到侨眷手中。现阶段受条件所限，还难以充分考证，数据库要完成侨批路径图的绘制困难很大[5]。在此种情况下，操作指南中宜删除有关功能介绍。此外，"潮汕侨批数据库"中还有一些方面可加以优

---

[1] 详情可见网址https://www.teochewletters.org/。
[2] 详情可见网址http://www.fj-archives.org.cn/wszt/zhanting23/qianyan124/list.html。
[3] 详情可见网址http://www.fj-archives.org.cn/qpzt/qpcg/。
[4] 见潮汕侨批数据库官网，网址：https://qiaopisjk.sysu.edu.cn/help/readme。
[5] 来自中山大学历史人类学研究中心工作人员的解答。

化、调整，比如删去一些价值不大的图表数据、合并同类功能项目、优化检索结果页与详情页跳转功能，以免查看详情后无法返回到检索结果界面，不得不重新检索。

四、数据库优化措施

（一）提高数据化水平，拓展文本挖掘功能

一般来说，文献数据库具有数字化、数据化及文本挖掘三种功能：数字化是指将文献物质形态转化为电子信息形态的过程，以便文献的储存、传播与检索，现阶段的侨批数据库基本上就是实现此类功能；数据化是指将电子文献元数据通过规范性标注、提取后的量化展示，汕头大学图书馆完成的《侨批元数据著录规则》是这一功能实现的前提和基础，"潮汕侨批数据库"展示了部分量化成果。数据库最重要的功能是为用户提供研究环境并助其发现研究增长点，所以数据化基础上的文本信息深入挖掘以及分析工具的开发至为重要。目前，这方面还十分欠缺，亟需加强研究。

1. 文献信息的数据化、可视化呈现

数据库文献的量化呈现，是复杂检索结果的高质量处理方式，也是评价数据库功效的重要参数。量化呈现必然离不开可视化，即给信息数据以"形象"。将文献信息提取后以简洁明了的视觉形式直观呈现，具体方式包括图形、图表、图像、动画、关系线、颜色区分、位置区分等。侨批文献数据库的建设应在检索内容、过程、结果及内容间和结果间的相互关系等多个角度逐步完成量化及可视化呈现，以多模态形式提高用户的感知度，助其快速而直观地获取所需信息。

2. 加强文献信息的关联性处理

数据库汇聚的侨批文献，记录了当时当地政治、经济、文化的诸多史实，若数据录入过于简省，文献背后蕴涵的事实、规律、逻辑关系往往就难以发现。侨批中的人、事、时、地、物之间存在着千丝万缕的联系，洞察其关联性，需要作分类整合，建构多触角的知识网络。这方面上海市图书馆推出的家谱知识服务平台的技术理念值得借鉴。基于关联数据技术，重组海量侨批数字资源，从多角度挖掘事实，建立数据间的联系十分必要。侨批数据库建设若能充分体现用户需求导向原则，提供精准、系统的交叉导航方式，必能更好地发挥其基础数据库作用。

3. 开发文本分析工具

借鉴历史文献学在"数字人文"概念下所进行的数据库文本挖掘研究，积极探索在侨批数据库中开发更多有助于研究者的文本分析工具。第一，是侨批批信内容的转录与注释服务，这便涉及文字识别、转录原则、标写规范、考证依据、释义基础等方面，需要相关专家进行专业处理之后才能在数据库中提供检索服务。第二，开发并提供有助于侨批研究的统计分析工具，能够完成对侨批批信内容的文本分析，包括词频分析、内容

主题分析、共现分析、关联分析、时序空间分析、社会关系分析等,使语料库成为侨批研究的得力助手。

4. 多部门支持,多领域专家参与

通过以上论述可以发现,大规模侨批数据库的建设、开发及利用需要社会各界多部门的鼎力支持、多领域专家的通力合作。第一,是在侨乡各级政府的支持下,各级侨批收藏单位以及民间收藏单位的共享共建,这是大规模侨批数据库建设的前提与基础,这里亟待解决的是侨批的共享价值与部分侨批隐私性的矛盾问题,需要法学界专家积极研讨,建立健全相应法规。第二,侨批数据库的深度开发与利用不只是一个或几个领域的参与便可以完成的,需要联合计算机专家、书法家、历史学家、语言学家、民俗学家、经济学家等多领域专家共同参与,保证数据库侨批资源的真实性、可靠性及可用性。

(二)扩大数据库规模,建设中英双语数据库

侨批文献资源主要集中在广东潮汕地区和福建闽南地区,现阶段两地的侨批文献开发利用尚未打通。为了汇集大宗侨批文献,展示侨批整体面貌,宜加强合作,建立通用的"侨批元数据著录规范集",最大程度兼容闽粤琼的侨批数字化资源,减少异构性,实现资源的共建共享,避免重复建设。同时,重视民间侨批文献的征集,通过广泛宣传,转变民间收藏者观念,鼓励其以捐赠、付费等多种方式提供侨批文献,逐步扩大数据库规模。侨批文献是世界记忆遗产,从其产生、传播到现在的利用、研究均具有国际性特征,因而数据库不宜拘泥于一种语言,应进一步建设汉英双语数据库,使侨批通过网络走向世界,让世界利用网络熟悉侨批,真正推动其世界性传播与共享,并为国际学者提供方便。

(三)利用新媒体扩大侨批文献的影响力及应用面

侨批数据库应让社会大众广泛知悉并使用才能可持续发展,可利用新媒体手段,如微信公众号、各类视频号讲述侨批故事、宣传侨批精神,增加侨批文献的社会受众;开发、推广数据库APP、微信小程序等移动客户端,为自愿提供或有能力释读侨批文献的社会各界人士提供参与共建数据库的平台,这一方面可以扩大侨批文献的影响力及应用面,另一方面有助于缓解海量侨批文献释读、录入、校对在人力、财力、物力和时间上的压力,真正实现共建共享。

五、结语

侨批是人类社会共同的记忆遗产,其学术和应用价值不应低估,为使其得到有效的

存储、传播与利用，数据库的系统建设、完善、开发和利用应得到足够重视。现阶段侨批数据库数量较少且规模有限、侨批文献归属不一、数据库开发工作量大且多停留在数字化阶段，因此需要我们联合多部门、多领域，利用新媒体技术更广泛地发动社会各界的力量，进一步扩大数据库共建共享规模，提升数据库数据化及深度文本挖掘能力，使侨批数据库真正成为可供有效利用的数字资源。

参考文献

［1］端木三，2015."中国音系数据库"的构建及用途［M］//甘于恩.南方语言学：第八辑.广州：暨南大学出版社.

［2］国家图书馆研究院，2016.上海图书馆推出基于关联开放数据的数字人文服务［J］.国家图书馆学刊（2）：10.

［3］金文坚，2015.汕头大学图书馆侨批数据库［J］.华侨华人文献学刊（2）：227-236.

［4］李建伟，2018.文化云模式下的侨批档案保护——以梅州客家侨批为例［J］.图书馆论坛（4）：147-152.

［5］罗铿，2019.数字人文背景下侨批档案资源的开发模式研究［J］.档案学研究（5）：83-87.

［6］搜狐网，2018-5-15/2022-12-10.文献数字化 侨批"上云端"［EB/OL］. https://www.sohu.com/a/231615730_161794.

［7］王炜中，2007.潮汕侨批［M］.广州：广东人民出版社.

［8］维克托·迈尔·舍恩伯格，2013.大数据时代：生活、工作与思维的大变革［M］.杭州：浙江人民出版社.

［9］新华社第一工作室.2023-01-18.一纸"侨批"赤子情［EB/OL］. https://baijiahao.baidu.com/s?id=1738933829738038913&wfr=spider&for=pc，2022-07-21/.

［10］杨明华，刘晓莉，金文坚，等，2013.侨批元数据著录规则研究［J］.图书馆论坛（4）：82-85+76.

［11］杨剑，杨明华，金文坚，等，2013.侨批元数据方案的设计和实现［J］.图书情报工作（3）：100-104.

［12］赵思渊，2016.地方历史文献的数字化、数据化与文本挖掘：以《中国地方历史文献数据库》为例［J］.清史研究（4）：26-35.

［13］张惠萍，2015.侨批文献数字化建设研究［J］.盐城师范学院学报（人文社会科学版）（6）：119-121.

［14］周宁，刘玮，赵丹，2004.信息提供的可视化研究［J］.情报科学（3）：257-260+275.

Construction of Overseas Remittance-mails Database: Progress and Optimization

ZENG Yiping, LI Gaoxiang

(College of Chinese Language and Culture, Jinan University, Guangzhou, Guangdong, 510610)

Abstract: The construction of databases plays an important role in the long-term storage, wide dissemination and fair utilization of overseas remittance-mails documents. The overseas remittance-mails database of Shantou University and the overseas remittance-mails database in Chaoshan of Sun Yat-sen University, which have been built till now, have a large storage scale and can provide basic retrieval services. However, there will be a limit on use because the documents are stored as images in the above two databases. In addition to expanding capacity, the urgent task of database construction is to carry out language information processing so that to create conditions for data mining, development and utilization.

Key words: Overseas Remittance-mails, Database Construction, Digitalization

俐侎彝语个体量词探析

周天天[①]

(暨南大学文学院 广东广州 510632)

【提 要】 本文对云南临沧市凤庆县俐侎彝语个体量词的分类、产生机制、句法特点进行较为全面的描写分析。在此基础上，通过彝缅语群内部泛用量词的比较，进一步探讨泛用量词的的特点，以及泛用量词与类别、性状量词之间的关系。

【关键词】 俐侎彝语 个体量词 产生机制 句法特点

一、引言

"量"是人们反映客观世界的认知范畴，"这种认知结果投射到语言中，即通过'语言化'形成语言世界的量范畴。"（李宇明，2000：30）汉语中有丰富的量词，除藏缅语族有些语言（如藏语、景颇语等）量词还不发达之外，一般都有丰富的量词，这也是汉藏语系的特点之一。在藏缅语中，非个体量词的发展阶段和共时状态比较相似，差异不大，真正反映藏缅语量词特点的是个体量词。目前，有关彝语量词的语料匮乏，描写分析较少，这不利于全面系统地认识量词的特点及其发展。本文将对云南临沧市凤庆县俐侎彝语个体量词的分类、产生机制、句法特点进行描写分析，以期为彝语量词研究提供个案，同时探讨其中一些从未被关注的语言现象，给出自己的观点与看法。

二、俐侎彝语个体量词的种类

(一) 反响型量词

反响型量词又称拷贝型量词、反身量词、同音量词、专用量词等，是指与被限定的名词形式相同或部分相同的量词。俐侎彝语的反响型量词几乎都为部分反响型，取所限定的多音节名词的最后一个音节作为量词。

---

① 周天天，1993年11月生，女，暨南大学文学院中国少数民族语言文学专业在读博士。

1. sa²¹ 个、颗、粒、根

ɕi³³sa²¹ tʰi²¹ sa²¹	一颗果子
果子 一 果子	
sa²¹mi⁵⁵sa²¹ tʰi²¹ sa²¹	一个核桃
核桃 一 个	
o⁵⁵ti³³sa²¹ tʰi²¹ sa²¹	一个头
头 一 个	
ŋa³³sa²¹ tʰi²¹ sa²¹	一根香蕉
香蕉 一 根	

2. pʰu²¹ 朵

ku³³lu²¹pʰu²¹ tʰi²¹ pʰu²¹	一朵花
花 一 朵（花）	

3. pʰɛ²¹ 片

si³³pʰɛ²¹ tʰi²¹ pʰɛ²¹	一片叶子
叶子 一 片	

4. tʂɤ³³ 条

tʂɤ⁵⁵tʂɤ³³ tʰi²¹ tʂɤ³³	一条线
线 一 条	

5. tʂʰɿ³³ 条

ma⁵⁵tʂʰɿ³³ tʰi²¹ tʂʰɿ³³	一条尾巴
尾巴 一 条	

6. zi³³ 棵

si³³zi⁴⁴ tʰi²¹ zi³³	一棵树
树 一 棵	
ji³³me²¹zi³³ tʰi²¹ zi³³	一棵柳树
柳树 一 棵	
o²¹bɯ³³zi³³ tʰi²¹ zi³³	一根竹子
竹子 一 根	

（二）类别量词和性状量词

类别量词和性状量词在称量事物的同时又凸显其特征，使个体量词所承载的语义增加，是表义功能的重要提升。类别量词是对事物类别特征的概括，主要有人、动物类、植物类、衣物、生活生产用具等。性状量词是对事物性质、状态特征的概括，主要有如颗粒状、花朵状、条状、片状等。俐侎彝语类别量词和性状量词具体如下：

1. 类别量词

（1）po⁵⁵：只，成对物体中的一只（用于称量手、脚、眼睛等成双的人体器官及组成部分，或者穿戴在这些成对人体器官或组成部分之上的衣物、饰品，如鞋、衣袖等）。

no³³po³³ko³³　tʰi²¹　po⁵⁵　　　　　一只耳朵
  耳朵　　　　一　　只

lɛ²¹vi²¹　　tʰi²¹　po⁵⁵　　　　　　一只胳膊
  胳膊　　　一　　只

tʰɛ³³nɛ³³　　tʰi²¹　po⁵⁵　　　　　　一只鞋
  鞋　　　　一　　只

（2）tsʰɛ³³：滴（液体）。也可将tsʰɛ³³归为性状量词，表颗粒状。此处将其归入类别量词是因为，表颗粒状的性状量词另有sa²¹，tsʰɛ³³更侧重于凸显"液体"这一类别属性。

sa²¹mi⁵⁵　　tʰi²¹　tsʰɛ³³　　　　　一滴油
  油　　　　一　　滴

i⁵⁵　　　　tʰi²¹　tsʰɛ³³　　　　　　一滴水
  水　　　　一　　滴

（3）zi³³：棵（植物），根（柱子，竹子）。花、草、树木等植物类量词。

ŋa³³zi³³　　tʰi²¹　zi³³　　　　　　一棵芭蕉树
  芭蕉树　　一　　棵

o²¹bɯ³³zi³³　tʰi²¹　zi³³　　　　　　一根竹子
  竹子　　　一　　根

zi³³kʰu³³mo²¹　tʰi²¹　zi³³　　　　　一根柱子
  柱子　　　一　　根

（4）dza²¹：件（衣物）。衣服、裤子等衣物类量词。

pʰo³³　　　tʰi²¹　dza²¹　　　　　　一件衣服
  衣服　　　一　　件

（5）kɤ³³：间（房），表示房屋的最小单位。

xi³³　　　tʰi²¹　kɤ³³　　　　　　　一间房
  房　　　　一　　间

（6）gu⁵⁵：栋（房子）

xi³³　　　tʰi²¹　gu⁵⁵　　　　　　　一栋房子
  房子　　　一　　栋

（7）pa²¹：把（锄头、扫帚）。镰刀、斧头等工具类量词。

gɤ³³si³³　　tʰi²¹　pa²¹　　　　　　一把扫帚
  扫帚　　　一　　把

2. 性状量词

（1）sa^{21}：个（鸡蛋、核桃、头、）、粒（米、种子、豆子）、颗（果子、核儿）、只（眼睛）。颗粒状，块状、圆形等物体。

mɛ^{33}tu^{21}　tʰi^{21}　sa^{21}	一只眼睛
眼睛　　一　　只	
i^{21}ko^{33}nɛ^{33}　tʰi^{21}　sa^{21}	一颗核儿
核儿　　一　　颗	
dzo^{21}kʰo^{33}　tʰi^{21}　sa^{21}	一粒米
米　　一　　粒	
a^{33}la^{33}tʰi^{33}　tʰi^{21}　sa^{21}	一块石头
石头　　一　　块	

（2）i^{55}：片（云），块（地、布、木板），方（布）。

mi^{33}　tʰi^{21}　i^{55}	一块地
地　一　块	
mo^{21}xɤ^{33}　tʰi^{21}　i^{55}	一片云
云　　一　　片	
ma^{33}　tʰi^{21}　i^{55}	一方布
布　一　方	

（3）ba^{33}：片（土地）

mi^{33}　tʰi^{21}　ba^{33}	一片地
地　一　片	

（4）to^{55}：段（路），长条形的物体分成的若干部分。

ʐu^{33}mu^{21}　tʰi^{21}　to^{55}	一段路
路　　一　　段	

（5）tʂɤ^{33}：条（绳子），长条形软状物，较粗。

tʂa^{33}wa^{21}　tʰi^{21}　tʂɤ^{33}	一条绳子
绳子　　一　　条	

（6）pɛ^{33}：坨（泥巴，粪土），块状、团状或堆状物，体积较小。

la^{33}pa^{21}　tʰi^{21}　pɛ^{33}	一坨泥巴
泥巴　　一　　坨	
a^{55}ɲi^{21}tʰi^{21}　tʰi^{21}　pɛ^{33}	一坨牛粪
牛粪　　一　　坨	

（7）ba^{21}：卷（布），布、线等物体绕着中心轴裹成圆筒状。

ma^{33}　tʰi^{21}　ba^{21}	一卷布
布　一　卷	

(8) po³³：包（盐、烟），体现药、衣物、食物等的"包"状。

tsʰa²¹po³³　tʰi²¹　po³³① 　　　　　一包盐
　盐　　　一　　包

gɤ²¹tʂʅ²¹　tʰi²¹　po³³ 　　　　　　一包烟
　烟　　　一　　包

(9) tʂʅ³³：根（头发、线、针）、匹（布）

o⁵⁵tsʰɛ³³　tʰi²¹　tʂʅ³³ 　　　　　一根头发
　头发　　一　　根

vɤ²¹　tʰi²¹　tʂʅ³³ 　　　　　　　 一根针
　针　　一　　根

ma³³　tʰi²¹　tʂʅ³³ 　　　　　　　一匹布
　布　　一　　匹

(10) tsɛ⁵⁵：节（竹子、绳子），长条形、圆柱形等形状中的一节。

o²¹buɯ³³zi³³　tʰi²¹　tsɛ⁵⁵ 　　　一节竹子
　竹子　　　一　　节

tʂa³³wa²¹　tʰi²¹　tsɛ⁵⁵ 　　　　　一节绳子
　绳子　　一　　节

(11) tɛ³³：抱（柴、草），可以双臂环绕，没有容器装的、散状的物体。

i³³　tʰi²¹　tɛ³³ 　　　　　　　　　一抱柴
　柴　一　　抱

(12) buɯ³³：堆（肥料、草、土、火炭等），杆状、条状、块状或者颗粒状堆成，类似于"山"形。

ʂu³³po²¹　tʰi²¹　buɯ³³ 　　　　　一堆草
　草　　　一　　堆

tʰi²¹　tʰi²¹　buɯ³³ 　　　　　　　一堆粪
　粪　　一　　堆

(13) vɛ⁵⁵：背（柴），表示一背篓的容纳量。背在背上，散状的、没有专门容器装的东西。

i³³　tʰi²¹　vɛ⁵⁵ 　　　　　　　　　一背柴
　柴　一　　背

(14) tʂɤ³³：串（珠子、葡萄）、排（房子）、行（麦子），用于成列、成直排、连贯起来的事物。

xi³³　tʰi²¹　tʂɤ³³ 　　　　　　　　一排房子
　房子　一　　排

---

① 量词po³³虽与"盐"的第二个音节相同，但不是反响型量词，po³³应来自于动词"po³³"（包）。

ʂo³³mɛ²¹　tʰi²¹　tʂɤ³³　　　　　　　一行麦子

　麦子　　一　行

pʰu²¹tʰo²¹　tʰi²¹　tʂɤ³³　　　　　　一串葡萄

　葡萄　　一　串

（15）kʰo³³/lɛ²¹kʰo³³①：把（米），大约能用一把手抓起或者拿得起的量。

dzo²¹kʰo³³　tʰi²¹　kʰo³³/lɛ²¹kʰo³³　　　一把米

　米　　一　　把

另外，俚佤彝语中存在一个名词有三种量词可以对其进行限定的现象。如表达"一只眼睛"时，有以下三种搭配：

一只眼睛：

mɛ³³tu²¹　tʰi²¹　po⁵⁵

mɛ³³tu²¹　tʰi²¹　sa²¹

mɛ³³tu²¹　tʰi²¹　mo⁴⁴

类别量词po⁵⁵、性状量词sa²¹、泛用量词mo⁴⁴均可对"眼睛mɛ³³tu²¹"进行限定，根据强调需求不同择其一。如想强调眼睛"圆形""颗粒状"的形状特征，可选用"sa²¹"；强调成双的人体器官其中的一个，选用"po⁵⁵"；如只表量，不表义，用"mo⁴⁴"即可。

实际上，类别量词和性状量词相互间也有交叉，没有截然的界限。类别量词限定的名词，有的具有相同的性状，性状量词限定的名词，有的也属于相同的类别。如俚佤彝语中的"sa²¹"，既可表达"颗粒状""圆形""块状"等性状特征，也有"水果蔬菜类"的限定名词类别的功能。又如"zi³³"，即可限定植物类别，又可表述"树棵状""圆柱体"的特征。

（三）泛用量词

俚佤彝语的泛用量词主要有三个：mo⁴⁴、nɛ⁵⁵、lɛ⁵⁵。mo⁴⁴泛化程度高，概括性大，可用于人、动物、植物、无生命体、抽象事物等；使用频率高，可以搭配没有专用量词限定的名词，也可以用来称量已有专用量词的名词。另外两个泛用量词nɛ⁵⁵、lɛ⁵⁵与所搭配的数词有关。

1. mo⁴⁴与没有专门量词的名词进行搭配

（1）人

tsʰo³³wo²¹　tʰi²¹　mo⁴⁴　　　　　　一个人

　人　　一　　个

---

① 量词"把"虽与"米"的第二个音节相同，但并非是反响型量词，来源于名词。

（2）动物

$a^{33}mu^{21}$　　t^hi^{21}　　mo^{44}　　　　　　一匹马

　马　　　一　　　匹

$in^{33}\eta a^{33}$　　t^hi^{21}　　mo^{44}　　　　　　一只青蛙

　青蛙　　一　　　只

（3）植物

$o^{21}ts\d{h}^{33}$　　t^hi^{21}　　mo^{44}　　　　　　一棵青菜

　青菜　　一　　　棵

$\d{s}u^{33}mu^{33}$　　t^hi^{21}　　mo^{44}　　　　　　一根玉米

　玉米　　一　　　根

（4）无生命体

$dz\varepsilon^{33}$　　t^hi^{21}　　mo^{44}　　　　　　一座桥

　桥　　　一　　　座

lu^{55}　　t^hi^{21}　　mo^{44}　　　　　　一条裤子

　裤子　　一　　　条

（5）抽象事物

$k\gamma^{33}$　　t^hi^{21}　　mo^{44}　　　　　　一首歌

　歌　　　一　　　首

$ma^{21}zi^{21}$　　t^hi^{21}　　mo^{44}　　　　　　一件事情

　事情　　一　　　件

2. mo^{44}也可用来称量已有专用量词的名词，但表示"堆""块""条""坨""段""棵""串""捆"等具有"条块状""长条形""成堆状""非圆形颗粒状"等语义特征的性状量词一般都不与mo^{44}换用，可换用的量词大多集中在类别量词中。

（1）可换用的量词

$sa^{21}mi^{55}sa^{21}$　　t^hi^{21}　　sa^{21}/mo^{44}　　　　一个核桃

　核桃　　　一　　　个

$t^h\varepsilon^{55}n\varepsilon^{33}$　　t^hi^{21}　　po^{55}/mo^{44}　　　　一只鞋

　鞋　　　一　　　只

$g\gamma^{33}si^{33}$　　t^hi^{21}　　mo^{44}/pa^{11}　　　　一把扫帚

　扫帚　　一　　　把

（2）不可换用的量词

mi^{33}　　t^hi^{21}　　i^{55}　　　　　　一块地

　地　　　一　　　块

$\d{z}u^{33}mu^{21}$　　t^hi^{21}　　to^{55}　　　　　　一段路

　路　　　一　　　段

a^{55}n̠i^{21} tʰi^{21} tʰi^{21} pɛ^{33}　　　　　一坨牛粪
牛粪　一　　坨

3. 与数词相关联的泛用量词 nɛ^{55} 和 lɛ^{55}

泛用量词 nɛ^{55} 只出现在数量词为二的数量短语中，数词在三到九之间时则使用 lɛ^{55}。nɛ^{55}、lɛ^{55} 和 mo^{44} 之间存在数量上的互补关系。也就是说，可与 mo^{44} 搭配的名词皆可与 nɛ^{55}、lɛ^{55} 搭配，区别在于：当数量为二时，泛用量词须用 nɛ^{55}；数量在三到九之间时，用 lɛ^{55}；一或十，以及十以上的数词则与 mo^{44} 搭配。在语流中，ni^{21} "二" 与 nɛ^{55} 连用时常常弱读为 n̩^{21}，如：n̩^{21}nɛ^{55} "两个"。当数词为 ŋo^{21} "五"、tʂʰo^{21} "六"、i^{21} "七"、xɛ^{21} "八" 时，lɛ^{55} 的声调会受前面数词的影响，由高平调55变为低降调21。例词如下：

ŋa^{55}tsi^{33}　n̩^{21}　nɛ^{55}　　　　两只鸟
鸟　　　二　　只

o^{21}tʂʰɻ^{33}　so^{33}　lɛ^{55}　　　　三棵白菜
白菜　　三　　棵

ŋu^{33}　xɛ^{21}　lɛ^{21}　　　　　　八条鱼
鱼　　八　　条

除以上所列出的俚倈彝语固有量词之外，还有一些汉语借词，如：

a^{33}kʰɯ^{21}　tʰi^{21}　tio^{21}　　　　一条烟
烟　　一　　条

lo^{21}pʰo^{21}　tʰi^{21}　tʂʰa^{21}kan^{33}　　一罐茶
茶　　一　　罐（茶缸）

dzɻ^{33}　tʰi^{21}　pʰiŋ^{21}　　　　一瓶酒
酒　　一　　瓶

tʰu^{21}　tʰi^{21}　tʂaŋ^{33}　　　　一张纸
纸　　一　　张

三、俚倈彝语个体量词的句法特点

（一）个体量词与其他词类的搭配及语序

俚倈彝语个体量词不能单独使用，通常与数词、名词、指示代词、形容词修饰语、人称代词、疑问代词搭配。

1. 名词 + 数词 + 量词

mo^{33}xɤ^{33}　tʰi^{21}　i^{55}　　　　一朵云
云　　一　　朵

gɤ²¹ tʂʅ²¹ tʰi²¹ po³³　　　　　一包东西
东西　一　　包

"名词+数词+量词"的结构中，量词并不是强制性使用。当数词为"一"时，部分个体量词可以省略，语义不发生变化。可省略的量词大多集中在类别量词当中。如：

	名+数+量	名+数
一个头	o⁵⁵ti³³sa²¹ tʰi²¹ sa²¹	o⁵⁵ti³³sa²¹ tʰi²¹
	头　一　个	头　一
一只鞋	tʰɛ⁵⁵nɛ³³ tʰi²¹ po⁵⁵	tʰɛ⁵⁵nɛ³³ tʰi²¹
	鞋　一　只	鞋　一
一把刀	a³³tʰo²¹ tʰi²¹ mo⁴⁴	a³³tʰo²¹ tʰi²¹
	刀　一　把	刀　一

2. 名词+指示代词+数词+量词

si³³zi³³　kʰu²¹ tʰi²¹ zi³³　　　　那一棵树
树　　那　一　棵

tʂʰo³³wo²¹ tʂu³³ ʂo³³ lɛ⁵⁵　　　这三个人
人　　这　三　个

3. 名词+形容词+（指示代词）+数词+量词

（1）名词+形容词+数词+量词

pʰo³³ a²¹ni⁵⁵fu²¹ tʰi²¹ mo⁴⁴　　　一件红色的衣服
衣服　红色　　一　件

（2）名词+形容词+指示代词+数词+量词

pʰo³³ a²¹ni⁵⁵fu²¹ kʰu²¹ so³³ lɛ⁵⁵　　那三件红色的衣服
衣服　红色　　那　三　件

4. 人称代词+名词+（形容词）+（指示代词）+数词+量词

（1）人称代词+名词+数词+量词

oŋ³³ ka³³ lɛ²¹vi²¹ tʰi²¹ po⁵⁵　　我的一条胳膊
我　的　胳膊　一　条

oŋ³³ ka³³ sɛ²¹ ni²¹ tʂʅ³³　　　我的两颗牙齿
我　的　牙齿　两　颗

（2）人称代词+名词+指示代词+数词+量词

a⁵⁵ka²¹　a³³ni²¹　kʰu²¹　ŋ̍²¹ nɛ⁵⁵　　我们那两头黄牛
我们　黄牛　那　二　头

（3）人称代词+名词+形容词+指示代词+数词+量词

oŋ³³ pʰo³³ i⁵⁵ kʰu³³ tʰi²¹ mo⁴⁴　　我那一件新衣服
我　衣服　新　那　一　件

5. 名词+疑问代词+量词

tʂʰo³³wo²¹ a²¹to³³ lɛ⁵⁵	几个人
人 多少 个	
si³³zi³³ a²¹to³³ zi³³	多少棵树
树 多少 棵	

6. 在有指示代词的短语中，当数词为"一"时，可省略数词或同时省略数量词，语义不变

	省略数词	同时省略量词和数词
那/这（一）（只）鸡	a⁵⁵ji⁵⁵ kʰu³³/tʂu³³ ji²¹ mo⁴⁴	a⁵⁵ji⁵⁵ kʰu³³/tʂu³³
	鸡 那/这 定指 只	鸡 那/这
我那/这（一）（件）新衣服	oŋ³³ pʰo³³ i⁵⁵ kʰu³³/tʂu³³ ji²¹ mo⁴⁴	oŋ³³ pʰo³³ i⁵⁵ kʰu³³/tʂu³
	我 衣服 新 那/这 定指 件	我 衣服 新 那/这

在省略数词"一"时，指示代词之后，量词之前需加上定指标记"ji²¹"，语序为：名词+指示代词+定指标记ji²¹+量词。

7. 在有疑问代词的短语中，量词可省略，语义不变

		省略量词
几个人	tʂʰo³³wo²¹ a²¹to³³ lɛ⁵⁵	tʂʰo³³wo²¹ a²¹ta³³ tʰa³³
	人 多少 个	人 多少
多少棵树	si³³zi³³ a²¹to³³ zi³³	si³³zi³³ a²¹ta³³ tʰa³³
	树 多少 棵	树 多少

当量词lɛ⁵⁵"个"和zi³³"棵"被省略时，"多少"由原来的"a²¹to³³"变为"a²¹ta³³tʰa³³"，两者不能混用。

从上述例子中可看出，在多个定语修饰名词中心语的情况下，除人称领属定语位于名词之前外，其他修饰成分，如形容词、指示代词、疑问代词、数词和量词皆位于名词中心语之后。其中，数量结构离指示代词最近，离名词最远。

（二）俚俫彝语个体量词的句法功能

俚俫彝语的个体量词不能独立充当句法成分，需与其他词类结合。

1. 数量结构充当句子成分

可与数词组合成数量结构，在句中可做主语、谓语、宾语、定语。

（1）数量结构充当主语

tʰi²¹ mo⁴⁴ za²¹, tʰi²¹ mo⁴⁴ zo³³.   一个大，一个小。
一 个 大， 一 个 小

（2）数量结构充当谓语

ni³³ tʰi²¹ mo⁴⁴, oŋ³³ tʰi²¹ mo⁴⁴.　　　　　你一个，我一个。
你　一　个，　我　一　个

（3）数量结构充当宾语

ni³³ tʰi²¹ mo⁴⁴ dzo²¹, oŋ³³ tʰi²¹ mo⁴⁴ dzo²¹.　　你吃一个，我吃一个。
你　一　个　吃，　我　一　个　吃

（4）数量结构充当定语

ni³³ dzo³³ tʰi²¹ i⁵⁵ ta³³ dzo²¹.　　　　　你只吃了一碗饭。
你　饭　一　碗　只　吃

2. 数量名结构充当句子成分，可作主语和宾语

（1）数量名结构充当主语

tʰi²¹ a⁵⁵kɯ³³ tsʰo³³wo²¹ ta²¹ta²¹xo³³xo³³ tʂa³³lo²¹ la³³.　一家人要和和睦睦在一起。
一　家　人　　和和睦睦　　　一起　要

（2）数量名结构充当宾语

ja³³ kʰu³³ tʰi²¹ a⁵⁵kɯ³³ a³³ɳa³³ n̩²¹ nɛ³³
他　那　一　家　　儿子　两　个

dzɑ̯³³, za²¹ma²¹ tʰi²¹ mo⁴⁴ dzɑ̯³³.　　　他家有两个儿子，一个女儿。
　有，女儿　一　个　有

a²¹po³³ xi⁵⁵xɯ⁵⁵ sa²¹mi³³zi³³ so³³ zi³³ ta²¹.　爷爷在房前种了三棵核桃树。
爷爷　房子前面　核桃树　　三　棵　种

3. "指示代词+数词+量词"结构充当主语和宾语

（1）"指示代词+数词+量词"结构充当主语

a³³nu⁵⁵ kʰu³³（mo⁴⁴）o²¹go²¹ tʰi²¹ mo⁴⁴ kʰɤ²¹　那条狗叼着一块大骨头。
　狗　那　条　　骨头　一　块　叼/咬

tʂa²¹.
着

tʰo²¹zi³³ tʂu³³ tʰi²¹ zi³³/tʂu³³ ji²¹ zi³³ mu³³ji³³mu³³,　这棵松树又大又粗。
松树　这　一　棵/这　棵　又高，

za²¹ji³³za²¹.
又粗、又大

（2）"指示代词+数词+量词"结构充当宾语

i⁵⁵ pi³³ li³³ mi³³ti²¹ fa³³fa³³mo³³ tʂu³³ tʰi²¹ i³³　　用水浇这片干涸的地。
水　用　地　　干干的　　　这　一　片/块
hɤ²¹kɤ²¹.
浇

四、俚倷彝语个体量词的产生机制

俚倷彝语个体量词中的反响型量词来源于所称量名词的部分音节，这是显而易见的，除此之外，俚倷彝语部分个体量词的来源为：反响型量词、名词和动词。

（一）反响型量词进一步语法化产生个体量词

反响型量词最初只是拷贝名词的某一音节，具有专一性。只有称量名词的语法功能，并不具有表示名词类别、性质、状态的语义功能。反响型量词在发展变化中逐渐增添了概念意义，用于数个同根名词上，可以称之为"非典型"反响型量词[①]。"非典型"反响型量词再进一步语法化，产生个体量词。但并非所有的反响型量词发展都会经历"非典型"反响量词这一阶段，在俚倷彝语中，有些性状量词直接由反响型量词发展而来。这和反响型量词拷贝的名词音节是否参与构词有关。

例1　性状量词：sa²¹

表1　俚倷彝语性状量词 sa²¹

反响型	"非典型"反响型	个体量词
（i³³）sa²¹ tʰi²¹ sa²¹ 水果　　一　个	ʂɿ⁵⁵sa²¹ tʰi²¹ sa²¹ 种子　一　颗	mɛ³³tu³³ tʰi²¹ sa²¹ 眼睛　　一　只
	a³³no³³sa²¹ tʰi²¹ sa²¹ 豆子　　一　粒	i²¹ko³³nɛ³³ tʰi²¹ sa²¹ 核儿　　　一　颗

例2　类别量词：zi³³

表2　俚倷彝语类别量词 zi³³

反响型	"非典型"反响型	个体量词
si³³zi⁴⁴ tʰi²¹ zi³³ 树　　一　棵	ji³³mɛ²¹zi³³ tʰi²¹ zi³³ 柳树　　一　棵	zi³³kʰu³³mo²¹ tʰi²¹ zi³³ 柱子　　　一　根
	o²¹bu³³zi³³ tʰi²¹ zi³³ 竹子　　一　根	

[①] "非典型"反响型量词概念来自蒋颖：《汉藏语名量词研究》，中央民族大学博士学位论文，2006年，第89页。

例1和例2可看出完整的反响型量词泛化成个体量词的过程。量词"sa²¹""zi³³"最初来源于名词"果子""树",原是典型的反响型量词。随之产生的是作为典型性反响型量词的"sa²¹"和"zi³³"可以用来称量一批带有相同词根的名词,如"种子""豆子""柳树"等,此时量词增添了概念意义,有了标示"作物类""树类"的类别功能。其后进一步语法化,突破相同语音形式的限制,与非同词根名词结合,如"眼睛""柱子",表示"小颗粒状""树棵状"等性状特点。可以看出,有"非典型"反响型量词这一演化阶段的个体量词同时具有性状和类别语义特征。

例3 性状量词:tʂɤ³³

表3 俚僳彝语性状量词 tʂɤ³³

反响型	"非典型"反响型	个体量词
tʂ⁵⁵tʂɤ³³ tʰi²¹ tʂɤ³³ 线 一 条		pʰu²¹tʰo²¹ tʰi²¹ tʂɤ³³ 葡萄 一 串
		ʂo³³mɛ²¹ tʰi²¹ tʂɤ³³ 麦子 一 行
		tʂʰɤ³³sa²¹ tʰi²¹ tʂɤ³³ 珠子 一 串

例4 性状量词:

表4 俚僳彝语性状量词 tʂʰɿ³³

反响型	"非典型"反响型	个体量词
ma⁵⁵tʂʰɿ³³ tʰi²¹ tʂʰɿ³³ 尾巴 一 条		xo³³tʂʰɛ²¹ tʰi²¹ tʂʰɿ³³ 火柴 一 根
		vɤ²¹ tʰi²¹ tʂʰɿ³³ 针 一 根

例3和例4的反响型量词不经过"非典型性反响型量词"这一过渡阶段,直接演变为个体量词。反响型量词拷贝的名词音节并没有作为词根参与构词,故 tʂɤ³³ 和 tʂʰɿ³³ 没有称量同词根名词的阶段,直接用于没有语音关联的名词上。这类量词大多为性状量词,无区别名词类别的功能。

(二)部分量词来源于名词所指事物

表5 俚僳彝语来源于名词的量词

性状量词	名词
kʰo³³/lɛ²¹kʰo³³ 把	kʰo³³/lɛ²¹kʰo³³ 掌心/手掌
vɛ⁵⁵ 背	vɛ³³bɯ²¹ 背东西的工具

性状量词"把"来源于同形名词"kʰo³³"掌心或者"lɛ²¹kʰo³³"手掌。"背"取自于"背东西的工具"这一名词的第一个音节 vɛ³³，韵母稍稍变化，由半高元音 e 变为半低元音 ɛ。这一部分来源于名词的量词与由反响型量词演化而来的量词不同，来自称量物体的工具或人体器官。

（三）部分量词来源于动词

表6　俐侎彝语来源于动词的量词

性状量词	动词
tsʰɛ³³ 滴	dzɛ²⁴ 滴（下来）
tɛ³³ 抱	tɛ³³ 抱
bɯ³³ 堆	bɯ³³ 堆（起来）

量词"滴""抱""堆"从动词演变而来，"抱"和"堆"与相应动词同形，"滴"tsʰɛ³³ 与对应动词的声母不同，由浊变清，不送气变为送气。

来源于名词或动词的量词与名词所指事物和动词所指动作紧密相关。其中，来源于名词所指事物的量词和来源于名词的反响型量词虽都来源于名词，但有本质不同，不同有三点：①反响型量词来源于名词，仅仅只是反响名词的音节形式，与名词的语义无关。而来源于名词所指事物的量词不仅仅是与名词同形（或改变部分语音形式），还与名词所指事物的形态和属性息息相关。②反响型量词最初是专门称量其来源的名词，而来源于名词所指事物的量词并不称量来源名词。③反响型量词需经历语法化过程才得以变为个体量词，产生范畴化称量具有共同性状特征的名词。而来源于名词所指事物的量词最初就与该事物的概念或属性产生联系，事物的特征赋予量词范畴化的基础，成为个体量词。

五、彝语各方言泛用量词的比较

从俐侎彝语的泛用量词 mo⁴⁴、nɛ⁵⁵、lɛ⁵⁵ 的互补分布关系中可以明显看出，泛用量词和数词存在相关性。数词不同，选择的泛用量词也不同，三者分工明确。俐侎彝语这三个泛用量词是如何产生的，其他彝语方言中是否存在类似现象，本节将对这一前人未关注的问题进行初步探讨。

（一）彝语各方言泛用量词基本情况

彝语各个方言都有泛用量词，具体情况如下：

表7 彝语各方言泛用量词表

		泛用量词	与数词的关系
中部方言	俚侎话	mo^{44}、$n\epsilon^{55}$、$l\epsilon^{55}$	当数量为二时,泛用量词必须用$n\epsilon^{55}$;数量在三到九之间时,用$l\epsilon^{55}$;一、十以及十以上的数词则与mo^{44}搭配
北部方言[1]	圣乍话	ma^{33}、ti^{33}	ma^{33}用于表"人"的量时,数词仅限于"一"和"二"
	义诺话	ma^{33}、tr^{33}	ma^{33}用于表"人"的量时,数词仅限于"一"和"二"
东部方言[2]	纳苏话	mo^{33}、$tə^{33}$	mo^{33}和$tə^{33}$一般不受基数词的限制,从一到十都可以通用(mo^{33}用于表"人"的量时,数词仅限于"一"和"二")
南部方言[3]	山苏话	ma^{44}、$nɤ^{55}$、$lɤ^{21}$	当数量为二时,泛用量词必须用$nɤ^{55}$;数词为一或者十,与ma^{44}搭配;三到九与$lɤ^{21}$连用;十以上的数词,根据个位数选择不同的泛用量词,规律同上
	纳苏话	$lɤ^{33}$	不受基数词限制
东南部方言[4]	撒尼话	$mɑ^{33}$、$lŋ^{21}$	数词为"一""二"时,只能用$mɑ^{33}$,数词为非"一""二"时,用$lŋ^{21}$
西部方言[5]	腊鲁话	mo^{33}、$nə^{55}$、$lə^{21}$	mo^{33}常与数词"一"连用;$nə^{55}$与数词"二"连用;三以上的数词可以与mo^{33}或者$lə^{21}$连用,$lə^{21}$更加常见

彝语各方言泛用量词呈如下特点:

1.泛用量词数量不同

除南部方言纳苏话只有一个泛用量词$lɤ^{33}$外,其他彝语方言皆有二到三个泛用量词。

北部、东部、东南部方言有两个,中部、南部、西部方言有三个,且与数词结合情况相似。

2.泛化程度不一

泛用量词很大程度上表量不表义,可根据是否表义,或者表义范围的大小来判断泛用量词语义泛化程度的高低。彝语方言的泛用量词泛化程度可分为两个层次:

(1)泛用量词仍有表示物体类别或者性状的功能,如北部和东南部方言。北部方言的ma^{33},用于无特别形状特征的"人",动物、无生命体、颗粒状、圆形、块状物以及无形状特征的物体。ti^{33}用于长条形的动物和非生命体、有角的高大动物等。ti^{33}仍有表性

---

[1] 北部方言语料来自胡素华、沙志军:《凉山彝语类别量词的特点》,《中央民族大学学报》(哲学社会科学版)2005年第4期,第120页。
[2] 东部方言语料来自普忠良:《纳苏彝语语法研究》,上海师范大学博士学位论文,2016年,第119页。
[3] 南部方言语料来自母语人沐华(暨南大学博士)口述,特此感谢。
[4] 东南部方言语料来自王海滨:《撒尼名量词研究》,《楚雄师范学院学报》2017年第5期,第77页。
[5] 西部方言语料来自王国旭:《新平彝语腊鲁话研究》,中央民族大学博士学位论文,2011年,第82页。

状的功能，mo³³的泛化程度大于ti³³。东部方言与北部情况大致相同。

（2）表量不表义，不管是生命体或非生命体，名词的性状类别如何，泛用量词皆可通用，通用范围大致相当于汉语中的"个"。东南部、中部、西部、南部就属这种情况。

3. 与数词的相关性有差异

彝语各方言泛用量词与数词有关系，但相关性大小有差异。可以归纳为以下三类：

（1）泛用量词与数词无相关性，不受数词限制。如南部方言纳苏话lɤ³³。

（2）泛用量词与数词相关性较小。这类泛用量词与数词关系仅仅在限定"人"时有所体现，其他情况下不受数词限制。如北部、东部方言。北部方言的ma³³和东部方言的mo³³在用于表"人"的量时，数词仅限于"一"和"二"。

（3）泛用量词与数词密切相关，数词严格限定泛用量词的使用，如南部、中部、西部和东南部方言。①东南部方言数词限定泛用量词规则最为简单，数词为"一""二"时，只能用mɑ³³，数词为非"一""二"时，用lʅ²¹。②中部和西部方言次之。中部方言情况为：当数量为二时，泛用量词必须用nɛ⁵⁵；数量在三到九之间时，用lɛ⁵⁵；一、十以及十以上的数词则与mo⁴⁴搭配。西部方言泛用量词mo³³常与数词"一"连用；nə⁵⁵与数词"二"连用；三以上的数词可以与mo³³或者lə²¹连用，lə²¹更加常见。③南部方言山苏话最为复杂。当数量为二时，泛用量词必须用nɤ⁵⁵；数词为一或者十，与ma⁴⁴搭配；三到九与lɤ²¹连用。数词在十以上时，还需根据个位数来确定泛用量词的使用。

从以上泛用量词特点中可看出，泛用量词与数词相关性的大小与泛用量词泛化程度也存在一定联系，可以说呈正比状态（南部方言纳苏话除外）。泛用量词与数词相关性越大，关系越密切，其泛化程度越高；与数词相关性越小，泛化程度也越低。俚侎彝语泛用量词泛化程度高，与数词关系密切，与西部、南部的泛用量词的数量及使用情况接近。

（二）泛用量词的来源

从彝语内部泛用量词基本情况来看，彝语各方言泛用量词的同源毋庸置疑。我们将比较对象扩大到彝缅语群，通过缅语支和彝语支的比较来探讨泛用量词来源问题[①]。

表8 彝缅语泛用量词表

缅语（仰光话）	lauŋ⁵³	彝语（喜德话）	ma³³
载瓦语	lum²¹	哈尼话（绿春话）	mo⁵⁵
阿昌语	lum³¹	傈僳语	ma³³
浪速语	lam³⁵	拉祜语	ma³¹
勒期语	lɔm³¹	嘎卓语	ma²⁴

---

① 缅语支语言语料来自徐悉艰：《彝缅语量词的产生和发展》，《语言研究》1994年第1期，第4页。

续表

波拉语	lam³¹	纳西语	ly³³
仙岛语（曼俄语）	lum³¹	独龙语	luŋ⁵⁵

《彝缅语量词的产生和发展》一文认为：在缅语支中，泛用量词同源，声母都为边音l。在彝语支内部，大部分语言泛用量词同源，声母为双唇鼻音m。缅语支内部和彝语支内部同源，语支之间不同源，泛用量词是在彝缅语分化为不同语支之后产生的。但从表8中可以看到，彝语支存在例外，纳西语和独龙语的泛用量词声母为l。同时，彝语各方言中也普遍存在以边音l为声母的这一套泛用量词，并非只有声母为m的这一套。由此，我们很难说，彝语支和缅语支的泛用量词之间不同源，但仅凭彝语支语言中也有l-声母的泛用量词就认为彝缅语泛用量词同源也缺乏说服力，也不乏彝语支或缅语支声母为l的泛用量词为借用的可能。这个问题有待继续收集语料，进行更加细致的分析探讨。

六、结论

俚僳彝语个体量词种类丰富，有区别名词类别和性质的作用。常见的类别量词有 $tsʰɛ^{33}$ 滴（表示液体的量）、zi^{33} 棵（表示植物的量）、pa^{21} 把（表示工具的量）、dza^{21} 件（表示衣物的量）等。常见的性状量词有 sa^{21} 个（表示颗粒状，块状、圆形等物体的量）、$tʂɿ^{33}$ 条（表示长条形软性物体的量）、$pɛ^{33}$ 坨（表示块状、团状或堆状物体的量）、bu^{33} 堆（表示堆成"山"状物体的量）等。有时，存在三种量词可对一个名词进行称量的现象，使用者根据对类别、性状或者单纯表量的不同需求选择个体量词。同时，类别量词和性状量词之间有交叉，并非截然对立。类别量词会称量具有相同性状的名词；性状量词称量的名词中，有的也属于相同的类别。如俚僳彝语中的"sa^{21}"，既可表达"颗粒状""圆形""块状"等性状特征，也有"水果蔬菜类"的限定名词类别的功能。俚僳彝语的泛用量词 mo^{44} 泛化程度很高，概括性大，可用于人、动物、植物、无生命体、抽象事物等。mo^{44} 可以搭配没有专用量词限定的名词，也可以用来称量已有专用量词的名词。可与 mo^{44} 换用的量词大多集中在类别量词中，表示"堆""块""条""坨""段""棵"等性状量词一般不可与 mo^{44} 换用。另外两个泛用量词 $nɛ^{55}$ 和 $lɛ^{55}$ 与 mo^{44} 互补，当数量为二时，泛用量词必须用 $nɛ^{55}$；数量在三到九之间时，用 $lɛ^{55}$；一或者十，以及十以上的数词则与 mo^{44} 搭配。

俚僳彝语个体量词不能单独使用，通常与数词、名词、指示代词、形容词修饰语、人称代词、疑问代词搭配。但量词在一些句法结构中并不是强制使用的。如在有指示代词的短语中，当数词为"一"时，可省略数词或同时省略数量词，语义不变。在有疑问代词的短语中，量词可省略。多个定语修饰名词中心语的情况下，语序为人称代词+名词+形容词+指示代词+数词+量词。除人称领属定语位于名词之前外，其他修饰成分，如形容词、指示代词、疑问代词、数词和量词皆位于名词中心语之后。其中，数量结构离指示代词最近，离名词最远。数量结构可做句子主语、谓语、宾语、定语；数量名结构可充当句子主语和宾语；"指示代词+数词+量词"结构可做主语和宾语。俚侎彝语个体量词不可重叠使用。

　　反响型量词、类别量词和性状量词的产生机制主要有三条路径：反响型量词的演化、名词和动词。其中，反响型量词的演化是最主要的个体量词产生机制。针对彝语支泛用量词的来源，以及彝语支和缅语支声母为l-的泛用量词是同源关系或是借用关系，我们将做专文进行探讨。

参考文献

［1］胡素华，沙志军，2005.凉山彝语类别量词的特点［J］.中央民族大学学报（哲学社会科学版）(4).
［2］蒋颖，2006.汉藏语名量词研究［D］.北京：中央民族大学.
［3］李宇明，2000.汉语量词范畴研究［M］.武汉：华中师范大学出版社：30.
［4］普忠良，2016.纳苏彝语语法研究［D］.上海：上海师范大学.
［5］曲木铁西，1994.试论彝语名量词的起源层次［J］.民族语文（2）.
［6］王海滨，2017.撒尼名量词研究［J］.楚雄师范学院学报，9(5).
［7］王国旭，2011.新平彝语腊鲁话研究［D］.北京：中央民族大学.
［8］徐悉艰，1994.彝缅语量词的产生和发展［J］.语言研究（1）：188.

The Individual Quantifiers in Limi Yi Language

ZHOU Tiantian

(College of Liberal Arts of Jinan University, Guangzhou, Guangdong, 510632)

Abstract: This paper makes a comprehensive description and analysis of the classification, generation mechanism and syntactic characteristics of individual quantifiers in Limi Yi language. On this basis, through the comparison in Yi Myanmar language group, we further discusses the characteristics of universal quantifiers and their relationship with category and trait quantifiers.

Key words: Limi Yi Language, Individual Quantifiers, Generation Mechanism, Syntactic Characteristics